D1747516

WILLY BRANDT
Berliner Ausgabe

WILLY BRANDT
Berliner Ausgabe
Herausgegeben von
HELGA GREBING, GREGOR SCHÖLLGEN
und HEINRICH AUGUST WINKLER
Im Auftrag der
Bundeskanzler-Willy-Brandt-Stiftung

BAND 1:
Hitler ist nicht Deutschland.
Jugend in Lübeck – Exil in Norwegen 1928 – 1940
BAND 2:
Zwei Vaterländer.
Deutsch-Norweger im schwedischen Exil –
Rückkehr nach Deutschland 1940 – 1947
BAND 3:
Berlin bleibt frei.
Politik in und für Berlin 1947 – 1966
BAND 4:
Auf dem Weg nach vorn.
Willy Brandt und die SPD 1947 – 1972
BAND 5:
Die Partei der Freiheit.
Willy Brandt und die SPD 1972 – 1992
BAND 6:
Ein Volk der guten Nachbarn.
Außen- und Deutschlandpolitik 1966 – 1974
BAND 7:
Mehr Demokratie wagen.
Innen- und Gesellschaftspolitik 1966 – 1974
BAND 8:
Über Europa hinaus.
Dritte Welt und Sozialistische Internationale
BAND 9:
Die Entspannung unzerstörbar machen.
Internationale Beziehungen und deutsche Frage 1974 – 1982
BAND 10:
Gemeinsame Sicherheit.
Internationale Beziehungen und deutsche Frage 1982 – 1992

WILLY BRANDT
Berliner Ausgabe
BAND 2
Zwei Vaterländer
Deutsch-Norweger im schwedischen Exil –
Rückkehr nach Deutschland
1940 – 1947

Bearbeitet von
EINHART LORENZ

Verlag J.H.W. Dietz Nachf. GmbH

Die Bundeskanzler-Willy-Brandt-Stiftung bedankt sich für die großzügige finanzielle Unterstützung der gesamten Berliner Ausgabe bei:
Frau Ursula Katz, Northbrook, Illinois
Alfried Krupp von Bohlen und Halbach-Stiftung, Essen
Otto Wolff von Amerongen-Stiftung, Köln
Bankgesellschaft Berlin AG
Deutsche Bank AG, Frankfurt/Main
Deutsche Druck- und Verlagsgesellschaft m.b.H., Hamburg
Herlitz AG, Berlin
Metro AG, Köln
Schering AG, Berlin

Die Bearbeitung des zweiten Bandes wurde ermöglicht durch eine großzügige Spende von Frau Ursula Katz, Northbrook, Illinois, USA, zum Gedenken an ihre Eltern, Herrn Wilhelm Neuendorf und Frau Elsa Neuendorf.

Die Deutsche Bibliothek – CIP-Einheitsaufnahme
Brandt, Willy:
Zwei Vaterländer : Deutsch-Norweger im schwedischen Exil, Rückkehr nach Deutschland ; 1940 – 1947 / Willy Brandt.
Bearb. von Einhart Lorenz. – Bonn : Dietz, 2000
(Willy Brandt ; Bd. 2)
ISBN 3–8012–0302–6

© Copyright der deutschsprachigen Ausgabe
Verlag J.H.W. Dietz Nachfolger GmbH, Bonn
© Copyright für alle übrigen Sprachen
Bundeskanzler-Willy-Brandt-Stiftung, Berlin
Lektorat: Dr. Heiner Lindner
Umschlag und Layout-Konzept:
Groothuis & Consorten, Hamburg
Satz: Medienhaus Froitzheim Bonn, Berlin
Druck und Verarbeitung: Ebner Ulm
Printed in Germany 2000

Inhalt

Willy Brandt – Stationen seines Lebens   7

Vorwort der Herausgeber   11

EINHART LORENZ
Einleitung
„Ich arbeite dafür, zwei Vaterländer wiederzugewinnen –
ein freies Norwegen und ein demokratisches Deutschland."
Willy Brandts Exiljahre 1940 – 1947   15

Verzeichnis der Dokumente   53

Dokumente   57

Anmerkungen   335

Anhang
    Quellen- und Literaturverzeichnis   370
    Abkürzungsverzeichnis   380
    Editionsgrundsätze   384
    Personenregister   389
    Sachregister   411
    Bildnachweis   423
    Angaben zum Bearbeiter und zu den Herausgebern   424

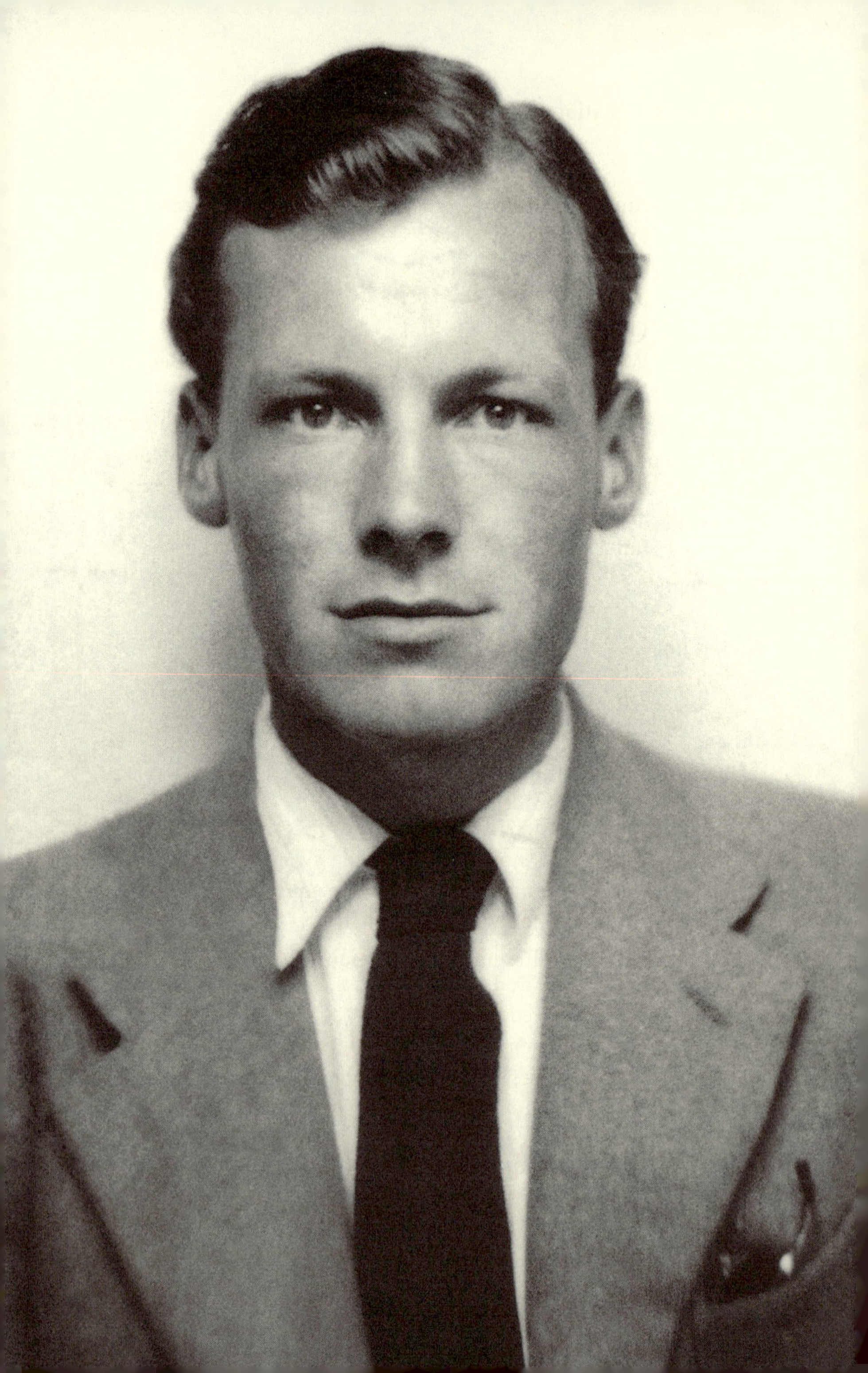

Willy Brandt – Stationen seines Lebens

1913	Am 18. Dezember in Lübeck als Herbert Ernst Karl Frahm geboren
1929	Mitglied der Sozialistischen Arbeiterjugend (SAJ) in Lübeck
1930	Eintritt in die SPD
1931	Wechsel zur Sozialistischen Arbeiterpartei Deutschlands (SAP); Vorsitzender ihres Jugendverbandes in der Hansestadt
1932	Abitur am Lübecker Reform-Gymnasium „Johanneum"
1933–1945	Flucht ins Exil nach Norwegen und von dort 1940 nach Schweden; unter dem Namen Willy Brandt Widerstand gegen das NS-Regime; Mitglied der Exil-Leitung des SAP-Jugendverbandes und des Internationalen Büros revolutionärer Jugendorganisationen; seit 1939 Koordinator für Inlandsarbeit der SAP; umfangreiche journalistische und publizistische Tätigkeit
1936	Illegaler Aufenthalt in Berlin
1937	Als Berichterstatter für norwegische Zeitungen und Beauftragter der SAP im Spanischen Bürgerkrieg
1938	Sekretär der norwegischen Volkshilfe; Ausbürgerung durch die Nationalsozialisten
1940	Norwegische Staatsbürgerschaft
1942–1945	Sekretär der „Kleinen Internationale" in Stockholm
1944	Eintritt in die Landesgruppe deutscher Sozialdemokraten in Schweden; Verbindungen zur Widerstandsgruppe des 20. Juli
1945	Nach Kriegsende Rückkehr nach Oslo
1945–1946	Berichterstatter für skandinavische Zeitungen aus Deutschland, u. a. über das Internationale Kriegsverbrechertribunal in Nürnberg

1947	Presseattaché an der Norwegischen Militärmission in Berlin
1948	Vertreter des SPD-Parteivorstandes in Berlin; Wiedereinbürgerung
1949–1957, 1961	Vertreter Berlins im Deutschen Bundestag
1950–1969	Mitglied des Berliner Abgeordnetenhauses
1954–1958	Stellvertretender Landesvorsitzender der Berliner SPD
1955–1957	Präsident des Berliner Abgeordnetenhauses
1957–1966	Regierender Bürgermeister von Berlin
1957–1958	Vorsitzender des Bundesrates
1958–1963	Präsident des Deutschen Städtetages
1958–1964	Vorsitzender des Berliner Landesverbandes der SPD
1958–1992	Mitglied des Parteivorstandes der SPD
1960, 1964, 1969	Nominierung zum Kanzlerkandidaten der SPD
1962–1964	Stellvertretender Vorsitzender der SPD
1964–1987	Vorsitzender der SPD
1966–1969	Bundesminister des Auswärtigen und Vizekanzler in der Großen Koalition aus CDU/CSU und SPD
1966–1976	Vizepräsident der Sozialistischen Internationale
1969–1992	Mitglied des Deutschen Bundestages
1969	Wahl zum Bundeskanzler und Beginn der sozial-liberalen Ära
1970	Erste deutsch-deutsche Gipfeltreffen in Erfurt und Kassel; Unterzeichnung des Moskauer und des Warschauer Vertrages; Wahl zum „Mann des Jahres" durch „Time" (USA) und „L'Express" (Frankreich)
1971	Verleihung des Friedensnobelpreises; Ehrenbürger von Berlin
1972	Erfolgloses Misstrauensvotum der CDU/CSU gegen den Bundeskanzler; Sieg der SPD bei den vorgezogenen Wahlen zum Deutschen Bundestag;

	Wiederwahl zum Bundeskanzler; Ehrenbürger von Lübeck
1973	Inkrafttreten des Grundlagenvertrages; Beitritt beider deutscher Staaten zu den Vereinten Nationen; Unterzeichnung des Prager Vertrages
1974	Rücktritt vom Amt des Bundeskanzlers
1976–1992	Präsident der Sozialistischen Internationale
1977–1983	Vorsitzender der Nord-Süd-Kommission
1979–1983	Mitglied des Europäischen Parlaments
1983, 1987	Alterspräsident des Deutschen Bundestages
1985	Auszeichnung mit dem Albert-Einstein-Friedenspreis
1987–1992	Ehrenvorsitzender der SPD
1990	Ehrenvorsitzender der SPD in der DDR; Alterspräsident des ersten gesamtdeutschen Bundestages
1991	Auf Antrag Brandts und anderer Entscheidung des Deutschen Bundestages für Berlin als Sitz von Regierung und Parlament
1992	Am 8. Oktober in Unkel bei Bonn verstorben

Vorwort der Herausgeber

Willy Brandt zählt zu den großen Persönlichkeiten und bedeutenden Staatsmännern des 20. Jahrhunderts. Sein Name ist untrennbar verbunden mit der Sicherung des Friedens, der Verteidigung der Freiheit und dem unablässigen Bemühen um mehr soziale Gerechtigkeit.

Seine Entwicklung vom jungen Linkssozialisten, den seine politische Überzeugung und der Kampf gegen die nationalsozialistische Diktatur in die Emigration führte, zum Regierenden Bürgermeister von Berlin, Vorsitzenden der SPD und später der Sozialistischen Internationale sowie zum Außenminister und Bundeskanzler der Bundesrepublik Deutschland ist eine der bemerkenswertesten Politikerkarrieren des 20. Jahrhunderts.

Die durch den Deutschen Bundestag 1994 ins Leben gerufene Bundeskanzler-Willy-Brandt-Stiftung, in deren Auftrag die Herausgeber die Berliner Ausgabe vorlegen, will mit dieser Edition die Bedeutung Willy Brandts für die Geschichte des 20. Jahrhunderts dokumentieren und einer breiten historisch-politisch interessierten Öffentlichkeit zugänglich machen. An diesem Zweck orientiert sich die auf zehn Bände angelegte Auswahl wichtiger Reden, Artikel und Briefe Willy Brandts.

Die Berliner Ausgabe wird jene innenpolitischen Weichenstellungen beleuchten, die wesentlich von Willy Brandt herbeigeführt wurden. Sie wird zugleich deutlich machen, dass sein vorrangiges politisches Interesse nicht erst seit seinen Berliner Tagen im Bereich der Deutschland- und Außenpolitik lag. Das Augenmerk der Dokumentation gilt weiter dem Parteiführer, der die SPD in ihrer Binnenstruktur modernisierte und einem neuen Denken öffnete, ihr neue Wählerschichten erschloss und später Ansehen und Gewicht der Sozialistischen Internationale, nicht zuletzt in den Ländern der „Dritten Welt", beträchtlich erhöhte. Immer wieder wird offenkundig, dass es bei Willy Brandt beides gibt: bemerkenswerte Konstanten seines Denkens und Handelns und zugleich ein hohes Maß an Flexibilität gegenüber konkreten zeitbedingten Anforderungen sowie die Fähigkeit zur Korrektur der eigenen Politik angesichts neuer Herausforderungen.

Willy Brandt beherrschte die unterschiedlichen Formen und Instrumente der politischen Meinungs- und Willensbildung gleichermaßen souverän. Große Reden auf Parteitagen, auf Marktplätzen, in Versammlungslokalen und Festhallen stehen neben Ansprachen vor einem intellektuellen Publikum und Zeitschriftenaufsätzen; kurze Briefe neben umfassenden grundsätzlichen Äußerungen, Radio- und Fernsehkommentare neben großen Büchern; konzentrierte und gezielte Diskussionsbemerkungen neben knappen, seinerzeit manchmal kaum wahrgenommenen Einmischungen in politische Entscheidungsprozesse. All das werden die Bände widerspiegeln.

Wie nur wenige deutsche Politiker im 20. Jahrhundert hat Willy Brandt nach dem Zusammenbruch der nationalsozialistischen Herrschaft das Weltgeschehen nicht nur beeinflusst, sondern entscheidend mitgestaltet. Er fühlte sich verpflichtet, sich der Last der deutschen Vergangenheit persönlich zu stellen, was ihm neben Anerkennung auch viel Anfeindung eintrug. Bis in die siebziger Jahre musste er sich politischer Diffamierung erwehren, die ihm als Emigranten und Widerstandskämpfer gegen den Nationalsozialismus galt. Auch dies werden die Bände belegen.

Maßgebliche Fundstellen für die Berliner Ausgabe sind der umfangreiche Nachlass im Willy-Brandt-Archiv im Archiv der sozialen Demokratie der Friedrich-Ebert-Stiftung sowie Parallelüberlieferungen im Archiv der sozialen Demokratie – wie SPD-Parteivorstandsakten, Deposita und Nachlässe anderer Politiker. Hinzu kommen zahlreiche einschlägige Bestände von Archiven, Bibliotheken und Stiftungen, wie diejenigen des Bundesarchivs, und natürlich Publikationen Willy Brandts. Jedem der zehn Bände ist eine umfangreiche Einleitung vorangestellt, in der die Texte in den historischen Zusammenhang eingeordnet und kritisch gewürdigt werden. Jeder Band hat einen Umfang von etwa 500 Druckseiten einschließlich eines Personen- und Sachregisters.

Die Berliner Ausgabe will ein facettenreiches Bild vom Leben und Werk Willy Brandts vermitteln. Die Herausgeber hoffen, dass es auf diese Weise gelingt, die Erinnerung an den bedeutenden Politiker und Staatsmann lebendig zu halten. Sie sind davon überzeugt, dass sein Denken und Wirken tiefe Spuren hinterlassen haben und auch unter den veränderten Bedingungen des 21. Jahrhunderts die politische Entwicklung beeinflussen.

Für die unverzichtbare und kollegiale Zusammenarbeit wissen sich die Herausgeber dem Leiter des Historischen Forschungszentrums der Friedrich-Ebert-Stiftung, Herrn Prof. Dr. Dieter Dowe, zu besonderem Dank verpflichtet.

Prof. Dr. Helga Grebing
Prof. Dr. Gregor Schöllgen
Prof. Dr. Heinrich August Winkler

EINHART LORENZ

Einleitung

„Ich arbeite dafür, zwei Vaterländer wiederzugewinnen – ein freies Norwegen und ein demokratisches Deutschland."
Willy Brandts Exiljahre 1940–1947

Dieser Band enthält Briefe, Manuskripte sowie Auszüge aus Broschüren und Büchern von Willy Brandt aus den Jahren 1940 bis 1947. Beide Jahre bedeuten Zäsuren im Leben des gebürtigen Lübeckers. Am 9. April 1940 wurde das neutrale Norwegen durch den deutschen Überfall mit in den Zweiten Weltkrieg hineingezogen. Brandt, der politische Flüchtling aus dem nationalsozialistischen Deutschland, der 1933 nach Norwegen gekommen und dort heimisch geworden war, verlor dadurch, gerade im Begriff eine Familie zu gründen, seine zweite Heimat und musste nach Schweden fliehen. Kurz nach seiner Flucht erhielt der 1938 von den Nationalsozialisten Ausgebürgerte die norwegische Staatsbürgerschaft. In Stockholm begann ein Lebensabschnitt, in dem er sich noch stärker als während der Jahre 1933 bis 1940 in der norwegischen Politik engagierte. Zum Jahresende 1947 schied er aus dem norwegischen Diplomatischen Dienst aus, wurde Vertreter des SPD-Parteivorstandes in Berlin und hatte sich damit definitiv für die Rückkehr nach Deutschland entschieden. Ab 1. Juli 1948 war er „in aller Form" wieder deutscher Staatsbürger.

In den Jahren 1940 bis 1946 arbeitete Brandt als politischer Journalist und Publizist, und auch 1947 nahm die journalistische Arbeit neben der Tätigkeit an der Norwegischen Militärmission in Berlin breiten Raum ein. In rascher Folge erschienen in den Jahren 1940 bis 1947 neun Bücher, acht Broschüren, vier von ihm redigierte Materialsammlungen, außerdem auch Beiträge in Gemeinschaftsarbeiten und Sammelbänden sowie zahlreiche Artikel in Zeitungen und Zeitschriften. Angesichts der Fülle des Materials kann der vorliegende Band deshalb nur einen begrenzten Eindruck von der Breite des

Brandtschen Wirkens vermitteln. Das Hauptgewicht in diesem Band liegt auf Willy Brandts Auseinandersetzung mit jenen antideutschen Vorstellungen, die unter der Bezeichnung „Vansittartismus"[1] bekannt wurden, auf seinen Beiträgen zur europäischen Nachkriegspolitik und zur inneren deutschen Entwicklung sowie auf seiner Haltung zur Sozialdemokratie und zum Kommunismus.

Brandts umfangreiche Beiträge zum norwegischen Freiheitskampf, die einen zentralen – wenn nicht sogar den zentralen – Platz in seiner Publizistik dieser Jahre einnehmen, sind für ein heutiges deutsches Publikum von geringerem Interesse und angesichts des hier begrenzt zur Verfügung stehenden Platzes nicht in dieser Auswahl vertreten. Dennoch ist es wichtig, sich zu vergegenwärtigen, dass das Schwergewicht seiner journalistisch-publizistischen Tätigkeit gerade auf diesem Gebiet lag. Nicht weniger als sechs der neun Bücher aus diesen Jahren beschäftigen sich direkt mit dem Krieg in Norwegen, ein weiteres, das über den Guerillakrieg, gehört ebenfalls in diesen Kontext. Brandt sah seine Aufgabe jedoch nicht nur darin, den norwegischen Freiheitskampf zu unterstützen und zu propagieren. Als Teil des norwegischen Exils in Schweden griffen seine Beiträge zur europäischen Nachkriegspolitik, zum „Vansittartismus" und zur zukünftigen Stellung Deutschlands auch in jene aktuellen Diskussionen ein, die innerhalb des norwegischen Exils, d. h. zwischen Exilpolitikern der Norwegischen Arbeiterpartei in Stockholm und der Exilregierung in London, geführt wurden.

Leser, die sich an die Diffamierungskampagnen der 1960er und 1970er Jahre gegen Willy Brandt erinnern, werden in dem vorliegenden Band zwei Titel vermissen: *Forbrytere og andre tyskere* (*Verbrecher und andere Deutsche*) und *Guerillakrig* (*Guerillakrieg*). Das Buch über den Guerillakrieg, das Gegner Brandts als Anleitung für heimtückische Überfälle auf deutsche Wehrmachtsoldaten hinzustellen versuchten, ist ein historischer Überblick über die Banden-, Volks-, Freiheits- und Guerillakriege seit dem 18. Jahrhundert, einschließlich des deutschen Freiheitskrieges gegen Napoleon; diskutiert werden die Ansätze verschiedener Militärtheoretiker von Clausewitz bis zu Überlegungen in den Militärführungen alliierter und neutraler Staaten. Anlass zu dieser Arbeit waren entsprechende Debatten im norwegischen Exil, die durch seinerzeitige Aktionen der jugoslawischen Partisanen ausgelöst worden waren. Brandt hat konkret zu dieser Diskussion, für die sein Buch den historischen Hintergrund ausleuchten sollte, unter anderem in seinem Offenen Brief an die Kommunisten Stellung genommen.[2] 1943 hatte er durchaus Sympathien für die Forderung, zu einem aktiveren Kampf gegen die deutsche Besatzungsmacht in Norwegen überzugehen, lehnte aber die Methoden des Guerillakrieges ab, solange die Voraussetzungen, d. h. eine alliierte Landung in Norwegen und eine Demoralisierung der Okkupanten, nicht gegeben waren. Seine Studie über den Guerillakrieg enthielt keine Aufforderung zu dieser Art der Kriegführung, sondern eher das Gegenteil. Es war eine Erklärung, warum Völker mit demokratischen Traditionen Hemmungen haben, Gewalt als Mittel der Politik einzusetzen, während diktatorische Führungen keine Rücksichten auf Vergeltungsmaßnahmen und damit auf ihre eigene Bevölkerung nehmen.[3] Für Brandt war – wie er am Beispiel des Kampfes um die Autonomie der Osloer Universität zeigte – die Bewahrung von Rechtsprinzipien und kulturellen Werten, des nationalen Lebens und der geistigen Freiheit von Bedeutung. Damit erhielt das Wort „Heldentum" für ihn eine neue Bedeutung.[4]

Das Buch *Forbrytere og andre tyskere* gehört zu Brandts Auseinandersetzung mit den Nürnberger Kriegsverbrecherprozessen 1945/46, die er als Journalist verfolgte und in Büchern und Zeitungsartikeln ausführlich kommentierte. Seine Grundhaltung zu den Prozessen kann dahingehend zusammengefasst werden, dass es sich nicht um ein Verfahren gegen das gesamte deutsche Volk handele. Vielmehr müsse „zwischen Deutschen und Deutschen" unterschieden werden, was nach Brandts Ansicht auch deutlich in der Anklage zum Ausdruck kam; der Prozess habe zwar eine erzieherische Funktion, leide jedoch darunter, dass das „andere Deutschland" nicht gehört werde.[5] Der Abdruck von *Verbrecher und andere Deutsche* würde wegen seines Umfangs den Rahmen dieses Bandes sprengen. Er wird deshalb ungekürzt in einem anderen Zusammenhang ediert werden. Dass Brandt während der Kriegsjahre ständig darum bemüht war, dem Ausland zu zeigen, dass zwischen den Nationalsozialisten und dem deutschen Volk differenziert werden müsse, geht deutlich auch aus anderen Texten hervor, die in diesem Band veröffentlicht werden.

Bei der Lektüre der Schriften aus den Kriegsjahren, von denen mehrere rasch verfasste journalistische Arbeiten sind, ist zu berücksichtigen, dass sie auf begrenzten Quellen und auf in Stockholm zugänglichen Informationen, Nachrichten, Zeitschriften und Büchern basieren mussten.[6] Brandt hat sich wiederholt selbst gefragt, ob nicht weniger mehr gewesen wäre. Doch kam es ihm bei diesen Texten weniger auf das Detail und die Korrektheit des Zitats an als auf das mit ihnen verfolgte Ziel. Man müsse, schrieb er im Sommer 1942, in Betracht ziehen, dass es in der aktuellen Situation „nicht so sehr auf Feinheit ankommt, sondern dass gewisse wesentliche [Informations-]Bedürfnisse zu befriedigen sind."[7] Auch in der unmittelbaren Nachkriegszeit waren die Informationsmöglichkeiten wegen der Reisebeschränkungen und des Papiermangels begrenzt.

Die im Rahmen der politischen Verunglimpfungen Willy Brandts in den sechziger und siebziger Jahren erschienenen zahlreichen Schmähschriften, verfälschten Wiedergaben seiner Texte und Pseudo-Dokumentationen verdienen nicht, hier genannt zu werden. Willy Brandt hat 1966 selbst versucht, seine Arbeit in Norwegen und Schweden zu dokumentieren.[8] Schon damals musste die Auswahl aus Platzgründen begrenzt bleiben. Für die Exiljahre bis 1940 erschien erstmals 1989 eine auf umfangreichen Quellenstudien basierende Untersuchung.[9] Eine entsprechend umfassende Arbeit über die Exiljahre ab 1940 steht noch aus. Brandts Engagement in der „Internationalen Gruppe demokratischer Sozialisten" in Stockholm ist in der Pionierarbeit von Klaus Misgeld[10] ausführlich untersucht worden, seine Einbindung in die norwegische Politik dieser Jahre hat jedoch bisher wenig Interesse in der Forschung gefunden.[11]

Krieg und Flucht nach Schweden

Der deutsche Überfall auf Norwegen im April 1940 kam nicht unerwartet, überraschte aber dennoch die Exilierten. Zwar hatten sie die deutsche Expansion beobachtet und analysiert, auch rechneten sie mit einer Invasion in die skandinavischen Länder, doch hatten sie keine Vorbereitungen für den Fall eines Angriffs getroffen. Sie waren, mit den Worten Willy Brandts, „bis zum Exzess schizophren".[12]

Die Versenkung des deutschen Kriegsschiffes „Blücher" im Oslofjord gab den Flüchtlingen – ebenso wie der norwegischen Regierung, dem Parlament und dem Königshaus – einen zeitlichen Vorsprung vor den herannahenden deutschen Truppen. Da aber niemand wusste, ob die Invasionstruppen an der norwegisch-schwedischen Grenze stehen bleiben würden oder nicht, und die schwedisch-deutsche Polizeizusammenarbeit den Emigranten nicht unbekannt geblieben war, war für einen Teil von ihnen die Flucht nach Schweden keine Alternative. Die norwegische Umgebung war vertrauter, hier konnten sie sich auf die Solidarität politischer Freunde verlassen. Willy Brandt schloss sich deshalb Kollegen aus der humanitären Volkshilfe an, floh vor den deutschen Truppen in das Landesinnere und geriet schließlich, in der geliehenen Uniform seines Freundes Paul René Gauguin als norwegischer Soldat verkleidet, in deutsche Kriegsgefangenschaft.[13] Nach vier Wochen wurde er – unerkannt – aus einem Kriegsgefangenenlager, einer kleinen Schule in der Gemeinde Dombås, entlassen und kehrte nach Oslo zurück, wo sich die Situation inzwischen dramatisch verändert hatte. Die Besatzungsmacht hatte sich nicht nur etabliert, sie hatte auch einige Mithelfer unter den Emigranten gefunden. Nachdem Brandt sich kurz in einem Sommerhäuschen am Oslofjord versteckt hatte, floh er am 30. Juni 1940 auf Anraten seiner Freunde nach Schweden[14] und stellte sich in Skillingmark den Behörden. Nach rund drei Wochen in einem Flüchtlingslager konnte er am 22. Juni nach Stockholm übersiedeln. Hier wurde der von Hitler ausgebürgerte Willy Brandt am 2. August 1940 offiziell norwegischer Staatsbürger[15] und erhielt auf diese Weise eine gewisse Sicherheit.

Wenn Willy Brandt bei seiner Ankunft in Stockholm angab, dass er seinen Aufenthalt in der schwedischen Hauptstadt dazu benutzen wolle, seine Weiterreise in die USA vorzubereiten,[16] so war dies – ebenso wie die Angabe, er wolle promovieren – eher taktisch begründet, um die begehrte Aufenthaltsgenehmigung für Stockholm zu erhalten, doch darf die Furcht, noch einmal von deutschen Truppen eingeholt zu werden, nicht unterschätzt werden. In den ersten Monaten nach der Okkupation Dänemarks und Norwegens herrschten angesichts der Unsicherheit über weitere deutsche Expansionspläne im Freundeskreis Brandts Angst und Nervosität.[17] Von New York aus versuchte Brandts Lübecker Jugendfreundin Gertrud Meyer ab Sommer 1940, ihm eine Einreise in die USA zu ermöglichen.[18] Als sich die Lage zu entspannen begann und es sich zeigte, dass er „in immer steigendem Masse nützliche Arbeit" für Norwegens Freiheitskampf leisten konnte, hatte er es vorübergehend „nicht mehr so eilig mit den ursprünglichen Reiseplänen".[19] Wenig später zeigte jedoch eine einwöchige Verhaftung, dass die Lage für ihn und seine Familie keineswegs sicher war, so dass er sich nun ernsthaft um eine sinnvolle Tätigkeit in Washington und London bemühte.[20] Die schwedischen Behörden verlangten zeitweise nicht nur seine Weiterreise, sondern drohten ihm trotz der norwegischen Staatsbürgerschaft mit einer Ausweisung nach Deutschland.[21]

Die Arbeit für Norwegens Freiheit und sein Engagement im norwegischen Exil in Schweden sollten in den kommenden Jahren entscheidende Bedeutung für ihn erhalten. Er fühlte sich mit „tausend Banden" mit Norwegen verbunden, gab aber sein Deutschland, das andere Deutschland, deshalb nie auf. Nun galt es, „zwei Vaterländer wiederzugewinnen – ein freies Norwegen und ein demokratisches Deutschland".[22] Das Land der Nationalsozialisten, das die Welt während des Krieges „von seiner widerwärtigsten Seite" kennen gelernt hatte, war für ihn nur ein „Deutschland" in Anführungszeichen.[23]

Willy Brandt als Bestandteil des norwegischen Exils in Schweden

Brandt hatte es am Tage des deutschen Überfalls auf Norwegen „als selbstverständliche Pflicht" empfunden, „der gerechten norwegischen Sache" während des Krieges „nach Kräften zu dienen"[24]. Die wichtigste Rolle spielte dabei seine journalistische-publizistische Arbeit. Seine Bücher, Broschüren und Artikel wurden in Schweden, den USA, der

Schweiz und – illegal – in Norwegen und Dänemark[25] verbreitet. In rascher Folge erschienen in Stockholm *Kriget i Norge. 9.april–9.juni 1940* (*Der Krieg in Norwegen*), *Norge fortsätter kampen* (*Norwegen setzt den Kampf fort*), *Norges tredje krigsår* (*Norwegens drittes Kriegsjahr*), *Olsouniversitetet i kamp* (*Die Osloer Universität im Kampf*), die anonym herausgegebenen Materialsammlungen *Norge under hakkorset. Fakta och dokumenter* (*Norwegen unter dem Hakenkreuz. Fakten und Dokumente*), *Dödsdomarna i Oslo. Bakgrund och följer* (*Die Todesurteile in Oslo. Hintergrund und Folgen*) und *Norsk front. Det norska folkets frihetskamp 1940–1941* (*Norwegische Front. Der Freiheitskampf des norwegischen Volkes*)[26], das von ihm redigierte Buch *Norge ockuperat och fritt* (*Norwegen – okkupiert und frei*), die Artikelsammlung *Sex norrmän berätta om Norge* (*Sechs Norweger berichten über Norwegen*), an der er beteiligt war, und die Broschüre *Norway does not yield. The story of the first year*, die 1941 in New York von den American Friends of German Freedom publiziert wurde. Neben diesen hochgelobten Büchern nahm die Mitarbeit an der zur illegalen Verbreitung in Norwegen vorgesehenen Zeitschrift *Håndslag* (*Handschlag*)[27] einen zentralen Platz ein.

Hinzu kamen seine Beiträge für das Schwedisch-norwegische Pressebüro, das über 70 schwedische Tageszeitungen mit Nachrichten über Norwegen belieferte,[28] Berichte und politische Analysen über die Verhältnisse in Norwegen, die an wichtige norwegische Exilpolitiker in Schweden, England und den USA geschickt wurden,[29] und Vorträge in Schweden. Als einer der engsten Vertrauten des *grand old man* der norwegischen Arbeiterbewegung, Martin Tranmæl, hatte Willy Brandt entscheidenden Einfluss bei der Formulierung der norwegischen Nachkriegspläne, der *Diskusjonsgrunnlag om våre fredsmål* (*Diskussionsgrundlage für unsere Friedensziele*),[30] die unter „wesentlicher Mitarbeit", „wenn nicht sogar ganz" von ihm im schwedischen Exil entworfen wurden.[31] Zum Jahreswechsel 1940/41 begab er sich auf eine gefahrvolle illegale Reise nach Oslo, um Verbindungen mit der Widerstandsbewegung im Lande herzustellen.[32] Der norwegische Widerstand, der sich nur langsam formierte, dann aber eine sehr breite Grundlage hatte,[33] war in erster Linie ein gewaltloser „Haltungskampf", d. h. ein Kampf für nationale, demokratische und zivilisatorische Werte. Brandt vertrat die ganze Zeit loyal die Politik der Heimatfront, stimmte seine Publikationen mit den norwegischen Exilbehörden in Stockholm ab. Er kritisierte die Kommunisten vor allem wegen ihrer Politik in der Periode bis zum deutschen Überfall auf die Sowjetunion am 22. Juni 1941 und wegen ihrer Ende des Krieges aufgestellten Behauptung, dass nur die Sowjetunion den Krieg gewonnen habe.[34]

Willy Brandt war ein Teil des norwegischen Exils in Stockholm. Dennoch war es nicht unproblematisch, als Deutscher in diesem Milieu zu arbeiten. Er fühlte sich aufgrund seiner Herkunft als Außenseiter und legte sich deshalb Zurückhaltung auf, was aber für ihn nicht bedeutete, dass er sich unkritisch einer herrschenden Meinung unterordnete. Gegenüber dem wichtigsten Berater des Außenministers der Exil-Regierung Trygve Lie, Arne Ording, meldete er Bedenken gegen die geplante Stationierung norwegischer Besatzungstruppen in Deutschland an und kritisierte die Zustände in der norwegischen Emigration.[35] Vor allem aber warnte er in Briefen, Publikationen und in seiner sonstigen politischen Arbeit immer wieder vor einer einseitigen Beurteilung der Deutschen. So nahm es nicht Wunder, dass er vereinzelt auch auf Ablehnung stieß. Trygve Lie legte die differenzierte Betrachtungsweise des norwegischen Arbeiterpartei-Exils in Stockholm als Deutschfreundlichkeit aus. Die in diesem Kreis formulierte Politik wurde nach seiner Auffassung zu stark von Brandt geprägt. Lie wie Ording glaubten, dass Brandt einen ungünstigen Einfluss auf die norwegischen Politiker im Stockholmer Exil ausübte.[36] Von norwegischen und schwedischen Kommunisten wiederum wurde er nicht nur als „Deutscher mit zweifelhafter Vergangenheit" angegriffen, der ein „Denunziantenbuch" geschrieben habe, sondern auch als Handlanger der Trotzkisten, Faschisten und der Gestapo denunziert, der außerdem dunkle Verbindungen zum ehemaligen polnischen Generalstab und zu Kollaborateuren habe.[37] Norwegische Nachrichtendienstler betrachteten ihn dagegen noch 1946 als unzuverlässiges, linksradikales Element.[38]

Trotz aller Verdächtigungen, Anwürfe und anderer Kritik fiel das Resümee des offiziellen Norwegen und der sozialdemokratischen

Publizistik 1947/48 über Brandts Bedeutung einheitlich aus: Im Osloer *Arbeiderbladet* hieß es, dass es kaum einen Norweger gegeben habe, der „eine so effektive Propagandaarbeit für unsere Sache ausgeführt hat" wie er.[39] In dem 1948 von Sverre Steen herausgegebenen großen Werk über den Krieg in Norwegen stellte Jens Schive fest, dass Brandt der „produktivste Autor" im schwedischen Exil und seine Bücher besonders in den ersten Kriegsjahren von „großer Bedeutung" gewesen seien.[40] Oddvar Aas unterstrich, dass Brandt als der einzige Autor gelten könne, dessen Informationen über Norwegen in Schweden nachhaltig gewirkt hätten.[41]

Die Stockholmer „Kleine Internationale"

Das norwegische Exil in Schweden war nicht der einzige Bezugspunkt für Willy Brandts politisches und publizistisches Engagement, obwohl vieles von dem, was er über Themen publizierte, die Norwegen nicht unmittelbar zu berühren schienen, auch für Norweger geschrieben war.[42] Parallel zum Milieu der norwegischen Flüchtlinge gab es den Freundeskreis aus der Sozialistischen Arbeiterpartei Deutschlands (SAP), das deutschsprachige Exil und den in Stockholm versammelten Kreis von Sozialisten aus alliierten, von Deutschland okkupierten und neutralen Ländern. Hinzu kamen der Dialog mit dem in den USA lebenden Leiter der Exil-SAP, Jacob Walcher, sowie Kontakte zu Vertretern der Alliierten und des deutschen Widerstandes.

Das bedeutendste Forum in diesem Kontext war sicher die „Internationale Gruppe demokratischer Sozialisten" in Stockholm, der Bruno Kreisky, Alva und Gunnar Myrdal, Torsten Nilsson, Martin Tranmæl, Vilmos (Wilhelm) Böhm und Ernst Paul angehörten, daneben aber auch der amtierende Außenminister der estnischen Exilregierung, zukünftige Minister, Parlamentarier und Diplomaten, Vertreter der Zionisten sowie amerikanische Gewerkschaftler mit engen Verbindungen zum US-Geheimdienst OSS.[43] In diesem Kreis, dessen Entstehung auf eine norwegische Initiative zurückzuführen ist und der sich ab September 1942 aus einem privaten Studienzirkel in

Stockholm entwickelte, kam Brandt eine Schlüsselrolle zu. Er war damals, wie Bruno Kreisky später schrieb, „der Inbegriff des politischen Verstandes in dieser Zeit und darüber hinaus eine politische Führungskapazität"[44]. Durch seine Fähigkeit, andere zu überzeugen, gewann Brandt bald kommunikative Macht.

Brandt referierte schon bei der ersten Zusammenkunft über die norwegische *Diskussionsgrundlage*, die als Ausgangspunkt und Vorlage für die Arbeit der Gruppe große Bedeutung erhielt. Im November 1942 wurde er formell Sekretär eines Komitees, das den Auftrag erhielt, einen ersten Entwurf ihrer Friedensziele auszuarbeiten. Auf Grund seiner dafür geleisteten Vorarbeiten und durch den Dialog mit den übrigen Mitgliedern entstanden schließlich *Demokratiske sosialisters fredsmål* (*Friedensziele der demokratischen Sozialisten*)[45].

Angesichts der heterogenen Zusammensetzung der „Kleinen Internationale", der unterschiedlichen Voraussetzungen und nationalen Interessen ihrer Teilnehmer mussten die Dokumente Kompromisslösungen werden. Brandt hatte zwar nicht das Gefühl, dass mit den *Friedenszielen* ein optimaler Text erarbeitet worden sei, aber der Zweck, eine Diskussion über die Nachkriegsprobleme zu initiieren, sei erreicht worden.[46] Die in dem Papier vorgelegten Lösungen waren stark durch Brandts Beiträge geprägt, dürfen aber vom Leser nicht ausschließlich als sein Text gelesen und interpretiert werden. Unverkennbar war vor allem auch der skandinavische Einfluss. Das „schwedische Modell" – Regulierung und gesellschaftliche Kontrolle im Dienste der Vollbeschäftigung statt Enteignung – stand bei der Entwicklung des Sozialismus-Verständnisses des Stockholmer Kreises Pate.[47]

Die „nicht endende Diskussion um die Frage, wie Europa nach dem Krieg aussehen sollte", die in dem Stockholmer Kreis geführt wurde,[48] spiegelt sich auch in Brandts Schrift *Krigs- og fredsmål* (*Kriegs- und Friedensziele*), in seinem Buch *Efter segern* (*Nach dem Siege*) und in der Broschüre *Zur Nachkriegspolitik der deutschen Sozialisten* wider, deren erster Teil von Brandt formuliert wurde. Für Brandt handelte es sich um kein neues Thema. Einige Artikel um die Jahreswende 1939/40,[49] vor allem aber sein Buch *Stormaktenes krigsmål og det nye Europa* (*Die Kriegsziele der Großmächte und das neue Europa*) vom April 1940 zeigen, dass er die internationale, besonders die in der britischen Labour Party geführte Kriegszieldebatte aufmerksam verfolgte.[50] Seine Überlegungen zur Friedenssicherung, zur europäischen Nachkriegspolitik und zur Entwicklung der Sowjetunion sind zwar durchaus eigenständige Beiträge, müssen aber auch im Kontext mit den in England und Schweden geführten Diskussionen gesehen werden.

Die Arbeiten zur europäischen Nachkriegsordnung, an denen Brandt beteiligt war, stellten mit der Forderung nach einem Frieden auf der Grundlage von Gleichheit und Gerechtigkeit bedeutende Beiträge in einer Zeit dar, die vom „Vansittartismus" und – je länger der Krieg dauerte – von wachsendem Hass gegen alles Deutsche geprägt war.

Geheime Kontakte

Willy Brandt geriet früh bei der schwedischen Polizei in den Verdacht, nachrichtendienstlich für den britischen Geheimdienst zu arbeiten. Angesichts des Argwohns der schwedischen Polizei gegenüber norwegischen Flüchtlingen war dies nicht verwunderlich. Die schwedische Polizei verhaftete, so der Eindruck des Stockholmer Vertreters der norwegischen Exilregierung, ziemlich willkürlich „norwegische Flüchtlinge, welche die englische Legation besuchen oder in Verbindung mit Engländern gesehen werden".[51] In Brandts Fall hatte seine Reise nach Oslo in der Weihnachtswoche 1940 die Aufmerksamkeit und das Misstrauen der schwedischen Sicherheitspolizei auf sich gezogen. Ende März 1941 wurde er verhaftet. Wegen Mangels an Beweisen und einer Initiative des Repräsentanten der norwegischen Exilregierung in Stockholm kam er nach einer Woche wieder auf freien Fuß.[52] Die Gerüchte über Verbindungen mit ausländischen Stellen wollten jedoch nicht verstummen. Die schwedischen Sicherheitsbehörden überwachten Brandt weiterhin, ohne dadurch konkrete Beweise zu erbringen, und erlegten ihm Reiserestriktionen auf, die auch nach der Kriegswende nicht völlig aufgehoben wurden.[53]

Es liegt in der Natur der Sache, dass sich nur schwer feststellen lässt, in welchem Umfang Brandt und andere Exilierte tatsächlich im Umfeld ausländischer Botschaften und Geheimdienste agierten. Brandts Äußerungen zu diesem Thema sind wenig ergiebig. Der Umfang derartiger Kontakte ist durch Quellen so gut wie nicht belegt, und selbst der schwedischen Sicherheitspolizei blieb das tatsächliche Ausmaß offenbar unbekannt.[54] Als Journalist und zentraler Akteur im Milieu der norwegischen Flüchtlinge war es natürlich, dass er Verbindungen zu Vertretern der alliierten Gesandtschaften – einschließlich der sowjetischen –, also den seinerzeit eng verbundenen Kriegsgegnern Hitlers in Stockholm unterhielt. So gelangten beispielsweise Analysen Brandts über das Potenzial deutscher Oppositionsbewegungen via London an den amerikanischen Geheimdienst und in das Außenministerium in Washington. Sie galten aufgrund ihres abgewogenen und die verschiedenen gesellschaftlichen Gruppen umfassenden Charakters im OSS als „sehr zuverlässig".[55] Sensationell war ihr Inhalt allerdings nicht, denn es handelte sich im Wesentlichen um seine auch auf Schwedisch veröffentlichten Analysen, beispielsweise Abschnitte aus *Efter segern*, die teils nahezu wortgetreu ins Englische übertragen, teils ausgebaut wurden. Seine von den schwedischen Sicherheitsbehörden kontrollierten Berichte für die Presseagentur Overseas News Agency in New York, die vom britischen Geheimdienst SIS finanziert wurde und eine Tochtergesellschaft der Jewish Telegraph Agency war, enthielten ebenfalls keine bemerkenswerten Enthüllungen.

Brandts Kontakte zur sowjetischen Gesandtschaft in Stockholm, die natürlich auch von Geheimdienstlern bevölkert war, begannen nach dem deutschen Überfall auf die Sowjetunion im Juni 1941. Bei der engen Freundschaft zwischen Martin Tranmæl und der sowjetischen Gesandten, Alexandra Kollontai, spricht vieles dafür, dass die Initiative nicht von Brandt selbst ausgegangen war, doch lassen die zugänglichen Quellen nur Vermutungen zu. Ob Brandt tatsächlich Informationen an die sowjetische Gesandtschaft geliefert hat und welchen Inhalt sie möglicherweise hatten, kann erst bei weiteren Quellenfunden überzeugend geklärt werden. Angesichts der engen Bindung Brandts an die Norwegische Legation waren die Informationen, die er bis zum Sommer 1942 geliefert haben soll[56], höchstwahrscheinlich vorher abgesprochen. Ein Alleingang hätte leicht seine Existenz gefährden können.

Bekannt ist, dass Brandt sich bei alliierten Botschaften darum bemühte, den deutschen Verschwörern des 20. Juli behilflich zu sein und Verbindungen herzustellen.[57] Über Adam von Trott zu Solz, der an Brandt mit der Frage herantrat, ob er bereit sei, sich einer neuen deutschen Regierung zur Verfügung zu stellen und für sie Aufgaben in Skandinavien zu übernehmen, und den ehemaligen Rendsburger Landrat Theodor Steltzer kam auch ein Kontakt zu Brandts einstigem Mentor aus Lübeck, Julius Leber, zustande.[58] Die Verbindungen zu Ausländern, alliierten Diplomaten und Vertretern westlicher Geheimdienste richteten sich gegen das verbrecherische NS-Regime, nicht gegen Deutschland. In keinem Fall waren sie ehrenrührig, sondern im Gegenteil Ausdruck des Engagements für ein anderes, besseres Deutschland, für das Brandt beharrlich auch bei den Alliierten warb.

Den Nationalsozialisten blieben diese Verbindungen Brandts unbekannt, doch hielten sie ihn für einen Mitarbeiter der Internationalen Transportarbeiterföderation (ITF),[59] die sich schon vor Kriegsausbruch stark gegen den Faschismus engagiert hatte und in diesem Kontext auch bereit war, mit den Geheimdiensten der westlichen Alliierten zusammenzuarbeiten. Brandt hatte sich tatsächlich im Juni 1941 mit dem Redakteur des ITF-Informationsdienstes *Faschismus* in London, Walter Auerbach, in Verbindung gesetzt und im Namen „einiger Freunde" signalisiert, dass Interesse an einem Nachrichtenaustausch und einer Zusammenarbeit mit der ITF bestehe.[60] Die Initiative zu diesem Kontakt ging aber nicht von Brandt aus, sondern von der ITF, die sich mit der Bitte um einen Mitarbeiter an Tranmæl gewandt hatte.[61] Die ITF-Kontakte wurden in der Folgezeit auch nicht von Brandt, sondern sehr intensiv von den SAP-Mitgliedern August und Irmgard Enderle wahrgenommen. Deren Berichte, die auf Gesprächen mit deutschen Seeleuten in Schweden sowie auf der Auswertung von Zeitungen und Zeitschriften beruhten, wurden von der ITF an den britischen Geheimdienst SIS weitergeleitet.⁶²

Brandt und das „andere Deutschland"

Brandts Stockholmer Jahre standen „im Zeichen journalistischer und schriftstellerischer Arbeit für Norwegen", aber, so fügte er im Vorwort zu *Norwegens Freiheitskampf* hinzu: „Ich arbeitete für ein freies Norwegen und für ein demokratisches Deutschland"⁶³. Trotz des intensiven Engagements für Norwegen und der selbst auferlegten Zurückhaltung auf Grund seiner deutschen Herkunft widmete er sich intensiv der Frage nach Deutschlands Zukunft. Dies wurde in der praktischen Politik ebenso deutlich wie in seinen Büchern, besonders in *Efter segern*, aber auch in der norwegischen *Diskussionsgrundlage*, den *Friedenszielen* der Stockholmer Gruppe und in Arbeiten wie *Krigs- og fredsmål*, in den von ihm verfassten Teilen von *Zur Nachkriegspolitik der deutschen Sozialisten* und in *Forbrytere og andre tyskere*. Wenn er im November 1947 an Halvard Lange schrieb, dass er seine Aufgabe darin sehe, „dabei zu helfen, dass Deutschland nach Europa zurückgeführt wird"⁶⁴, so war das kein Anliegen, das erst in der Nachkriegszeit aktuell wurde, sondern ein Ziel, das er während der gesamten Kriegsjahre verfolgte. Die Zurückweisung des „Vansittartismus" und des Hasses auf alles Deutsche schlechthin kann als ein konstitutives Element im Denken Brandts festgehalten werden, dem wir in den *Friedenszielen der demokratischen Sozialisten* ebenso begegnen wie in seinen Vorträgen und in Büchern wie *Efter segern* und *Forbrytere og andre tyskere*. Der „Vansittartismus" mit seinen radikalen Forderungen nach einer Bestrafung Deutschlands konnte nach seiner Auffassung letztlich nur – und hier teilte er die Ansichten moderater Labour-Politiker in England – der nationalsozialistischen Propaganda dienen und die deutsche Bevölkerung im Kampf gegen die Alliierten zusammenschweißen.⁶⁵ Für Brandt bestand während des Krieges kein Zweifel darüber, dass Hitler-Deutschland die Verantwortung für den Krieg trug, doch durfte das Land deswegen nach Kriegsende nicht aus der internationalen Gemeinschaft ausgestoßen bleiben. Stärker als andere Exilpolitiker war er sich dessen bewusst, dass „im Laufe dieser Jahre die schlimmsten Verbrechen an anderen Völkern von Deutschen und im Namen des deutschen Volkes verübt worden sind und dass sich demzufolge ein riesenhafter Hass gegen das gesamte deutsche Volk aufgespeichert hat." Auch war er sich darüber im Klaren, dass es diesen Völkern nicht leicht fallen würde, einer neuen deutschen Regierung Vertrauen entgegenzubringen.[66] Seine Aufgabe sah er darin zu zeigen, dass es jedoch ein Deutschland gab, dem man vertrauen konnte und musste.

Dies wird bereits in der norwegischen *Diskussionsgrundlage* deutlich. Obwohl sie primär ein Dokument war, das Norwegens Standort nach der Befreiung analysierte und zu bestimmen versuchte, plädierte sie für das Recht der Deutschen auf ein eigenes Dasein als freie Nation und distanzierte sich von einer – so eine spätere Formulierung Brandts – „Rassenpolitik mit umgekehrtem Vorzeichen",[67] die davon ausging, dass Deutschlands „gegenwärtige Regierungsform angeboren" sei. Gewarnt wurde weiter vor blindem Hass gegenüber allem Deutschen und dazu gemahnt, sich nach vorwärts zu orientieren und Deutschlands Zukunft im Rahmen einer europäischen Lösung zu gestalten. Deutschland, das als freie und selbständige Nation weiterleben sollte, sollte nach dem Krieg Hilfe erhalten, um eine demokratische Regierungsform entwickeln zu können, wobei die Arbeiterklasse als die wichtigste Basis für eine zukünftige deutsche Demokratie betrachtet wurde.

Je länger der Krieg dauerte und je mehr die Verbrechen der Nationalsozialisten bekannt wurden, desto schwieriger wurde es, gegen den „Vansittartismus" und den wachsenden Hass der unterdrückten Nationen gegen die deutsche Besatzungsmacht und die Deutschen zu argumentieren. Dass sich die Deutschen nicht gegen das NS-Regime erhoben, bestärkte im Ausland die Auffassung, dass sich die deutsche Bevölkerung mit dem nationalsozialistischen Regime identifizierte. Brandt hielt hingegen an seiner Überzeugung vom anderen Deutschland fest. Er war weiterhin davon überzeugt, dass es in der Schlussphase des Krieges zu einer Abrechnung mit den Nationalsozialisten im Rahmen einer deutschen Revolution kommen würde. Auch nachdem eine solche Erhebung ausgeblieben war, erläuterte er in seinen Berichten und Analysen über den Nürnberger Prozess gegenüber seinen deutschen und norwegischen politischen Freunden diesen Unterschied. Er wies auf den deutschen Widerstand seit 1933 und all jene hin, die in Zuchthäusern und Lagern gesessen und ihr Leben gelassen hatten, und unterstrich, dass nicht das deutsche Volk in Nürnberg angeklagt werde, sondern dass die Anklage im Gegenteil einen großen Teil ihrer Mühe darauf verwendet habe, „auch die Verbrechen der Nazis gegenüber dem deutschen Volk aufzuzeigen"[68].

Eine deutsche Alleinverantwortung für den Krieg wurde von Brandt nicht akzeptiert und durfte seines Erachtens auch nicht von einer zukünftigen deutschen Regierung anerkannt werden.[69] Er unterstrich die Mitverantwortung aller erwachsenen Deutschen, auch die der Arbeiterbewegung, machte aber auch darauf aufmerksam, dass Verantwortung nicht mit Schuld gleichzusetzen sei.[70] Eine Kollektivschuld gab es für diejenigen, „die sich aktiv und verantwortlich an nazistischen Gewalttaten beteiligt haben" und für die Hintermänner in Wirtschaft, Militär, Verwaltung und Presse, die „das entscheidende Kriegsverbrechen [...] bereits vor 1933 begonnen" hatten. Auf der Grundlage einer derart gefassten kollektiven Schuld hatte er keine Einwände gegen summarische Bestrafungen, um einen positiven Wiederaufbau schnell in Gang zu bringen.[71]

Das andere, neue Deutschland bedurfte nach Brandts Ansicht der „Geburtshilfe" durch die Alliierten, nicht zuletzt deshalb, weil er mit einem relativ langen und hemmungslosen Widerstand der „Kerntruppen der Nazis" rechnete. Danach aber müsse es selbst seinen Weg durch „einen revolutionären, breite Volksmassen erfassenden Prozess" finden. Die innere Überwindung des Nationalsozialismus müsse „das Werk des deutschen Antinazismus, der deutschen Demokratie, des arbeitenden deutschen Volkes sein"[72]. Geburtshilfe für die deutsche Nachkriegsdemokratie durch die Alliierten bedeutete aber keine kritiklose Unterwerfung. Brandts Skepsis gegen die Alliierten war aufgrund ihrer Politik in Nordafrika, Italien und Griechenland bereits vor der deutschen Kapitulation unübersehbar.[73] Seine Forderung war „bedingungslose Kapitulation der Nazis, des durch sie vertretenen und zugrunde gerichteten Deutschlands", doch durfte dies nicht eine „würdelose Unterwerfung deutscher Antifaschisten, der deutschen Demokraten" heißen. „Realistische Einschätzung der Gesamtlage, Wille zu ehrlicher Zusammenarbeit bedeutet nicht und kann nicht bedeuten, dass man auf seine Gesinnung, seine Erkenntnis, seine Zukunftsvorstellungen verzichtet. Im Gegenteil: es gilt im kommenden Deutschland, gerade auch den Tendenzen zur geistigen Unterwerfung Einhalt zu gebieten"[74].

Mitverantwortung bedeutete auch Entschädigung für von Deutschen begangenes Unrecht. Dazu gehörten nicht nur Wiederaufbauleistungen und die Rückgabe geraubten Gutes, sondern auch die Wiedergutmachung der nationalsozialistischen Verbrechen an den Juden.

Zwar hatte Willy Brandt durch den polnischen Sozialisten Maurycy Karniol und seinen Freund Stefan Szende einiges über den „Ausrottungsfeldzug gegenüber den europäischen Juden"[75] und seine Folgen erfahren,[76] doch wurde ihm der volle Umfang dieses „größten Verbrechens gegen die Menschlichkeit"[77] der Nationalsozialisten erst während des Nürnberger Prozesses klar, dem er als Pressekorrespondent beiwohnte. Aber schon 1944 war für ihn deutlich, dass nicht nur die Nationalsozialisten, sondern „breite Teile des deutschen Volkes" die Verantwortung trugen. Die Probleme bei „der Reinstallierung der von den Nazis verfolgten Juden" waren nach seiner Ansicht „so umfassend, dass es zweifellos internationaler Maßnahmen" bedurfte. Dabei trat er dafür ein, sowohl die Juden zu unterstützen, die einen neuen Anfang in Deutschland versuchen wollten, als auch jenen zu helfen, die sich für den Aufbau der jüdischen Nation in Palästina entschieden hatten. Man könne nicht so tun, schrieb er in *Efter segern*, als gäbe es „kein jüdisches Palästina, wo eine halbe Million Menschen mit Blut, Schweiß und Tränen die Grundlage für ein hochkultiviertes Gemeinwesen gelegt hat", und den Juden „das Recht, ihr eigenes Leben zu leben" verweigern. Doch hoffte er auch darauf, dass der Assimilierungsprozess in Europa wieder in Gang käme und die europäischen Länder einen „Zuschuß jüdischer Intelligenz" erhielten.[78] Zur Unterstützung der deutschen Juden und des Aufbaus in Palästina schlug er einen „Hilfsfond aus beschlagnahmten Nazivermögen" vor.[79]

Europa nach dem Kriege

Willy Brandt ging – ebenso wie die Gesinnungsfreunde in der „Kleinen Internationale" – von der Hypothese aus, dass die Kooperation der Alliierten den Krieg überdauern und es trotz aller Schwierigkeiten möglich sein werde, feste Formen der Zusammenarbeit zwischen ihnen zu finden.[80] Dies sei im Interesse der Alliierten selbst, aber auch im deutschen Interesse, da nur so die staatliche Einheit bewahrt werden könne. Im Sommer 1941 hatte Brandt – wenn auch mit Vorbehalten – überlegt, als Journalist nach Moskau zu reisen, um sich vor Ort ein Bild zu machen und die einseitige Berichterstattung durch die „KP-Dummköpfe" zu korrigieren.[81] Sein Interesse an der Entwicklung in der Sowjetunion war stark. Darin unterschied er sich nicht von dem Hauptstrom der norwegischen Arbeiterbewegung. 1939 hatte er in zwei anonym erschienenen Broschüren[82] seine Kritik – und die der Arbeiterpartei – an der sowjetischen Politik formuliert: „Es sind besonders der Mangel an innerer Demokratie und die Entwicklung in Richtung bürokratischer Diktatur und Führerkult, die der Grund kritischer Vorbehalte" waren. Zugleich mit der Kritik hatte er begründet, weshalb die Arbeiterbewegung dennoch die Sowjetunion und deren „großartige Aufbauarbeit" solidarisch verteidigt hatte.[83]

Nachdem sich die Sowjetunion der Anti-Hitler-Koalition angeschlossen hatte, modifizierte Brandt – ebenso wie das übrige alliierte Lager – diese Kritik erheblich,[84] doch galt es, eine Erweiterung des sowjetischen Machtbereichs auf Ost- und Mitteleuropa und besonders auf Deutschland zu verhindern.[85] Er teilte die Bewunderung für den sowjetischen Verteidigungswillen, wobei er gerade in der Beteiligung der Bevölkerung an der Abwehr des deutschen Aggressors auch die Chance zu inneren Reformen und „für beträchtliche Fortschritte auf dem Weg der politischen Demokratie" sah[86], die auf eine „freiheitliche und humanistische Entwicklung" hoffen ließ.[87] Über die politische Einordnung der UdSSR bestand kein Zweifel bei Brandt: Angesichts seiner Verankerung in der nordischen Demokratie waren die Sowjetunion und ihr Gesellschaftssystem keine Alternative für ihn. Im August 1944 teilte er Walcher mit: „Selbst bin ich geneigt, gewisse Entscheidungen im Osten heute noch kritischer zu beurteilen als früher und die unbedingte Notwendigkeit der Eigenentwicklung noch stärker zu betonen."[88] Es galt für ihn, den speziellen Hintergrund der Sowjetunion zu erfassen. Will man sein Verhältnis zur UdSSR auf eine einfache Formel bringen, so dürften weder ein „partiell [...] mythisch verklärter Osten" noch eine apologetische Haltung zur Sowjetunion[89] dafür kennzeichnend sein, sondern „zur gleichen Zeit eine Anerkennung und Abgrenzung."[90] Dass Brandt in der Endphase des Zweiten Weltkriegs von einem aufrichtigen Willen der sowjetischen Führung zur Zusammenarbeit ausging, ihren Erklärungen vertraute und die sowjetische Fähigkeit zur Verteidigung auf die Überlegenheit der sowjetischen Planwirtschaft zurückführte, kann aus heutiger Sicht als naiv betrachtet werden. Zu der positiven Einschätzung mögen die Befreiung norwegischen Bodens durch die Rote Armee im Oktober 1944 ebenso beigetragen haben, wie die Einbeziehung kriegsgefangener deutscher Soldaten und Offiziere in das „Nationalkomitee ‚Freies Deutschland'".

Seine Erfahrung und seine Arbeit und Verankerung in internationalen Foren hatten Brandt gelehrt, die internationale Politik nicht nur aus der deutschen Perspektive zu sehen, sondern auch aus der der Kriegsopfer. So wurden die sowjetischen Sicherheitsinteressen von ihm als legitim anerkannt. „Enge, freundschaftliche Beziehungen" waren für ihn „eine der entscheidenden Voraussetzungen für die Zukunft des deutschen Volkes und für die Stabilisierung des Friedens in Europa"[91], aber er betonte ebenso die Verständigung mit Frankreich, „das unser fester Bundesgenosse werden muss"[92]. Aus dieser Haltung ergab sich für ihn auch „die klare Erkenntnis [...], dass Deutschland sich nicht einseitig nach Osten oder Westen festlegen kann, sondern dass es zusammenarbeiten muss"[93].

Grenzregulierungen und die Überwindung des Nationalismus

Brandt war sich frühzeitig darüber im Klaren, dass die Alliierten nach der deutschen Niederlage erhebliche territoriale Veränderungen – besonders an der deutschen Ostgrenze – vornehmen würden. Gebietsverluste und Umsiedlungen hat er keineswegs begrüßt, wie es später in den sechziger Jahren im Rahmen der Anti-Brandt-Kampagnen hieß, er hat sie nicht einmal akzeptiert, sondern als „verhängnisvoll"[94] bezeichnet und „sich gegen den „internationalen Ausverkauf" von „Gebieten mit eindeutig deutscher Bevölkerung" ausgesprochen.[95] Pläne, die „Deutschland weit hinter die Grenzen von Weimar zurückdrängen oder es gar in eine Reihe von Teilgebieten zerstückeln wollen", lehnte er ab.[96] Auf Grund der sowjetisch-polnischen Grenzverschiebung,[97] der Politik der Alliierten und der Forderungen politischer Kreise im Ausland, aber ebenso wegen des deutschen Vorgehens in Polen und der Sowjetunion sowie im Hinblick auf den ausgebliebenen sichtbaren und effektiven Widerstand in Deutschland betrachtete er Grenzkorrekturen jedoch auch als unumgänglich.[98] Einer zukünftigen deutschen Regierung würde allerdings, stellte er im Sommer 1944 fest, nichts anderes übrig bleiben, als sich „wohl oder übel mit unangenehmen Tatsachen abzufinden", doch dürfe dies nicht eine „würdelose Unterwerfung" sein und könne nicht bedeuten, dass deutsche Demokraten „offenbar unbillige und unsinnige Forderungen" ohne Protest hinnehmen und politisch und moralisch sanktionierten.[99] Andererseits konnten – so stellte er im Februar 1945 in einem Vortrag fest – „in einer Welt, die in diesem Masse aus den Fugen geraten ist, [...] nicht die eine oder andere Grenzfrage, ja nicht einmal das vorübergehende Schicksal des einen oder anderen Volkes als absoluter Masstab dafür gelten, ob die Entwicklung in vernünftiger, demokratischer Richtung verläuft oder nicht. [...] Man sollte sich vor Augen halten, dass es in der Politik – ebenso wie im Leben überhaupt – nur selten – wenn überhaupt – eine absolute Gerechtigkeit gibt. Die relativ gerechteste Lösung wird demokratisch auf dem Wege der Verständigung und des Kompromisses durchgesetzt"[100].

Er hatte Verständnis für die Auffassung, dass der Versailler Vertrag keine befriedigende Lösung war und dass man auf polnischer Seite nach Garantien gegen ein „Wiederaufleben des deutschen ‚Dranges nach Osten'" verlangte. Eine rationale Lösung könne ein für Polen „befriedigender Zugang zur See" und für Deutschland eine geschlossene Ostgrenze sein. „Eine solche gebietliche Neuregelung müsste mit einem grosszügigen Bevölkerungsaustausch verbunden werden".[101] Durch einen Bevölkerungsaustausch konnte „ein schwieriges Problem aus der Welt geschafft" werden[102], dieser konnte also „in gewissen Fällen von Vorteil sein", doch erinnerte Brandt gleichzeitig daran, dass es auch galt, „die vielen Millionen, die durch die Nazis verfrachtet und vertrieben wurden, so bald wie möglich in ihre Heimat zurückzuführen und dass es vom demokratischen Standpunkt aus keine Fortführung der Methoden der nazistischen Zwangsumsiedlung geben darf".[103] Zugleich finden wir bei ihm auch in *Efter segern* Einsichten, die in seiner späteren Ostpolitik wieder an Gewicht gewannen, nämlich: Gegen neue Vertreibungen sprachen humanitäre Gründe.[104]

Ein wichtiger Aspekt war in *Efter segern* die europäische Perspektive der Umsiedlungen. Die Minoritätenprobleme, auch das Problem mit „Millionen Menschen mit fließenden Nationalitätsverhältnissen"[105], ließen sich nicht im herkömmlichen Sinne lösen. „Besonders unvernünftige Regelungen in territorialer Hinsicht [...] würden", so erklärte Brandt im Februar 1945, „beweisen, dass man auf die Dauer nicht mehr auf der Basis der nationalistischen Ordnung in Europa zu Rande kommt". Seine Hoffnung war, dass sich aus einem europäischen Ansatz ein wichtiger Impuls „für die Arbeit in der Richtung auf eine gesamteuropäische, föderativ-demokratische Lösung der Probleme" ergeben würde.[106]

Das Verhältnis zwischen Deutschland und Polen war für ihn ein „Musterbeispiel dafür, dass überregionale Lösungen mit einer ‚Auflockerung' der Grenzen erforderlich sind"[107]. Einer Modifizierung des „alte[n] nationalstaatliche[n] Souveränitätsbegriff[s]" stehe jedoch ein gesteigertes Nationalgefühl entgegen, das im Kampf gegen den Nationalsozialismus ein „sehr wichtiges und positives Element" gewesen sei, in der europäischen Wiederaufbauarbeit nach dem Kriege aber „ein sehr negativer Faktor" werden könne.[108]

Die Diskussion um überregionale oder föderative europäische Lösungen spielte in den letzten Kriegsmonaten und der Nachkriegszeit eine untergeordnete Rolle in der Publizistik Brandts. Er selbst verstand sich auch nach dem Krieg als Europäer und Internationalist,[109] doch schon in *Zur Nachkriegspolitik der deutschen Sozialisten* sah er, dass der Gedanke an eine europäische Neuordnung durch Hitlers Politik kompromittiert und deshalb kaum durchsetzbar war. Weil für Brandt aber eine gesamteuropäische Lösung ohne Deutschland nicht denkbar war, musste eine neue deutsche Regierung zielbewusst für die Durchsetzung eines „europäischen Föderationsprogramms" eintreten. Und diese Regierung musste „vor allem [...] auch immer wieder beton[en], dass die Gefahr einer deutschen Vormachtstellung gegenüber den Nachbarvölkern in einer europäischen Föderation nicht grösser, sondern im Gegenteil viel geringer ist als in einem zersplitterten Europa".[110] Die Kompromittierung dieses Gedankens durch die Verdeutschung Europas wurde ihm nach Kriegsschluss noch deutlicher. Als Gegenmodell forderte er deshalb eine Europäisierung Deutschlands. Die „europäische Jugend, die in Deutschland aufwächst", müsse ein neues Ideal erhalten, das seine Wurzeln in deutschen Freiheitstraditionen und internationalen menschlichen Zielsetzungen habe.[111] Europäische Lösungen gerieten für ihn danach in den Hintergrund. Dies mag aber auch daran gelegen haben, dass die Europaidee durch Churchill und andere Konservative gegen die Sowjetunion gekehrt wurde, während Brandt eine Vertiefung der Polarisierung in Europa als Gefahr für den Frieden und die Einheit Deutschlands betrachtete.

Deutschlands staatliche Einheit musste, worauf Brandt in vielen Zusammenhängen hinwies, erhalten bleiben. „Eine Zerstückelung Deutschlands wäre eine unheilvolle Gabe an die deutschen Antinazisten", stellte er an die Adresse der Alliierten fest.[112] Auch fürchtete er, dass eine über Jahre anhaltende Aufteilung in Besatzungszonen die innere Einheit zerstören und Deutschland spalten könnte. Deutsche Demokraten müssten sich deshalb in diesem Fall darum bemühen, über die Zonengrenzen hinweg Kontakt miteinander zu halten. Er machte dabei deutlich: „Es ist kein Nationalismus, wenn man sich – bei Ablehnung der reaktionär-mystischen ‚Reichsidee' und bei Anerkennung einer Linie, die auf stärkere innere Föderalisierung hinausläuft – zum Sprecher des Zusammenhaltens gegenüber jenen Separatisten macht, die bereits einmal gezeigt haben, dass sie sich aus den zweifelhaftesten Gesellschaftsschichten rekrutieren"[113].

Entscheidung gegen die SAP

Im April 1940, als der Krieg nach Norwegen kam, gehörte Willy Brandt zu den bedeutendsten Persönlichkeiten der kleinen SAP im Exil. Zugleich war er aber fest in die norwegische Arbeiterbewegung integriert. Bei dem unbekannten neunzehnjährigen Deutschen, der im April 1933 nach Oslo gekommen war, hatten sieben Jahre Exil, die Begegnung mit der politischen Kultur und der Arbeiterbewegung Norwegens, ein illegaler Aufenthalt im nationalsozialistischen Deutschland, der Spanische Bürgerkrieg, die Moskauer Prozesse und der deutsch-sowjetische Pakt tiefe Spuren hinterlassen. Aus einem jungen Linkssozialisten, der für die Diktatur des Proletariats eingetreten war, war ein politischer Realist und Pragmatiker geworden, der nicht unumstritten war, dessen Rat und Wissen aber gefragt waren.[114]

Im Jahre 1939 hatte Jacob Walcher, der Leiter der Exil-SAP, sich dafür entschieden, dass die Partei im Falle eines Krieges von Oslo aus mit Brandt als „Federführendem" zusammengehalten werden sollte.[115] Angesichts der sich überstürzenden Entwicklung hatte sich nach Kriegsausbruch schnell gezeigt, dass die Möglichkeiten dazu für Brandt minimal waren. Während des Krieges existierten nur noch in London, in New York und auf Kuba SAP-Grüppchen. Der Kontakt mit Walcher, der nach der deutschen Besetzung Frankreichs nach New York gelangt war, war bis zum Sommer 1942 fast völlig unterbrochen[116] und konnte auch danach nur sporadisch wiederhergestellt werden. Eine Weiterführung des „alten Vereins"[117] SAP von Schweden aus war ausgeschlossen. Dafür hatten die Aufbruchstimmung,[118] die Zerstörung der alten Organisationsstruktur und die Restriktionen durch die schwedischen Behörden bis zur Kriegswende 1942/43 gesorgt. Die SAP-Emigranten in Schweden lebten in den ersten Kriegsjahren als lockerer Zusammenhalt von etwas über 20 Exilierten weiter, nicht aber als organisierte Gruppe.[119]

Für Brandt war die einstige Idealisierung der SAP-Gründung schon 1938 veraltet[120] und die Rückkehr in das Lager der internationalen Sozialdemokratie eine Frage der „politischen Zweckmässigkeit" geworden. Im schwedischen Exil war er von dem Wunsch geleitet, „entscheidende Resultate" zur Verwirklichung der Ziele zu erreichen, auf die man sich „vor mehreren Jahren" geeinigt hatte. Dazu war die „Lösung von den veralteten gruppenmässigen Verbindungen" erforderlich.[121] Zu den Erfahrungen mit der „Sozialistischen Konzentration" von 1937/39, den vor allem von österreichischen Sozialisten ausgehenden Bemühungen um einen Zusammenschluss der deutschsprachigen sozialistischen Exilgruppen,[122] waren während des Krieges verstärkt die mit den skandinavischen Arbeiterbewegungen gekommen, nämlich mit dem Konzept von der Sozialdemokratie als einer breiten Volkspartei, in der sowohl Raum für Kommunisten wie für Linksliberale war, in der sich jedoch das sozialdemokratische Denken als hegemonial durchgesetzt hatte.

Dass sich die SAP für Brandt überlebt hatte, bedeutete jedoch nicht, dass er oder die anderen Mitglieder der Partei ihre politische Arbeit völlig einstellten. Das Bewusstsein von gemeinsamen Zielen hielt den Kreis zusammen und führte dazu, dass zentrale Ziele der Partei wie der Kampf gegen die nationalsozialistische Herrschaft und für ein besseres Deutschland sowie die Bemühungen um die Wiederherstellung der Einheit der deutschen Arbeiterbewegung nicht aufgegeben wurden.

Die von Brandt, Stefan Szende, Ernst Behm sowie August und Irmgard Enderle 1944 ausgearbeitete Programmschrift *Zur Nachkriegspolitik der deutschen Sozialisten*[123] war das letzte Werk der SAP in Skandinavien. In der anonym erschienenen Broschüre wurden die Voraussetzungen für ein demokratisches Deutschland, die außenpolitischen Bedingungen, die Zielsetzung der demokratischen Revolution, Fragen der nationalen Einheit, der Forderungen der Siegermächte, der Wiedergutmachung und des Wiederaufbaus sowie Probleme der Fortsetzung der alliierten Kriegskoalition, einer neuen europäischen Ordnung und eines neuen Völkerbundes behandelt. Die Schrift beurteilte auch die Voraussetzungen für eine „demokratisch-sozialistische Einheitspartei" als günstig, in der die Arbeiterschaft die Hauptbasis bilden, aber auch Raum für städtische und ländliche Mittelschichten gegeben sein sollte.

Wenige Wochen nach der Veröffentlichung der Schrift machten die SAP-Mitglieder ihren Übertritt zur Stockholmer SPD-Gruppe publik.[124] Trotz aller zusätzlichen persönlichen Motive war damit eine grundsätzliche Entscheidung getroffen, nämlich das prinzipielle Votum für das Zusammengehen der demokratisch orientierten Arbeiterbewegung in einer Partei. Damit wurde die parteiübergreifende Zusammenarbeit fortentwickelt, die vor dem Kriege begonnen hatte, und bekräftigt, was im „Internationalen Arbeitskreis" diskutiert worden war: „Deutschland steht am Ende des verlorenen Krieges vor der Alternative, entweder den demokratischen oder den kommunistischen Weg gehen zu müssen. Von der Entscheidung dieser Frage hängt das Schicksal der Demokratie in Europa ab"[125].

Folgt man Brandt und dem mit ihm befreundeten Ehepaar August und Irmgard Enderle, so handelte es sich nicht um einen Beitritt zur SPD, sondern zur Vorstufe einer zukünftigen neuen, einheitlichen sozialistischen Partei.[126] Brandt unterstrich, dass der Anschluss nicht an die SPD vollzogen wurde, sondern an eine oppositionelle sozialdemokratische Landesgruppe, der die Mehrheit der sozialdemokratischen Emigranten in Schweden angehörte, die aber in einer heftigen Fehde mit der Sopade-Führung in London lag.[127]

Während sich die SAP-Emigranten bemüht hatten, konstruktiv für die Zeit nach Hitler zu arbeiten, war die sozialdemokratische Emigration in Schweden in vielen Fragen zerstritten. Besonders der Vertrauensmann des Londoner Parteivorstandes in Stockholm, Kurt Heinig, verfolgte mit Unruhe, vor allem aber mit persönlichem Ressentiment die Aktivitäten der SAP-Emigranten, deren starke Repräsentation im Internationalen Arbeitskreis ihn irritierte.[128] Er stimmte dem ersten Aufnahmeantrag der SAP-Mitglieder zwar zu,[129] versuchte danach jedoch nach Kräften, die Aufnahme in die SPD zu hintertreiben, bis er auf Druck Ollenhauers, bei dem er in London gegen den „Ausländer" Brandt Bedenken angemeldet hatte,[130] schließlich doch der Aufnahme zustimmen und sie nach außen hin als „wichtig und erfreulich" verteidigen musste.[131] Seinen Widerstand gegen Brandt gab er auch in den folgenden Jahren jedoch nicht auf.[132]

Brandt registrierte bei der Minorität der Stockholmer Sopade-Emigration eine „Mauer von Unverstand" und eine „unglückselige Mischung von Ultralinksertum und ‚Deutschtum'". Zugleich ließ sich aber zu seiner eigenen Überraschung die Zusammenarbeit mit dem sozialdemokratischen Gewerkschafter und Reichstagsabgeordneten Fritz Tarnow, den niemand eines Linkskurses verdächtigen konnte, positiv an.[133] Die besonderen Verhältnisse in der Stockholmer Emigration – die Zusammenarbeit mit Tarnow einerseits, der Widerstand Heinigs andererseits – haben die Entwicklung sowohl gefördert als auch gehemmt.[134]

Handelte es sich beim Wunsch nach der Einheit der Arbeiterklasse um eine „Entscheidung für die SPD", um eine Entscheidung gegen die SAP oder um ein neues Verständnis von einer breiten sozialdemokratischen Volkspartei? Sicher ist, dass Walchers Einschätzung, es handele sich um eine Liquidation der SAP kurz „vor Toresschluss durch eine Handvoll Emigranten"[135], nicht die Lernprozesse reflektierte, die bei SAP-Mitgliedern im skandinavischen Exil stattgefunden hatten. Ebenso sicher ist, dass es an der SAP nicht mehr viel zu liquidieren gab. Während der im Exil geführten Diskussion über eine Wiedererrichtung der SAP warnte Brandt „entschieden" vor einer Rekonstruktion der Partei. Zwar werde es sich nicht verhindern lassen, dass „sich Freunde im Rahmen alter Gruppierungen zunächst wieder zusammenfinden". Es komme jedoch nun darauf an, eine „Versteifung" der alten Parteiengegensätze zu verhindern. Brandt schlug deshalb mehrere Monate vor dem Beitritt zur Stockholmer SPD-Gruppe vor, einen „Reichsausschuss" zu bilden, der für die angestrebte Einheitspartei und gegen ein Wiederaufleben der Partei arbeiten sollte.[136]

Die Begriffe der „sozialistisch-demokratischen Einheitspartei" bzw. „Sozialistischen Einheitspartei" spielten eine zentrale Rolle in der Argumentation für den Anschluss an die Stockholmer SPD-Gruppe. Die alten Streitfragen waren überholt, nun stand der deutsche Wiederaufbau mit seinen Herausforderungen auf der Tagesordnung. Dazu war eine einheitliche, aber auch zugleich demokratisch-sozialistische Arbeiterbewegung erforderlich. Die eigentliche Konstituierung der Partei musste in Deutschland geschehen, allerdings konnten bereits vor Kriegsende in der Emigration propagandistische und organisatorische Vorbereitungen getroffen werden.

In Schweden selbst war die Entscheidung, sich der Stockholmer SPD-Gruppe anzuschließen, der „paradigmatische Bedeutung" beigemessen worden ist,[137] zwar nicht unumstritten, führte aber zu keinen politischen und persönlichen Konflikten.[138] Das in Stockholm erarbeitete Konzept stieß bei den restlichen Mitgliedern der SAP auf wenig Verständnis und löste dort zum Teil heftige Reaktionen aus. Die Londoner SAP-Emigration und die politischen Kampfgefährten Brandts aus dem norwegischen Exil unterließen es nicht, kritische Kommentare zu senden.[139] Harte Kritik kam von Mitgliedern der einstigen Parteileitung. Jacob Walcher war – wie er selbst diplomatisch an seinen Freund Brandt schrieb – „peinlich überrascht"[140] –, in Wirklichkeit empfand er den Übertritt als einen „Schlag ins Gesicht".[141] Für das Ehepaar Lang handelte es sich um eine „schamlose Kapitulation".[142] Ein noch härteres Urteil über das „verantwortungslose und gedankenlose Gequatsche" aus Stockholm, über den „verdeckten Übergang zum Klassenfeind" kam von Boris Goldenberg und Fritz Lamm aus Kuba.[143]

Prinzipielles Ziel der Stockholmer Gruppe war die umfassende Einheit der politischen Arbeiterbewegung. Ob es tatsächlich zu einer einheitlichen Partei kommen würde, war – darüber war Brandt sich im Klaren – von Bedingungen abhängig, auf die weder die SAP noch die Emigranten Einfluss hatten. Die Kommunistische Internationale war als Konzession an die westlichen Alliierten im Mai 1943 aufgelöst worden; doch hielt Brandt im August 1944 gegen Walcher fest: „Bisher sieht es nicht so aus, als ob die KP auf die Neukonstituierung verzichten wollte. Auch zu dieser Frage muss unsere Haltung sein: ‚An uns soll es nicht liegen!' Falls es zunächst nicht möglich sein sollte, alle unter einen Hut zu bringen, so besteht die Hoffnung, im Kampf um die totale Einheit zumindest eine vernünftige Vereinigung im soz[ialistischen] Sektor zustandezubringen, und zwar u. a. auch so, dass dadurch die Voraussetzungen für die Weiterarbeit an der Erreichung des grösseren Ziels gegeben sind"[144]. Der Rahmen für eine „vernünftige Vereinigung" konnte für Brandt nur eine erneuerte Sozialdemokratie sein, nicht aber eine kommunistische Partei: „Wenn die totale Einheit nicht zu verwirklichen ist und die Bildung einer dritten Partei nicht in Frage kommt, so müssen wir uns für Einordnung in eine der beiden Parteien entscheiden. Dafür kommt unserer Meinung nach nur die Sozialdemokratie in Frage"[145].

Nachdem aus Brandts Freundeskreis August und Irmgard Enderle unmittelbar nach der Befreiung Deutschlands durch die Alliierten noch problemlos Gelegenheit zur Rückkehr erhalten hatten, sahen sich die meisten Remigrationswilligen schnell mit erschwerten Einreisebedingungen konfrontiert.[146] Wer tatsächlich geglaubt hatte, der Anschluss an die SPD-Gruppe könne dazu beitragen, die Rückkehr nach Deutschland zu erleichtern und einen besseren politischen Start einzuleiten,[147] wurde enttäuscht. Das Ehepaar Enderle machte kurz nach der Rückkehr die Erfahrung, dass die Möglichkeiten, am Wiederaufbau und an der Neugestaltung der Arbeiterbewegung teilzunehmen, begrenzt waren, da die SPD „in einer Art Selbstlauf" nach dem Weimarer Muster wiedererstanden war.[148] Sie fanden nicht nur ein restauriertes Parteienmuster vor, sondern stießen auch auf eine „dumpfe und gehorsame Parteimasse" und die „uralten Grössen von einst".[149] Diese Skepsis gegenüber dem „alten Funktionär-Kader" finden wir auch bei Willy Brandt.[150] Nachdem er zwischen November 1945 und Mai 1946 die SPD-Führung näher kennen gelernt hatte, war er voller Vorbehalte gegenüber den „Apparatleuten in Hannover", fürchtete, dass „die Ollenhauers und Kriedemänner die Partei be-

herrschen werden", und konstatierte, dass man schon wieder mit
„kleinlichen Intrigen und Schiebungen" begonnen hatte.[151] Diesen
Kräften gegenüber wollte er seine Unabhängigkeit bewahren.

Dass sich die angestrebte neue demokratisch-sozialistische Einheitspartei nach dem Stockholmer Konzept nach Kriegsende nicht verwirklichen ließ, hatte komplexe Gründe, von denen einige auch bei der SPD lagen. Kurt Schumacher, mit dem Brandt die Perspektive einer pluralistischen linken Volkspartei teilte und vor dem er große Hochachtung hatte,[152] setzte sich bereits im Herbst 1945 mit seiner Haltung gegen eine Einheitspartei unter Einschluss der Kommunisten durch. Demgegenüber klagte Brandt die sozialdemokratische Führung im Westen an, „in hohem Masse eine negative Haltung" eingenommen zu haben.[153] Die repressiven Vorgänge im Zusammenhang mit der Vereinigung zwischen SPD und KPD in der Sowjetischen Besatzungszone im Winter 1945/46 ließen das Projekt der sozialistisch-demokratischen Einheitspartei endgültig scheitern. Die „Sechziger-Konferenz" aus je 30 Sozialdemokraten und Kommunisten im Dezember 1945 in Berlin bereitete mit der SED eine völlig andere Sozialistische Einheitspartei vor, als den Stockholmer SAP-Mitgliedern vorgeschwebt hatte. Nun trat die „Zerklüftung" der Arbeiterbewegung ein, die hätte verhindert werden sollen. Brandt hatte bereits im November 1945 in seinem Dialog über die Einheitspartei mit Jacob Walcher die Überzeugung geäußert, dass „die Politik der KP nicht primär durch die Verhältnisse im eigenen Lande bestimmt" und eine demokratische Meinungsbildung in der Partei kaum durchführbar war. Auf ihn hatte das negative Verhalten der norwegischen KP in den dortigen Sammlungsverhandlungen Eindruck gemacht,[154] und er wies nun auf den „undemokratischen" und „gewalttätigen" Druck hin, der von kommunistischer Seite ausgeübt worden war. Für ihn waren, im Gegensatz zu Walcher, „die demokratischen Grundrechte und die Demokratie innerhalb der Arbeiterbewegung [...] nicht Fragen der Zweckmässigkeit", sondern „grundsätzliche Fragen erster Ordnung".[155] Dass Walcher danach trotzdem noch immer glaubte, Brandt für die SED gewinnen zu können, und sich später „hintergangen" fühlte, als er erfuhr, dass Brandt Berlin-

Beauftragter der SPD geworden war,[156] zeigt, dass Walcher Brandts Entwicklung nicht erfasst hatte oder erfassen wollte.

Für Brandt war nach der Gründung der SED klar, dass es nun darauf ankomme, die Sozialdemokratie im Westen so stark wie möglich zu machen und in ihr für eine „möglichst fortschrittliche Politik" zu arbeiten.[157] Schon wegen der Abhängigkeit Deutschlands von den Alliierten galt es, trotz der Verfestigung der Zonengrenzen, zu der die Gründung der SED beigetragen hatte, weiterhin mit den Besatzungsmächten loyal zusammenzuarbeiten und auf eine Normalisierung des Verhältnisses zur Sowjetunion hinzuwirken. Jetzt kam es darauf an, unter neuen Verhältnissen und von Dogmen befreit, „eine planwirtschaftlich-freiheitliche, demokratisch-sozialistische Konzeption für die deutsche, europäische und internationale Arbeiterbewegung zu entwickeln"[158]. Der Gedanke, dass die sowjetische Führung einsehen werde, dass auch ihren Interessen mit der selbständigen Entwicklung des europäischen Sozialismus gedient sei und dass die Arbeiterbewegung ein „dritter Faktor" neben den beiden Großmächten werde[159] und so die nötige Verständigung mit der Sowjetunion zur Bewahrung des Friedens erreicht werden könne, gehörte nach dem Wahlsieg der britischen Arbeiterpartei im Sommer 1945 zum Gedankengut der westeuropäischen Sozialdemokratie.[160]

Rückkehr nach Deutschland

Jahrelang hatten die politischen Emigranten erfolglos für den Sturz des Nationalsozialismus gearbeitet, so dass sie schließlich nur noch ohnmächtig auf den Sieg der Alliierten hoffen konnten. Sie hatten Pläne für die Nachkriegszeit entworfen und waren davon ausgegangen, dass große Teile der Bevölkerung nach politischer Aktivität drängen würden. Brandt glaubte an eine Erhebung breiter Volksschichten in Deutschland, beurteilte aber – im Gegensatz zu anderen SAP-Emigranten – die Rolle der Remigranten nüchtern: Sie würden „kaum eine ausschlaggebende Rolle bei der Reorganisierung der deutschen Gesellschaft spielen", hatte er in *Efter segern* festgestellt.[161]

Willy Brandt war in der Frage seiner möglichen Rückkehr nach Deutschland von einer ambivalenten Haltung geprägt. Einerseits hatte er bereits während des Krieges den starken Wunsch gehegt, wieder Deutscher zu werden – was zu einem belastenden Faktor in seiner Ehe wurde[162] – und aktiv am deutschen Wiederaufbau teilzunehmen[163]. Andererseits empfand er Dankbarkeit gegenüber Norwegen, dessen Staatsbürgerschaft er erhalten hatte. Dass er sich nach Kriegsende nicht in der norwegischen Politik exponieren wollte, war ihm schon im August 1944 klar, doch überwog zunächst das Gefühl, er könne seinen „norwegischen Genossen nicht einfach den Rücken kehren". Gegenüber Walcher machte er sich Gedanken, ob er nicht „in einer Übergangszeit" von Skandinavien aus wirkungsvoller für ein befreites Deutschland arbeiten könne.[164] Doch argumentierte er, wie auch sonst häufig, mit einem Sowohl-als-auch-Standpunkt: Hinter seinen Überlegungen stand die Einsicht, dass die deutschen Emigranten nach der Befreiung nur eine bescheidene Rolle spielen würden. Emigranten hätten jedoch auch wichtige Erfahrungen zu vermitteln, da es der „inneren Opposition [...] allgemein an intellektuellen Kräften fehlen [wird]". Remigranten würden in der Arbeiterbewegung deshalb größere Bedeutung bekommen als für bürgerliche Gruppen.[165] Über seine eigene Position machte er sich freilich keine Illusionen: Gegenüber seinem nahen Freunde Stefan Szende drückte er die Befürchtung aus, dass die Alliierten in ihm weiterhin einen Deutschen und die Deutschen in ihm einen Renegaten sehen würden. Mehr noch: „Ich frage mich auch, ob ich nicht gerade in einer öffentlichen Stellung viel Ärger mit denen haben werde, die mir trotz der Rückkehr die langen Jahre des Exils – oder sogar Renegatentum wegen meiner norwegischen Staatsbürgerschaft – vorwerfen werden"[166]. Die Angriffe gegen ihn innerhalb der eigenen Partei, vor allem aber aus dem konservativen und rechtsradikalen Lager in den sechziger Jahren[167] bestätigten, dass diese Befürchtungen nicht grundlos waren.

Die Zeit von Mai 1945 bis zum Spätherbst 1946 war für Willy Brandt von Unsicherheit über die eigene Zukunft, Bemühungen, geeignete politische Einsatzmöglichkeiten zu finden, und innerem

Zweifel geprägt. Dabei zog er jedoch ein definitives Verbleiben in Norwegen nicht in Erwägung, wohl aber einen Einsatz in einem größeren europäischen Rahmen – „eine verantwortliche Mitarbeit beim Neuaufbau, und zwar so, dass ich auch meine internationalen und besonders skandinavischen Verbindungen zur Geltung bringen kann"[168]. Unter „völlig unklaren Bedingungen"[169] wollte er nicht ins Ungewisse fahren. Ausschlaggebend für eine Entscheidung war jedoch eine sinnvolle, verantwortungsvolle Aufgabe zu finden. So bemühte er sich um eine Beschäftigung beim Leiter der norwegischen Repatriierungsarbeit in Hamburg,[170] dann im Pressebereich in der amerikanischen und der britischen Besatzungszone,[171] erwog Vorschläge der SPD[172] und die Aufforderung der Lübecker Sozialdemokraten, in die Geburtsstadt zurückzukehren.[173] Schließlich machte ihm der norwegische Außenminister, Halvard Lange, das Angebot, nach Paris zu gehen, und zwei Wochen später die neue Offerte, eine Funktion in Berlin zu übernehmen. In Paris hätte Brandt Pressemitarbeiter an der norwegischen Botschaft mit der besonderen Aufgabe werden sollen, Regierung und Arbeiterpartei in Oslo über die Entwicklungen in der französischen Arbeiterbewegung zu informieren. In Berlin wurde für ihn die Stellung eines „zivil-militärischen Majors" in der Norwegischen Militärmission, die beim Alliierten Kontrollrat akkreditiert war, geschaffen.

Anders als Trygve Lie schätzte der neue Außenminister den Lübecker. Kaum aus deutscher KZ-Gefangenschaft zurückgekehrt, hatte Lange sich an Brandt mit der Bitte gewandt, von ihm politisch orientiert zu werden und mit ihm über das neue Deutschland zu diskutieren.[174] Langes Engagement für Deutschland zeigte sich bald nach seiner Amtsübernahme. Im Juli 1946, während der Konferenz des Koordinationskomitees der nordischen Arbeiterbewegungen, erklärte er, dass die deutsche SPD „moralischer Kalorien" für den demokratischen Aufbau im Nachkriegsdeutschland bedürfe und – durch die Unterstützung durch die nordischen Bruderparteien – Autorität gegenüber den Westalliierten erhalten könne.[175]

Für Brandt, der aus eigenem Wunsch und Interesse nach Deutschland zurückkehren wollte, kam Langes erstes Angebot einer

Beschäftigung in Paris überraschend. Von Zweifeln geplagt wandte er sich an seinen Freund Stefan Szende und bat um Rat.[176] Hatte Brandt zunächst in seiner Korrespondenz mit Szende noch Argumente für Paris angeführt, sich und Szende zugleich gefragt, ob es denn nicht verstandeswidrig sei, freiwillig nach Deutschland zurückzukehren und auf seine reale norwegische Staatsbürgerschaft zugunsten einer fiktiven deutschen zu verzichten[177], so bedurfte es beim folgenden Angebot, nach Berlin zu gehen, keiner langen Überlegungen. Hier bot sich für Brandt die Gelegenheit, seinen Dank an die Norweger auszudrücken, Brücken zwischen den beiden Nationen zu bauen und sich in die deutschen Verhältnisse einzuarbeiten und einzuschalten.

Die Arbeit an der Militärmission war umfassend. Er verfasste politische Analysen über die Entwicklung in den Besatzungszonen und den deutschen Parteien, war für die gewöhnliche Presse- und Informationsarbeit zuständig, unternahm Reisen im offiziellen Auftrag der Mission, so u. a im Juli 1947 nach Prag, hatte aber auch norwegische Walfanginteressen zu vertreten.[178] Für Brandts Ambitionen war die Tätigkeit jedoch kaum zufriedenstellend, da mit der Stellung nicht der politische Einfluss verbunden war, der Lange vorgeschwebt[179] und den Brandt sich erhofft hatte. Neben den offiziellen Aufgaben war er Informant der in Norwegen regierenden Arbeiterpartei (DNA) – die Grenzen zwischen Partei und Ministerium waren im „Arbeiterpartei-Staat" nicht immer eindeutig –, war umgekehrt aber auch bei der Partei Fürsprecher für die SPD.[180] Als allgemeine Richtschnur für die norwegische Politik in Deutschland riet er hier, zwar nicht die Kriegsereignisse zu vergessen, aber doch das „Hauptgewicht [...] gleichwohl auf den Wiederaufbau [...], die Entwicklung auf politischem, wirtschaftlichem, sozialem und kulturellem Gebiet" zu legen. Damit könne man auch von norwegischer Seite „einen kleinen Beitrag leisten [...], daß die durch den Nazismus herbeigeführte Isolierung gebrochen wird".[181] Als ein zentrales Verbindungsglied zwischen Arbeiterpartei und SPD, zwischen Norwegen und Deutschland konnte er durch den Leiter des Berliner SPD-Büros, Erich Brost, Schumacher über norwegische Initiativen zugunsten Deutschlands informieren.[182] Dieser Kanal konnte weiter benutzt werden, als Brandt 1948 in die deutsche Politik zurückkehrte und nun selbst Brosts Funktionen übernahm, während sein Freund Per Monsen, mit dem er 1937 nach Spanien gefahren war, die Funktion des norwegischen Presseattachés in Berlin übernahm.[183] Wichtig war Brandts Vertrautheit mit den DNA-Eliten, die ihm Gelegenheit zu privaten Frühstückstreffen bei Halvard Lange und zur Teilnahme an Sitzungen des DNA-Vorstandes und den Zugang zu den norwegischen Medien verschaffte. Diese Kontakte nutzte er nicht primär im Interesse der SPD, sondern vor allem dazu, um ein besseres Verständnis für die Situation der deutschen Bevölkerung und eine Steigerung des norwegisch-deutschen Handels zu erreichen.[184]

Seiner Frau Carlota, von der er sich inzwischen getrennt hatte, empfahl er für ihre Literatur-Agentur Leseexemplare deutscher Bücher.[185] Er vermittelte Anfragen deutscher Verlage über die norwegische Nobelpreisträgerin Sigrid Undset nach Norwegen weiter und versorgte den Verlag Bruno Henschel sowie die in Berlin erscheinende Wochenzeitung *Sonntag* mit Informationen über das norwegische Kultur- und Theaterleben. Er bewegte sich ebenso in alliierten Kreisen, in denen er Bekannte aus dem Stockholmer Exil wiedertraf, so den britischen Nachrichtenoffizier Peter Tennant, wie in deutschen Zirkeln in allen vier Sektoren der Stadt. Zu den regelmäßigen Gesprächspartnern gehörten die Witwe des ermordeten SPD-Politikers und Widerstandskämpfers Julius Leber, Annedore Leber, aber auch Jacob Walcher.

Als Brandt seinem Freund und Vorgesetzten Halvard Lange im November 1947 die Mitteilung machte, dass er aus norwegischen Diensten ausscheiden und definitiv nach Deutschland zurückkehren wollte,[186] geschah dies wiederum ohne Illusionen seitens Brandts. Das Kriegsopfer Norwegen hatte einen Beitrag geleistet, um Deutschland einen Weg in die internationale Gemeinschaft zu öffnen, nicht zuletzt dank der Vorarbeiten Brandts. Nun wollte er – so schrieb er an Lange – selbst versuchen, „dabei zu helfen, dass Deutschland nach Europa zurückgeführt wird und nach Möglichkeit ein Teil jener dritten Kraft wird, die erforderlich ist, um der größten Katastrophe aller Zeiten zu entgehen. Es ist ziemlich sicher, dass ich

Enttäuschungen erleben werde, vielleicht auch mehr als dies. Hoffentlich werde ich einer etwaigen Niederlage mit dem Gefühl begegnen, meine Pflicht getan zu haben"[187].

Die Bedeutung der skandinavischen Jahre

Wiederholt ist danach gefragt worden, welche Bedeutung der Aufenthalt in Skandinavien für die deutschen Hitler-Flüchtlinge gehabt habe, ob das politisch-gesellschaftliche Leben in Norwegen und Schweden für sie und ihre eigenen Politikentwürfe Modellcharakter besessen habe. Mitunter wurde die Frage mit Hinweisen auf Initiativen ehemaliger Skandinavien-Emigranten in der (west-)deutschen und österreichischen Nachkriegspolitik, die auf skandinavische Vorbilder zurückgeführt werden können, positiv beantwortet. Klaus Misgeld hat aber auch darauf aufmerksam gemacht, dass die Frage einer subtilen Antwort bedarf und manifestes Verhalten nicht unbedingt auf die Motive des Handelns schließen lässt.[188]

Es kann kaum ein Zweifel darüber bestehen, dass die Erfahrungen, welche die Exilierten im Ausland sammelten, prägend waren. So meinten bereits außenstehende SAP-Mitglieder zwei Jahre nach Brandts Ankunft in Norwegen bei ihm entdecken zu können, dass er von der DNA und ihrer Reformpolitik „infiziert" sei. Eine ähnliche Beobachtung machte der spätere schwedische Außenminister Torsten Nilsson, der 1935 bei Brandt ein „Doppeldenken" festgestellt hatte: Brandts Norwegisch tendiere zum Reformismus, während er als Deutscher „weiterhin revolutionärer Sozialist" sei.[189] Das Leben als Exilierter in einem demokratischen Staat, die Begegnung mit einer anderen Staats- und Regierungsform, mit einer toleranten politischen Kultur, einer Arbeiterbewegung, die sich als Volksbewegung verstand, einer wohlfahrtsstaatlich orientierten Sozialpolitik und einem breiten Spektrum demokratischer Bildungsorganisationen, waren auf Willy Brandt nicht ohne Einfluss geblieben. So gesehen hatte Skandinavien für ihn Modellcharakter. Willy Brandt selbst hat rückblickend wiederholt auf die unverzichtbaren „wichtigen Erfahrungen und Erkenntnisse" aus den Jahren des skandinavischen Exils hingewiesen, die seine Tätigkeit als Politiker geprägt hätten.[190] In den skandinavischen Jahren habe er gelernt, „was gute Nachbarschaft bedeutet, im Inneren und nach außen". Hier habe er gelernt, „die Begriffe Freiheit, Gerechtigkeit, Solidarität vom Podest der Lehrbücher herunterzuholen, sie auch aus der Enge einer Gesinnungsgemeinschaft zu lösen und sie [...] auf allgemein gesellschaftliche und internationale Zusammenhänge zu übertragen". Er habe erfahren, was für Bürger einer großen Nation keineswegs selbstverständlich ist, dass der Wert eines Landes nicht von der Zahl seiner Einwohner abhänge.[191] Und schließlich hatte ihn die Erfahrung gelehrt, den „engen nationalen Standpunkt" zu überwinden[192]. Mit diesen Erfahrungen und Erkenntnissen, zudem geprägt von skandinavischer Kompromissbereitschaft, hatte er in der Nachkriegszeit einen „Vorsprung" gegenüber Politikern, die in Konzentrationslagern und Zuchthäusern gelitten oder in der „inneren Emigration" gelebt hatten.[193] Und er war im skandinavischen Exil mit Politikern bekannt geworden, die das zukünftige Europa mitgestalten sollten.

Der „inneren Opposition" werde es, so hatte er 1944 geschrieben, an Personen fehlen, „die Übersicht über die internationalen Verhältnisse" hätten.[194] Diese Übersicht, die auch Halvard Lange an ihm schätzte, auch das Wissen über demokratische Organisationsformen und Institutionen, die Sprachkenntnisse und persönlichen Kontakte ließen ihn zum Mittler zwischen Nordeuropa und Deutschland werden. Dabei war es für ihn ebenso wichtig zu verhindern, dass die „Vansittartisten" in Skandinavien das Sagen hatten, wie auch die Gefahr abzuwenden, dass sich „nordische Schwärmer" in den Prozess der Wiedererrichtung deutsch-skandinavischer Verbindungen einschalteten.[195]

„Vertrauen kann man nicht erzwingen, es muss erworben werden", hatte Willy Brandt wiederholt festgestellt.[196] Zunächst war er in Skandinavien für die SPD „ein grosser Aktivposten",[197] dann mehr und mehr für Deutschland. Der Aufbau eines neuen gegenseitigen Vertrauensverhältnisses, zwischen Deutschland und Skandinavien,[198] später auch zwischen Deutschland und seinen übrigen Nachbarn war die herausragende Leistung des ehemaligen Skandinavien-Emigranten Willy Brandt.

Danksagung

Für die Einsicht in Archive, für Hinweise, Hilfe und Unterstützung danke ich: Uwe Baier, Charmian Brinson, Knut Einar Eriksen, Monica Fiorello, Ninja Frahm, Martin Grass, Helga Grebing als federführender Herausgeberin, Gerhard Groß, Wolfram Hoppenstedt, Lill-Ann Jensen, Esa Lahtinen, Gertrud Lenz, Astrid Lorenz, Klaus Misgeld, Tore Pryser, Bernd Rother, Gregor Schöllgen, Carsten Tessmer, Heinrich August Winkler und besonders Katharina Woellert sowie dem Schwedischen Justizministerium und dem Personal folgender Archive: Archiv der schwedischen Sicherheitspolizei, Reichsarchiv Stockholm, Archive der norwegischen und schwedischen Arbeiterbewegung sowie dem Archiv der sozialen Demokratie.

Oslo/Berlin, im April 2000

Verzeichnis der Dokumente

58	Nr. 1	1. Juni 1941	Aus dem Schreiben Brandts an den Presseattaché an der Norwegischen Legation in den Vereinigten Staaten von Amerika, Moe
64	Nr. 2	27. Dezember 1941	Aus dem Schreiben Brandts an den außenpolitischen Berater des norwegischen Außenministers, Ording
72	Nr. 3	11. März 1942	Schreiben Brandts an den außenpolitischen Berater des norwegischen Außenministers, Ording
82	Nr. 4	10. Oktober 1942	Schreiben Brandts an Jacob und Hertha Walcher
88	Nr. 5	März 1943	Die Friedensziele der demokratischen Sozialisten
105	Nr. 6	August 1943	Aus dem Artikel Brandts „Ny Dag erhält eine Antwort auf eine Verleumdung. Offener Brief an die Kommunisten"
115	Nr. 7	Mai 1944	Aus dem Buch Brandts „Nach dem Sieg. Die Diskussion über die Kriegs- und Friedensziele"
154	Nr. 8	Juli 1944	Aus der Broschüre „Zur Nachkriegspolitik der deutschen Sozialisten"
206	Nr. 9	26. August 1944	Aus dem Schreiben Brandts an Walcher
213	Nr. 10	9. Oktober 1944	Erklärung ehemaliger SAP-Mitglieder in Stockholm zum Eintritt in die Stockholmer SPD-Ortsgruppe
215	Nr. 11	4. Februar 1945	Aus dem Vortrag Brandts „Forderungen und Möglichkeiten der Demokratie in der internationalen Po-

			litik" im Philosophischen Diskussionsclub in Stockholm
231	Nr. 12	9. Februar 1945	Aus dem Vortrag Brandts „Deutschlands aussenpolitische Stellung nach dem Kriege" auf der Mitgliederversammlung der SPD-Ortsgruppe Stockholm
239	Nr. 13	26. August 1945	Aus dem Schreiben Brandts an August und Irmgard Enderle
242	Nr. 14	25. September 1945	Hektographierte Erklärung Brandts, Szendes und Behms „Warum Eintritt in die Sozialdemokratie?"
252	Nr. 15	7. November 1945	Aus dem Schreiben Brandts an Walcher
258	Nr. 16	19. November 1945	Hs. Schreiben des Mitglieds der Leitung der SPD-Landesgruppe Schweden Brandt an den Politischen Beauftragten der SPD für die drei westlichen Besatzungszonen, Schumacher
261	Nr. 17	13. Januar 1946	Schreiben des Mitglieds der Leitung der SPD-Landesgruppe Schweden Brandt an den Politischen Beauftragten der SPD für die drei westlichen Besatzungszonen, Schumacher
265	Nr. 18	März 1946	Ausarbeitung des Mitglieds der Leitung der SPD-Landesgruppe Schweden Brandt „Die Krise der deutschen Arbeiterbewegung"
296	Nr. 19	11. April 1946	Schreiben des Mitglieds der Leitung der SPD-Landesgruppe Schweden Brandt an den Leiter der Organisationsabteilung des vorläufigen SPD-Parteivorstandes, Ollenhauer

300	Nr. 20	30. April 1946	Schreiben Brandts an Walcher
305	Nr. 21	25. Mai 1946	Aus dem Schreiben Brandts an Szende
307	Nr. 22	10. Juni 1946	Schreiben Brandts an Walcher
315	Nr. 23	31. Juli 1946	Aus dem Schreiben Brandts an Szende
316	Nr. 24	8. Oktober 1946	Aus dem Schreiben Brandts an Szende
319	Nr. 25	22. Oktober 1946	Aus dem Schreiben Brandts an Szende
320	Nr. 26	1. November 1946	Rundschreiben Brandts an Liebe Freunde
324	Nr. 27	14. Juli 1947	Aus dem Bericht des Presseattachés an der Norwegischen Militärmission in Berlin, Brandt, für das Norwegische Außenministerium über den Parteitag der SPD vom 29. Juni bis 2. Juli 1947 in Nürnberg
326	Nr. 28	25. Juli 1947	Vertraulicher Bericht des Presseattachés an der Norwegischen Militärmission in Berlin, Brandt, für den Pressedienst des Norwegischen Außenministeriums
331	Nr. 29	7. November 1947	Schreiben des Presseattachés an der Norwegischen Militärmission in Berlin, Brandt, an den Außenminister des Königreichs Norwegen, Lange

Dokumente

Nr. 1
Aus dem Schreiben Brandts an den Presseattaché an der Norwegischen Legation in den Vereinigten Staaten von Amerika, Moe
1. Juni 1941

RAS: Allgemeiner Sicherheitsdienst, F 5 DC: 16 (Übersetzung aus dem Norwegischen: Einhart Lorenz).

Lieber Finn,
ich weiß nicht, ob du die Briefe bekommst, die ich an diese Adresse sende. Es wäre gut, von dir einige Worte direkt zu hören. du kannst via Martin [Tranmæl] oder Pedro [Per Monsen] schreiben.

Wie ich in meinem letzten Brief schrieb, bekam ich vor zwei Wochen meine Familie hierher.[1] So wie die Verhältnisse sind, möchte ich gerne in Erfahrung bringen, ob ich weiterkommen kann. Bisher war ich hier von einigem Nutzen. Es hat Spaß gemacht, hier im Winter bei der Arbeit dabei zu sein. Wenn ich nun im Laufe der nächsten Wochen eine breit durchgearbeitete zusammenhängende Darstellung der pol[itischen] Entwicklung ‹zu Hause›[2] abschließe[3], habe ich das Gefühl, nicht mehr viel tun zu können. Verpflichtende Arbeit habe ich auch nicht mehr. Es ist nur bedauerlich, den direkten Kontakt mit der Entwicklung zu Hause aufgeben zu müssen, die man bisher von hier aus haben konnte. Mart[in Tranmæl] ist nicht ohne weiteres über ev[entuelle] Reisepläne begeistert. Wenn ich mich dennoch entschlossen habe, darauf zu drängen weiterzukommen, geschieht das nicht nur auf Grund meiner Stellung, die ja an sich ziemlich gefährdet werden kann, sondern auch, weil die hiesigen Beh[örden] mich deutlich haben wissen lassen, dass ich nicht zu lange warten soll, ehe ich von hier wegkomme. Dazu kommt, dass ich nun auch Carl[ota] und das Kind hierher bekommen habe, und wenn es möglich ist, will ich am liebsten zusammen mit ihnen in geordnete Verhältnisse ‹rüber›[4] kommen.

Die Frage ist also, wie ich eingesetzt werden kann. Karl [Evang] deutete in einem Brief im vergangenen Herbst an, dass er mich möglicherweise dort drüben gebrauchen könnte. Vor einiger Zeit erfuhr ich, dass Fredrik [Haslund] mich brauchen könnte und dass Åke [Anker Ording] auf seiner Rückreise eine Nachricht darüber mitgenommen hatte. Seither habe ich nichts mehr von euch gehört. Ich bitte darum, dass du mit Karl [Evang] und Fredr[ik Haslund] sprichst, um herauszufinden, ob ihr mich dort drüben haben wollt. Die Mitteilung darüber sollte in dem Fall nicht nur an den ‹Vorstand des Konsumvereins›[5], sondern auch an dessen hiesigen Vertreter geschickt werden. Ich versuche auch, mit Tor [Gjesdal] in Kontakt zu kommen, um ihn zu bitten, dass er untersucht, ob er mir etwas zu tun verschaffen kann, falls es nicht durch euch möglich ist.

Ich möchte möglichst Ende August oder Anfang September reisen, selbstverständlich vorausgesetzt, ‹dass sich das Eis so lange hält›[6]. Selbst wenn du im Augenblick nichts dafür tun kannst, um mir etwas zu tun zu verschaffen, kannst du vielleicht ein Vis[um] für mich und meine Familie besorgen. Meine Daten hast du vielleicht oder kannst sie durch einen meiner Freunde dort drüben bekommen. Die Daten für meine Frau sind die folgenden: [...].

Und dann waren es einige Dinge in Verbindung mit meinem Manuskript, über die ich auch gerne Bescheid haben möchte. 1) Wenn du in der letzten Zeit einen größeren Teil meines Stoffs benutzt hast, wäre es recht angenehm mit einem Honorar am Ende dieses Monats. 2) Die Broschüre[7] habe ich bekommen. Die sieht ja ganz gut aus, aber es haben sich eine Reihe kleinerer Fehler eingeschlichen. 3) Ist das Manuskript von Norsk front[8] verwendet worden? 4) Hast du das Manuskript von Krigen i N[orge][9] verwenden können? – Das letztgenannte Buch hat hier glänzende Kritiken bekommen. Es ist möglich, dass es in einer schweizerischen Ausgabe erscheint, und da will ich versuchen, den Stoff mitzubekommen, der mir zu Beginn des Winters fehlte.[10] Frau Krogh hat mich gefragt, ob sich der Mann in N[ew] Y[ork][11], der daran interessiert war, das Kriegsbuch herauszugeben, wieder an dich gewandt hat. Ich glaube, es wäre das beste, wenn einer von euch das Manuskript ergänzen und amerikanisieren würde, falls es überhaupt dort verwendet wird. Aber ansonsten kann auch ich die Bearbeitung machen. Auf alle Fälle würde ich es sehr schätzen, wenn ich eine Mitteilung darüber bekäme, wie die Dinge stehen. Was die Verhältnisse hier angeht, bist du sicher im Großen und Ganzen à jour, nehme ich an. Die ‹Filiale des Konsumvereins›[12] erweitert sich ständig. Darüber, ob ihre Arbeitseffektivität im gleichen Umfang zunimmt, kann ich mich schwer äußern. Die Flüchtlingsfrage ist ein immer schwierigeres Problem geworden. Es bedürfte einer handlungsfähigen Kraft in der Führung. In anderen Punkten ertränken Formalismus und Bürokratismus wichtige Sachen. Aber damit muss man sich wohl abfinden. Was mich am meisten interessiert, ist ein System zu bekommen, so dass keine Unglücke in Verbindung mit Familienmitgliedern zu Hause geschehen. Einzelne Fortschritte sind erreicht worden, aber es ist schwer zu sagen, wie es weitergeht.[13]

In der letzten Zeit ist mir klar geworden, dass es sowohl hier wie anderenorts einzelne Menschen gibt, die nicht nur Bürokraten sind, sondern gleichzeitig ganz zielbewusst unter dem Deckmantel des völligen Norwegertums und der Königstreue versuchen, eine Grundlage für die Förderung von begrenzten Sonderinteressen zu legen. Solche Interessen gibt es auch vereinzelt zu Hause. Dort haben unsere Freunde nach meiner Meinung den einzig richtigen Weg gefunden, um die Gefahr abzuwehren. Sie meinen, dass unsere Leute die opferbereitesten und aktivsten im nat[ionalen] Kampf sein müssen. Da werden sie auch die Menschen auf ihrer Seite haben, wenn es später gilt, eine neue Gesellschaft aufzubauen. Wir haben im Laufe der letzten Zeit eine Reihe von Dokumenten erhalten, nicht zuletzt von gewerkschaftlicher Seite, die zeigen, dass unsere Leute, abgesehen von wenigen Ausnahmen, sich völlig klar über die Rolle der Bewegung im nat[ionalen] Kampf sind. Und Tatsache ist ja, dass, obgleich LO[14] ein schwaches ‹Glied›[15] in der n[ationalen] Front war und teilweise noch immer ist, doch unsere jungen Kräfte das Rückrat in der Arbeit, die sich entfaltet, sind. Dort kommen sie in Kontakt mit den aktiven jüngeren Kräften aus anderen Schichten. Der nat[ionale] Widerstand wird mit radikalem demokratischen Geist gefüllt, und [damit] wird die Grundlage dafür geschaffen, um, wenn der Krieg vorbei ist, eine soziale Fortschrittsbewegung errichten zu können, die auf einer höheren Stufe die Ideen weiterführt, für die die A[rbeiter]bewegung gekämpft hat.

Vereinzelt findet man Leute, z. B. unter denen, die hierher kommen, die etwas einseitige Kontakte zu Hause gehabt haben und aus diesem Grund den Einsatz unserer Freunde unterschätzen. Sie neigen dann dazu, alles über Bord zu werfen, für das sie früher eingetreten sind. Nichts wäre verhängnisvoller, als dass diese Tendenzen Geltung erhielten. Es ist ja offenbarer als je zuvor, dass es in den einzelnen Gesellschaften und noch mehr in den Verbindungen zwischen den Staaten grundlegender Umwälzungen bedarf. Die Formen der Kämpfe für den Fortschritt können sich ändern, aber den Kampf selbst können wir nicht umgehen. Ich habe den Eindruck, dass große Dinge dort drüben im Gange sind. [Ich] sehe ab und zu einige Broschüren u. ä., die von verschiedenen Komitees herausgegeben werden, die mit Zukunftsfragen arbeiten. Ihr habt wohl kaum Zeit, größeren Kontakt mit diesen Dingen zu haben. Ebenso glaube ich, dass es von Bedeutung ist, dass der Kontakt zwischen den Leuten der A[rbeiterbewegung] in den verschiedenen Ländern erhalten bleibt, man sich aber gleichzeitig darüber im Klaren ist, dass sich diese Bewegung in den alten Formen überlebt hat.

In der letzten Zeit deuten einige Dinge darauf, dass die Stimmung zu Hause etwas nachlässt, aber es gibt keine Zeichen, die darauf deuten, dass die Front nicht halten sollte. Eine gewisse Depression nach den Kriegsereignissen draußen ist ja mehr als verständlich. Die Perspektive wird ständig weiter hinausgeschoben, und das schafft keine Begeisterung. Hier und da muss man ja auch damit rechnen, dass einzelne schwache Seelen aufgeben oder gar überlaufen. [...][16] So etwas ist deprimierend, aber nicht so schlimm, dass man es nicht überwindet, wenn man es in Relation zu all den großartigen Dingen sieht, von denen fast täglich berichtet wird. Ich habe hier nur Beispiele genannt, um darauf aufmerksam zu machen, dass wir mit einem gewissen Zulauf zur ns[17] rechnen müssen, obwohl der die Front ansonsten nicht bewegen kann. Es geschieht eine Polarisierung der Kräfte. Die, die erst nicht wagten, in der Widerstands-

**DET KONGELIGE
JUSTIS- OG POLITI-DEPARTEMENT.**

J.nr.J.39440.

29-30 Cornhill,
London E.C.3.

26.juli 1940.

Den norske legasjon,
10, Palace Green,
London W.8.

Norsk statsborgerrett for Herbert Frahm,det ærede legasjons brev 2%.juli d.å.

Man skal be legasjonen i Stockholm underrettet om at Herbert Frahm meddeles norsk statsborgerrett og fritas for gebyr.

Schreiben des norwegischen Justizministers Terje Wold vom 26. Juli 1940 an die Norwegische Legation London, die gebeten wird, die Legation in Stockholm davon zu unterrichten, dass Willy Brandt unter seinem Geburtsnamen Herbert Frahm gebührenfrei die norwegische Staatsbürgerschaft erteilt wird. Der norwegische Pass wurde ihm am 2. August 1940 in Stockholm ausgehändigt.

bewegung dabei zu sein und die Konsequenzen zu übernehmen, werden nach und nach in die Organisationen des Gegners schliddern. Für Neutralität ist kein Raum.

Hier besteht nach wie vor ein großes Interesse für den und Mitgefühl mit dem Kampf zu Hause. Aber nachdem die Engländer vorläufig immer mehr strategische Rückzüge durchführen mussten, nimmt der Druck ‹vom Süden›[18] zu. Das stärkere Engagement der [Vereinigten] Staaten wirkt teilweise in die andere Richtung, aber wir müssen uns dennoch auf bedeutend schwierigere Verhältnisse einstellen. Auf der anderen Seite sieht es so aus, als ob es nicht zu einem direkten Konflikt kommt, falls nicht Adi [Hitler] und Joe [Stalin] in Streit miteinander geraten. ‹Sollte dennoch etwas von Süden kommen›[19], kann kaum ein Zweifel darüber bestehen, dass sich die große Mehrheit des Volkes zur Gegenwehr setzt. Die ‹Isten›[20] sind eine kleine Minderheit, haben aber wichtige Stellungen inne. In F[innland] ist die Lage schlimmer. Sprach neulich mit Vuori, und das war nicht ohne weiteres erhebend. Er meinte, dass die A[rbeiter]bewegung zur Seite gefegt würde, falls sie sich im Ernstfall einer Zusammenarbeit mit D[eutschland] widersetzen würde.

Ich komme auf die Frage der Flücht[linge] zurück, die in N[orwegen] gewesen sind. Eine Reihe von ihnen sollte weiterkommen, hat aber noch keine Affidavits[21] bekommen. Hinzu kommen die Schwierigkeiten mit der Reise. Benau ist unterwegs und wird versuchen, mit dir Kontakt aufzunehmen. Außerdem Jansen und Winkl[er]. Ich bin mir darüber im Klaren, dass ihr an andere Dinge denken müsst, selbst kann ich mich für diese Dinge auch nur am Rande neben vielem Anderen interessieren. Ihr solltet unterdessen an zwei Dinge denken: 1) Ob ihr dabei behilflich sein könnt, einige Affidavits zu besorgen, die gegebenenfalls von Leuten benutzt würden, die sie wirklich benötigen und 2) ob ihr ein Schiff nach Wladiw[ostok] dirigieren könnt, das eine größere Zahl dieser Kategorien zusammen mit unseren eigenen [Leuten] mitnehmen könnte.[22] Jetzt ist es faktisch so, dass viele hier warten und einschließlich Visa alles geordnet haben, aber keine Reisemöglichkeit haben. Falls du die Sache nicht selbst weiterverfolgen kannst, hast du vielleicht jemand anderen, der sich ihr annehmen kann und der mir ein paar Worte darüber senden kann, ob es die Möglichkeit gibt, etwas zu tun.

Schließlich will ich erwähnen, dass Reidar [Hedemann] auch Frau und Kind hierher bekommen hat und daran interessiert ist, weiterzukommen. Falls es sich arrangieren lässt, würde es gut passen, wenn wir zusammen im Herbst reisen könnten, nicht zuletzt aus Rücksicht auf die Kinder. Die beiden Mädchen könnten dann umschichtig arbeiten.

Dir und deiner Frau sowie den Familien von Karl und Fredrik viele Grüße

‹Karl›[23]

Nr. 2
Aus dem Schreiben Brandts an den außenpolitischen Berater des norwegischen Außenministers, Ording
27. Dezember 1941

AdsD, WBA, A 5, Allgemeine Korrespondenz 1941;
Archiv des Norwegischen Außenministeriums Oslo, Mappe: Arne Ordings Notate und Korrespondenzen während des Krieges (Übersetzung aus dem Norwegischen: Dietrich Lutze; ergänzt und bearbeitet von Einhart Lorenz).

Lieber Arne,
vielen Dank für deinen Brief vom 17. November [1941]. Es war interessant, von der Diskussion zu erfahren, die dort drüben [in London] über Deutschlands zukünftiges Schicksal vor sich geht.[1] Ich habe lange den Eindruck gehabt, dass die Standpunkte, die es vor ein paar Jahren in Frankreich unter der Bezeichnung realistischer Nationalismus gab, nach und nach größere Zustimmung in England finden. Und die Ursachen dafür sind ja nicht schwer zu verstehen, wenngleich man beklagen muss, dass eine typische Form von Wunschdenken als Realismus dargestellt wird. Am traurigsten scheint mir zu

sein, dass auch hervorragende Leute aus der Arbeiterbewegung die Balance verlieren und die schönen Ansichten vergessen, die Labour zu Beginn des Krieges vertrat.[2]

Ich sehe zunächst ganz vom reellen Inhalt ab und denke ausschließlich an die Propaganda. Die Züchtigungspolitik muss dazu beitragen, die Kräfte in Deutschland zu sammeln, statt sie zu spalten. Wir wissen ja, dass sich Goebbels über jede Erklärung hermacht, die seiner Gräuelpropaganda über das Inferno dienen kann, das die Deutschen nach dem Krieg erwartet. Von der Politik der Zusammenarbeit auf der anderen Seite, d. h. die Propaganda, die auf eine deutsche Umwälzung und die Einordnung eines demokratischen Deutschlands in einen größeren europäischen Zusammenhang zielt, kann man sich auf alle Fälle in gewissen Kreisen in Deutschland eine günstige Wirkung denken. Sie kann dazu beitragen, dass die Deutschen verstehen, dass sie zwischen Hitler und Deutschland wählen müssen und dass es sich für sie lohnt, gegen den Nazismus[3] zu revoltieren. Natürlich muss man keine übertriebenen Erwartungen an eine derartige Propaganda hegen. Es war ziemlich lächerlich, dass gewisse Kreise seinerzeit glaubten, erwähnenswerte Wirkungen durch den Abwurf mehr oder weniger gelungener Flugblätter statt Bomben über Deutschland erzielen zu können. Wenn die gleichen Kreise heute enttäuscht sind, dass die Deutschen nicht den Parolen folgten, die auf diesen Flugblättern lanciert wurden, zeigt dies nur, dass sie nicht besonders viel – weder von militärischer noch von psychologischer Kriegführung – verstanden haben. Ich für meinen Teil meine, dass sie damals Bomben hätten abwerfen sollen, aber ich meine auch, dass die politische Kriegführung heute wichtiger ist als früher. Selbst wenn ich der Auffassung wäre, der ich selbstverständlich nicht bin, dass Deutschland zerstückelt und auf alle mögliche Weise gezüchtigt werden müsste, würde ich doch jedenfalls heute nicht darüber sprechen. Es ist viel klüger, nicht viel über die Friedensziele zu sagen, als scheinbar konstruktive Besatzungspläne zu lancieren. Ich meine mit anderen Worten, dass Churchills Haltung vernünftiger ist als die von Trygve Lie.

Nach dem, was ich höre, hat Martin [Tranmæl] schon der Auffassung Ausdruck gegeben, die den Parteifreunden hier in Stockholm gemeinsam ist. Ich habe mich bewusst nicht besonders in dieser Diskussion engagieren wollen, weil einige mich verdächtigen könnten, ich sei durch meine Herkunft gefühlsmäßig gebunden. Für mich ist es jedoch zu einem Erlebnis geworden, dass sehr viele vernünftige Leute, die von ‹„zu Hause"›[4] kamen, sehr viel weniger anti-deutsch sind, als ich es in Zeiten wie diesen für möglich hielt. Ihr steht unter dem unmittelbaren Eindruck des Englands, das sich im Krieg befindet, und das prägt selbstverständlich eure Erörterungen. Wir sind andererseits nicht ganz unabhängig von unserem Milieu in dem weithin neutralen Schweden. Wir haben jedoch auch einen gewissen Kontakt mit der Stimmung in Deutschland, in dem bescheidenen Ausmaß, in dem man sich heute überhaupt ein Bild von dem machen kann, was dort unten geschieht. Aber wir haben auch einen ziemlich lebendigen Kontakt mit den Auffassungen, die an der „Heimatfront" vertreten werden. Ich wurde schon vor einem Jahr sehr überrascht, als ich zu Hause [in Oslo] war und mit einer Reihe unserer besten Freunde darüber diskutierte, wie man sich eine Abwicklung des Besatzungszustandes in Norwegen vorstellen könne.[5] Meinerseits machte ich geltend, dass Norwegen Anspruch darauf erheben könne, die Besatzungstruppen zu entwaffnen und alle Gestapoleute und andere, die Verbrechen an norwegischem Leben und anderen teuren Interessen begangen haben, zu verhaften und zu verurteilen. Auf der anderen Seite meinte ich, dass man von norwegischer Seite guten Willen zeigen müsse, damit die Besatzungstruppen auf eine möglichst humane Weise heimgeschickt werden, selbstverständlich ohne Mitnahme von Dingen, die ihnen nicht gehören. Auf all dies antwortete man: „Du brauchst die Dinge nicht schwieriger zu machen, als sie sind. Wenn der Tag kommt, werden die deutschen Soldaten wohl mithelfen, ihren Gestapo- und SS-Leuten und NS-Offizieren die Rechnung aufzumachen. Und das wird eine ganz neue Konstellation schaffen."

Vor kurzem fand eine Sitzung des Landesvorstandes unserer aktivsten jungen Parteifreunde statt. Der Mann, der die politische Einleitung gab und der wahrscheinlich der bedeutendste unter denen ist, die die Jugendbewegung in dieser Zeit hervorgebracht hat, und der sich deshalb auch später im politischen Leben geltend machen wird, betonte mit größter Bestimmtheit, dass Deutschland einen gerechten Frieden erhalten müsse.[6] Verständlicherweise wurde gegen diese Auffassung durch einen der Delegierten opponiert. Angesichts des Vorgehens der Deutschen in Norwegen wäre es nicht natürlich gewesen, wenn sich alle einverstanden erklärt hätten. Es zeugt jedoch von großer Reife, dass die große Mehrheit der Delegierten aus den verschiedensten Teilen des Landes die Frage nüchtern und vernünftig betrachtete. Dasselbe gilt für fast alle unsere Leute, die hierher kommen. Und das müsste für unsere eigene Haltung mehr bedeuten, als die Auffassungen, die von vielfach ziemlich neubekehrten Aktivisten und Hurrapatrioten vertreten werden.

Du hast ohne Zweifel Recht, wenn du sagst, dass alles von dem abhängig ist, was in Deutschland selbst geschehen wird. Die Frage der Neuordnung drängt sich unterdessen auf, wenn man versteht, dass wir aus der defensiven Periode herausgekommen sind und dass der Krieg in Europa im Laufe eines Jahres beendet sein kann. Du weißt sicher, dass wir hier in St[ockholm] einen Studienzirkel für Parteifreunde[7] in Gang gebracht haben. Die Arbeit ist jetzt, nachdem mehrere wertvolle Parteifreunde hierher gekommen sind, weit fruchtbarer. Wir fühlen das Bedürfnis, trotz aller Momente der Unsicherheit, mit denen wir es heute zu tun haben, die zukünftigen Aufgaben zu diskutieren. Unabhängig von den vielen unbekannten Größen oder vielleicht richtiger gesagt: Indem man auf die unterschiedlichen Alternativen, die sich melden können, aufmerksam ist, sollten wir gewisse Hauptpunkte dafür formulieren, wie wir meinen, dass die Arbeit sowohl in Norwegen als auch international in Angriff genommen werden sollte. Ein politischer Hauptausschuss hat damit begonnen, auf die Aufgaben in Norwegen nach dem Krieg zu sehen. Wir werden uns nicht besonders mit den politischen Spekulationen über die Stellung der Regierung und des Stortings[8] aufhalten, mit denen sich manche geschäftige Herren beschäftigt haben, sondern wählen als natürlichsten Ausgangspunkt, wie man Massenarbeitslosigkeit verhindern kann, welche ökonomischen und sozialen Fragen aus Rücksicht auf die Interessen des arbeitenden norwegischen Volkes gelöst werden müssen. Ich selbst soll einen Unterausschuss betreuen, der Kriegs- und Friedensfragen, die internationale und nordische Zusammenarbeit diskutiert. Das Verhältnis zu Deutschland wird in diesem Zusammenhang eine der ersten Fragen. Ich will dem Gang der Diskussion nicht vorgreifen, aber so viel kann ich sicher sagen, dass Einigkeit über eine Linie bestehen wird, die sich stark von gewissen Tönen in der englischen Debatte unterscheiden wird, von der ich fürchte, dass sie auch einen Teil der norwegischen Emigration dort drüben angesteckt hat. Es wäre sicher für beide Teile nützlich, wenn wir Kontakt miteinander halten könnten, während die Diskussion ihren Gang nimmt. Martin [Tranmæl] sorgt sicher dafür, dass euch die Resultate, zu denen wir kommen, zugesandt werden. Wir sind andererseits sehr daran interessiert, so viel Material wie möglich von euch zu bekommen.

Das meiste, was wir früher einerseits über den Nazismus und andererseits über die Stellung Deutschlands innerhalb einer europäischen Neuorientierung gesagt haben, gilt weiterhin. Selbstverständlich trägt Deutschland die Hauptverantwortung für den jetzigen Krieg, aber ich kann auch heute nicht zugeben, dass nur Deutschland schuldig ist. Die anderen tragen ihren Teil der Verantwortung für den letzten Frieden, dafür, dass Hitler in Deutschland an die Macht kam, und dafür, dass er seine Kriegsmaschine aufbauen konnte. Selbstverständlich sind die Deutschen dafür verantwortlich, dass sie Hitler an die Macht kommen ließen, aber die anderen Völker sind wohl auch verantwortlich für die Politik, die Chamberlain und Co. zu Hitlers Gunsten führten. Wenn es so wäre, wie manche jetzt sagen, dass das ganze deutsche Volk aus Nazis bestände, dann bräuchte Hitler gewiss nicht mit Hilfe von Terror, Gestapo und Konzentrationslagern zu regieren. Man muss sich darüber im Klaren sein, dass die schwächliche Politik der Westmächte eine der entscheidenden Ursachen dafür ist, dass es heute in Deutschland keine aktive politische Opposition gibt. Die Menschen hatten den Glauben daran verloren, dass es eine Macht gäbe, die den Nazismus aufhalten könnte. Äußerungen von deutschen Soldaten in Norwegen, die selbst Gegner des Nazismus sind, unterstreichen genau diese Beobachtung. Andere weisen auf den Punkt hin, dass ein deutscher Zusammenbruch es für die Deutschen noch schwieriger machen würde, als sie es heute haben, und dass es in erster Linie der deutsche Arbeiter sein würde, für den sich ein etwaiger Unterwerfungsfrieden am schlimmsten auswirken würde. Indem er an die Furcht appelliert, hat Hitler weiterhin einen starken Einfluss auf gewisse Schichten auch der deutschen Arbeiterschaft. Es ist also gerade dieser Punkt, den ich schon früher berührt habe, vom dem aus man der Nazipropaganda entgegenarbeiten und feststellen muss: Erstens, der Grundsatz des Selbstbestimmungsrechts der Völker wird auch für ein demokratisches Deutschland gelten, und zweitens, während Deutschland zum Wiederaufbau Europas beitragen soll, wird es nicht ausgehungert werden, sondern soll sogar die Möglichkeit bekommen, sich im Rahmen einer umfassenden zwischenstaatlichen Organisation zu entfalten.

Es wird davon gesprochen, dass die Deutschen zu ordentlichen Menschen erzogen werden müssten. Es ist klar, dass es ernster Anstrengungen, aber auch der Geduld bedarf, um 150 oder 200 Jahre preußischen Militarismus zu überwinden, aber die Voraussetzung dafür kann nur dadurch geschaffen werden, dass eine wirkliche demokratische Umwälzung erfolgt. Eine solche Revolution wird Preußen überwinden. An eine Erziehung mit Hilfe englischer und alliierter Offiziere glaube ich nicht. Denk nur an Norwegen. Wenn Norwegen an der geplanten Besetzung Deutschlands teilnehmen sollte, wären sicher die schlimmsten Typen in den Besatzungstruppen. Anständige Norweger würden zu Hause bleiben. Und in Deutschland würde man in riesigem Ausmaß eine Wiederholung der nationalen Opposition erleben, die man heute überall in den besetzten Ländern beobachten kann. In England müsste man auch begreifen, dass eine Demütigungs- und Besatzungspolitik gegenüber Deutschland das sicherste Mittel sein könnte, um die Deutschen in eine feste Allianz mit den Bolschewiken hineinzutreiben. Trotz meiner Bewunderung für die mutige Kriegsführung der Russen kann ich es nicht für eine wünschenswerte Perspektive halten, dass sich die bolschewistische Herrschaft auf ganz Ost- und Mitteleuropa einschließlich Deutschland ausdehnt.

Ich glaube, dass man sich in einem Punkt oft irrt, wenn man die Möglichkeit einer deutschen Umwälzung beurteilt, und das betrifft das, was du die Vergiftung der deutschen Jugend nennst. Ich will die Bedeutung von 9 Jahren NS-Herrschaft für die heranwachsende Generation nicht reduzieren. Andererseits sprach ich im vorigen Jahr im Gefangenenlager mit einer beträchtlichen Anzahl ganz junger Soldaten, gerade solcher, die in keiner politischen Tradition standen. Aber sie waren in Wirklichkeit keine Nazis. Eher könnte man sagen, dass sie völlig apolitisch geworden sind. Die Politik ist in ihren Augen zu etwas geworden, mit dem sich „die anderen", d. h. die Partei, die Gestapo usw. befassen und worauf man keinen Einfluss hat. Die jungen Menschen sind zumeist mit ihren eigenen persönlichen Problemen beschäftigt. Sie sprachen mit mir darüber, dass sie heiraten wollten, wenn sie nach Hause kämen, über ihre Arbeit usw., aber nicht so sehr über den Nazismus. Der ist ihnen von außen aufgeklebt. Nun ist es mir klar, dass es betrüblich genug sein kann, wenn man es mit einer entpolitisierten Masse zu tun hat. Aber es ist doch denkbar, dass diese auf der richtigen Seite in Bewegung gerät, wenn erst einmal die Machtgrundlage der Herrschenden wackelt und wenn die Menschen sehen, dass es nicht so ist, wie sie geglaubt haben, dass nämlich der Nazismus nicht unerschütterlich ist.

Die deutsche Frage ist ja nach den letzten Generalsgeschichten[9] noch aktueller geworden. Ich glaube recht stark an die Version, die ich von gut unterrichteter Seite gehört habe, nämlich dass hinter der Entlassung von Brauchitschs ein ernster Konflikt zwischen dem Stab und den Chefs der Armeekorps auf der einen Seite und Hitler und Himmler auf der anderen steckt. Außer Brauchitsch und Bock sollen auch Rundstedt und Leeb gegangen sein, während Halder Hausarrest bekommen hat. Es wird gesagt, dass Falkenhorst, Falkenhausen, Stülpnagel und Quade bald dran sind. Die Generäle haben einen kräftigen Rückzug im Osten gefordert und, um ihn durchführen zu können, wollen sie eine rein militärische Führung ohne politische Einmischung haben. Weiter sollen sie eine Reduktion der Machtstellung der Gestapo gefordert haben, einen gemäßigteren Kurs in den besetzten Ländern, die Entlassung Dietrichs und einiges andere. Von anderer Seite wird ja behauptet, dass sich der Konflikt dadurch zuspitzte, dass Hitler forderte, dass der Generalstab während des Winters die Aufgabe übernehmen sollte, eine Invasionsarmee von einer Million Menschen aufzustellen, die während des Frühjahrs gebraucht werden könnte, und dass die Generäle meinten, eine solche Aufgabe nicht übernehmen zu können. Du hast völlig recht, wenn du sagst, dass wir nicht auf die Wehrmacht setzen können. Andererseits muss es <u>dort</u> beginnen, wenn es überhaupt eine Veränderung von innen heraus geben soll. Die eigentliche Bedeutung der zugespitzten Krise im Verhältnis zwischen den Nazisten und der Wehrmacht ist wohl die, dass solche gegenüber dem Nazismus bisher loyale Berufsmilitärs, wie z. B. Brauchitsch, ernsthaft damit beginnen müssen, sich zu fragen, ob sie nicht gezwungen sind, zwischen Hitler und Deutschland zu wählen. Beginnen die Dinge erst in Bewegung zu geraten, hoffentlich auf Grund einer Generalsrevolte, habe ich keine Angst, dass sie nicht weiter rollen werden. Natürlich muss man keinen Frieden mit den Vertretern des preußischen Militarismus schließen. Aber vom Waffenstillstand bis zum Frieden kann der Weg lang sein.

Beweise für aktive politische Opposition oder eine Opposition unter den deutschen Truppen in Norwegen haben wir nicht. Es ist unterdessen sicher, dass die Stimmung an der deutschen Heimatfront elendig ist. Man braucht nur Goebbels' Artikel zu lesen, um das zu verstehen. Es ist auch sicher, dass die Stimmung an der Front ganz anders ist als noch vor zwei, drei Monaten. Man kann es gerne als einen beginnenden Gärungsprozess bezeichnen, der unter anderem[10] in einem Nachlassen der Disziplin zum Ausdruck kommt. Die Nachrichten über Unruhen in Westdeutschland waren richtig. Es ist auch richtig, dass es im November Ansätze zu einer Streikbewegung in Hamburg und Stuttgart gegeben hat. Hier findet man auch die Erklärung dafür, dass Goebbels es nicht zuließ, dass die deutsche Presse über die Streiks in den USA geschrieben hat, die man früher groß herausstellte.

Ich weiß nicht, ob unsere Leute ein größeres Interesse an politischer Kriegführung haben oder ob sie diese Seite den Engländern überlassen wollen. Sonst wäre es nämlich nicht das Dümmste, wenn man es mir überließe, etwas mit der deutschen Frage zu arbeiten, d. h. das Material zu sammeln, das hier herbeigeschafft werden kann, und vielleicht auch der Propaganda unter den Truppen zu Hause größere Aufmerksamkeit zu schenken. Wenn du meinst, dass dieser Gedanke vernünftig ist, kannst du ja mit den Betreffenden darüber sprechen. [...]¹¹
Jede Menge Grüße von Carlota, Ninja und ‹Willy›¹²

Nr. 3
Schreiben Brandts an den außenpolitischen Berater des norwegischen Außenministers, Ording
11. März 1942¹

AdsD, WBA, A 5, Allgemeine Korrespondenz 1942;
Archiv des Norwegischen Außenministeriums, Mappe: Arne Ordings Notate und Korrespondenzen während des Krieges (Übersetzung aus dem Norwegischen: Einhart Lorenz).

Lieber Arne,
vielen Dank für den Brief vom 23.1. [1942].² Deine Darlegungen waren für die hiesige Diskussion von Bedeutung. Sie haben auch einige Missverständnisse geklärt. Selbst bedaure ich, dass ich Äußerungen von Trygve Lie falsch interpretiert habe. Habe ich dich richtig verstanden, so enthält die Atlantik-Charta³ einen ungeschriebenen Punkt über die Besetzung Deutschlands. Davon haben wir nichts geahnt. Außerdem musste es einen gewissen Eindruck machen, wie die Nazipresse sich an der Erklärung des norwegischen Außenministers weidete.

Obgleich dein Brief verdeutlicht hat, dass keine entscheidenden Gegensätze zwischen den Ansichten vorliegen, die bei euch [in London] und bei uns [in Stockholm] vorherrschen, gibt es dennoch genug Probleme, die zu diskutieren nützlich sein wird. Was es für uns so schwer macht, Richtlinien für unsere Friedensziele zu formulieren, ist wohl, dass wir allzu wenig wissen, wie Europa und die Welt nach dem Krieg aussehen werden. Selbst sehe ich es als am wahrscheinlichsten an, dass weder England-Amerika noch die Sowjetunion alleine bestimmen werden, wie die neue Welt werden wird. Vieles spricht mehr für eine lange Übergangsperiode mit gewaltigen inneren Umbrüchen in den meisten Ländern, die mit im Krieg waren. In England und anderen demokratischen Ländern wird es einen harten Kampf darum geben, welchen sozialen Inhalt die Demokratie erhalten soll, und wir können hoffen, dass es auf der anderen Seite in der Sowjetunion eine Weiterentwicklung in eine demokratischere Richtung gibt. Ich kann es nicht anders verstehen, als dass der Kampf, den die Russen jetzt führen, zu einem Reinigungsprozess innerhalb der Bürokratie führen muss. Die tüchtigen Kräfte werden sich bemerkbar machen, die untauglichen werden zur Seite geschoben werden, ganz neue Kräfte stellen sich auf Grund ihrer Fähigkeiten und des Vertrauens, das sie in der Bevölkerung genießen, an die Spitze der lokalen und regionalen Verteidigung und rücken vor.

So wie sich der Krieg im Osten entwickelt, hat man weiter Grund damit zu rechnen, dass China und Indien eine weit größere Rolle für die internationale Politik nach dem Krieg spielen werden, als wir nach dem europäischen Kriegsausbruch ahnen konnten. Aber wir können auch nicht davon absehen, dass die Sowjetunion eine stärkere Anziehungskraft auf – auf alle Fälle – Ost- und Südosteuropa, besonders die slawischen Völker ausüben wird. Gewaltige gesellschaftliche Kämpfe mit einer demokratischen Erhebung als Ausgangspunkt, mit möglicherweise tiefgreifenden sozialen Umwälzungen als Resultat, können auch in anderen nicht-demokratischen oder halb-demokratischen Ländern ausbrechen, wie z. B. in Frankreich. Schließlich haben wir Deutschland, wo es auf die eine oder andere Weise blutige innere Abrechnungen geben wird.

Wenn de Gaulles Leute und vielleicht Spaak oder Huysmans davon reden, dass sie das westliche Rheinufer haben wollen, braucht das nicht so furchtbar viel zu bedeuten, weil die Politik des kommenden Frankreich und Belgien von ganz anderen Kräften bestimmt werden kann. Es ist wohl auch zweifelhaft, ob die jugoslawische Regierung in London verpflichtende Versprechungen abgeben und bestimmte Forderungen im Namen des Jugoslawien erheben kann, das nach dem Krieg entsteht. – Wir sollten unterdessen unabhängig von allen Unsicherheitsfaktoren über die weitere Entwicklung und über Anhaltspunkte für einen vernünftigen Wiederaufbau durchaus diskutieren. Später können wir dann sehen, wieviel wir von unserem Programm realisiert bekommen und auf welchen Gebieten wir uns vorläufig damit abfinden müssen, dass unvernünftige und unhaltbare Lösungen durchgeboxt werden.

Wir stimmen darin überein, dass man als Arbeitshypothese mit einem künftigen demokratischen Deutschland rechnen muss. Inzwischen hat sich ja auch Kamerad[4] Stalin geäußert und erklärt, dass Deutsche und Nazis nicht dasselbe sein müssten. Gegen das, was er insoweit in seinem Tagesbefehl vom 23. Februar[5] [1942] ausführte,[6] lässt sich nichts sagen. Es ist nur schade für die Engländer, dass sie sich nicht zu einer ähnlichen Erklärung, am besten vor Stalin, haben entschließen[7] können. Was von London erklärt wird, ist ja für große Teile des deutschen Volkes viel mehr von Bedeutung als das, was aus Moskau kommt. Aber noch ist es nicht zu spät. Du weist darauf hin, dass eine demokratische Revolution in ganz Deutschland den ganzen Heilungsprozess beschleunigen würde. Es ist klar, dass sie es viel leichter machen würde, den starken Hass und das berechtigte Misstrauen zu überwinden, das gegenüber allem besteht, was deutsch heißt und was doch durch die imperialistischen, militaristischen und nazistischen Kräfte in der deutschen Gesellschaft verursacht wurde – Kräfte, die im Laufe von neun Jahren Naziherrschaft[8] dem deutschen Volk verhältnismäßig ebenso viele Opfer und Märtyrer abverlangt haben wie den Völkern, die heute preußische Stiefel zu spüren bekommen. Aber wenn es so ist, dass man eine künftige demokratische Entwicklung in Deutschland wünscht, dann muss man sich auch in seiner aktuellen Politik so einrichten, dass man in dem Maße, in dem das überhaupt möglich ist, die demokratischen und friedlichen Kräfte im deutschen Volk stärkt.⁹

Ausgehend von unserer sozialistischen Einstellung und von allgemeinen demokratischen Rechtsforderungen können wir nicht daran mit beteiligt sein, einem künftigen demokratischen Deutschland das Lebensrecht zu bestreiten. Zusätzlich zur Versicherung der Atlantik-Charta, dass der wirtschaftliche Wiederaufbau auch den besiegten Nationen zugute kommen soll, bedarf es eines klaren Bescheides, dass das deutsche Volk, wenn es die nazistische Diktatur¹⁰ einmal abgeworfen hat, im Prinzip dasselbe Recht auf nationale Selbstbestimmung wie andere Völker erhalten wird. Entgegengesetzte Parolen und Drohungen sind – so verständlich sie nach den Gewaltanwendungen der deutschen Nazis sein mögen – Wasser auf Goebbels' Mühlen.

Von einer Zerstückelung Deutschlands darf also nicht die Rede sein. Wenn die Österreicher durch eine Volksabstimmung zum Ausdruck bringen, dass sie das wünschen, müssen sie zu Deutschland gehören können. Du räumst ein, dass es vorteilhaft wäre, wenn die demokratischen Kräfte in Deutschland gestärkt würden. Aber wenn es so ist, müssen wir uns dann nicht zum Sprecher dieser Linie machen, selbst wenn die augenblicklichen Machtverhältnisse sie unmöglich zu machen scheinen?¹¹ Ich meine nicht, dass die norwegische Regierung das machen soll, aber norwegische Sozialisten sollten doch eine selbständige Einschätzung dessen behalten können, was vernünftige internationale Politik ist. Das gilt auch für andere Fragen wie z. B. Ostpreußen und Oberschlesien. Ich meine ehrlich gesagt, dass man sich nicht ohne weiteres damit abfinden soll, dass Stalin bestimmt. Es handelt sich ja um ein paar Millionen Menschen, die in dem Fall nach Deutschland zwangsumgesiedelt werden müssen, und dort gäbe es bereits genug Arbeitslosigkeit und Not. Im Übrigen bin ich mit dem einverstanden, was du über Umsiedelungen von Bevölkerungsgruppen in Osteuropa sagst, so dass man einigermaßen klare Grenzen bekommt. Diese Zwangsumsiedlungen von Volksgruppen, die Hunderte von Jahren in einem Gebiet gelebt haben, sind an sich ziemlich barbarisch. Aber wenn wir uns erst in diesem Hexentanz befinden, schadet es nicht, zugleich die Grenzverhältnisse im Osten zu klären. Was die Deutschen betrifft, wird es wohl auch so sein, dass diejenigen, die nicht aus den Gebieten wegkommen, die die Russen und Polen nehmen werden, erschlagen werden.[12]

Die Besetzung Deutschlands ist sicher keine prinzipielle Frage. Eine solche Besetzung kann notwendig werden, sie kann im Hinblick auf eine demokratische Entwicklung sogar wünschenswert sein. Aber sie kann auch einen ganz anderen Inhalt bekommen. Selbst dann kann sie unvermeidlich sein, und wir können daran gehindert sein, dagegen zu opponieren. Trotzdem dürfen wir als Sozialisten und Demokraten niemals vergessen und auch nicht unterlassen zu sagen, dass eine solche Besetzung eines fremden Landes ein Übel sein wird, das so rasch wie möglich überwunden und abgewickelt werden muss. Jedenfalls ist dies keine dauerhafte Lösung.[13] Solange Okkupationstruppen im Lande sind, wird es auch nicht leicht sein, eine neue Führung zu etablieren. Wenn ich die deutschen Arbeiter recht kenne, werden sie kein besonderes Vertrauen zu den Emigranten haben, die mit den alliierten Okkupationstruppen kommen und als neue demokratische Regierung vorgestellt werden.

Die ganze Diskussion hat ja nichts damit zu tun, ob man die Deutschen entschuldigen oder etwas Gutes über sie sagen will. Ich werde der erste sein, der den Deutschen erzählt, dass sie den Hass verdient haben, der ihnen entgegenströmt. Es geht auch nicht um die Frage, ob die Rücksichtnahme auf die Sicherheit der Deutschen nach dem Krieg im Vordergrund stehen soll. Es ist in ebenso hohem Grad die Frage der Sicherheit anderer Völker, auch des norwegischen Volkes. Norwegen kann nicht mit stabilen Verhältnissen rechnen, wenn nicht auf dem Kontinent eine vernünftige Ordnung geschaffen wird. In diesem Punkt dürfen wir nicht solchen Hurrapatrioten nachgeben, die durch viele Jahre die Geschäfte der Faschisten besorgt haben, bis sie plötzlich entdeckten, wie antinazistisch sie sind. Selbst will ich so weit gehen zu sagen, dass es wahrscheinlich notwendig wird, dass deutsche Nazisten nach dem Krieg vernichtet werden. Aber es wäre ein Vorteil, wenn das in größt möglichem Umfang deutschen Arbeitern und Demokraten überlassen werden würde. Nur dann kann es zu einem solchen Reinigungsprozess kommen, den Deutschland nötig hat. Die anderen sind natürlich daran interessiert, dass etwas in dieser Richtung geschieht, und sie können alle möglichen Garantien fordern. Sie sollen nur nicht vergessen, und das sollen wir denen gegenüber, die das vergessen, unterstreichen, dass eine Zeit nach dem Prozess der Umwälzung kommt. Auf sie muss man sich einstellen, wenn man von einer vernünftigen Neuordnung in Europa spricht.

Ich kann dir nicht ganz zustimmen, wenn du die früheren Politiker der Westmächte nur der Dummheit, Feigheit und Korruption beschuldigst. Es gibt noch immer etwas, das Kapitalismus und Imperialismus heißt. Obgleich das nazistische Deutschland die Verantwortung dafür trägt, dass der Krieg ausbrach, stecken kapitalistische und imperialistische Gegensätze dahinter. Die Westmächte tragen ihren Teil der Verantwortung nicht nur, weil sie kurzsichtig und „feige" waren, sondern weil sie u. a. Hitler die Kriegsmaschinerie in der Hoffnung bauen ließen, dass sie gegen die Sowjetunion gebraucht würde. Es muss mir auch erlaubt sein, noch einmal zu unterstreichen, dass alle unsere bewussten Leute zu Hause eine sehr nüchterne und kühle Haltung gegenüber Deutschland einnehmen. Das ist um so bewundernswerter, als der Terror ständig stärker an die Verhältnisse in deutschen Konzentrationslagern und SA-Kasernen erinnert, an Zustände, an die leider viele nicht glauben wollten, als sie von deutschen Emigranten entlarvt wurden. In London kann es von Interesse sein zu wissen, wie die führenden Kader der Bewegung denken.

Was die englische Diskussion betrifft, hätte ich gerne ein Exemplar der letzten Broschüre der Labour Party über die Kriegsziele.[14] Sie ist in der schwedischen Presse referiert worden – aber auf eine sehr unvollständige Art.

Der Korrespondent des Social-Demokraten in Berlin war neulich hier zu Besuch. Er erzählte, dass nicht nur die Menschen in Berlin, sondern auch die Soldaten an der Front nicht länger an den Sieg glauben. Sie glauben auch nicht sonderlich, dass die Frühjahrsoffensive viel bringt. Dagegen hat man noch immer Illusionen über eine Verhandlungslösung mit England. Solche Illusionen sind offensichtlich von den Taten der Westmächte in den letzten zwei, drei Monaten gestärkt worden, mit denen man ja wirklich nicht prahlen kann. Ansonsten sieht es so aus, als hätte Hitler sich entschieden, die alten Militärs wieder heranzulassen. Er hat offenbar Angst davor bekommen, Himmler und seiner Bande völlig ausgeliefert zu sein. Falls Hitler im Frühjahr keine wirklich großen Siege erzielt, hat man Grund anzunehmen, dass er zu Hause größere Schwierigkeiten bekommen wird. Die Engländer sollten mehr bomben. Abgesehen von den größeren Luftoperationen, die jetzt wohl wieder in Gang kommen, sollten sie Flugzeuge haben, die nur die Aufgabe hätten, die Sirenen so oft wie möglich heulen zu lassen und die Menschen nachts wach zu halten. Die Deutschen sind gegenüber dieser Art Terror weniger widerstandsfähig, als die Engländer es waren.[15]

Über Schweden habe ich gerade einen Übersichtsbericht geschrieben, den Lars [Evensen] hinüber schicken wird, so dass du ihn zu sehen bekommst. Ich neige dazu zu glauben, dass Schweden durchkommen wird, falls es keine alliierte Invasion in Norwegen geben wird. Im Gegensatz zu dem, was viele andere hier sagen, schließe ich keineswegs eine solche Invasion aus.[16] Aber es wird die ‹reinste politische Schwätzerei›[17], sich auf solche Diskussionen einzulassen. Ihr wisst vielleicht etwas mehr, aber dürft natürlich nichts sagen, und das ist ja auch gut so. Aber die ernste Situation, in die Schweden gekommen ist und die das Land im Laufe der nächsten Wochen oder Monate in einen Krieg mit Deutschland führen <u>kann</u>, hat eine gewisse Bedeutung für unsere Diskussionen über das Verhältnis zwischen Norwegern und Schweden. Es ist nicht nur die Frage der zukünftigen nordischen Politik, sondern auch der militärischen Waffenbrüderschaft – wie der Terminus wohl heißt – im Laufe der nächsten Zukunft. Das soll man nicht vergessen. Wir haben ansonsten den Eindruck, dass ihr Schweden stark auf Grundlage des

Notenaustausches mit dem U.D. einschätzt, während wir hören und sehen, wie das schwedische Volk reagiert. Und an der Front ist es immer besser geworden.

Wir hatten neulich im „Zirkel" eine Diskussion mit Richard Sandler.[18] Er sagte viel Gutes, aber die Schlussfolgerung war ein isolierter Nordismus, der, darin waren wir einig, keine Lösung ist. Wir sehen die nordische Zusammenarbeit von morgen als Glied in einem größeren Zusammenhang, als eine regionale Föderation, die ihren Platz in einer breiteren internationalen Organisation finden sollte. Für Norwegen kann nicht die Rede von einem Entweder-oder sein, sondern von einem Sowohl-als-auch: Interalliierte und nordische Zusammenarbeit oder richtiger nordische Zusammenarbeit als Glied in einem neuen Völkerbund oder was das nun wird. Die Norweger haben wirklich keinen Grund, sich vor den Schweden zu verbeugen, aber sie müssen sich auch davor hüten, sich auf das hohe Ross zu setzen. Im Radio gab es in der letzten Zeit eine Reihe von Sendungen, die hier in Schweden gut aufgenommen wurden und frühere Missverständnisse korrigiert haben.

Man könnte sich dazu versucht fühlen, gewisse Verhältnisse in der norwegischen Emigration[19] zu kommentieren. Der Unsinn mit der verachteten deutschen Emigration wirkt oft wie die reinste Unschuld verglichen mit dem, was man heutzutage hört. Ich wage nicht, den Gedanken zu Ende zu denken, wie es mit der norwegischen Emigration stünde, wenn sie obendrein ernsthafte ökonomische Sorgen hätte. Man braucht ja nicht alles, was gesagt und intrigiert wird, so ernst zu nehmen. Auch in Norwegen wird es so sein, dass die Kräfte zu Hause ein Wort mitsprechen werden, wenn die neue Gesellschaft gebaut werden soll. Gleichwohl kann man sich fragen, was gewisse Londoner Dispositionen[20] eigentlich sollen. Versteht man dort nicht, wer der verbissene Gegner der Regierung und wer trotz allem deren Stütze an der Heimatfront ist? Ich kann mich auch nicht von dem Eindruck befreien, dass man sich von allerlei Personen und Gruppen bluffen lässt, die sich als Repräsentanten der illegalen Bewegung ausgeben. Was immer man sagt, so sind es unsere Leute, die das Rückrat der illegalen norwegischen

Front bilden. Enttäuscht man sie auf eine entscheidende Art, hat man den Ast abgesägt, auf dem man selbst sitzt. Es besteht kein Streit darüber, dass der Kampf gegen die Deutschen und die Quislinge[21] im Zeichen des nationalen Zusammenhalts weitergeführt werden soll. Aber es führt zu nichts, wenn man die Augen gegenüber gewissen bürgerlichen und reaktionären Kreisen verschließt, die, gestützt auf Bürokratencliquen, eine Offensive gegen alles eingeleitet haben, was den Geruch der Arbeiterbewegung trägt. Es wird sich strafen, wenn man diesem Vorstoß nachgibt. Ich bin fest davon überzeugt, dass man das hier nicht unter den Genossen machen wird – ganz im Gegenteil.

Was meine eigene Arbeit betrifft, so bin ich mit dem, was ich in der ganzen ersten Zeit journalistisch ausrichten konnte, sehr zufrieden. Jetzt nehme ich nicht mehr die gleiche Position ein, schreibe aber weiterhin Artikel, weil man ja schließlich von etwas leben muss. In aller Bescheidenheit kommt mir ab und zu der Gedanke, dass ich vielleicht zu anderer Arbeit gebraucht werden könnte. Aber das kann man wohl vergessen, wenn man nicht nur in Deutschland geboren, sondern auch Arbeiterparteimann ist. Na ja, ich habe dennoch keinen Grund zur Klage. Wir haben keine wirtschaftlichen Sorgen, und nebenher gibt es ja auch politische Arbeit von Interesse.

Ich versuche, zusammen mit diesem Brief das Manuskript meines Buchs über den Guerillakrieg zu senden, das im nächsten Monat bei Bonniers erscheinen soll.[22] Es ist wohl zweifelhaft, ob du Zeit hast, das Manuskript zu lesen, und es ist ziemlich unwahrscheinlich, dass es in England gebraucht werden kann. Falls es sich so verhält, bist du vielleicht so nett und sendest es an Finn Moe weiter. Es ist ja denkbar, dass der Stoff ‹dort drüben›[23] Interesse findet. Die Kapitel über die Schnapphähne[24] und über „Kleinkrieg und Blitzkrieg" werden verändert, bevor das Buch erscheint. Falls der Stoff in England oder Amerika benutzt wird, müsste man die aktuellen Kapitel auf den neusten Stand bringen. Ich würde es schätzen zu erfahren, ob das Manuskript benutzt wird.

Ja und so soll ich vielmals von Carlota grüßen, die trotz ursprünglicher Versprechen keine Arbeit bekommen hat (einige un-

Willy Brandt mit Frau Carlota und Tochter Ninja im Demonstrationszug am 1. Mai 1944 in Stockholm

81 Brandt an Ording, 11. März 1942

serer Freunde haben angedeutet, dass auch das einen „politischen"
Hintergrund haben kann), sich aber sonst in ihrer Rolle als Hausfrau
zurechtgefunden hat, und von Ninja, die immer mehr einem Menschen ähnelt und sehr süß ist.[25] Du musst gemeinsame Freunde und
Bekannte grüßen.
Herzliche Grüße
〈Willy〉[26]

Nr. 4
Schreiben Brandts an Jacob und Hertha Walcher
10. Oktober 1942

SAPMO-BArch, NY 4087/24.

Lieber Jacob, liebe Hertha!
Wir haben uns alle sehr zu Euern beiden Briefen gefreut, die am 4.
August [1942] geschrieben waren[1] und hier vor einer Woche eintrafen. Vor ungefähr vierzehn Tagen erhielt ich auch Euern Brief
vom 6. Januar [1942].[2] Der war ja einigermassen veraltet, aber
nichtsdestoweniger willkommen. Von Trudel [Gertrud Gaasland]
erhielt ich ungefähr gleichzeitig einen Brief vom 4. Dezember
[1941], in dem sie die Frage erörterte, ob es wohl zum Krieg zwischen Japan und den Vereinigten Staaten kommen würde![3] Heute
steht gerade hier in der Zeitung, dass man jetzt mit ziemlich regelmässiger Postverbindung rechnen kann und dass Briefe von hier zu
Euch ungefähr 1 1/2 Monate unterwegs sind. Wenn dem so ist,
sollte Euch dieser Brief zu Weihnachten erreichen.[4] Ich will darum
nicht versäumen, Euch gleich einleitend die besten Grüsse zu den
Feiertagen und die allerbesten Wünsche zum neuen Jahr zu übermitteln.
    Selbst schickte ich Ende Juni einen Brief an Euch,[5] weiss jedoch
nicht, ob Ihr ihn erhalten habt. Es ist ja gut zu wissen, dass die lange

Unterbrechung der persönlichen Verbindung unserer Freundschaft keinen Abbruch getan hat. Besonders freut mich, in unseren Zielvorstellungen eine so grosse Übereinstimmung feststellen zu können, wie sie sich aus Deinem letzten Brief ergibt.[6] Du erwähnst eine Resolution von Ende [19]39[7], die Dich damals sehr gekränkt habe. Ich habe mir hin und her überlegt, worum es sich dabei handeln kann. Auch August [Enderle] hat mir nicht auf den Weg helfen können. Ich kann mir nicht denken, dass Du die seinerzeit von den hiesigen Freunden entworfene und von uns bearbeitete Einschätzung der Kriegslage im Auge hast. Diese dürfte Dich inhaltlich nicht befriedigt haben, aber dass sie Dich persönlich gekränkt haben sollte, kann ich mir nur schwer vorstellen. Natürlich hat sich herausgestellt, dass manche Urteile über die S[owjet-]U[nion], die im Anschluss an den Pakt und den Konflikt mit Finnland[8] gefällt wurden, einer ernsten Überprüfung nicht stand halten. Andererseits lässt sich auch heute nicht bestreiten, dass die SU damals ein gewagtes Spiel getrieben hat, vielleicht treiben musste, das ihr sehr leicht zum Verhängnis hätte werden können. Gleichfalls bin ich auch heute noch der Meinung, dass der Angriff auf Finnland unklug war. Manches spricht dafür, dass es möglich gewesen wäre, durch Verhandlungen zu einem befriedigenden Ergebnis zu gelangen. Die Nazis haben damals darauf spekuliert, dass es infolge der finnischen Krise zum offenen Konflikt zwischen den Russen und den unter der damaligen reaktionären Führung stehenden Westmächten kommen möchte. Ich habe gerade Davies' Russlandbuch[9] gelesen, das von vielen neugebackenen Freunden der SU geradezu als Quelle aller Weisheit betrachtet wird. Nun will ich gern zugeben, dass dieses Buch viele ausserordentlich aufschlussreiche Informationen enthält, aber in entscheidenden Fragen bleibt es an der Oberfläche hängen und begnügt sich mit formaljuristischen und oft mehr als naiven Betrachtungen. Wenn ich zu der damaligen Lage noch etwas hinzufügen darf, so müsste es der Hinweis auf die damals aufkommenden und geradezu in den Abgrund führenden Theorien sein, die von einer Konstellation der antikapitalistischen Gruppe SU-Deutschland kontra Westmächte ausgingen.

Nun, die Diskussionen über diese Fragen liegen ja schon lange zurück und haben wenig Interesse für das, was jetzt vor uns steht. Ich wollte nur den Hintergrund unserer damaligen Entschliessung erläutert haben. Entscheidend war für uns während der ganzen Zeit die Ausrichtung darauf, dass die Nazis der Feind Nr. 1 sind. Davon konnten und durften wir auch nach dem Pakt nicht abgehen. Für mich darf ich in Anspruch nehmen, dass ich diesen entscheidenden Inhalt des Krieges auch dann nicht aus dem Auge verloren habe, als die finnische Krise die Gemüter in Skandinavien besonders stark erregte.

Von Bekannten, die gelegentlich aus London kommen, und auch aus den Briefen unserer Freunde erfahre ich immer wieder, dass man dort noch mit einem recht langen Krieg rechnet. Selbst halte ich eine mehrjährige Perspektive für abwegig. Natürlich, falls man damit rechnet, dass es gelingt, die Russen völlig in die Defensive zu zwingen, kann der Krieg noch lange dauern. Aber vorläufig berechtigt nichts zu dieser Annahme. Stalingrad hält noch immer und hat Hitler schrecklich viel gekostet. Den Kaukasus wird er in diesem Jahr nicht mehr nehmen können. In einigen Wochen setzt der Winter ein, auf den er sich zwar besser vorbereitet hat, dem er aber trotzdem mit reduzierter materieller Basis entgegengeht. Wenn man weiss, wie ernst es im letzten Winter an der Ostfront und im 3. Reich war, und wenn man damit rechnen kann, dass der Luftkrieg vom Westen her diesmal viel umfassender sein wird, so darf man nicht die Möglichkeit ausschliessen, dass noch im Laufe dieses Winters grosse Ereignisse bevorstehen. Ich meine also, dass der entscheidende Kollaps erfolgen kann, noch bevor es zur Errichtung einer 2. Front kommt. Diese würde dann errichtet werden, um der preussischen Militärmaschine sozusagen den Gnadenstoss zu versetzen und wohl auch, um zu verhindern, dass nur der eine Partner sich in Berlin installiert. Wahrscheinlicher ist nun wohl doch, dass die Entscheidung erst im nächsten Jahr fällt. Mit einer längeren Perspektive rechnen wir faktisch nicht. Dazu trägt bei, dass wir der inneren Front näher sind als Beobachter in den alliierten Metropolen. Natürlich hören wir auch hier allzu wenig, aber das was wir erfahren, ist recht ermutigend.

Es ist also, wie Du schreibst, am Platze, sich intensiver mit den Fragen der Nachkriegsentwicklung zu befassen. Wie Du schon erfahren haben wirst, arbeiten wir hier in privaten Kreisen und Studienzirkeln ziemlich fleissig.[10] Leider ist es ja sehr, sehr schwierig, einen wirklichen Meinungsaustausch durchzuführen. In meinem letzten Briefe machte ich einen Versuch, einige Gesichtspunkte zu Papier zu bringen, hatte dann aber grosse Bedenken, ob ich den Brief überhaupt schicken sollte. Man hat ja allerlei Rücksichten zu nehmen, und wenn man dann durchliest, was geschrieben steht, so findet man, dass es im Grunde nur Banalitäten sind. Was England betrifft, so verfolgen wir die allgemeine Diskussion in Presse, Zeitschriften und Büchern, obgleich es nicht immer leicht ist, Zeitschriften und Bücher hier zu erwischen. Von den Erörterungen unserer mitteleuropäischen Freunde wissen wir so gut wie gar nichts. Das wenige, was wir andeutungsweise erfahren haben, deutet allerdings darauf hin, dass sie dort in gleicher Richtung tendieren wie wir hier.

Ich bedaure einerseits, dass es Dir nicht gelungen ist, die Reise nach London durchzuführen, während man andererseits vielleicht sagen kann, dass es ebenso gut ist, wenn Du Dich nicht heute verausgabst, sondern nach allen Anforderungen der letzten Jahre etwas ausruhst und Kräfte sammelst. Enttäuscht sind wir darüber, dass es nicht dort bei Euch möglich gewesen ist, einen fortschrittlichen Kreis etwa aus den Reihen der früheren ‹Konzentraten›[11] zusammenzubringen, um über Nachkriegsfragen zu arbeiten. Wir hatten uns vorgestellt, dass dort in mancher Beziehung günstigere Bedingungen als irgendwo anders für geistige Vorarbeiten vorhanden sein sollten. In dieser Beziehung interessiert mich übrigens, was aus Willi[12] geworden ist. Von ihm war in Deinen Briefen überhaupt nicht die Rede.

Du hast in Deinem letzten Brief von Anfang Januar die Frage aufgeworfen, ob es mir nicht möglich wäre, nach London zu übersiedeln.[13] Dazu habe ich, wenn ich mich recht erinnere, schon in meinem vorigen Brief Stellung genommen. Natürlich wäre es in mancher Hinsicht verlockend, nach dort zu kommen. Aber von persönlichen Rücksichten auf die Familie usw. ganz abgesehen, ist es doch eine grosse Frage, ob ich hier nicht nützlicher bin. Ausserdem habe ich ja von meinem norwegischen Staatsbürgerstatus auszugehen. Und bei meinen Landsleuten scheint jedenfalls zur Zeit keine Neigung vorhanden zu sein, mich von hier fort zu beordern.

Aus einem Brief von Herbert [George][14] habe ich entnommen, wie verfahren es in unserm alten Freundeskreis in London ist. Wenn sich die Gegenseite tatsächlich so blöd benimmt, wie Herb[ert] es darstellt – und leider muss man damit rechnen, dass dem so ist –, dann kann man vollauf verstehen, dass positiv eingestellte Genossen sich abzugrenzen wünschen. Die Erklärung, die Herb[ert] aus Anlass seiner Distanzierung von den dortigen Freunden abgegeben hat, hängt ja inhaltlich zum Teil mit der Frage zusammen, die Du in Bezug auf die Einschätzung unseres Kreises aufgeworfen hast.

Du hast völlig recht, wenn Du meinst, dass wir uns unserer Vergangenheit nicht zu schämen brauchen. Bei dem allgemeinen Tiefstand der Bewegung stellt sich auch immer wieder heraus, dass unsere Bekannten über viele der anderen aufragen. Die Möglichkeit des Einsatzes unseres Bekanntenkreises ist allerdings an die Bedingung gebunden, dass man sich in einem grösseren Rahmen betätigen kann. Im andern Fall wird man sich wieder durch unerquickliche innere Gegensätze lahm legen. Im Lande wird nach 10 oder 11 Jahren von einer so begrenzten und traditionsarmen Gruppe wie der SAP herzlich wenig übrig sein. Von den eventuell aus der Emigration zurückkommenden wird man sehr verschiedene Auffassungen darüber hören können, was zu tun ist. Manche werden den Namen der SAP für ihre eigene Vorstellung von einer kleinen, reinen, feinen Partei in Anspruch nehmen wollen. Du hast selber früher darauf hingewiesen, dass überall Gruppen der beiden traditionellen Parteien entstehen werden, aber nur in einem geringen Teil von Orten Gruppen der SAP. Daraus braucht man nun keineswegs zu folgern, dass die wertvollen Kader unserer Richtung und deren Gedankengut ausgespielt hätten. Ich kann mir sehr gut vorstellen, dass es zweckmässig sein kann, ein Gremium aus früheren massgeblichen Freunden unserer Richtung zusammenzuholen und als Aktivausschuss für die Schaffung einer einheitlichen Bewegung wirken zu lassen. Was man aber vermeiden sollte, ist die Schaffung einer separaten Organisation.

Unsere Freunde müssen überall, wo sie lokal und provinziell Einfluss erlangen können, sogleich für Errichtung einheitlicher Arbeiterorganisationen wirken und sich nicht durch Schaffung eigener Gruppen mehr oder weniger isolieren. Ob es zur E[inheits]P[artei] kommen wird, hängt in erster Linie davon ab, ob sich die Russen entschliessen können, die Komintern zu liquidieren. Für ausgeschlossen halte ich das nicht. Wenn sie aber an der KI festhalten, wird von einer haltbaren Einheitspartei kaum die Rede sein können. Falls sich also die Lage ergibt, dass der eine Sektor eine Separatorganisation wieder errichtet, so ergibt sich für die fortschrittlichen sozialistischen Kräfte die Aufgabe, trotzdem für eine soz[ialistische] EP zu wirken, die dann den ganzen nichtkomm[unistischen] Sektor umfassen sollte. Es müsste mit dem Teufel zugehen, wenn die fortschrittlichen Kräfte nicht einem solchen Laden ihren Stempel aufdrücken könnten. Das ist ja alles nichts Neues, sondern im Grunde Weiterführung dessen, was im Zeichen der Konzentration begonnen wurde.

Man kann heute nicht EP propagieren, wohl aber in ihrem Sinne praktisch wirken. Das taten wir in der letzten Zeit in Oslo und das tun wir hier, indem wir seit 2 Jahren auf alte ‹Vereinsgeschichten›[15] völlig verzichten – was ja auch aus andern Gründen notwendig war – und uns durch sachlichen Einsatz in breiterem Kreise Geltung verschaffen.

Persönlich geht's mir gut. Seit ein paar Monaten arbeite ich auf einem Pressebüro,[16] habe aber Zeit daneben, mich mit Zukunftsproblemen zu befassen.[17] Carlota und Ninja[18] lassen grüssen, ein Bild von ihnen beiden lege ich bei. Grüsst bitte alle Freunde und Bekannten und seid selbst herzlich gegrüsst von Eurem
‹W[illy]›[19]

P.S. 13-10[-1942]: Bei einer gestrigen Aussprache malte Dein alter Freund Tarnow die Gefahr des Entstehens von mindestens 3–4 Parteien allein im soz[ialistischen] Sektor an die Wand. Aug[ust Enderle] und ich verfochten mit Nachdruck die Parole der EP (also ganz kommt man um das Propagieren auch heute nicht herum). Freund Tranmæl verlangte sehr wirkungsvoll eine gemeinsame Willensäusserung d[er] Sozialisten und Gewerkschaftler.

Nr. 5
Die Friedensziele der demokratischen Sozialisten
März 1943[1]

AAB: Internationale Gruppe demokratischer Sozialisten.

Mitglieder der Arbeiterbewegung aus einer Reihe von Ländern haben in Stockholm einen Arbeitskreis mit der Aufgabe gebildet, Erfahrungen auszutauschen und die Probleme des Wiederaufbaues nach dem Kriege zu besprechen. Sie kommen aus freien und okkupierten, kriegführenden und neutralen, halbfaschistischen und faschistischen Ländern. Sie fühlen sich verbunden durch ihre demokratische Überzeugung und sozialistische Zielsetzung und sind erfüllt von dem Bewusstsein der grossen Mission der internationalen Arbeiterbewegung bei der Gestaltung des neuen Friedens.

Wir grüssen die Genossen und Gesinnungsfreunde in anderen Ländern und fordern sie zu einem internationalen Meinungsaustausch auf. Unsere Diskussionsgrundlage wird nicht im Namen von Parteien oder anderen Organisationen vorgelegt, sondern unter persönlicher Verantwortung des Stockholmer Kreises. Sie soll als Rahmen für eine Diskussion betrachtet werden, die unter uns selbst in der Absicht weiter geführt wird, konkretere und praktischere Richtlinien für die Lösung der hier behandelten Fragen zu erarbeiten.

Wir schlagen vor, dass der internationale Kampftag der Arbeiterbewegung – der 1. Mai – benutzt wird, um die Friedensziele des demokratischen Sozialismus klarzulegen, sowohl bei den offenen

Manifestationen in der freien Welt wie bei den geheimen Zusammenkünften der treuen Kader der Bewegung im unterjochten Europa. Wir geben der Hoffnung Ausdruck, dass der 1. Mai 1944 den Kräften der Freiheit, des Fortschritts und des Sozialismus in der ganzen Welt die Möglichkeit zu gemeinsamen Demonstrationen im Zeichen des Wiederaufbaues und der schöpferischen Erneuerung geben möge.

Der Friede muss gewonnen werden.

In Übereinstimmung mit den wahren Interessen aller Völker, erstreben die demokratischen Sozialisten einen gerechten und dauerhaften Frieden. Der Sieg der Vereinten Nationen[2] über Hitler-Deutschland und seine Verbündeten ist die Voraussetzung für einen gerechten und dauerhaften Frieden.[3]

Der Krieg kann militärisch gewonnen und politisch verloren werden. Der wirkliche Sieg wird erst erreicht, wenn die gesellschaftlichen und internationalen Verhältnisse überwunden worden sind, aus denen die faschistische und nazistische Gefahr hervorgegangen ist. Von den politischen und sozialen Umwälzungen, die der Niederlage des Nazismus folgen werden, wird es abhängen, ob der Krieg in seine logische Konsequenz ausmünden wird.

Die Arbeiterklasse und die sozial fortschrittlichen Kräfte in den verschiedenen Ländern müssen Garantien dafür schaffen, dass die Kriegskatastrophe sich nicht wiederholt. Um einen stabilen Frieden zu schaffen, müssen diejenigen politischen und ökonomischen Massnahmen getroffen werden, die erforderlich sind, um die Demokratie zu sichern und alle wichtigen Entscheidungen in die Hand des Volkes zu legen.

Schon heute, während der Krieg noch andauert, zeigen sich halbfaschistische, autoritäre und andere reaktionäre Tendenzen. Sie können zu einer ernsthaften Gefahr für die Sache des Friedens und der Demokratie werden. Es ist die Pflicht demokratischer Sozialisten, die antidemokratischen Kräfte in ihren eigenen Ländern mit aller Kraft zu bekämpfen.

Unsere Ziele.

Die sozialistischen Kräfte treten für den totalen Sieg über Nazismus und Faschismus ein. Sie kämpfen für:
Volksherrschaft, persönliche Freiheit und Rechtssicherheit, ökonomische und soziale Gerechtigkeit in den einzelnen Ländern.

Umfassende Kontrolle über die Wirtschaft, um Krisen zu verhindern, Ordnung und Effektivität zu schaffen und die grösstmögliche wirtschaftliche und soziale Gleichstellung zu erreichen. Sicherung des Bestimmungsrechtes des Volkes durch Sozialisierung in dem Sinne, dass die Gesellschaft durch demokratische Organe und freie Organisationen die wichtigsten Zweige der Produktion, des Finanzwesens und der Verteilung übernimmt oder in gesicherter Weise reguliert. Planwirtschaft mit dem Zweck, ausreichend Verbrauchsgüter zu erzeugen, dem ganzen Volke das Recht auf Arbeit und Wohlstand zu sichern und dem Fortschritt und der Kultur zu dienen.

Frieden und Zusammenarbeit, Respekt vor Gesetz und Recht, Verbannung von Angriffspolitik und ökonomischen Imperialismus zwischen den Völkern.

Internationale Planung unter demokratischer Kontrolle, um allen Nationen einen rationellen Austausch von Waren und Diensten sowie die Ausnutzung von Rohstoffquellen, Krediten und technischen Errungenschaften zu sichern und um den ökonomischen und sozialen Standard zwischen den Völkern auszugleichen.

Wir kämpfen national und international für eine sozialistische Demokratie.

Die vier Freiheiten.

Von verantwortlicher Seite in den alliierten Ländern sind Prinzipien aufgestellt worden, die weitgehend mit den Gedanken übereinstimmen, deren Träger die internationale Arbeiterbewegung schon lange vor dem Kriege war.[4]

Die demokratischen Sozialisten schliessen sich vorbehaltlos Roosevelts ebenso einfacher wie verheissungsvoller Programmerklärung an: Meinungsfreiheit, Gewissensfreiheit, Freiheit von Not und Freiheit von Furcht.

Die Atlantic-Deklaration vom August 1941, der sämtliche alliierte Regierungen zugestimmt haben, basiert auf der Anerkennung dieser vier Freiheiten. Sie wird nicht das letzte Wort der Demokratie sein können, aber wir meinen, dass die in ihr festgelegten Grundsätze eine brauchbare Grundlage für die weitere Arbeit bilden.

Die demokratischen Sozialisten müssen dagegen ankämpfen, dass die Friedensziele der Demokratien durch die Hassgefühle verwirrt werden, die als eine verständliche Folge des barbarischen Vorgehens der Nazisten wachsen.

Der Friede muss auf Vernunft aufgebaut werden. Hass bildet keine haltbare Friedensgrundlage. Die Nachkriegspolitik darf nicht von Rache beherrscht werden, sondern muss vom Willen zum gemeinsamen Wiederaufbau getragen sein.[5]

Die nationale Einheit, die im Kampf gegen den Nazismus einen neuen Aufschwung genommen und eine grosse Rolle gespielt hat, reicht nicht aus, wenn der neue Friede geschaffen werden soll. Die Probleme, die der Krieg aufgeworfen hat und die beim Friedensschluss gelöst werden müssen, sind nicht an Landesgrenzen gebunden; sie müssen in einem internationalen Massstab gelöst werden.

Das Selbstbestimmungsrecht der Nationen.

Die Atlantic-Deklaration stellt fest, dass die Vereinten Nationen nicht nach Eroberung territorialer oder anderer Art trachten. Sie wünschen auch nicht, dass territoriale Veränderungen durchgeführt werden, die nicht mit den frei ausgedrückten Wünschen der davon berührten Bevölkerung übereinstimmen.[6] Stalin hat bei mehreren Gelegenheiten unterstrichen, dass die Sowjetunion einen Verteidigungskrieg führt und keine Eroberungspläne oder aggressiven Absichten gegen andere Länder hegt. Von ‹Tschangkaischeks›[7] Seite liegen gleichartige Erklärungen über die Politik Chinas vor.

Das Selbstbestimmungsrecht aller Nationen und das Recht aller Völker, ihr eigenes Leben führen zu können, gehören demnach zu den erklärten Friedenszielen der Vereinten Nationen.[8]

Die Regierungen der Vereinten Nationen haben sich verpflichtet, allen Völkern die nationale Freiheit zurückzugeben, denen sie mit Gewalt genommen wurde.

Wir unterstreichen diese Grundsätze und betrachten es als eine Pflicht der demokratischen Sozialisten, an ihnen festzuhalten, falls sie im weiteren Verlauf des Krieges oder in Verbindung mit dem Friedensschluss umstritten werden sollten.[9]

Schutz der Minderheiten.

Das Nationalitätenprinzip kann bei der Festsetzung der neuen Staatsgrenzen in Mittel-, Ost- und Südeuropa nicht allein bestimmend sein. Wie immer auch die Grenzen gezogen werden, wird es weiterhin nationale Minderheiten geben. Föderative Ordnungen sind die einzige vernünftige Lösung dieses Problems.

Minderheiten müssen ihre wirtschaftlichen, sozialen, nationalen und kulturellen Interessen wahrnehmen können, und es muss ihnen Selbstverwaltung eingeräumt werden. Den Bürgern der Minderheiten ist die wirtschaftliche, soziale, nationale und politische Gleichberechtigung im Staate verfassungsmässig zu sichern. Diese Rechte müssen international garantiert werden.

Durch effektive internationale Organe müssen Garantien dafür geschaffen werden, dass auch kleinere Gruppen und Einzelindividuen ihre nationalen und übrigen Rechte ausüben können. Solche Garantien setzen voraus, dass die betreffende Bevölkerungsgruppe gegenüber dem Staat, dem sie angehört, volle Loyalität wahrt.

Das durch die nationale Ansiedelung und Umsiedlung von Bevölkerungsgruppen entstandene Unrecht muss wieder gut gemacht und es muss verhindert werden, dass neues Unrecht geschaffen wird.

Zu den Prinzipien der neuen internationalen Ordnung muss auch eine grössere Freizügigkeit von einem Lande ins andere gehören, als sie in der Zwischenkriegsperiode bestanden hat. Diese Forderung ist in hohem Masse sozialer Art; den breiten Schichten des Volkes müssen die Möglichkeiten der Freizügigkeit gesichert werden.

Bestrafung der Kriegsverbrecher.

Es ist eine Forderung der Gerechtigkeit, dass die für den Krieg und die grenzenlosen Verbrechen gegen die unterdrückten Völker Verantwortlichen zur Rechenschaft gezogen und bestraft werden müssen. Zu diesem Zwecke müssen überstaatliche Gerichtshöfe eingesetzt werden.

In Verbindung mit der organisierten rechtlichen Aburteilung der Kriegs- und Okkupationsverbrechen müssen alle geheimen Dokumente über die Vorgeschichte des Krieges der Öffentlichkeit vorgelegt werden. Neben den erforderlichen internationalen Kontrollmassnahmen dürfen Strafmassnahmen gegen ganze Völker oder Bevölkerungsgruppen nicht erfolgen. Churchill und Roosevelt haben auch in Zusammenhang mit der Konferenz in Casablanca im Januar 1943 festgestellt, dass die Alliierten nicht die Absicht haben, die Bevölkerung in den besiegten Ländern zu vernichten und sie einer grausamen Behandlung zu unterwerfen. Stalin hat vom Rassenhass gegen bestimmte Völker Abstand genommen und unterstrichen, dass die Sowjetunion beabsichtige, nur den Hitlerstaat zu vernichten, aber nicht Deutschland selbst.

Wir schliessen uns diesen Gesichtspunkten an und glauben, dass die Arbeiterbewegung in den verschiedenen Ländern die wichtige Aufgabe hat, einerseits darüber zu wachen, dass die Schuldigen ihrer verdienten Strafe nicht entschlüpfen, und andererseits Strafmassnahmen gegen ganze Völker, die den Keim zu neuen Unfrieden bilden können, zu verhindern.

Entwaffnung und Abrüstung.

Die nazistischen und faschistischen Mächte müssen entwaffnet werden. Die Kriegsproduktion dieser Länder muss unter der Aufsicht internationaler Kontrollorgane zu Friedenszwecken umgebildet und es müssen Garantien zur Verhinderung neuer Angriffe geschaffen werden.

In Deutschland wird es für eine ernsthafte Demokratisierung lebenswichtig sein, dass der preussische Militarismus, der eine traditionelle Stütze der Reaktion und zuletzt des Nazismus war, ausser Spiel gesetzt wird.

Die Atlantic-Deklaration hat der Hoffnung Ausdruck gegeben, dass alle Nationen sowohl aus realistischen wie moralischen Gründen auf die Anwendung von Gewalt verzichten werden. Die Entwaffnung der sogenannten aggressiven Staaten soll in der Erwartung geschehen, dass ein permanentes und umfassendes System der kollektiven Sicherheit errichtet wird. Deshalb werden auch Massnahmen zur Erleichterung der Rüstungslasten in Aussicht gestellt.

Die demokratischen Sozialisten können das Ziel einer entmilitarisierten Welt nicht aufgeben.

Solange die internationale Abrüstung nicht erreicht ist, müssen die Rüstungen und die militärischen Streitkräfte in allen Ländern einer internationalen Kontrolle unterstellt sein. Die Rüstungsindustrien sind zu verstaatlichen.

Kein neuer Isolationismus.

Hitler-Deutschland, unterstützt durch den Faschismus und faschistische Tendenzen in den verschiedenen Ländern, trägt die unmittelbare Verantwortung für den Krieg. In einem grösseren Zusammenhange gesehen ist es jedoch so – wie auch die englische Arbeiterpartei in ihrem Nachkriegsprogramm vom Frühjahr 1942 aufgezeigt hat[10] –, dass die Verantwortung für die Verhältnisse, die den zweiten Weltkrieg möglich gemacht haben, auf das ganze alte System fällt. Sollen Garantien dafür geschaffen werden, dass der neue Friede von Dauer ist, gibt es keinen Weg zurück zur Welt von 1938.[11] Das Unrecht soll wieder gut gemacht werden, aber darüber hinaus müssen die Verhältnisse beseitigt werden, die es verursachten, dass die Jahre 1919 bis 1938 nur eine Zwischenkriegsperiode wurden.[12]

Der Bankrott des alten Völkerbundes war eine Folge von Isolationismus und engstirniger kapitalistischer Interessenpolitik. Sie verhinderten die kollektive Sicherheit und die Überwindung der ökonomischen Kriegsursachen.[13]

Um eine lebensfähige internationale Rechtsorganisation zustande zu bringen, müssen alle Nationen freiwillig einen Teil ihrer Souveränität zugunsten der gemeinsamen Sicherheit aufgeben. Die Zeit des Isolationismus ist vorbei.

Die einzelnen Nationen verlieren nichts von ihrer Selbständigkeit, wenn sie die Lösung von militärischen, ökonomischen und anderen gemeinsamen Aufgaben einer internationalen Organisation überlassen.

Internationale Rechtsorganisation.

Nach diesem Kriege muss eine starke internationale Rechtsorganisation mit effektiven Organen geschaffen werden, um zwischenstaatliche Streitfragen zu regeln und um internationale Gesetzesbrecher unschädlich zu machen.[14]

Ein neuer Völkerbund muss weltumfassend sein. Es ist natürlich, dass er hervorwächst aus der Zusammenarbeit zwischen den im Kriege Vereinten Nationen. Nach einer möglichst kurzen Übergangszeit muss er jedoch allen Nationen offen stehen, siegreichen, neutralen und besiegten.

Wir stimmen den positiven Vorschlägen der englischen Arbeiterpartei zu, dass ein neuer Völkerbund die notwendige Macht haben muss, um militärische und ökonomische Sanktionen gegen jeden Staat, der sich Entscheidungen widersetzt, die von einem internationalen Gerichtshof getroffen werden, anwenden zu können.

Im Sinne der vier Freiheiten müssen Grundrechte für alle Menschen in allen Ländern garantiert werden. Internationale Organe müssen darüber wachen, dass die Staaten diese Rechte nicht kränken.

Ein neuer Völkerbund muss dem Willen des Volkes Ausdruck geben; er darf keine neue Diplomatenvertretung werden. Die wichtigsten Organe des Bundes müssen aus vom Volke gewählten Vertretern zusammengesetzt sein. Die Grossmächte dürfen nicht auf Kosten der kleinen Nationen dominieren.

In einem neuen Völkerbund eingeordnet oder mit ihm koordiniert müssen überstaatliche Organe für die Lösung von Sonderaufgaben wirtschaftlicher und anderer Art gebildet werden.[15]

Regionale Einheiten.

Es ist anzustreben, dass im Rahmen einer internationalen Rechtsordnung und um diese organisch zu festigen, regionale Zusammenschlüsse von Ländern mit gemeinsamen Interessen gebildet werden.[16]

Für die zukünftige europäische Zusammenarbeit ist es von grösster Bedeutung, dass die kleineren Länder sich gruppenweise in regionalen Föderationen zusammenschliessen. Sie erhalten dadurch bessere Bedingungen, um sich neben den grösseren Staaten behaupten zu können. Beim vorigen Frieden erhielt eine Reihe europäischer Staaten die nationale Selbständigkeit. Der neue Frieden muss ihnen diese Selbständigkeit zurückgeben, aber gleichzeitig der Kleinstaaterei einen Riegel vorschieben. Föderative Systeme in Europa sind eine Bedingung für die Sicherung des europäischen Friedens.

Durch weitreichende Handels-, Zoll- und Währungsabkommen und mit Hilfe anderer Massnahmen muss angestrebt werden, dass die regionalen politischen Zusammenschlüsse auch zu ökonomischen Einheiten werden.

Verständigung mit der Sowjetunion.

Die Errichtung einer internationalen Rechtsordnung und eines lebensfähigen Völkerbundes erfordern, dass kein Bruch zwischen der Sowjetunion und den angelsächsischen Demokratien eintritt. Wird die gegenwärtige Zusammenarbeit durch einen offenen Gegensatz abgelöst, droht die Gefahr eines neuen Krieges.[17]

Die demokratischen Sozialisten müssen alle Kräfte dafür einsetzen, dass die Zusammenarbeit zwischen den Vereinten Nationen weitergeführt und ausgebaut wird. Sie müssen das ihrige dazu beitragen, um das Misstrauen aus dem Wege zu räumen, dass zwischen der Sowjetunion und den Demokratien bestanden hat.

Die ganze demokratische Welt bewundert den heldenhaften Kampf der Roten Armee und des russischen Volkes gegen die nazistische Überfallsmacht. Die Arbeiterbewegung und andere Kräfte des sozialen Fortschritts respektieren auch vollauf den grossartigen Aufbau, der seit der russischen Revolution stattgefunden hat und dem die besonderen Voraussetzungen der Sowjetvölker ihr Gepräge gaben. Der russische Aufbau wurde durch die drohende Kriegsgefahr erschwert und durch den nazistischen Überfall abgebrochen. Die sozialistische Arbeiterbewegung hat in früheren Jahren auf internationalen Kongressen festgestellt, dass sie entschlossen ist, sich mit aller Kraft wirtschaftlichen, politischen und militärischen Massnahmen zu widersetzen, die die Sicherheit der Sowjetunion schädigen könnten. Alle aufrichtigen Demokraten und Freunde des Friedens müssen dem russischen Volke beim Wiederaufbau der zerstörten Landesteile helfen. Die demokratischen Sozialisten sind gewillt, der Sowjetunion volle Unterstützung auf allen Gebieten zuteil werden zu lassen, die für das Werk des sozialen Neuaufbaues und für die Erreichung der in der demokratischen Verfassung von 1936 niedergelegten Ziele von Bedeutung sein können.

Die Arbeiterbewegung in den anderen Ländern hat sich jedoch auf Grund der Verhältnisse in diesen Ländern geformt und muss sich weiterhin ausschliesslich auf Grund dieser Bedingungen entwickeln. Ihre gewerkschaftlichen und politischen Organisationen müssen selbständig und frei sein von ausländischer Einmischung und Kontrolle. Eine einige und unabhängige Arbeiterbewegung in allen Ländern ist die beste Garantie für eine wirkliche Annäherung zwischen allen Völkern und damit auch für die Sicherung der Errungenschaften der Sowjetvölker.

Wirtschaftliche Zusammenarbeit.[18]

In ökonomischer Hinsicht verspricht die Atlantic-Deklaration, dass alle Staaten, grosse oder kleine, siegreiche ebenso wie besiegte, den gleichen Zugang zum Welthandel und zu den Rohstoffen haben sollen. Die Alliierten wünschen die Zusammenarbeit zwischen den Nationen zu erweitern, um allen bessere Arbeitsverhältnisse, ökonomischen Aufstieg und soziale Sicherheit zu geben. Eine der grössten Gefahren nach dem Krieg liegt darin, dass die Weltwirtschaft in nationale Autarkien erstarrt. Diese Gefahr muss sofort durch energische Massnahmen abgewehrt werden, um unter den Nationen eine solche Arbeitsteilung und Ausnutzung der internationalen Ressourcen zu erreichen, die Voraussetzung für die Hebung des Wohlstandes und die Sicherung des Friedens ist.

Die im Kriege herangewachsene ökonomische Zusammenarbeit zwischen den Alliierten, die unter anderem darauf abzielt, den verarmten Ländern sofort nach Kriegsschluss Rohstoffe und Lebensmittel zuzuführen, muss weitergeführt werden.

Es muss eine internationale Kredit- und Garantieordnung zu dem Zweck errichtet werden, den Ländern zu helfen, die vor grossen Wiederaufbauproblemen stehen und die ihr Geldwesen reorganisieren müssen.

Das internationale Arbeitsamt muss erweitert und der Arbeitereinfluss verstärkt werden; es müssen Garantien dafür geschaffen werden, dass die Beschlüsse von den einzelnen Staaten auch durchgeführt werden.

Neben dem Arbeitsamt müssen neue Organe gebildet werden, um wirtschaftliche und soziale Wiederaufbauprobleme auf kürzere wie auf längere Sicht zu behandeln und um andere wirtschaftliche und soziale Fragen in Angriff zu nehmen, die für eine internationale Lösung reif sind.

Ökonomische Leistungen.

Die ökonomischen Werte und Kunstgegenstände, die den eroberten Ländern weggenommen wurden, müssen zurückgeliefert werden. Die notwendigen ökonomischen Korrekturen müssen so zeitig wie möglich vorgenommen werden.

Die Erfahrungen nach dem vorigen Weltkriege haben jedoch gezeigt, dass Reparationen keine brauchbare Grundlage für den wirtschaftlichen Wiederaufbau bilden. Die durch den Krieg verursachte furchtbare Zerstörung und Verarmung kann nur durch gemeinsame Anstrengungen aller Länder überwunden werden.

Damit die einzelnen Länder ihren Beitrag zum wirtschaftlichen Wiederaufbau leisten können, müssen die Sozialisten in ihren Ländern neben anderen ökonomischen Forderungen dafür eintreten, dass der Staat die Kriegsgewinne völlig beschlagnahmt, gleichgültig in welcher Form sie sich darstellen.

Die Atlantic-Deklaration hat festgestellt, dass die besiegten Länder wirtschaftlich nicht ruiniert werden sollen. Neben den auf sie entfallenden Beiträgen für den Wiederaufbau dürfen ihnen keine Lasten auferlegt werden, die auf Jahre hinaus bedrücken. Ein langanhaltender niedriger Lebensstandard in den besiegten Ländern würde leicht den Standard auch in anderen Ländern herunterdrücken und der Reaktion in diesen Ländern Vorschub leisten.

Internationale Planwirtschaft.

Die wirtschaftliche Zusammenarbeit nach dem Kriege muss der Keim zur Entwicklung einer internationalen Planökonomie werden.

Die entscheidende Auseinandersetzung darüber, welche Prinzipien dem Wiederaufbau und der zukünftigen ökonomischen Politik zugrunde gelegt werden sollen, wird in der Hauptsache in den einzelnen Ländern erfolgen. Es würde ein ausgesprochener Rückschritt sein, wenn die während der Kriegszeit entwickelte staatliche Kontrolle des Wirtschaftslebens zu den sogenannten freien kapitalistischen Verhältnissen zurück revidiert würde. Die Staatskontrolle muss vielmehr als Ausgangspunkt benutzt werden, um zunächst Chaos zu verhindern und um dann weiter die Produktion und Distribution planmässig umzugestalten, und zwar nach dem eigenen Willen des Volkes durch demokratische Organe.

Internationale Planwirtschaft erfordert Plan und Ordnung im Wirtschaftsleben der einzelnen Länder. Man kann jedoch die internationale ökonomische Zusammenarbeit nicht aufschieben, bis die Verhältnisse in den einzelnen Ländern geklärt sind. Auf längere Sicht wird sowohl diese Zusammenarbeit wie der neue Friede davon ab-

Aus der politischen Zusammenarbeit in der Internationalen Gruppe demokratischer Sozialisten in Stockholm entwickelte sich eine lebenslange Freundschaft zwischen Willy Brandt und dem späteren österreichischen Bundeskanzler Bruno Kreisky. Auf dem Foto aus dem Jahr 1944 von links: Bruno Kreisky, Vera Kreisky, Willy Brandt, seine Frau Carlota und Tochter Ninja.

hängen, ob es in den einzelnen Ländern gelingt, den Einfluss der Grossfinanz und anderer privilegierter Gruppen zugunsten von Planwirtschaft im Interesse des Volkes und unter seiner Kontrolle auszuschalten.

Hilfe für die Kolonialvölker.[19]

Die sozialistische Arbeiterbewegung fordert in Übereinstimmung mit anderen fortschrittlichen Kräften eine entscheidende Änderung der Politik gegenüber den kolonialen und halbkolonialen Ländern. Die demokratischen Sozialisten fühlen sich solidarisch mit den national-demokratischen Bewegungen in den Kolonien und bekämpfen alle Tendenzen zu rassenmässigen Vorurteilen und zur Diskriminierung farbiger Völker. Die zukünftige Politik muss zum Ziele haben, den Kolonialvölkern zu helfen, raschestens die Bedingungen zu erreichen, die ihnen die Übernahme der Selbstverwaltung ermöglichen.

Alle Gebiete, die vorläufig noch nicht zur Selbstverwaltung imstande sind, müssen einer effektiven internationalen Kontrolle unterstellt werden, mit der Aufgabe, die Interessen der eingeborenen Bevölkerung auf lange Sicht wahrzunehmen.

Es müssen ernsthafte Staatsmassnahmen getroffen werden, um das soziale und kulturelle Niveau in den Kolonien zu heben. Um eine allgemeine Aufstiegsperiode nach dem Kriege zu erreichen, wird die Hebung des Lebensstandards in den kolonialen und halbkolonialen Ländern von Bedeutung sein. Der Prozess der Selbständigmachung der Kolonialvölker würde dadurch auf entscheidende Weise gefördert werden. Um die Ausbeutung der Eingeborenen zu verhindern, müssen alle privatkapitalistischen Interessen in den Kolonien ausgeschaltet oder zumindest mit Hilfe nationaler oder internationaler Kontrollmassnahmen stark begrenzt werden.

Die Demokratisierung Deutschlands.

Trotz des Treibens der Nazisten darf nicht aus dem Auge verloren werden, dass die Demokratisierung Deutschlands ein positives Kriegsziel sein muss.[20]

Die Arbeiterpartei und andere Kreise in England haben auch zu erkennen gegeben, dass die Vereinten Nationen aus eigenem Interesse und um den künftigen Frieden zu sichern, daran interessiert sein müssen, in Deutschland wie in Italien und den anderen Diktaturländern einem demokratischen Regime zum Durchbruch zu verhelfen.

Die Zerstörung aller freien Organisationen und die nazistische Vergiftung der Jugend bilden zusammen mit den materiellen Folgen des Krieges und der Niederlage keinen glücklichen Ausgangspunkt für den Aufbau einer deutschen Demokratie. Trotzdem muss diese Aufgabe gelöst werden. Sie kann nicht von aussen gelöst werden. Die demokratische Welt muss jedoch durch zweckdienliche Massnahmen bei der Umbildung des gesellschaftlichen Lebens in Deutschland mit helfen; sie hat auch ein Anrecht darauf, diese Umbildung in effektiver Weise zu kontrollieren, um die demokratischen Kräfte zu stärken und deren Feinde überwinden zu helfen.

Die Voraussetzung für die Erfüllung dieser Aufgabe ist eine intime Zusammenarbeit mit den deutschen Demokraten und Anknüpfung an die demokratischen Traditionen Deutschlands.

Die deutsche Revolution, die beim Zusammenbruch des Nazismus ausgelöst werden wird – ebenso wie die Revolutionen in einer Reihe anderer europäischer Länder –, wird sich nicht ausschliesslich auf das politische Gebiet beschränken können. Soll der Nazismus überwunden werden, müssen die sozialen Hauptkräfte mit getroffen werden, die ihn gestützt haben: Die verhängnisvolle Allianz zwischen Grossindustriellen, Junkern und Generalen. Ihre wirtschaftliche Macht muss gebrochen werden.

Die Arbeiterklasse wird bei dieser Umbildung ein wichtiger Faktor sein und sie wird zweifellos versuchen, die Demokratie durch Massnahmen sozialistischer Art zu verankern. Das wäre auch der sicherste Weg, um den gefährlichen Einfluss der Grossindustriellen und Junker auf den Staat und die damit verbundene Kriegsgefahr zu beseitigen. Eine Weiterführung der demokratischen Revolution in sozialistischer Richtung wird mit grosser Wahrscheinlichkeit auch in anderen Ländern aktuell werden.

Damit wird es von grosser Bedeutung sein, ob dann die Mittel der Siegermächte und ihre sich auf dem Kontinent befindlichen Truppen dazu gebraucht werden, eine solche Entwicklung zu fördern oder sie zu erschweren. Die englische Arbeiterpartei hat bereits in ihrem Nachkriegsprogramm erklärt, dass sie sich „jedem Versuch seitens der Siegermächte, ihre militärische und wirtschaftliche Macht dazu zu benutzen, um die Entscheidung der einzelnen Völker über die Entscheidung ihres eigenen Schicksals zu hindern", widersetzen würde, unter der Voraussetzung, dass die betreffenden Völker die vier

Freiheiten und deren internationale Konsequenzen anerkennen und respektieren. Wir schliessen uns dieser Auffassung an. Interventionen gegen demokratische und sozialistische Volksbewegungen würden nicht nur im Widerspruch zum Geist der Atlantic-Deklaration stehen, sie würden auch die Reaktion in den Ländern stärken, von denen die Intervention ausginge.

Die Internationale muss vorbereitet werden.

Die demokratische Bewegung nach dem Zusammenbruch des Nazismus wird einen gewaltigen Aufschwung für die Arbeiterparteien und andere sozial fortschrittliche Bewegungen in den verschiedenen Ländern auslösen. Es wird dann von grösster Bedeutung sein, dass die Arbeiterbewegung in allen Ländern eine klare internationalistische Einstellung besitzt und internationale Verbindung und Koordinierung herstellt. Es ist deshalb wichtig, dass noch während des Krieges alles getan wird, die zukünftige internationale Zusammenarbeit vorzubereiten, damit sie sofort nach Kriegsschluss aufgenommen werden kann.

Wir begrüssen mit Freude, dass von seiten der Gewerkschaftsinternationale bereits Vorbereitungen für ihren Wiederaufbau getroffen worden sind.

Wir schliessen uns der Forderung an, dass die Gewerkschaftsinternationale auf den Friedenskonferenzen vertreten sein muss. Auch der Arbeiterbewegung in den einzelnen Ländern muss eine Vertretung in den Delegationen gesichert werden. Es muss darüber gewacht werden, dass auch im übrigen die Delegationen aus zuverlässigen Demokraten bestehen.

Die Sozialistische Arbeiter-Internationale muss reorganisiert und mit technischen Mitteln ausgestattet werden, die es ermöglichen, die Tätigkeit der Sozialisten im neuen Völkerbund und innerhalb anderer Zweige der internationalen Zusammenarbeit zu koordinieren. Die Parteien müssen von Beginn an dem Kontakt mit den Bruderparteien in anderen Ländern die grösste Aufmerksamkeit widmen.

Internationale Arbeiter-Einheit.

Wir sind Anhänger der Arbeiter-Einheit: gewerkschaftlich wie politisch, national und international. Wir treten darum für eine einheitliche Sozialistische Internationale ein.

Die traurigen Erfahrungen während der letzten 25 Jahre, besonders in Mitteleuropa, haben gelehrt, dass die Spaltung nur der Reaktion dient und dem Faschismus den Weg geebnet hat. Wenn die Arbeiterbewegung Erfolg haben will, muss sie sich einig sein in den Zielen, in den Grundsätzen ihres Kampfes und in ihrer Organisation.

Es ist zu hoffen, dass die englisch-russische Zusammenarbeit weiterentwickelt werden kann und dass die beiden grossen Flügel der amerikanischen Gewerkschaftsbewegung mit in die internationale Gemeinschaft kommen.

Einheit wird nur auf demokratischer Grundlage erreicht werden können.

Die Internationale kann nicht die Aufgabe haben, in die Tätigkeit der einzelnen Parteien einzugreifen, aber sie muss ausreichende Autorität erhalten, um durch demokratische Beschlüsse verpflichtende Richtlinien in grossen internationalen Fragen aufstellen zu können.

Die zukünftige sozialistische Internationale muss über die europäische Begrenzung hinauskommen und mit den radikal-sozialen Volksbewegungen in den aussereuropäischen Ländern Kontakt herstellen. Das Ziel ist, ein zusammenfassendes Organ für die demokratisch-sozialistischen Fortschrittskräfte über die ganze Welt zu schaffen, damit die Zusammenarbeit zwischen den Nationen gestützt und vertieft werden kann.

Nr. 6
Aus dem Artikel Brandts
„Ny Dag erhält eine Antwort auf eine Verleumdung.
Offener Brief an die Kommunisten"
August 1943

Trots allt!, 5. Jg., Nr. 34, 20.–26. August 1943, S. 2 und 14 (Übersetzung aus dem Schwedischen: Einhart Lorenz).[1]

Eine Anzahl norwegischer Kommunisten hat auf mein letztes Buch[2] sauer reagiert. Ich habe sie kritisiert, und sie haben sich zur Wehr gesetzt. Das ist ihr gutes Recht. Aber norwegische und schwedische Kommunisten sind weiter gegangen. Sie haben die politische Diskussion verlassen und mit ebenso ehrlosen wie ehrenrührigen Beschuldigungen begonnen. Haben sie sich im Ernst gedacht, dass ich mir das schweigend mit ansehen werde? Selbstverständlich tue ich das nicht.

Ich habe mich entschlossen, mich mit den öffentlichen Angriffen in Ny Dag[3] vom 22. Juni und 14. August und in der Nummer 22 von Friheten zu befassen.[4] Sie beziehen sich auf folgendes:

1.) Man ist mit meinen Bemerkungen über die Haltung der norwegischen kommunistischen Partei während der ersten Besatzungsperiode unzufrieden.

2.) Ich werde beschuldigt, Denunziant zu sein und „unsere besten Landsleute der Gestapo und der Besatzungsmacht auszuliefern".

3.) Die Kommunisten klagen mich an, Deutscher zu sein. Der Aufmacherartikel in Friheten trägt die Überschrift „Der Deutsche in Stockholm".

4.) Ich soll „eine bestimmte Sorte von einem Deutschen, ein Deutscher mit zweifelhafter Vergangenheit" sein.

5.) Ich soll noch vor kurzem zu „den bittersten Feinden der Sowjetunion innerhalb der Arbeiterbewegung" gehört haben.

Lasst mich die Beschuldigungen Punkt für Punkt behandeln. Ich werde dabei mit meiner Darstellung der Politik der norwegischen kommunistischen Partei beginnen. Hier möchte ich zuerst hervorheben, dass meine publizistische Tätigkeit in Schweden davon bestimmt war, möglichst viele nüchterne und sachliche Informationen über die Verhältnisse in Norwegen zu verbreiten. Ich habe sowohl von norwegischer als auch von schwedischer Seite genug Anerkennung erhalten, um die unmotivierten Behauptungen, mein Buch enthalte „die gröbsten Fälschungen der Tatsachen", schlucken zu können. In den allermeisten meiner Artikel und Übersichten habe ich mich darauf beschränkt, das Vorgehen der Nazis und den Widerstand des norwegischen Volkes zu schildern, um so dazu beizutragen, größeres Verständnis für die norwegische Sache zu schaffen und die antinazistische Front zu stärken. Wenn ich größere Übersichten in Buchform herausbringen wollte, so nicht, um allgemein zugängliche Tatsachen über Diskussionen und Nuancen innerhalb der norwegischen Front zu unterschlagen – soweit das vermeidbar war, ohne dem Ziel zu schaden, für das Norwegen kämpft, oder ohne Menschen in Gefahr zu bringen.

In meinem letzten Buch habe ich von ein paar hundert Seiten einige wenige darauf verwendet, eine Vorstellung von den Erörterungen zu vermitteln, die im vergangenen Jahr über die Grundsätze im Kampf gegen die Besatzungsmacht angestellt wurden.[5] Alle wissen, dass die Kommunisten in dieser Diskussion eine bedeutende Rolle spielten. In einer zusammenhängenden Darstellung dieses Problems konnte ich nicht umhin, zu erwähnen,

dass die Kommunisten im Jahre 1940 die norwegische Regierung beschuldigten, Norwegen in den Krieg hineingestoßen zu haben und dass sie die Alliierten Norwegens als „imperialistische Hauptfeinde" abstempelten;

dass sie die sog[enannte] Gewerkschaftsopposition dirigierten, die das Vertrauensverhältnis innerhalb der Arbeiterbewegung und zwischen den Arbeitern und anderen Bevölkerungsschichten zu zerstören drohte;

dass sie die Parole einer Arbeiter- und Bauernregierung unter Schutz der deutschen Bajonette lancierten, indem sie offenbar an die Dauerhaftigkeit des deutsch-russischen Paktes glaubten.

Ich schrieb des weiteren, man müsse, wenn man gerecht sein wolle, hinzufügen, dass es Kommunisten gab, die diese Auffassungen nicht teilten, dass es aber gerade diese Auffassungen waren, die die offizielle Politik der Partei bestimmten. Ich habe die norwegischen Kommunisten für nichts anderes angegriffen, als dass sie nach meiner eigenen Auffassung und nach der vieler anderer eine Politik betrieben haben, die falsch und gefährlich war. Es lohnt nicht, zu viel über den Schnee von gestern zu reden, aber ein derartiger Slalomfahrer wie das Organ der norwegischen kommunistischen Partei kann keinen Anspruch darauf erheben, als Lehrmeister der nationalen Politik aufzutreten.

Es nutzt nichts, Tatsachen durch Erklärungen aus der Welt schaffen zu wollen oder auf die Fehler hinzuweisen, die andere begangen haben mögen. Ich habe es früher nicht unterlassen, zum Beispiel die illusionäre und nachgiebige Politik ans Licht zu ziehen, die während der Verhandlungen des Reichsrates vorherrschte.[6] Tatsache ist und bleibt, dass die kommunistische Haltung im Jahr 1940 Verwirrung schuf und den norwegischen wie den allgemeinen antinazistischen Interessen widersprach. Die Kommunisten haben ihren Kurs seitdem radikal geändert, und das gereicht ihnen zur Ehre. Weshalb können sie dann aber nicht so wie andere Sterbliche offen und ehrlich zugeben, dass sie sich geirrt hatten? Weshalb explodieren sie, nur wenn man an ihrer Vergangenheit rührt? Sind sie Heilige geworden?

Jemand wird vielleicht sagen: Lasst uns doch diesen alten Streit aufhören. Darauf ist zu erwidern: Nicht ich und meine Gesinnungsgenossen haben den Streit angefangen. Wir haben lediglich in ihn eingegriffen, um die Dinge zurechtzurücken. Die Polemik in der schwedischen Presse wurde von kommunistischer Seite eröffnet. [...]

Auf einer ganz anderen Ebene liegt die Frage des Standpunktes der Kommunisten während der späteren Debatte über die zweckmäßigste Taktik. Die Forderung, zu einem aktiveren Kampf gegen die Besatzungsmacht überzugehen, hatte also meine Sympathie. Die Frage war jedoch – wie ich in meinem Buch sage[7] –, ob jemandem damit gedient war, wenn man die Norweger aufforderte, zu jugoslawischen Methoden⁸ überzugehen. Ich hatte mich mit den geschichtlichen und jetzigen Bedingungen des Guerillakrieges vertraut gemacht – siehe mein Buch über Guerillakrieg⁹, das 1942 veröffentlicht wurde – und meinte feststellen zu können, dass Norwegen eines der Länder ist, wo diese Form der Kriegführung eine große Rolle spielen könnte – falls gleichzeitig reguläre Streitkräfte von außen eingreifen würden.¹⁰ Ohne ein solches Zusammenwirken hätte ein Guerillakrieg in Norwegen nur dann Erfolgschancen, wenn die Moral der Besatzungstruppen so angeschlagen wäre, dass sie zu wirksamen Gegenmaßnahmen unfähig wären.

Entscheidender als derartige Überlegungen war jedoch der klare Bescheid, der von norwegischen Stellen gegeben wurde, unter anderem durch Reden des Königs und des Ministerpräsidenten. Man musste sich den Richtlinien fügen, die von den verantwortlichen Organen aufgestellt wurden. Für viele stand es so, dass von kommunistischer Seite versucht wurde, Kampfverhältnisse zu erpressen, von denen der ganz überwiegende Teil der Heimatfront wünschte, dass sie aufgeschoben würden, und für die sie noch nicht reif war. Hierüber schrieb ich in meinem Buch:

„Es gab wohl auch in Norwegen Tendenzen, nach denen man am liebsten allem aus dem Wege gehen wollte, was nach Sabotage roch. Das ist natürlich verkehrt und außerdem unrealistisch – die Grenze zwischen passivem Widerstand an einem Arbeitsplatz und aktiver Sabotage ist fließend; auf jeden Fall lassen die Nazis keinen klaren Unterschied gelten. Aber die Linie, zu deren Wortführern die Kommunisten sich machten, war, so wie die Machtverhältnisse lagen, verhängnisvoll. Sie konnte von dem anständigsten Kampfwillen getragen sein – und man sollte keinen Hehl daraus machen, dass viele Kommunisten während ihrer Arbeit ihr Leben geopfert haben –, aber es war ein Glück für Norwegen, dass niemand sich ihr anschloss."¹¹

Jetzt komme ich zum Vorwurf der Denunziation. Die Behauptung in Ny Dag vom 22. Juni [1943], dass ich der Gestapo einen Hinweis auf die „aktivistische" Linie der Kommunisten gegeben haben sollte, nehme ich nicht ernst. Man kann wohl davon ausgehen, dass die Gestapo Ny Dag nicht nur an den Tagen gelesen hat, an denen die Angriffe gegen mich veröffentlicht waren. Wenn „A.D." sagt, ich hätte keine Auszüge aus Briefen von Mitgliedern der kommunistischen Partei in Norwegen an die Regierung in London veröffentlichen sollen, so muss ich erwidern, dass ich mich ausschließlich solcher Dokumente bedient habe, die bereits in Norwegen verbreitet waren und daher nicht als vertraulich betrachtet werden mussten.

Friheten begründet seine Beschuldigungen gegen mich damit, dass ich das „Inlandsbüro der Arbeiterklasse" als kommunistische Institution bezeichnet habe. Ich glaube, ehrlich gesagt, dass das eine ziemlich bekannte Tatsache sei und ebensoviel oder -wenig eine Denunziation, wie wenn man zum Beispiel erwähnt, dass Fri Fagbevegelse[12] von aktiven gewerkschaftlichen Vertrauensleuten getragen wird. Der Zentralvorstand von Norwegens kommunistischer Partei wollte mit einer Entschließung, die in Nummer 21 von Friheten veröffentlicht worden war – die später auch in Ny Dag erschien –, den Anschein erwecken, dass die Richtlinien über den „Platz der Arbeiterklasse im nationalen Freiheitskrieg Norwegens", die seinerzeit vom Inlandsbüro versendet wurde, ein gemeinsames Programm von beiden Arbeiterparteien seien. Das widerspricht den tatsächlichen Verhältnissen ebensosehr wie der damit bezweckte Eindruck, dass das Inlandsbüro im Namen der gesamten norwegischen Arbeiterbewegung spreche. Demnach scheint sich die Beschuldigung wegen Denunziation darauf zu beschränken, dass ich ein geschmackloses parteipolitisches Manöver erwähnt habe.

Ich bin natürlich auch der Ansicht, dass diejenigen, die im Exil leben, äußerst vorsichtig sein sollten, so dass sie nicht Norweger zu Hause in Gefahr bringen. Ich selbst kann nicht finden, dass ich gegen die Vorsichtsmaßregel verstoßen habe. Könnte mich jemand davon überzeugen, dass ich es doch einmal getan habe, wäre ich der erste, der es bedauerte. Ich kann es jedoch nicht unterlassen, darauf hinzuweisen, dass die Manuskripte meiner Bücher vor Erscheinen der norwegischen Stelle in Stockholm vorgelegt wurden, die für diese Tätigkeit zuständig ist, und außerdem einzelnen Norwegern als Privatpersonen, auf deren Meinung ich Wert lege.

Was den Angriff in Friheten kennzeichnet, ist, dass die Äußerung über das „Inlandsbüro" als Begründung benutzt wird, um zu unterstellen, dass ich Norweger an die Gestapo ausliefere. Ich sehe hier davon ab, dass Friheten selbst dafür sorgt, der angeblichen Denunziation die Verbreitung zu geben, die sie durch das Blatt bekommen kann. Man hat wohl den Grund anzunehmen, dass Friheten etwas weiter gelangt als die wenigen Exemplare meines Buches, die über die Grenze gekommen sind. Die Hauptabsicht ist, die Beschuldigung der Denunziation derart mit meiner deutschen Herkunft zu verkoppeln, dass diejenigen, die mich nicht von früher und von meiner Arbeit her kennen, den Eindruck erhalten sollen, dass ich eigentlich ein Gestapoagent sei.

Ich bin davon überzeugt, dass die Angriffe in Friheten, die inzwischen auch in Ny Dag nachgedruckt worden sind, von norwegischer Seite nicht unwidersprochen bleiben werden. Die illegale Zeitung London-Nytt[13] hat bereits das Wort ergriffen, und ich füge den Artikel aus London-Nytt diesem Brief als Anlage bei.

Die „Enthüllung", wonach ich deutscher Herkunft bin, ist keine Enthüllung. Ich habe nie einen Hehl daraus gemacht, dass ich gebürtiger Deutscher bin, und ich habe keine Veranlassung, mich dessen zu schämen. Es ist durchaus richtig, dass ich im Jahr 1933 – jedoch nicht im Februar – als Flüchtling aus Deutschland nach Norwegen gekommen bin. Ich war damals noch nicht zwanzig Jahre alt, hatte aber schon einige Jahre lang an der aktiven Arbeit gegen den Nazismus teilgenommen. Die Nazis nahmen mir mein Vaterland, Hitler nahm mir auch noch meine Staatsbürgerschaft. Als ich 1933 mein Heimatland verlassen musste, war ich keinen Augenblick darüber im Zweifel, in welches Land ich mich begeben sollte. Ich fuhr nach Norwegen, das ich 1931 zum ersten Mal kennen gelernt hatte. Die norwegische Arbeiterbewegung, der ich seit 1933 angehöre, gab mir eine neue Heimat. In Norwegen erhielt ich den wesentlichen Teil meiner Ausbildung; dort fand ich Freunde und gründete eine Familie. Norwegen wurde zu meinem zweiten Vaterland, und die norwegische Regierung gab mir die norwegische Staatsbürgerschaft.

Im April 1940 weigerte ich mich, Norwegen zu verlassen, und kam also durchaus nicht sofort nach Stockholm. Ich wollte mich auch während des Krieges dort betätigen, aber leider konnte man zu wenig tun. Es war mir jedoch klar, dass ich, solange dieser Krieg dauerte, vor allem eine Aufgabe hatte, nämlich der Sache Norwegens gegen die nazistischen Aggressoren zu dienen. Das war der Hintergrund meiner Arbeit, mit der ich im Juli 1940, gleich nach meinem Eintreffen in Schweden begann. Das war selbstverständlich auch meine Bürgerpflicht, und ich trug damit einen Teil der Dankbarkeitsschuld ab, die ich Norwegen gegenüber empfinde.

Eine Reihe von Kommunisten versuchten, die antideutsche Stimmung gegen mich zu mobilisieren, die als eine verständliche Reaktion auf das Vorgehen des Nazismus angewachsen ist. Die Wirkung soll durch Fragen danach erhöht werden, wer die N o r w e g e r seien, die mit dem D e u t s c h e n Willy Brandt zusammenarbeiten. Für mich – und ich habe Veranlassung anzunehmen, für den größten Teil der norwegischen Front – ist der Kampf gegen Nazideutschland kein Rassenkampf. Ich weiß sehr wohl, welche Verantwortung große Teile des deutschen Volkes trifft, aber die tatsächliche Verantwortung trifft nicht n u r die Deutschen, und ein Teil von ihnen hat unter den ungünstigsten Bedingungen in all diesen Jahren den Kampf gegen den Nazismus fortgesetzt. Sie – meine Freunde – werden morgen die Bundesgenossen beim Aufbau einer sichereren Welt sein. Ich fühle mich Norwegen mit tausend Banden verbunden, aber ich habe niemals Deutschland – das andere Deutschland – aufgegeben. Ich arbeite, um den Nazismus und seine Bundesgenossen in allen Ländern zu vernichten, damit sowohl das norwegische als auch das deutsche Volk und alle anderen Völker leben können. Ich habe im Laufe dieser Jahre zweimal mein Vaterland verloren. Ich arbeite dafür, zwei Vaterländer wiederzugewinnen – ein freies Norwegen und ein demokratisches Deutschland. Der Tag wird kommen, an dem der Hass, der im Krieg unvermeidlich scheint, überwunden wird. Einmal muss das Europa Wirklichkeit werden, in dem E u r o p ä e r leben können.

Ich komme jetzt zu meiner „zweifelhaften Vergangenheit". Hier kann ich nicht umhin, darauf hinzuweisen, dass Ny Dag sich auf ein Gebiet begeben hat, das bis jetzt dem nazistischen Folkets Dagblad[14] vorbehalten gewesen ist.

Es ist richtig, dass ich bei der Spaltung der deutschen Sozialdemokratie im Herbst 1931 mit dem Flügel ging, der die Sozialistische Arbeiterpartei (SAP) und ihren Jugendverband (SJV) bildete. Indem dieser Jugendverband dem der Flygpartiet[15] gleichgestellt wird, soll bei den Leuten der Eindruck hervorgerufen werden, dass es sich fast um eine nazistische Organisation handelte. Und das wagt man von einer Organisation zu schreiben, deren aktive Mitglieder zum größten Teil totgeschlagen oder ins Gefängnis gebracht worden sind, von einer Organisation, die die deutschen Kommunisten immer wieder an Abkommen über eine Einheitsfront und Volksfront beteiligt sehen wollten. Ich bin überhaupt darauf gespannt, was die d e u t s c h e n Kommunisten zu der eingeleiteten Hetzkampagne sagen werden.

Es ist unwahr, dass ich zu irgendeinem Zeitpunkt politische Verbindungen zu „den trotzkistischen Kreisen in Norwegen" gesucht haben soll – wenn dabei mit „Trotzkisten" nicht jeder gemeint ist, der sich erlaubt hat, die Kominternpolitik anzugreifen. [...]

Nach Spanien kam ich im Februar 1937 als Berichterstatter einiger norwegischer Arbeiterzeitungen und als Beobachter meiner deutschen Genossen in der SAP, die damals eine Zusammenarbeit mit den deutschen Sozialdemokraten, bürgerlichen Demokraten – und der deutschen kommunistischen Partei organisiert hatte. Ein „Berater" der POUM[16] konnte ich nicht werden, abgesehen von anderen Gründen schon deswegen nicht, weil die POUM-Leute ganz und gar nicht auf meine gelegentlichen Ratschläge hören wollten. Auf die Frage einzugehen, inwieweit die POUM den Aufruhr in Barcelona Anfang Mai 1937 organisiert hat, habe ich in diesem Zusammenhang keine Veranlassung. Darüber habe ich früher in einem als Broschüre verbreiteten Vortrag Auskunft gegeben, worin ich auch hervorhob, was mich s o w o h l von der POUM als auch von den Kommunisten trennte.[17] Man sagt, dass meine „Rolle" in der blutigen Maiwoche noch nicht in allen Einzelheiten geklärt ist. Warum fragen sie dann nicht die Kommunisten, mit denen ich in Spanien zusammengekommen bin? Ich kann auch auf zwei schwedische Zeugen verweisen, den Reichstagsabgeordneten August Spångberg und den Redakteur und damaligen Reichstagsabgeordneten Ture Nerman, die sich zu diesem Zeitpunkt in Barcelona aufhielten und die wissen, dass ich weder auf der einen noch auf der anderen Seite in der tragischen Auseinandersetzung zwischen den unter sich kämpfenden Katalanen beteiligt war. Die Behauptung, dass mir die Festnahme durch die republikanischen Stellen drohte, ist unwahr. Es war im Voraus bestimmt worden, dass ich Ende Juni 1937 aus Spanien zurückkommen sollte, und ich erhielt auf normale Weise die Ausreisegenehmigung, als ich sie beantragte. Dann arbeitete ich weiter für die Sache Spaniens, u. a. als Sekretär in dem Norwegischen Hilfskomitee für Spanien und in enger Fühlung mit dem spanischen Geschäftsträger in Oslo.

Ich bin niemals eine Art von Vertreter der Internationalen Transportarbeiterföderation gewesen. Die Frage von Ny Dag, ob das auf fehlenden Willen zurückzuführen sei oder ob andere Ursachen dazu beigetragen hätten, dass meine antifaschistische Arbeit unter deutschen Seeleuten ein mageres Ergebnis hatte, bleibt eine gemeine Unterstellung. Dagegen habe ich mit dem verstorbenen Generalsekretär von I.T.F., Edo Fimmen, auf dieselbe Weise wie mit anderen Vertrauensleuten in der internationalen Arbeiterbewegung einen politischen Schriftwechsel geführt.

Die Behauptung, dass ich zu irgendeinem Zeitpunkt irgendeine Art von Verbindung zu dem „früheren polnischen Generalstab" gehabt haben soll, ist eine regelrechte Lüge.

Ny Dag sagt, dass es mein Geheimnis ist, aus welchen Kanälen ich die Nachrichten erhalte, die meiner Mitarbeit über norwegische Verhältnisse in der schwedischen Presse zugrunde liegen. Ny Dag kann sicher sein, dass die Kanäle erheblich weniger trübe sind als die Quellen, die das Material für die Angriffe – oder, wenn man so will, die Denunziationen – gegen mich geliefert haben. Ich habe auch immer wieder feststellen können, dass Ny Dag meine „zweifelhaften" Nachrichten aus anderen Zeitungen ausgeschnitten hat, als seien sie das eigene Nachrichtenmaterial der Zeitung.

Bezüglich des Vorwurfs, dass die schwedischen Polizeibehörden meine Arbeit besonders wohlwollend betrachteten, kann ich nur hoffen, dass Ny Dag recht hat.

Lasst mich zum Schluss nur feststellen, dass die Behauptung, dass ich zu den bittersten Sowjetfeinden innerhalb der Arbeiterbewegung gehört haben sollte, völlig unrichtig ist. Ich habe mir zwar immer das Recht vorbehalten, die Verhältnisse in jedem beliebigen Lande frei zu beurteilen, aber ich habe auch ständig zu denjenigen in der Arbeiterbewegung gehört, die für ein Verständnis der Probleme der Sowjetunion und eine möglichst enge Zusammenarbeit zwischen der Sowjetunion und den Kräften der Arbeiterbewegung und der Demokratie eingetreten sind.

In der Untersuchung über die Friedensziele, die ich bei einer internationalen 1.-Mai-Versammlung in Stockholm vorgelegt habe,[18] war unter anderem festgestellt worden,

d a s s die ganze demokratische Welt den heldenmütigen Kampf der Roten Armee und des russischen Volkes gegen die Macht der nazistischen Aggressoren bewundert,

d a s s das Misstrauen, das zwischen der Sowjetunion und den Demokratien geherrscht hat, weggeräumt werden muss,

d a s s die demokratischen Sozialisten bereit sind, der Sowjetunion auf allen Gebieten volle Unterstützung zu gewähren, die für die soziale Neuschöpfungsarbeit und zur Erreichung der Ziele, die im demokratischen Grundgesetz von 1936 festgelegt worden sind, Bedeutung haben können,

d a s s eine geschlossene und unabhängige Arbeiterbewegung in allen Ländern die beste Garantie für die Förderung einer wirklichen Annäherung zwischen allen Völkern ist und dadurch auch die Stellung der sowjetischen Völker sichert.

Ich bin auch Anhänger einer Sammlung innerhalb der Arbeiterbewegung gewesen und bin es weiterhin. Nicht zuletzt aus diesem Grunde habe ich die Auflösung der Komintern mit Freuden konstatiert. In dem Friedensprogramm, das ich bereits erwähnt habe, treten wir für die Arbeitereinheit ein: Gewerkschaftlich und politisch, national und international. Wir treten für eine einheitliche sozialistische Internationale auf demokratischer Grundlage ein.

Die Angriffe aus dem Hinterhalt können mich nicht dazu bringen, von meinen Grundsätzen abzuweichen und nicht die Arbeit nach den Richtlinien, die ich für die richtigen halte, fortzuführen. Ich hoffe, dass es auch in Norwegen möglich werden möge, die Spaltung zu überwinden und zu der Sammlung der demokratischen und sozialistischen Kräfte zu gelangen, die während der Besetzung vorbereitet worden ist. Gleichzeitig meine ich, dass, wenn die Kommunisten an einer solchen Sammlung teilnehmen wollen, sie sich dazu bequemen müssen, Schurkenstreiche und Methoden der niederträchtigsten Art abzuschreiben, mit denen ich mich zu beschäftigen gezwungen war.

Stockholm, den 16. August 1943 **Willy Brandt**

Nr. 7
**Aus dem Buch Brandts
„Nach dem Sieg. Die Diskussion über die Kriegs- und Friedensziele"
Mai 1944**[1]

Brandt, Willy: Efter segern. Diskussionen om krigs- och fredsmålen, Stockholm 1944, S. 201–246, 287–289 (Übersetzung aus dem Schwedischen: Dietrich Lutze [Kap. 27–30], ergänzt und bearbeitet von Einhart Lorenz; Einhart Lorenz [Kap. 31–32, 37]).

DAS DEUTSCHE PROBLEM

[...]

27. DER VANSITTARTISMUS[2]

Unzählige Verbrechen sind im Namen des deutschen Volkes begangen worden und werden unablässig begangen. Der Hass gegen alles, was deutsch ist, ist immer stärker geworden. In den Vereinten Nationen und besonders in den besetzten Ländern sind viele zu der Auffassung gelangt, dass die offizielle Zielsetzung des Kriegs nicht ausreicht, sondern dass die Forderungen der Atlantik-Charta verschärft werden müssen.

So behauptet man, dass die Unterscheidung zwischen Deutschen und Nazis eine Fiktion sei. So gut wie alle Deutschen seien Nazis. Die nazistische Ideologie und Politik seien ein logisches Ergebnis der deutschen Entwicklung und eine einwandfreie Wiederspiegelung der deutschen Mentalität. Der Krieg komme ausschließlich von „der Herrschsucht, die im deutschen Volkscharakter liegt" (Vansittart).

Diese Auffassung wird als Vansittartismus bezeichnet, da Lord Vansittart bei ihrer Propagierung mit an erster Stelle gestanden hat (mit seinen Büchern Black Record und Lessons of my Life,[3] in unzähligen Artikeln und vielen Vorträgen). Er war zur Zeit der Hitlerschen Machtübernahme, des englischen Flottenabkommens mit Deutschland, der Besetzung des Rheinlandes, der Kriege in Abessinien und Spanien und der Annexion Österreichs Staatssekretär im britischen Auswärtigen Amt und arbeitete bis 1941 als der Chief Diplomatic Adviser der englischen Regierung weiter. Personen aus verschiedenen politischen Lagern in England und Amerika, Sprecher der Exilregierungen, einzelne russische Schriftsteller und eine Reihe deutscher Emigranten haben dem Vansittartismus den Charakter einer internationalen Bewegung gegeben. Ihr Ziel soll sein, den Krieg „to the bitter end" zu führen und die deutsche Frage „ein für allemal" zu lösen.

In Frankreich gab es schon vor Kriegsausbruch einige Kreise, die sich im Gefühl der Ohnmacht und Scham nach München mit dem Schlagwort vom „realistischen Nationalismus" zu trösten suchten. Henri de Kérillis behauptete, dass der Hitlerismus ein vom Schicksal bestimmter Ausdruck der deutschen Nation und ihrer geschichtlichen Entwicklung sei. Deutschland würde immer ein Räuberstaat bleiben, wenn es nicht ein für allemal niedergeworfen würde, so wie das Spanien Karls V. seinerzeit niedergeworfen worden sei. Es gebe keinen Unterschied zwischen Deutschen und Nazis. Deutschlands Macht müsse gründlich gebrochen werden. Nach dem Kriegsausbruch bekam der „realistische Nationalismus" Wind in die Segel. Es herrschte jedoch ein starkes Missverhältnis zwischen den lauten Forderungen und der mangelnden französischen Verteidigungsbereitschaft.

Auch in England konnte man nach dem Ausbruch des Kriegs Zeitungsstimmen lesen, in denen es die Einsender für das beste hielten, alle Deutschen auszurotten oder Deutschland dem Erdboden gleichzumachen, so dass es der Wüste Sahara gliche. Die verantwortungsvollere Diskussion war jedoch von einer weit größeren Mäßigung geprägt als in Frankreich. Gewisse Kreise zeigten sich freilich sehr enttäuscht, als die Deutschen nicht Revolution machten, nachdem sie die von britischen Flugzeugen im ersten Kriegswinter abgeworfenen Flugblätter gelesen hatten. Die Forderung, es müsse ein neues Karthago geben und nicht nur eine Neuauflage von Versailles, konnte man immer öfter hören. Die britische öffentliche Meinung war jedoch zum überwiegenden Teil immer noch von ganz anderen Auffassungen bestimmt. Nicht einmal während der schlimmsten Bombenangriffe verbreitete sich unter den Engländern ein wirklicher Volkshass. Und viele Ausländer haben später erstaunt geschildert, wie den Engländern die Deutschen eigentlich leid tun, wenn sie die Bombardierung der englischen Städte mit Zins und Zinseszinsen heimgezahlt bekommen.

Man kann sich vorstellen, dass die Stimmung sich ändert, nachdem die zweite Front errichtet worden ist und Meldungen über große Verluste einzulaufen beginnen. In Amerika ist bereits eine augenfällige Verschiebung der öffentlichen Meinung eingetreten. Im Sommer 1942 zeigte eine Gallupuntersuchung, dass 79 Prozent der Bevölkerung der Auffassung waren, der Krieg sei gegen den Nazismus gerichtet. Nur 6 Prozent betrachteten das ganze deutsche Volk als Feinde. Zu Beginn des Jahres 1944 schien es so, als ob eine Mehrheit der Amerikaner das deutsche Volk für den Krieg und für die innere Entwicklung in Deutschland verantwortlich machte. Im vorigen[4] Weltkrieg gerieten sowohl in England als auch in Frankreich und Amerika die Gefühle erst gleich nach dem Waffenstillstand richtig in Wallung.

In der Sowjetunion weicht die Propaganda erheblich von den offiziellen Erklärungen ab. Man hat festgestellt, dass man „den Feind nicht besiegen kann, ohne ihn aus ganzer Seele hassen gelernt zu haben" (Iswestija). Einen massiven Hass gegen die Deutschen gibt es in allen besetzten Ländern. Den Menschen fällt es schwer, an ein besseres Deutschland zu glauben, wenn sie täglich das schlechtere Deutschland von seinen schlimmsten Seiten sehen. Ein etwas vereinfachter Gedankengang wird durch den Kampf geradezu aufgezwungen.

Hier liegt die gefühlsmäßige Massengrundlage des Vansittartismus. Millionen und Abermillionen im gepeinigten Europa sind bereit, die These des Lords zu unterschreiben, dass „die große Masse der Deutschen im Laufe von drei bis vier Generationen sich zu einer Nation von gewalttätigen, organisierten und wilden Angreifern entwickelt hat".

In „Black Record" geht Vansittart auf Hermann den Cherusker im Jahre 9 nach Christus zurück, „den ersten deutschen Nationalhelden, der sich durch Verrat einen Namen machte" – um dann über Karl den Großen (den Charlemagne der Franzosen), Friedrich Barbarossa, die Hanse, Friedrich den Großen und Bismarck eine klare Linie der deutschen Entwicklung bis zu einem neuen Hermann [Göring] zu zeigen. Es soll bewiesen werden, dass die Deutschen in ihrer ganzen Geschichte zu Überfällen neigten, Gesetze brachen und grausam gewesen seien. Das gehöre zu ihrem Volkscharakter. Man geht auch bis zum Jahre 55 vor Christus zurück, um mit Hilfe von Zitaten aus Cäsar zu beweisen, dass die Germanen ein Räubervolk waren und dass sie sich, soweit sie Deutsche geworden sind, im Laufe von 2000 Jahren nicht geändert haben. Damit ist man in etwas hineingeraten, was der Hitlerischen Rassenlehre nahe verwandt ist.

Vansittart hat gebeten, von der Verantwortung für alles, was unter dem Namen Vansittartismus läuft, befreit zu werden. Er hat sich auch von der Rassenlehre distanziert und geht so weit, dass er die Zahl der „guten" Deutschen auf 25 Prozent veranschlagt. Er operiert jedoch gleichzeitig mit dem deutschen „Volkscharakter", der „Volksseele" und der „politischen Mentalität" als ziemlich feststehenden Kategorien.

Beachtlicher ist die Vansittartsche Argumentation dort, wo sie sich an einen kürzeren geschichtlichen Abschnitt hält. Man stellt

Willy Brandt und zwei Mitemigranten, Franz Lorenz und Otto Piehl, vor dem Schloss Örebro in Mittelschweden (Foto aus dem Jahre 1944).

fest, dass Deutschland seit 1860 fünf Kriege begonnen und dass die Bevölkerung alle diese Kriege zu ihrer Sache gemacht habe. Die Herrenvolk-Ideologie und die Angriffsmentalität säßen tief und seien immer noch lebendig. Die Demokratie habe in Deutschland niemals wirklich Fuß gefasst. Die angeblichen Demokraten seien ebenso schlecht gewesen wie die anderen. Die Sozialdemokraten, sagt man, hätten die Rolle der Nazis des ersten Weltkrieges gespielt. In der Weimarer Zeit hätte man alles getan, um einen neuen Krieg vorzubereiten. Die Vertreter des deutschen Kulturlebens hätten ihre eigentliche Berufung darin gesehen, Nationalismus zu predigen und zum Überfall zu hetzen.

Eine Hauptrolle in der allmählich ziemlich umfangreichen Vansittartistischen Literatur spielen Zitate von deutschen Dichtern und Denkern. Bei einigen werden die deutschen Philosophen als Kriegsverbrecher par excellence hingestellt. Praktisch alle, zusammen mit den bedeutendsten deutschen Schriftstellern, werden zu den geistigen Urhebern des Nazismus gezählt. Das gilt nicht nur für den widerspruchsvollen Nietzsche, sondern auch für Kant. Vorläufer der Nazis sei auch Fichte, auf dessen Haltung unter Napoleon sowohl norwegische als auch dänische Intellektuelle sich während der deutschen Besetzung beriefen; Herder, von dem Masaryk erklärte, dass die Tschechen ihm zu großem Dank verpflichtet seien; Hegel, dessen Gedankengebäude der italienische Antifaschist Benedetto Croce weiterentwickelt hat; Schiller, Schopenhauer, Friedrich List, Ferdinand Lassalle.

Man sagt des weiteren, dass Hitler durch demokratische Wahlen an die Macht gekommen sei. Die überwiegende Mehrheit der Deutschen stehe hinter Hitlers Politik, sie wolle Krieg, und sie habe sich mit der Überfall- und Besetzungspolitik solidarisch erklärt – jedenfalls solange alles gut ging. „Die Hitlersche Regierung in Deutschland ist repräsentativer als die Regierung irgendeines anderen Landes" (Hambro).[5] „Hitler ist ein wahrerer Vertreter des deutschen Volkes als der snobistische Kaiser" (Vansittart).

Die Haltung der Deutschen unter Weimar habe gezeigt, dass sie nicht imstande seien, sich selbst zu regieren. Dass sie Hitler und der

Kriegspolitik folgten, bestätige, dass sie Militaristen seien. Der Terror in den besetzten Ländern entlarve sie als Sadisten.

Der Vansittartismus leugnet das Vorhandensein eines anderen Deutschlands. In dem Maße, wie man einräumt, dass es „gute" Deutsche gibt, erklärt man, dass diese so gering an Zahl, so unfähig und so machtlos seien, dass man von ihnen nichts Großes erwarten könne. Die Passivität der möglichen nichtnazistischen Deutschen wird mit dem Widerstand in den besetzten Ländern verglichen. Und man fragt: „Wo ist der Einsatz der deutschen Opposition, wo sind ihre Opfer, wo ist ihre illegale Presse?"

Nicht alle Vansittartisten, aber einige von ihnen, richten den Hauptangriff auf den deutschen linken Flügel. Schwarzschild fasst seine Analyse der Zwischenkriegszeit dahingehend zusammen, dass alle demokratischen Experimente in Deutschland zum Scheitern verurteilt waren. Andere klagen die deutsche Arbeiterbewegung an, ebenso militaristisch gewesen zu sein wie das übrige Deutschland und Hitler gestützt zu haben. Man warnt vor einer Sentimentalität und dem Glauben an ein demokratisches oder sozialistisches Deutschland. Diese Tendenz erklärt sich teilweise daraus, dass die antideutsche Haltung gewisser Kreise als Tarnung für eine bewusst reaktionäre Politik benutzt wird. Viele frühere Bewunderer des deutschen Faschismus haben – in einer großer Zahl von Fällen zu einem sehr späten Zeitpunkt – plötzlich ihre Meinung geändert und sind ins andere Extrem gefallen.

Bei einigen werden auch die Flüchtlinge aus Deutschland zu den auf jeden Fall potenziellen Kriegsverbrechern gezählt. Sie werden beschuldigt, Teilnehmer einer pangermanischen Verschwörung zu sein, die den nächsten Krieg vorzubereiten suche. In Frankreich kam jemand darauf, dass die Emigranten an der Niederlage schuld seien. Sie hätten falsche Angaben über innere Schwierigkeiten in Deutschland gemacht – als ob das Deuxième Bureau und der Secret Service[6] auf Informationen von Emigranten angewiesen wären! Man wollte sich nicht mehr erinnern, dass die Flüchtlinge mehrere Jahre lang die Völker in anderen Ländern davon zu überzeugen versuchten, dass Hitler Krieg bedeutete.

28. EINE ANDERE AUFFASSUNG[7]

Dem Vansittartismus steht die Auffassung gegenüber, dass wirklich ein Unterschied zwischen den Nazis und großen Teilen des deutschen Volkes besteht und dass dieser Unterschied einer der Schlüssel bei der Lösung des deutschen Problems sein muss. (Aber ebenso wie viele Vansittartisten die Gefühle über die Vernunft siegen lassen, zeigen verschiedene Anti-Vansittartisten den Tatsachen gegenüber eine offenbare Ignoranz. Das bezieht sich teils auf Deutsche, die aus falsch verstandenem Patriotismus der Wahrheit über das wirkliche Unglück ihres Volkes nicht ins Auge sehen wollen, teils auf mehr oder weniger wohlmeinende „Deutschlandfreunde" ohne Sinn für die Realitäten.)

In der französischen Diskussion vor und nach Kriegsausbruch war Léon Blum eine der hervorragendsten Persönlichkeiten, die sich dem „realistischen Nationalismus" widersetzten. Er hielt an der Arbeitshypothese von einem „anderen Deutschland" fest. Blum und seine Gesinnungsgenossen gaben den Glauben nicht auf, dass im deutschen Volk andere und bessere Kräfte lebten als die, die das nazistische Regime zum Ausdruck brachte. Sie hofften darauf und wollten, wenn möglich, dazu beitragen, dass diese Kräfte an die Macht kamen. Blum beschuldigte die aggressiven Anhänger der politischen Rechten, eine Rassenpolitik von einem anderen Ausgangspunkt, aber im großen und ganzen nach denselben Grundsätzen wie der Nazismus zu betreiben. Er leugnete nicht, dass der Hitlerismus tiefe Wurzeln in der deutschen Entwicklung hatte, fügte aber hinzu, der Nazismus wäre kaum erfolgreich gewesen, wenn Europa der deutschen Republik gegenüber einen klareren Blick gezeigt hätte. Der Frieden von Versailles, meinte Blum, sei im großen und ganzen auf gerechten Prinzipien gegründet gewesen, aber in unverantwortlicher Weise durchgeführt worden. Als drastisches Beispiel erwähnte er die Besetzung des Ruhrgebiets. Ein logischer Schluss aus dieser Einstellung war, dass ein künftiges demokratisches Deutschland einen gleichberechtigten Platz unter den europäischen Nationen erhalten müsse.

Zu den klarsten Gegnern des Vansittartismus in England gehören die Professoren Carr und Laski. Der Erstgenannte sagt, dass die These von der Bosheit der Deutschen aus Gefühlsreaktionen einem Feind gegenüber geschaffen worden sei, den man aus allen Kriegen der Geschichte kenne. Sie bedeute Propaganda für eine bestimmte Politik. Gleichwohl müsse man natürlich damit rechnen, dass der geschaffene Hass nach Kriegsende ein wichtiger Faktor sein werde. Laski warnt (in Reflections on the Revolution in our Time[8]) davor, die Art der Kriegführung Nazideutschlands als einen Zug des deutschen Nationalcharakters zu betrachten. Alle, die etwas derartiges behauptet hätten und behaupten, sagten nur dasselbe wie die Nazis, wenn sie vom Herrenvolk[9] sprechen. Die Männer von Lidice seien in England nicht als Barbaren bezeichnet worden, als sie Guernica bombardierten.[10] Viele, die Freundschaft mit Nazideutschland wünschten, hätten mit Abscheu auf den Terror in der Sowjetunion hingewiesen und ihn ein Ergebnis des russischen Volkscharakters genannt – bis zum 22. Juni 1941. Die menschliche Natur werde jedoch durch ihre Umgebung geschaffen und passe sich ihr an. Wenn wir diese Natur ändern wollen, sagt Laski, müssen wir die geschichtliche Umgebung ändern.

In der Geschichte aller Völker gibt es dunkle Seiten. Deutschlands Geschichte hat viele, aber nicht nur dunkle Seiten. In Douglas Smiths Guilty Germans? und Julius Braunthals Need Germany survive?[11] wird eine große Anzahl von Argumenten gegen die Vansittartsche Geschichtsauslegung vorgebracht. Bezüglich der neueren Zeit ist es richtig, dass Deutschland in 75 Jahren fünf Eroberungskriege geführt hat. Die imperialistische Politik war jedoch auch in anderen Ländern ausschlaggebend. Frankreich erlebte in den achtzehn Regierungsjahren Napoleon III. vier Kriege. In den 75 Jahren seines Bestehens war Italien an acht Kriegen beteiligt. England hat, was die Teilnahme an Kriegen von 1850 bis zur Jahrhundertwende betrifft, einen Rekord aufgestellt.

Man kommt nicht darum herum, dass es in der modernen deutschen Politik eine „preußische" Tradition gibt. Eine zusammenhängende Linie besteht insoweit von Bismarck bis Hitler. Preußen wurde in erster Linie durch militärische Macht groß und spielte die Rolle einer festen Burg der Reaktion und des Militarismus. Dieses Preußen unterwarf sich Deutschland. Die Junker und die preußische Militärschicht bestimmten schließlich die deutsche Politik. Damit ist bereits gesagt, dass das Problem Preußen wie das Problem Deutschland vor allem ein soziales ist.

Wenn man feststellt, dass vor allem Preußen dunkle Seiten der deutschen Geschichte füllt, muss man jedoch darauf achten, das Bild nicht mehr als nötig zu vereinfachen. Während der Zeit Napoleons und 1848 hatten die freiheitlichen Kräfte in Berlin einen stärkeren Rückhalt als in manchen anderen Teilen Deutschlands. In der Zeit der Weimarer Republik führte die preußische Regierung eine erheblich fortschrittlichere Politik als die bayerische. Die meisten führenden Nazis sind ursprünglich keine Preußen.

Eines der Hauptargumente gegen den Vansittartismus ist, dass die Krise der Demokratie universell ist und dass der Faschismus keine deutsche Einzelerscheinung ist. Er ist das Ergebnis der Gegensätze der kapitalistischen Gesellschaft. In Italien, von dessen Volkscharakter man gewöhnlich ganz andere Vorstellungen hegt, kam der Faschismus zehn Jahre früher an die Macht als in Deutschland. Bewegungen mit Massenzulauf traten in Ungarn und Portugal, Finnland, Spanien und in mehreren anderen Ländern auf. In Frankreich erzielten faschistische Kräfte bereits vor dem Zusammenbruch einen bedeutenden Erfolg. In Vichy[12] waren sie sogar imstande, sich einer ziemlich weitgehenden Zustimmung zu ihrer Politik zu versichern.

Seinen stärksten und gefährlichsten Exponenten erhielt der Faschismus jedoch in Deutschland. Das bedeutet nicht, sagen die Gegner des Vansittartismus, dass der Nazismus der Ausdruck eines unveränderlichen deutschen Nationalcharakters ist. Er erhielt jedoch ein besonderes nationales Gepräge. Man braucht nicht die Rassenlehre anzuerkennen, um einzusehen, dass gemeinsame geschichtliche Erfahrungen, Sprache, Religion, wirtschaftliche und soziale Verhältnisse, klimatische und topographische Bedingungen besondere nationale Züge schaffen. Die militärische Tradition ist zweifelsohne dem Nazismus zugute gekommen. Von einer Reihe deutscher

Schriftsteller sind ein zugespitzter Nationalismus, Autoritätsverehrung und Rassenlehre gezüchtet worden, und diese prägen bis zu einem gewissen Grad den Unterricht in den Schulen. Gewöhnlich überschätzt man jedoch die Bedeutung des ideologischen Diebesgutes des Nazismus. Und man übersieht oft, dass das, was man die ideologischen Wurzeln des Faschismus nennt, in den meisten Ländern zu finden ist.

In erster Linie erklären soziale Verhältnisse den Sieg des Nazismus. Man vergisst leicht, dass Deutschland ein rückständiges Land war, als es in die imperialistische Politik geriet. Seine nationale Sammlung erfolgte zu einem sehr späten Zeitpunkt. Das Bürgertum hatte keine konsequente demokratische Revolution durchzuführen vermocht. Die Kräfte des Feudalismus waren stark und verschmolzen mit denen des Großbürgertums; ein großer Teil der Intelligenz bewegte sich wie in anderen Ländern im Kielwasser der herrschenden Klasse. Der Spannungszustand wurde in Deutschland stärker als an vielen anderen Stellen, weil die Arbeiterbewegung frühzeitig zum Gegenpol der Reaktion wurde. Sie kämpfte sich trotz der Sozialistengesetze Bismarcks zu einer Machtstellung durch, die in der Zweiten Internationale vor dem letzten Weltkrieg Achtung genoss. Die Arbeiterbewegung stand nicht allein; ein liberales, humanistisches und kosmopolitisches Kulturleben gab dem deutschen Namen in der Welt einen guten Klang. Die deutsche Demokratie war schwach verankert, aber deutsche Demokraten kämpften nicht ohne Erfolg gegen das „böse" Deutschland.

Der Kampf zwischen „den beiden Deutschland" ging in der Weimarer Zeit weiter. Die Revolution des Jahres 1918 hatte keine wirkliche Entscheidung gebracht.[13] Die alten gesellschaftlichen Kräfte hielten sich über Wasser. 15 000 Arbeiter fielen beim Versuch, ihnen ein für alle Male die Macht zu nehmen. Die Mehrheitsrichtung in der Arbeiterbewegung war nachgiebig, so wie sie auch bei Kriegsausbruch dem Nationalismus gegenüber nachgiebig gewesen war. Weimar war gleichwohl nicht nur getarnter Preußengeist und Revanchepolitik. Große Schichten des Volkes waren von dem Wunsch nach Frieden und dem Willen zu einer demokratischen Entwicklung erfüllt. Die Reformpolitik machte bedeutende Fortschritte. Vorstöße in Richtung auf den Faschismus wurden mehrmals zurückgewiesen. Dann aber kam die Krise. Sie traf Deutschland besonders schwer.[14] Und sie traf im Vergleich zu den alten Demokratien ein Land mit geringem inneren Gleichgewicht. Abgesehen von den Nachwirkungen des verlorenen Krieges war die Gesellschaft in zwei Hälften gespalten. Das Kapital, die Junker, die Militärschicht und die reaktionäre Bürokratie unterstützten den Nazismus. Sie fingen die Unzufriedenheit des Mittelstandes und der Bauern auf und nutzten deren Abneigung sowohl gegen die reformistische als auch gegen die revolutionäre Arbeiterbewegung. Die Arbeiterbewegung dagegen, die berufen gewesen wäre, dem Nazismus entgegenzutreten, war mit inneren Kämpfen beschäftigt.

Trotz Reichstagsbrand und Terror erhielt Hitler bei den Reichstagswahlen im März 1933 nicht die Mehrheit. Es gab weiterhin beträchtlichen Widerstand. In einem Volk mit ausgeprägtem Individualismus hätte er sich vielleicht stärker ausgewirkt. Hier aber fehlten die Impulse für eine nationale Widerstandsbewegung. Der Antinazismus war mit den demoralisierenden Folgen der Niederlage belastet. Er wurde nicht nur durch einen Terrorapparat gelähmt, der in der Geschichte ohne Beispiel ist, sondern auch durch den ununterbrochenen Erfolg des Gegners. Die Nachgiebigkeit des Auslands riss einen Teil der Grundlagen der deutschen Opposition fort. Die Passivität wurde durch das Gefühl genährt, dass man einer Naturkraft gegenüberstehe, gegen die zu kämpfen hoffnungslos war.

Tatsache ist, dass 1933 etwa die Hälfte des deutschen Volkes für Hitler stimmte und dass viele erst später vom Nationalsozialismus eingefangen worden sind. Besonders die Beseitigung der Arbeitslosigkeit war dabei von großer Bedeutung. Die Behauptung, dass alle Deutschen Nazis wurden, ist jedoch nicht stichhaltig. Kein Arbeiterführer von einiger Bedeutung und nur sehr wenige Liberale sind zum Nazismus übergelaufen. Eine illegale Bewegung gegen den Nazismus lebte weiter, auch wenn man nicht sehr viel von ihr hörte. Gegen deutsche Antinazis wurden erheblich mehr Todesurteile gefällt, als wir glauben. Bei Kriegsausbruch saßen in Deutschland etwa 300 000

Menschen wegen „politischer Verbrechen" in Konzentrationslagern oder in Zuchthäusern. Anderthalb Millionen Deutsche sind durch die Konzentrationslager hindurchgegangen.

Die Vansittartisten sind der Ansicht, die überwiegende Mehrheit des deutschen Volkes habe den Krieg gewollt. William Shirer und viele andere Auslandskorrespondenten behaupten, dass das nicht richtig sei. Es sind jedoch auch Zeugnisse dafür vorhanden, dass ein sehr großer Teil des Volkes der Kriegspropaganda erlegen ist.

Hitler und seine Kumpane tragen die Verantwortung für die Entfesselung des Kriegs. Wenn man den Satz anerkennt, dass jedes Volk für seine Regierung verantwortlich ist, dann lässt sich natürlich sagen, dass die Deutschen für den Krieg verantwortlich seien. Soll aber die Frage der Verantwortlichkeit behandelt werden, so muss sie wohl in erster Linie gegen diejenigen gerichtet werden, die bei der Machtübernahme des Nazismus im Jahre 1933 mithalfen. Auf jeden Fall liegen für gewisse Teile des deutschen Volkes „mildernde Umstände" vor. Außerdem ist es die Frage, ob es angebracht ist und zu was es führt, ein ganzes Volk wegen Handlungen, die seine Regierung begangen hat, kollektiv zur Verantwortung zu ziehen. In diesem Fall wäre zum Beispiel das englische Volk für die Unterstützung der Hitlerschen Kriegsvorbereitungen durch Chamberlain verantwortlich. Man kommt nicht weit, wenn man feststellt, dass die Ungarn die kollektive Verantwortung für die Politik Horthys tragen, die Italiener die für die Politik Mussolinis und die Rumänen die für die Politik Antonescus. Den Österreichern ist mit vollem Recht die Selbständigkeit nach dem Krieg versprochen worden, obwohl ihre Gebirgsjäger ungefähr ebenso gut mitgekämpft haben wie die Soldaten aus Hamburg und Lübeck.

Die Fragestellung führt deshalb zu nichts, weil man ohnehin ein Volk nicht so bestrafen kann, wie man Individuen bestraft. Laski will, dass Hitler und seine Leute so bestraft werden, wie man Leute vom Typ Al Capones bestraft. Man kann der Meinung sein, dass es notwendig sein wird, eine sehr große Zahl von Nazis unschädlich zu machen – ein Säuberungsprozess, vor dem viele Vansittartisten zurückschrecken –, und man kann doch gleichzeitig Strafmaßnahmen gegen ein ganzes Volk verwerfen.

Die Gegner des Vansittartismus bagatellisieren nicht den deutsch-faschistischen Terror, der in moderner Zeit ohnegleichen ist. Allzu viele Deutsche haben sich als Werkzeuge der eigentlichen Terroristen gebrauchen lassen; ein allzu großer Teil des deutschen Volkes hat angesichts der Schändlichkeiten, die gegen die Juden, Polen, Russen und die Bevölkerung in anderen besetzten Ländern begangen worden sind, eine passive Haltung eingenommen. Gleichwohl muss die Behauptung zurückgewiesen werden, dass die Deutschen ein Volk von Sadisten seien. Der Terror ist in Deutschland weit entwickelt worden, aber er ist nicht nur dort zu Hause. Mittelalterliche Misshandlungen kamen bei Mussolini und Franco, in Jugoslawien, Rumänien und Griechenland vor. Arthur Koestler schreibt in seinem Buch über Frankreich,[15] dass sich die französischen Konzentrationslager für antifaschistische Flüchtlinge, die im Herbst 1939 eingerichtet wurden, in vieler Weise mit den deutschen Vorbildern messen lassen. Den Engländern und Franzosen blieben Anklagen wegen der Übergriffe in den Kolonien nicht erspart. Die Amerikaner haben Negerpogrome. Judenverfolgungen der blutigsten Art kamen in mehreren Ländern vor. In Deutschland ist man am weitesten gegangen.

Aber, so fragt man, warum haben die deutschen Soldaten nicht gemeutert, als ihnen klar wurde, wozu sie gebraucht wurden? Warum haben sich die deutschen Antinazisten, von denen so viel die Rede ist, nicht erhoben?

Man hat selten gesehen, dass siegende Truppen gemeutert haben. In Syrien kämpften französische Soldaten für eine sehr schlechte Sache gegen die Engländer. Die militärische Disziplin hält die Soldaten eben sehr fest an der Kandare.

Bei den Deutschen sitzt sie sehr viel fester als bei vielen anderen, und zwar aufgrund des „Preußengeistes", aber noch mehr, weil die moderne terroristische Technik beim Nazismus am weitesten entwickelt ist. Der deutsche Faschismus wurde so stark, weil Deutschland ein großes, hochindustrialisiertes und durchorganisiertes Land ist. Aber sogar der österreichische „Schlamperfaschismus" war mächtig genug, um eine starke Arbeiterbewegung niederzuschlagen. Der italienische Faschismus war erheblich schwächer als der deutsche – trotzdem gab es keine Volkserhebung, ehe nicht infolge der militärischen Niederlagen ernste Risse in den führenden Schichten des Regimes entstanden waren. In Deutschland ist es seit langem klar gewesen, dass eine entscheidende militärische Niederlage erforderlich ist, um die guten Kräfte freizumachen.

Ein kriegsbedingter Einwand gegen den Vansittartismus ist, dass er dazu beiträgt, den Krieg zu verlängern. Er schweißt die Kräfte des Feindes zusammen, statt sie zu zersplittern. Bereits im Herbst 1939 ließ Goebbels in ganz Deutschland Plakate mit den extremsten Forderungen, die auf alliierter Seite erhoben worden waren, anschlagen, um den Deutschen dadurch weiszumachen, dass sie einen nationalen Verteidigungskrieg gegen die Vernichtungspläne der Westmächte führten. „New Statesman" schrieb anschließend: „Es wäre unhöflich, dem Lord Vansittart nicht die Anerkennung zuteil werden zu lassen, die er verdient. Ihm gelingt es, die Widerstandskraft der Deutschen bis zum äußersten zu entwickeln. Seine Behauptung, dass die Deutschen fast immer Nazis gewesen sind, schweißt sie zu einem Block um Hitler zusammen."

Die Anti-Vansittart-Einstellungen gehen davon aus, dass der Krieg gegen den Nazismus und die Verhältnisse geführt werden müsse, aus denen er entstanden ist. Man kann ein System und seine Vertreter hassen, ohne den Hass gegen das betreffende Volk zu richten. Die unterschiedlichen Völker haben unterschiedliche politische Systeme gehabt.[16] Die Russen – um ein Beispiel zu nehmen – hatten vor der Revolution ein reaktionäres, halbfeudales Militärregime. Bei ihnen gab es Leibeigenschaft zwei Generationen länger als bei den Deutschen. Mit demokratischen Traditionen war es schlecht bestellt. Und dennoch hat dieses Volk im Laufe von weniger als einer Generation Großes ausgerichtet. Das verdeutlicht die Bedeutung der sozialen und ökonomischen Faktoren. Das zeigt, wie schnell sich auf wesentlichen Gebieten die Rolle auch eines sehr rückständigen Volkes in der internationalen Politik ändern kann.

29. DAS PROGRAMM DER VANSITTARTISTEN

Die radikalste Lösung des deutschen Problems würde darin bestehen, alle Deutschen auszurotten, das heißt, die Deutschen ungefähr derselben Behandlung zu unterziehen, wie ihre Vertreter sie während dieser Jahre gegen die Juden angewandt haben. Der eine oder andere hat sich für ein solches Rezept eingesetzt. Einige wollten gemäßigter sein und sich mit ihrer Sterilisierung begnügen. Das hat allerdings nichts mit dem Programm des Vansittartismus zu tun. Letzten Endes wird es sich vielleicht sogar zeigen, dass einigen, die während der Diskussion am unversöhnlichsten waren, die Hände zu zittern beginnen, wenn das Urteil nicht nur gegen die Naziführer, sondern auch gegen deren Freunde aus der Industrie und deren Generale vollstreckt werden soll.

Lord Vansittart will Deutschland nach dem Motto: „Volle Vorratshäuser – leere Arsenale" regieren, was nicht gegen die Atlantik-Charta und die Erklärungen der alliierten Führer über die Entwaffnung und wirtschaftliche Gleichberechtigung der Achsenmächte verstößt. Darüber hinaus will Vansittart, dass die Deutschen als unmündig erklärt werden und ihr Land mindestens 75 Jahre besetzt bleibt, wie es früher hieß, oder 20 bis 30 Jahre lang, wie er später vorgeschlagen hat. Unter internationaler polizeilicher Bewachung soll man die Deutschen zu Demokraten und Friedensfreunden erziehen.

Manche legen das Hauptgewicht darauf, die Macht Deutschlands dadurch zu schwächen, dass man es in eine Reihe kleinerer Staaten aufteilt. Die Grenze zwischen den extremen Forderungen nach Grenzregulierungen auf Kosten Deutschlands und der Errichtung selbständiger deutscher Teilstaaten ist hier fließend. In England trat bereits kurz nach Kriegsausbruch Duff Cooper als Fürsprecher einer Zerstückelungspolitik auf.[17] Er meinte, dass Bayern mit Österreich vereinigt werden sollte, und zwar möglicherweise mit Otto von Habsburg als Regent. Für den Teil Norddeutschlands, der übrig bliebe, wenn man den Forderungen Polens entgegengekommen sei, würde man, so meinte er, immer eine Lösung finden können. Andere waren mehr damit beschäftigt, das Rheinland und das Ruhrgebiet aus Deutschland herauszubrechen. Für diejenigen, die in traditionellen Bahnen denken und soziale Umwälzungen verhindern wollen, liegt es auch nahe, vorzuschlagen, dass man die alten deutschen Teilstaaten wiedererrichtet und die früheren Fürstenhäuser wiedereinsetzt. Der englische Nationalökonom Paul Einzig, der – neben anderen – solche Vorschläge vorbrachte, sagt, dass Preußen in eine Sonderstellung versetzt und längere Zeit besetzt gehalten werden müsse als das übrige Deutschland – vielleicht für immer.

Die Vorstellung, dass man die deutsche Kleinstaaterei mit Königen und Großherzogen erneuern sollte, ist einem Teil der deutschen Reaktion nicht fremd. Gewisse Industriekreise im Rheinland haben nichts gegen Pläne, eine selbständige Rheinische Republik zu errichten. Sie diskutieren sogar Pläne, einen west- und nordwestdeutschen Staat an das britische Commonwealth anzuschließen, was nach ihrer Ansicht Garantien für die Aufrechterhaltung der bestehenden Besitzverhältnisse bietet. In Bayern sympathisiert ein Teil der Kreise, die mithalfen, dem Nazismus den Weg zu bahnen, mit einem Anschluss an Österreich, nicht nur aus Antipathie gegen die Preußen und die nazistische Kontrolle, sondern auch aus Furcht vor dem „preußischen Bolschewismus", der möglicherweise folgen könnte.

Ein anderer Teil des Programms des Vansittartismus dreht sich um die Frage, wie man Deutschlands wirtschaftliches Potenzial schwächen könne. Das kann leicht dazu führen, dass die Sorge um den Frieden mit Gesichtspunkten des wirtschaftlichen Wettbewerbs verquickt wird.

Regierungsvertreter der besetzten Länder haben mehrmals hervorgehoben, dass die industrielle Kapazität Deutschlands nicht größer sein solle, als zur Deckung des einheimischen Bedarfs erforderlich sein würde. Die Nachbarländer sollten – wie früher erwähnt – die überflüssigen deutschen Industriebetriebe übernehmen. Sir Rowland Evans behauptet (in „Prelude to Peace"[18]), dass Deutschland überindustrialisiert sei und dass seine große industrielle Kapazität eine Gefahr für den Frieden darstelle. Die ganze Schwerindustrie müsste der Leitung einer internationalen Kommission unterstellt werden, und alle Industriebetriebe in wichtigen Zentren – vor allem im Ruhrgebiet – müssten in internationaler Regie betrieben werden.[19] Man sollte sodann darauf achten, dass die industrielle Kapazität, in erster Linie in der Werkzeugmaschinenindustrie, reduziert wird und der Import kriegswichtiger Rohstoffe – wie Öl, Kupfer, Bauxit, Nickel – streng begrenzt wird.

Paul Einzig hat (u. a. in Can we win the Peace?[20]) für ein – wie er es nennt – völlig entindustrialisiertes Deutschland plädiert. Er schlägt eine „umgekehrte Neuordnung" in Europa mit folgenden Programm-Hauptpunkten vor: Deutsche Arbeiter werden zum Wiederaufbau und dann zum Bau von Befestigungen in den überfallenen Ländern eingesetzt. Darüber hinaus fordern die demokratischen Länder für alle Zukunft deutsche Arbeiter als ungelernte Arbeitskräfte an. In den Ländern, die in der Nähe von Deutschland liegen, dürfe es keinerlei Produktion geben, welche die Deutschen verlocken könnte – so müsse Rumänien die Ölerzeugung einstellen. Deutschland wird auch bezüglich der Landwirtschaft entwaffnet. Seine Lebensmittelversorgung wird ausschließlich von überseeischen Zufuhren abhängig gemacht. Ähnliche Maßnahmen werden gegenüber Japan, Italien und kleineren Vasallenstaaten ergriffen.

Weiter schlägt Einzig vor, dass 51 Prozent der Aktien aller deutschen Industrieunternehmen mit mehr als 20 Arbeitern zur Kontrolle in alliierten Besitz übergehen sollen. Die Siegermächte sollen nicht nur die eigentlichen Rüstungsbetriebe zerstören und verbieten, sondern auch die Maschinenindustrie sowie die Erzeugung synthetischen Gummis und Öls. Maschinenindustrie und Elektroindustrie dürfen nur in dem Umfang erhalten bleiben, der erforderlich ist, um die direkte Verbrauchsgüterproduktion Deutschlands aufrechtzuerhalten. Das Ziel des Ganzen ist, die führende Stellung der deutschen Industrie in Europa zu beseitigen und den Lebensstandard der Deutschen nachhaltig zu senken, so dass sie nicht mehr imstande sein würden, mit Hilfe ihrer industriellen Erzeugnisse andere Völker zu unterjochen.

Vansittart selbst schlägt zwar auch „die Beseitigung des Industriepotenzials des überindustrialisierten Deutschlands" vor, aber er will nicht, dass das zum Ruin des Volkes führt. Er unterstützt die Vorschläge für eine Aufteilung Deutschlands nicht, ist aber Anhänger einer Dezentralisierung, die die Machtstellung Preußens zerstört[21]. Das Hauptgewicht liegt auf einer „Re-education". Die Vorstellung, dass das deutsche Volk unter internationaler polizeilicher Bewachung dazu erzogen werden könnte, demokratisch und friedliebend zu werden, lag auch einer großen Zahl von Äußerungen von polnischer, niederländischer und anderer alliierter Seite zugrunde.

„Deutschland muss in eine Erziehungsanstalt kommen: die Disziplin wird streng und heilsam sein, aber es gibt auch Belohnungen und Ermunterungen", heißt es bei Vansittart. Er will den Deutschen auch beibringen, „glücklich zu sein". Er denkt in erster Linie an eine internationale Kontrolle des Unterrichts, der Presse, des Rundfunks und der Literatur. Das Rechtswesen und die Verwaltung sollen im demokratischen Sinne umgewandelt und in dem erforderlichen Ausmaß in ausländische Hände gelegt werden, solange die Kontrollperiode währt. Auch die Kirche soll mit einem neuen Geist erfüllt werden. Gewisse Kreise stellen sich demzufolge vor, dass man Expeditionskorps mit ausländischen Lehrern nach Deutschland schicken müsse. Andererseits gibt es auch Vorschläge für die Einführung eines alliierten „Gauleiter"-Systems.

30. ANDERE WEGE

Die Konsequenz der anti-vansittartistischen Auffassung wäre, das Hauptgewicht auf die Umwälzung zu legen, die nach Deutschlands Niederlage zu erwarten man Veranlassung hat, und dass man den Freunden der Demokratie eine Unterstützung gegen die Feinde der Demokratie zuteil werden lässt. Die Projekte, Deutschland aufzuteilen, werden abgelehnt, da es zu wichtigen wirtschaftlichen Interessen im Widerspruch stehen würde. Man rechnet auch damit, dass eine Zerstückelung eine neue nationalistische Bewegung hervorrufen und die Kräfte von der Lösung positiver Aufgaben ablenken würde.

Im Großen und Ganzen gehen jedoch auch die Anhänger der Richtung, die die Zusammenarbeit mit dem anderen Deutschland als das Entscheidende ansieht, davon aus, dass Deutschland während einer Übergangsperiode unter alliierter Militärkontrolle gehalten werden wird. Die Vereinten Nationen, so sagt man, haben einen Anspruch darauf, die Entwicklung in Deutschland zu kontrollieren, um Garantien gegen eine Wiederholung dessen zu erhalten, was sich zuletzt ereignet hat. Andererseits müssen sie sich vorsehen, damit sie nicht den Keim zu einem neuen Hitlerismus und einem neuen Krieg legen. Vor allem dürfen sie sich der Abrechnung der deutschen Revolution mit den gesellschaftlichen Kräften, die die Hauptverantwortung für den Nazismus und sein kriegerisches Programm tragen – dem Militärwesen, den Junkern und dem Großkapital[22] –, nicht in den Weg stellen.

Offizielle Sprecher und andere haben immer wieder unterstrichen, dass ein neues Deutschland – bei dem man voraussetzt, dass es, wenn auch etappenweise, eine demokratische Regierungsform erhalten werde – an der künftigen europäischen und internationalen Zusammenarbeit teilnehmen müsse. Die englische Arbeiterpartei nahm in diesem Punkt eine sehr bestimmte Haltung ein. Attlee erklärte im November 1939, dass Deutschland weder gedemütigt noch ausgetilgt oder verstümmelt werden solle. Jeder Gedanke an Rache müsse ausgeschlossen sein.[23] Diese Ansicht wurde im Programm vom Februar 1940 unterstrichen. Dort stand: „Die Geschichte lehrt uns, dass jeder Versuch, Deutschland nach dem Krieg einen Paria werden zu lassen oder Deutschland die Sicherheit zu verweigern, die seine Nachbarländer mit Recht für sich selbst verlangen, missglücken muss."[24] Die weitblickendste und ungefährlichste Politik ziele darauf ab, eine Zusammenarbeit mit einer verwandten politischen Führung in Deutschland zu suchen. Auf dem Kongress der Labour Party im Juni 1943 traten andere Auffassungen zutage. Dort nahm man eine Entschließung an, die teilweise in die Richtung Vansittarts ging.[25] Die Mehrheit auf dem Kongress des britischen Gewerkschaftsbundes im September 1943 hielt jedoch an dem Standpunkt fest, dass die

Verantwortung bei den Nazis, nicht beim deutschen Volk gesucht werden müsse.[26]

Carr rückt von dem Gedanken ab, ein ganzes Volk zu bestrafen. Ohne die Notwendigkeit zu leugnen, die Kriegsverbrecher zu bestrafen, sagt er, dass es besser sei, einen Feind zum Freund zu machen, als ewigen gegenseitigen Hass zu schaffen. Der deutsche Nationalismus müsse dadurch überwunden werden, dass ein Internationalismus geschaffen werde, der auch in Deutschlands Interesse liege. Die Besatzungsbehörde müsse die Aufgabe erhalten, eine neue deutsche Verwaltung zu unterstützen, ob diese nun national oder zunächst nur lokal sei. Dem besetzten Land solle keine bestimmte Regierungsform aufgezwungen werden. Man solle jedoch darauf achten, dass die Meinungsfreiheit respektiert werde, dass Gleichheit und Achtung vor dem Gesetz wieder eingeführt würden und dass es keine Rassenverfolgung gebe. Deutschland müsse mit überwältigender Kraft besiegt werden, sagt Carr weiter, aber gleichzeitig müsse das Land davon überzeugt werden, dass die Siegermächte etwas anderes als Macht vorzuweisen hätten, wenn es an die Umorganisierung Europas gehe.[27] Er tritt auch für die Hilfsarbeit für die Menschen in den besiegten Ländern ein und warnt vor einer weiteren Blockade nach dem Waffenstillstand, so wie er zuletzt aufrechterhalten wurde mit dem Verlust vieler Menschenleben und großer Verbitterung als Folgen.

Besetzung kann nicht bedeuten, dass absolut alles diktiert werden soll und dass der besetzende Teil über den ganzen Verwaltungsapparat verfügt. Mit Gauleitern, die einige Monate lang Kurse in den „Gesetzen, Sitten, dem Wirtschaftsleben und der Psychologie des deutschen Volkes" mitgemacht haben, kommt man nicht weit. Man steht demnach – so oder so – vor der Notwendigkeit, eine Gruppe von Deutschen gegen eine andere Gruppe zu unterstützen. Es kann sich nicht lohnen, eine zu wählen, die außerhalb der Volksbewegung steht. Das Neue darf nicht den Charakter einer Quislingregierung erhalten. Die Folge wären nationaler und sozialer Widerstand.

Besetzung Deutschlands kann bedeuten, dass man nicht nur klar und deutlich zeigt, wer den Krieg verloren hat, sondern auch die

Durchführung der Waffenstillstandsbestimmungen sichert und den beginnenden deutschen Demokratisierungsprozess unterstützt. Man kann damit rechnen, dass SS-Truppen und andere fanatische Nazis noch eine ganze Zeit nach der Kapitulation der Wehrmacht in ihrem eigenen Lande weiterkämpfen werden. Mit der Besetzung übernehmen die Siegermächte die Verantwortung dafür, dass solche Störungs- und Unsicherheitsfaktoren beseitigt werden. Es sind vielleicht auch Truppen erforderlich, um die Grenzen zwischen einem entwaffneten Deutschland und seinen misshandelten und zu diesem Zeitpunkt bewaffneten Nachbarn zu befrieden.

Die andere Alternative ist, ein Diktat statt Kontrolle zu gebrauchen und die militärische Stärke und die wirtschaftlichen Möglichkeiten der Besatzungsmacht zum Nutzen der Stabilisierung eines Systems in die Waagschale zu werfen, das der größere Teil des deutschen Volks beseitigen will. In der amerikanischen Presse hat man beispielsweise geltend gemacht, dass die Besatzungstruppen schnell eingreifen sollten, um zu verhindern, dass sich die antinazistischen Deutschen an den Nazisten rächen. Es besteht kein prinzipieller Unterschied zwischen einem solchen Programm und der Deckung von Quislingen in den befreiten Ländern.[28]

Der Vansittartismus polemisiert jetzt gegen eine beabsichtigte Offensive des Mitleids zugunsten Deutschlands. Aber hoffentlich kommt es nicht so weit, dass man, wenn es darauf ankommt[29], für die Militärclique und[30] die verantwortlichen privilegierten Schichten Mitleid zeigt und sich gleichzeitig weigert, denjenigen, die aus den Konzentrationslagern kommen, eine politische Chance zu geben. Hitler erhielt viel von dem, was man der Republik verweigert hatte. Diejenigen, die der Demokratie gegenüber verhältnismäßig unversöhnlich waren, verhielten sich dem Nazismus gegenüber nachgiebig oder sympathisierend. Die Alliierten machten nach dem vorigen Krieg der auf der Arbeiterbewegung basierenden provisorischen Regierung große Schwierigkeiten.[31] Dass Hindenburg weiterhin dem Heere und der Demobilisierung vorstand, beruhte nicht zuletzt auf der Rücksichtnahme gegenüber der Entente. Im Rheinland ergriffen französische und britische Besatzungstruppen Partei gegen Arbeiter-

und Soldatenräte. Hinter dem Schlagwort, dass Deutschland niedergehalten werden sollte, verbirgt sich auch heute bei vielen ein Wunsch, die deutsche Revolution in Schach zu halten.

Die Vergiftung der deutschen Jugend hat ein europäisches Problem geschaffen, und die demokratische Neuerziehung ist daher eine wichtige Aufgabe, an der ganz Europa interessiert ist. Der Plan, Expeditionskorps mit ausländischen Lehrern zu entsenden, fällt jedoch durch seine Sinnlosigkeit auf. In Deutschland gibt es in normalen Zeiten etwa 300 000 Lehrer. In dem bereits erwähnten Murraybericht[32] wird es als etwas Selbstverständliches betrachtet, dass demokratische Kräfte bei der Neuerziehung in Deutschland unterstützt werden sollten, aber man meint, dass man nicht alles ihnen allein überlassen könne. Soweit möglich, solle man deutsche Emigranten einsetzen. Der Lehrerstand in Deutschland solle gesäubert werden. Man glaubt auch, dass man für gewisse Fächer Lehrer aus anderen Ländern heranziehen könne, zum Beispiel aus der Schweiz, den Niederlanden und Skandinavien. Das ganze Unterrichtswesen in Deutschland solle einem alliierten Oberkommissar unterstellt werden.

Ausländische Sachverständige können zweifelsohne bei einer demokratischen Erneuerung des deutschen Unterrichtssystems wertvolle Hilfe leisten. Die Hauptaufgabe müssen jedoch die Deutschen selbst lösen. Der Labour-Mann Bevan schreibt in einer Polemik gegen Lord Vansittart: „Es gibt nur einen Menschen, der einen schlechten Deutschen erziehen kann, und das ist ein guter Deutscher." Benesch sagte in einem Vortrag in Amerika im Mai 1943, das deutsche Volk müsse umerzogen und auf den Weg der Demokratie gebracht werden: „Lasst uns aber nicht glauben, dass jemand anders als das neue Deutschland selbst diese Neuerziehung verwirklichen kann." Carr legt das Hauptgewicht darauf, dass man eine Versöhnung durch Zusammenarbeit erreicht. Es gebe nur einen Weg, um die Deutschen zu guten Europäern zu machen, sagt er. Man müsse ihnen in dem neuen Europa eine Aufgabe geben, so dass sie ihr Selbstvertrauen wiedergewinnen können.

Der Krieg und die Niederlage werden ein Element der Neuerziehung. Das deutsche Volk erfährt sehr nachdrücklich, wohin Nazismus und Eroberungskrieg führen. Der Optimismus Thomas Manns beruht auf diesen Faktoren: „Eine Nation fällt einem Hitler nur einmal zum Opfer – aber nie wieder", schreibt er. „Keiner kann behaupten, dass ein Volk, das erfahren hat, was die Deutschen seit 1933 gemacht haben, den geringsten Hang zeigen wird, etwas ähnliches noch einmal zu erfahren. Der Nationalsozialismus fiel in eine gewisse unglückliche Richtung ins Extrem; man hat auch genug von ihm, nachdem man erfahren hat, was er bedeutet, man hat auch genug von allem in dieser Richtung erfahren. Die Errichtung eines Zustandes von totalem Krieg im Dienste der Rassenmythologie und zur Unterdrückung der Welt, die Opferung von Gerechtigkeit, Freiheit, menschlicher Würde und menschlichen Glücks für diesen Wahnsinn – man kann nicht mehr tun, nicht weiter gehen."[33] Marshall Smuts folgte ähnlichen Vorstellungen, als er im Herbst 1943 von der Revolte in der deutschen Volksseele sprach:[34] „Was drinnen in Deutschland geschehen ist, was man in den letzten Jahren mit unschuldigen Nachbarvölkern gemacht hat, hat sich tief in Millionen von deutschen Gemütern eingegraben. Es gibt ein anderes und besseres Deutschland, das durch ein Inferno gegangen sein muss, als es Zeuge dessen wurde, was sich ereignet hat."

Eine ganze Welt ist für die Deutschen, die sich vom Nazismus einfangen ließen, im Begriff, zusammenzubrechen. Für die anderen wird der Zusammenbruch eine neue Bestätigung dessen, wohin es führt, wenn die gesellschaftliche Macht in den Händen von Junkern, Generalen, den reaktionären Bürokraten und den Kohle- und Stahlbaronen liegt. Die Frage ist, ob es gelingt, eine solche politische und wirtschaftliche Sicherheit zu errichten, die verhindert, dass die gewonnenen Erfahrungen wieder verloren gehen.[35]

Die Alliierten bereiten eine Pressezensur in Deutschland vor, wobei sie gleichzeitig unterstreichen, dass eine solche Zensur nicht die Meinungsfreiheit verhindern soll. Aber es ist offensichtlich, dass die neuen deutschen Zeitungen von Deutschen geschrieben werden müssen, obgleich es wünschenswert ist, dass man in der Presse eine etwas größere Toleranz einführen kann, als in der Zeit vor dem Nazismus.

Die Demokratisierung der deutschen Gesellschaft kann nur in Zusammenarbeit mit deutschen Demokraten und im Anschluss an deutsche demokratische Traditionen gelöst werden. In Süddeutschland hat die kommunale Demokratie eine verhältnismäßig alte Tradition. Die Sozialgesetzgebung hatte bereits aus der Zeit vor dem vorigen Weltkrieg eine demokratische Struktur. Große demokratische Reserven liegen in der deutschen Arbeiterbewegung. Wenn die Demokratie wieder aufgebaut werden soll, darf man der Bildung von Parteien keine Steine in den Weg legen. Natürlich geht es nicht so, dass englische Konservative eine deutsche Rechtspartei bilden und englische Labourleute eine neue deutsche Sozialdemokratie aufbauen, auch wenn es gut wäre, mit weniger Parteien auszukommen, als das in der Weimarer Republik der Fall war. Internationale Gewerkschaftskreise haben sich ausgiebig mit Plänen beschäftigt, durch ausländische Führer eine neue deutsche Gewerkschaftsbewegung wiederaufzubauen. Aber wie wichtig Vermittlung und Anregung fremder Berater auch sein können – die eigentliche Arbeit muss von inländischen Kräften geleistet werden.

In wirtschaftlicher Hinsicht sollten die Atlantik-Charta und die offiziellen Äußerungen von alliierter Seite die Durchführung der extremen Vorschläge verbieten, die von den Vansittartisten vorgebracht worden sind. Carr weist darauf hin, dass eine wirtschaftliche Bestrafung Deutschlands zum Zusammenbruch der wirtschaftlichen Einheit Mitteleuropas führen würde. Der europäische Lebensstandard kann ohne die Produktionskraft Deutschlands nicht aufrechterhalten werden. Economist hat dasselbe behauptet: Die Armut Deutschlands bedeutet Armut für Europa. Der Ruin Deutschlands bedeutet, dass seine Nachbarn ihre Märkte verlieren.[36] Andererseits sind sich die meisten von denen, die die Pläne einer deutschen „Entindustrialisierung" ablehnen, völlig dessen bewusst, dass Deutschlands Produktionskraft zum Wiederaufbau der vom Krieg verwüsteten Länder eingesetzt werden muss und dass der deutsche Lebensstandard nicht unberührt von den Kriegswirkungen und den Forderungen des Wiederaufbaus bleiben kann.

31. DIE DEUTSCHE REVOLUTION

Noch weiß man nicht, ob Deutschland von den siegreichen Großmächten gemeinsam besetzt wird oder ob es im Osten und Westen zu einer Aufteilung in Zonen mit völlig unterschiedlichen Entwicklungsbedingungen auf Grund der unterschiedlichen Richtlinien, denen die Besatzungsmächte möglicherweise folgen, kommt. Aber auch unabhängig davon, spricht alles dafür, dass die deutsche Umwälzung in sehr großem Ausmaß von ausländischen Faktoren abhängig sein wird. Ihre Möglichkeiten werden in wesentlichem Grad von den internationalen Kräfteverhältnissen bestimmt werden. Es ist auch möglich, dass die Niederlage mit einem derartigen Grad von Ermattung zusammenfällt, dass es keine Grundlage für konstruktive, gesellschaftsverändernde Bewegungen gibt. Mit Sicherheit weiß man nur, dass ein nazistischer Zusammenbruch auf das ernsthafteste die Verwaltung und das Wirtschaftsleben treffen wird.

Alles spricht jedoch dafür, dass die militärische Niederlage eine Erhebung in den breitesten Volksschichten auslösen wird. Die unterschiedlichsten Interessen werden versuchen, sich geltend zu machen und höchst unterschiedliche Ziele werden proklamiert werden. Ein maßloser Zorn wird die Nazis treffen, und viele werden damit beschäftigt sein, nazistische Institutionen und Organisationen zu zerstören. Unabhängig von den sozialen Zielvorstellungen werden sich doch viele um die Forderung scharen, dass elementare demokratische Rechte wieder eingeführt werden sollen: Meinungsfreiheit, Koalitionsfreiheit, Pressefreiheit. In diesem Sinne wird die Erhebung auch in Deutschland einen demokratischen Inhalt bekommen, obgleich zu hoffen ist, dass weder die deutschen Antinazis noch die Besatzungsmächte so weit gehen werden, dass sie die Nazis an diesen Rechten teilhaben lassen werden.

Man kann davon ausgehen, dass die deutsche Umwälzung einen antinazistischen und teilweise demokratischen Ausgangspunkt erhalten wird. Aber man muss sich dessen bewusst sein, dass sie sich weiter entwickeln wird. Gewisse Teile des Volkes werden ganz sicher fragen, was man tun soll – und zwar nicht nur mit den nazistischen Führern, sondern auch mit den Gruppen, die den Nazis zur Macht verholfen und im wesentlichen deren Politik unterstützt haben. Eine der Forderungen wird sein, dass man den Junkern ihre Güter nehmen soll, entweder indem sie aufgeteilt oder als Kooperative weiter bewirtschaftet werden. Die Abrechnung mit der preußischen Militärclique wird es schwer machen, die Disziplin zwischen Mannschaften und Offizieren zu bewahren. Beamte, Richter und Polizisten werden fortgejagt, eingesperrt oder getötet werden. Solche Maßnahmen liegen dennoch im Rahmen einer konsequent durchgeführten demokratischen Revolution – die 1918 nicht durchgeführt wurde.

Die demokratische Revolution zieht unterdessen soziale Konsequenzen nach sich. Weicht man vor diesen Konsequenzen zurück, setzt man den Gewinn an Demokratie der Gefahr aus. Die Verantwortung der Schwerindustrie und der Großfinanz für den Nazismus und den Krieg ist hoch über jeden Zweifel erhaben. Will man die Macht des Monopolkapitals brechen, muss man die Kartelle und Finanzinstitute in öffentliches Eigentum überführen. Bei Fabriken mit nazistischen Besitzern oder Direktoren muss man damit rechnen, dass die Arbeiter selbst die Betriebe übernehmen – vielleicht im Namen einer Staatsmacht, die noch im Begriff ist, sich zu konstituieren. Gesellschaftliche Kontrolle der Industrie wird eine natürliche Konsequenz einer ernsthaften antinazistischen Bewegung werden. Eine solche Kontrolle wird auch eine Voraussetzung für eine sichere Durchführung der Abrüstungsforderung und für eine effektive Teilnahme am europäischen Wiederaufbauprogramm sein.

Man fragt mit Recht, ob die deutsche Revolution über ausreichende Kräfte verfügen wird, um eine grundlegende Umgestaltung der Gesellschaft durchzuführen. Es gibt gewisse Anhaltspunkte für eine allgemeine Bewertung.

Allzu lange hat man – auch in einflussreichen alliierten Kreisen – die Illusion gehegt, dass die Wehrmacht sich eines schönen Tages von der Partei befreien wird, dass die Generale eine Militärdiktatur errichten und Deutschlands Geschick in die eigenen Hände nehmen werden. Die Generale schlugen den Nazismus nicht nieder, obgleich sie alle Mittel dazu besaßen. Viele von ihnen verachteten die nazistischen Emporkömmlinge. Der Kampf gegen die Arbeiterbewegung und den Liberalismus sagte ihnen indessen ebenso zu wie die Expansionspolitik. Die Aufrüstung gab ihnen alles, was sie sich wünschen konnten. Junge Nazisten wurden befördert und durchdrangen das Offizierscorps. Tausende deutscher Offiziere sind den nazistischen Machthabern zu direktem Dank verpflichtet.

Die Opposition von Seiten der Wehrmacht – in dem Ausmaß, wie es sie gibt – hat wenig mit Demokratie zu tun. Die Kritik ist nur dort reflektierter, wo sie Verbindung zu bewusst liberalen oder kirchlichen Kreisen hat. Im übrigen hat der Verlauf des Krieges die Hauptrolle gespielt. Die Unzufriedenheit wuchs, nachdem Hitlers Prestigestrategie verhängnisvollere Folgen nach sich zog.

Entscheidend für die zukünftige Rolle der Offizierspartei wird die Interpretation der Abrüstungsforderungen der Alliierten. Deutsche Generäle am Ruder setzen voraus, dass dies von den Siegermächten akzeptiert wird. Eine solche Herrschaft würde, wäre sie mehr als eine kurze Übergangslösung, schnell in Konflikt mit jenen Kräften geraten, die es ernst mit der demokratischen Umwälzung meinen.

Während einer antinazistischen Säuberung werden die spontanen Reaktionen der Soldaten eine große Rolle spielen. Frontsolidarität ist nicht das gleiche wie Solidarität mit den nazistischen Machthabern. Es ist unsinnig zu denken, dass die Disziplin in der Wehrmacht der Belastung standhalten wird, die eine Niederlage und ein politischer Zusammenbruch bedeuten. Gerade weil die Verbindung Wehrmacht – Partei so offenkundig ist und weil es so viele nazistische Offiziere gibt, wird die Forderung nach Vertrauensleuten der Soldaten Zustimmung erhalten. Das schließt nicht aus, dass ein guter Teil der Offiziere – besonders Frontoffiziere – weiterhin als Führer akzeptiert wird. Aber die bei vielen populäre Vorstellung, dass die Wehrmacht ohne weiteres das Fundament für eine neue deutsche Verwaltung bilden wird, trägt nicht.

Es ist wahrscheinlich, dass im Gefolge des Zusammenbruchs oppositionelle Nazigruppen auftauchen werden. Es gibt jedoch keinen

Anlass zu glauben, dass sie eine größere Rolle spielen werden. Die Menschen werden nicht die Ablösung des Hitlerismus durch einen reformierten Nazismus wünschen. Die aktiven Nazisten verstehen sicher, dass das einzige, das sie tun können, darin besteht, zusammen mit Himmler und der SS zu kämpfen und deren Schicksal zu teilen. Die nazistischen Bürgerkriegstruppen werden kämpfen, wenn nicht bis zuletzt, so doch lange.

In Italien zeigte sich, dass die aktivsten Oppositionsgruppen aus jungen Menschen bestanden, die keine eigenen Erfahrungen aus der Zeit vor der faschistischen Machtübernahme hatten. Als Mussolini gestürzt wurde, beteiligte sich die Jugend an der spontanen demokratischen Erhebung. In Deutschland hatte der Nazismus zweifelsohne die junge Generation fester im Griff, aber auch dort ist die Jugend keine einheitliche pronazistische Reserve. Die am meisten verwirrten Jahrgänge sind vielleicht die, die während der „Kampfzeit" vor 1933 in der nazistischen Bewegung waren. Die Jahrgänge, die später die unterschiedlichen Institutionen von den nazistischen Schulen bis zur Armee durchlaufen haben, sind zu einem Großteil unpolitisch. Das ist ein schlechter Ausgangspunkt für den Wiederaufbau einer demokratischen Gesellschaft, aber es ist dennoch etwas günstiger, als wenn es den Nazisten gelungen wäre, breitere Schichten der deutschen Jugend positiv an sich zu binden. Dieser Jugend fehlt indessen alles, was man demokratische Erziehung und Erfahrung nennt. Sie wird vom Fronterlebnis geprägt sein, von einer fehlenden Berufsausbildung, von der mangelnden Erfahrung eines normalen Lebens.

Über die Hälfte der jungen deutschen Männer wird indessen fehlen, wenn der Frieden kommt. Bereits im Frühjahr 1943 rechnete man damit, dass anderthalb von fünf Millionen junger Deutscher im Alter von siebzehn bis fünfundzwanzig Jahren gefallen waren. Eine weitere Million war verwundet und somit untauglich für den Kriegsdienst. Das Hauptproblem für die deutsche Jugend ist, wie sie ausgebildet werden und einen nützlichen Platz in der Gesellschaft finden kann. Demokratische Ressourcen gibt es unter den Jugendlichen zunächst nur in kleineren Teilen der Arbeiterjugend, die unter dem Einfluss ihrer Eltern gestanden haben, sowie unter einem Teil der Intellektuellen. Die Ereignisse an der Münchner Universität zu Beginn des Jahres 1943[37] sind von symptomatischer Bedeutung. Liberale und demokratische Gruppenbildungen – bekannt durch Verhaftungen und Hinrichtungen – hat es auch an anderen Hochschulen gegeben. Es sollte nicht unmöglich sein, von gewissen Teilen der technisch ausgebildeten Intelligenz eine aktive Unterstützung einer demokratisch untermauerten Planpolitik zu erhalten.

Die Kirchenopposition ist die verzweigteste und am lockersten organisierte der antinazistischen Strömungen in Deutschland. Sie spiegelt vor allem die Unzufriedenheit der ländlichen Bevölkerung und der Mittelklasse wider. Die größte Bedeutung hat die katholische Kirche. Sie ist indessen kein zusammengeschweißter oppositioneller Faktor. Die Kirche war sowohl vor als auch nach 1933 ziemlich willfährig, und auf der Bischofsversammlung in Fulda im Sommer 1940 setzte sich der Flügel durch, der die nazistische Kriegspolitik bejahte.[38] Ein großer Teil der Priesterschaft hat sich für den Nazismus engagiert. Viele andere Priester haben indessen – mit Faulhaber, Galen und Preysing an der Spitze – eine feste Haltung eingenommen.

Die protestantische Kirche ist weit weniger einheitlich und hat eine geringere Bedeutung als die katholische. Viele ihrer Repräsentanten haben entweder direkt oder durch die deutschnationale Partei für den Nazismus gearbeitet. Aber auch hier gibt es oppositionelle Kräfte. Man braucht nur Namen zu nennen wie Niemöller im Konzentrationslager und Landesbischof Wurm in Württemberg.

Man kann davon ausgehen, dass die Kirche oder Kräfte, die der Kirchenopposition angehören, eine bedeutende Rolle bei den Umwälzungen spielen. Die Kirchenorganisationen verfügen – besonders in Süd- und Westdeutschland – über einen gut ausgebauten Apparat, der viel bewirken kann, wenn die gegenwärtige Verwaltung zusammenbricht. Andererseits wird eine Differenzierung innerhalb der kirchlichen Opposition kaum zu umgehen sein. Wenn Menschen an den katholischen Prozessionen teilgenommen haben, weil das die einzige Form war, in der man gegen den Nazismus protestieren konnte, bedeutet das nicht, dass man von Priestern geführt werden möchte. Die Verhältnisse werden weiter dadurch kompliziert, dass wir einen Teil der aktivsten Antinazisten auf katholischer Seite bei den konservativsten wiederfinden, was die Lösung sozialer Probleme betrifft.

Der deutsche Konservatismus ist stark durch seine Allianz mit Hitler kompromittiert. Viele Vertreter der Wirtschaft, die ursprünglich den Nazismus unterstützt hatten, haben das schon längst bereut. Aber sie sind aus Angst vor der sozialen Revolution gelähmt. Ihre Hoffnung klammert sich an ausländische Unterstützung. Ein Teil arbeitet für eine monarchistische Restauration. Große Teile des Volkes werden indessen eine monarchistische Lösung abweisen. Diese wird als Inkarnation der reaktionären Nachkriegspolitik aufgefasst werden. Die monarchistischen Kräfte, deren Bedeutung man nicht übertreiben darf, werden nur schwer einen offenen Konflikt mit der demokratischen Bewegung umgehen können.

Es gibt indessen auch deutsche Konservative, die sich unter dem Eindruck eigener oder ausländischer Erfahrungen entschlossen haben, einen positiven demokratischen Ausgangspunkt zu wählen. Es ist dem Nazismus auch nicht völlig gelungen, den Liberalismus zu zerstören.

Die Arbeiteropposition wird am häufigsten unterschätzt. Man kann viel Kritik gegen die deutsche Arbeiterbewegung anführen. Aber sie hat sich – im Gegensatz zu den bürgerlichen Parteien – nie auf eine Zusammenarbeit mit den Nazisten eingelassen. Mitglieder der Arbeiterbewegung waren die ersten und aktivsten in der illegalen Arbeit, und ein solider Kader unter den Gewerkschaftern hat zu keinem Zeitpunkt Zugeständnisse an den Nazismus gemacht.

Es besteht kein Grund, übertriebene Erwartungen an die organisierte illegale Arbeit, weder unter Arbeitern noch sonst wo, zu hegen. Die kleinen illegalen Gruppen sind meistens voneinander isoliert. Sie haben keine gemeinsame Ideologie. Der Prozess, der notwendig durchlaufen werden muss, bevor neue Parteien Form annehmen, wird viele chaotische Elemente zeigen. Die jungen Mitglieder der illegalen Zirkel sind oft völlig unbekannt. Viele von ihnen werden nicht über die Autorität verfügen, die notwendig ist, um von den breiteren Schichten des Volkes als Führer anerkannt zu werden.

Der Schwerpunkt der Arbeiteropposition liegt auch nicht in den illegalen Gruppen, sondern an den Arbeitsplätzen. Trotz allem gibt es noch in vielen Betrieben einen Kern älterer Arbeiter. Solange der nazistische Terrorapparat nicht wesentlich geschwächt ist, streiken sie nicht. Kriegswirtschaftlich ist der – sicher zu schwache – passive Widerstand in den Betrieben jedoch nicht ohne jegliche Bedeutung. Selbst ein Prozent geringere Arbeitsproduktivität bedeutet für Deutschland einen Verlust von mehr als einer Milliarde Kronen pro Jahr.

An den Arbeitsplätzen gibt es „natürliche Vertrauensleute". Sie können das Fundament für eine demokratische Gewerkschaftsbewegung bilden, die die nazistische Arbeitsfront ablösen muss. In Italien waren Vertreter der Fabrikarbeiter die ersten, die sich geltend machten, als sich die Fesseln des Faschismus lösten. In dem Chaos, das dem Zusammenbruch des Nazismus folgen wird, werden die Arbeitsplätze in gewissem Grad einen natürlichen Ordnungsfaktor bilden. Mit dem Ausgangspunkt in den Unternehmen – und mit Hilfe nicht nur der Vertreter der Industriearbeiter – wird man gewisse lokale Verwaltungsorgane bilden können und Aufgaben lösen, die mit der Versorgung mit Lebensmitteln und anderen Waren des täglichen Lebens zusammengehören.

Oppositionelle Arbeiter fühlen zum gegenwärtige Zeitpunkt kaum eine größere Bindung an eine der früheren Parteien. Sie sind in erster Linie daran interessiert, dass eine einheitliche und freie Gewerkschaftsbewegung wiedererstehen. Davon ausgehend und mit den traurigen Erfahrungen im Gedächtnis, werden auch viele versuchen, eine einheitliche politische Arbeiterpartei auf Grundlage einer radikalen demokratisch-sozialistischen Politik zu bilden. Ob es sich machen lässt, eine einheitliche sozialistische Freiheitspartei zu bilden, ist indessen zu einem großen Teil von Umständen abhängig, die außerhalb Deutschlands entschieden werden.

Zusammenfassend kann man feststellen, dass die deutsche Opposition ihre Hauptverankerung unter den Arbeitern, in Teilen der Kirche und der Intelligenz hat – was die Kirche betrifft besonders in dem unzufriedenen Teil der Landbevölkerung. Die katholische Opposition hat ihre stärkste Verankerung in Süddeutschland. Die Arbeiteropposition ist im nordwestlichen Deutschland, in Berlin, dem Ruhrgebiet, Sachsen und Schlesien am stärksten. Es lässt sich leider nicht verhindern, dass das forcierte Bombardement der deutschen Industrie die Gegenden am härtesten trifft, in denen die latente Opposition am stärksten ist.

Es ist eine Tatsache, dass es keine einheitliche illegale Bewegung gibt, die die Macht an dem Tage übernehmen kann, an dem der Nazismus ausgespielt hat. Andererseits ist es nicht ausgeschlossen, dass die inneren Kräfte stark genug sind, um durch eine Koalition aller, die eine radikale demokratische Umwälzung gutheißen, ein neues Regime etablieren und erhalten zu können.

Die deutschen Emigranten werden kaum eine ausschlaggebende Rolle bei der Reorganisierung der deutschen Gesellschaft spielen. Andererseits soll man nicht übersehen, dass Emigranten der inneren Bewegung eine Reihe wichtiger Kräfte und Erfahrungen zuführen können. Der inneren Opposition wird es allgemein an intellektuellen Kräften fehlen, sie wird sicher besonders Personen vermissen, die Übersicht über die internationalen Verhältnisse haben. Zurückgekehrte Emigranten werden für die Arbeiterbewegung größere Bedeutung bekommen als für bürgerliche Gruppierungen.

Von den deutschen Auslandskomitees ist bisher nur das in Moskau von etwas größerem politischen Interesse. Im Sommer 1943 akzeptierte die sowjetische Regierung, dass ein deutsches Nationalkomitee[39] errichtet wurde, das im wesentlichen aus kommunistischen Reichstagsabgeordneten und Schriftstellern sowie aus Offizieren und Soldaten besteht, die während der Kriegsgefangenschaft mit Hitler gebrochen hatten. Die Hauptaufgabe des Komitees scheint auf dem propagandistischen Gebiet zu liegen. Das Programm hat ein stark nationales und wenig radikales Gepräge. Das Fehlen eines radikalen Bruchs mit den militärischen Traditionen wird durch die Bildung eines deutschen Offiziersbundes unter Führung von Walter von Seydlitz unterstrichen,[40] der sich dem Nationalkomitee angeschlossen hat. Die Komiteebewegung könnte vielleicht größere Bedeutung erlangt haben, wenn dessen Aufforderung an die Armee und Zivilbevölkerung, das Regime zu stürzen, um vorteilhaftere Friedensbedingungen zu erlangen, nennenswerten Erfolg gehabt hätte. Rechnet man mit dem Zusammenbruch als Perspektive, ist das Programm des Moskauer Komitees sicher als Grundlage des deutschen Antinazismus sowohl zu eng als zu weit gefasst.

32. DEUTSCHLAND UND EUROPA

Ein neues deutsches Regime, das sich gegenüber der eigenen Bevölkerung behaupten und die Garantien erfüllen kann, die von den Siegermächten gefordert werden, wird unverzüglich vor diese Aufgaben gestellt:

Erstens muss es hart und rücksichtslos gegen alle nazistischen Verbrecher zuschlagen. Sie müssen verhaftet und bestraft und in dem Ausmaß, wie dies gefordert wird, an die Alliierten ausgeliefert werden. SS- und Gestapo-Männer und andere fanatische Nazis müssen interniert und in dem Umfang, in dem sie nicht verurteilt werden, Zwangsarbeit leisten. Es ist sehr zweifelhaft, ob diese Aufgabe gelöst werden kann, wenn man (wie in einem amerikanischen Programmpunkt im American Mercury angedeutet wird) die deutsche Polizei übernimmt und ihr ihre Waffen belässt. Es handelt sich um Himmlers Polizei, wenngleich es einen Teil anständiger Polizisten in ihr geben kann.

Zweitens müssen die demokratischen Grundrechte für diejenigen beibehalten werden, die die Demokratie als Arbeits- und Diskussionsgrundlage anerkennen. Außer Redefreiheit und Religionsfreiheit werden Organisations- und Pressefreiheit wieder eingeführt.

Drittens gilt es, das Leben der Bevölkerung zu erhalten, die Umstellung der Industrie auf Arbeit für nützliche Zwecke zu beschleunigen und Massenarbeitslosigkeit mit dem daraus folgenden sozialen Chaos zu verhindern. Diese Aufgaben können nur gelöst werden, wenn man einen großen Teil des nazistischen Kontrollapparats für die Wirtschaft „übernimmt". Wenn nicht, kommt es zu einem Zusammenbruch auf ganzer Linie. Das Zentrale ist kein Dogmenstreit über Sozialisierung versus Privatinitiative, sondern eine Frage, wie man Hungersnot verhindern und wie man Soldaten in eine normale Beschäftigung zurückführen kann. Es muss allerdings dafür gesorgt werden, dass zuverlässige Leute die Verwaltung des Planungsapparats übernehmen und dass eine ausreichende demokratische Kontrolle geschaffen wird. Kooperative Produktions- und Distributionsorgane sollten bei dieser Umorganisation einen wichtigen Platz finden können.

Viertens wird es eine Aufgabe, die Verwaltung, das Rechtswesen, den Unterricht usw. zu demokratisieren. Die kommunale Selbstverwaltung sollte gestärkt werden. Eine Dezentralisierung von Kultur und Verwaltung muss mit einer starken Zentralisierung auf wirtschaftlichem Gebiet koordiniert werden.

Die Lösung dieser Aufgaben um einen Ausgangspunkt für eine weitere Entwicklung in demokratischer Richtung ist allerdings abhängig von der Außenpolitik der deutschen Revolution und der Haltung des Auslandes zur deutschen Revolution.

Die Union deutscher sozialistischer Organisationen stellte in ihren Richtlinien im Oktober 1943[41] fest, dass das erste Ziel ihrer internationalen Nachkriegspolitik sein sollte, „ein demokratisches Deutschland in eine internationale Organisation" einzugliedern. Man erklärte weiter, dass der erste Beitrag des demokratischen Deutschlands zum internationalen Sicherheitssystem eine sofortige militärische Abrüstung sein müsse. „Wir betrachten es als eine Ehrenpflicht des kommenden freien Deutschlands", heißt es weiter, „an der Wiedergutmachung des Unrechts, das Hitlerdeutschland den Völkern zugefügt hat, und am Wiederaufbau Europas mit allen Kräften mitzuwirken".

Es wird aber auch nationalistische Kräfte in dem neuen Deutschland geben. Man kann von aufrichtigen Demokraten erwarten, dass sie ohne Rücksicht auf diese an einer europäischen und internationalen Zielsetzung festhalten werden und größere Teile ihres Volkes für diese zu gewinnen suchen. Dagegen sollte man vielleicht nicht erwarten, dass deutsche Demokraten in allen Punkten darauf eingestellt sind, ohne weiteres alle Papiere zu unterschreiben, die ihnen von außerhalb vorgelegt werden.

Nach all dem, was geschehen ist, kann kein Frieden „ungerecht" im Vergleich zu dem sein, wie die Nazisten sich gegenüber andern Ländern aufgeführt haben. Andererseits wird es nicht einfach sein, Friedensbedingungen festzulegen, die von den Deutschen als „gerecht" betrachtet werden. Die einzige Lösung ist, dass das deutsche Problem in einen europäischen Zusammenhang eingeordnet wird. In den Fragen der Abrechnung mit dem Nazismus und der Wiedererrichtung demokratischer Organisationen und Institutionen liegt offenbar ein gemeinsames Interesse der alliierten Nationen und der demokratischen Deutschen – gleich, ob es nun viele von ihnen gibt oder nicht – vor. Auch bei der Lösung der wirtschaftlichen Probleme, sollte man eine Einschätzung dessen, was aus europäischer und internationaler Sicht rational ist als Ausgangspunkt nehmen.

In der englischen Diskussion hat besonders der Economist unterstrichen, dass das deutsche Problem als ein Glied zur Lösung der internationalen Fragen gesehen werden sollte. Das Wichtigste ist nicht, ob die Deutschen „gut" oder „böse" sind, sondern ein sicheres internationales System zu schaffen. Das Problem sollte nicht mit Deutschland als Ausgangspunkt gesehen werden, meint Economist, sondern unter Berücksichtigung der eigenen Interessen der alliierten Nationen. Eine ähnliche Auffassung haben u. a. die norwegische Fri Fagbevegelse und die illegale Populaire der Franzosen.[42]

Im Bericht der Chathamgruppe (Das Problem Deutschland) wird erklärt, dass der dominierende Faktor die europäischen Bedürfnisse in ihrer Totalität sein sollten. „So kann die Okkupation strategischer Stützpunkte im Namen der alliierten Nationen im Interesse der Sicherheit und effektiven Abrüstung notwendig werden. Allgemeine wirtschaftliche Gesichtspunkte können auch ausschlaggebend für die Lösung besonderer territorialer Probleme werden".[43] Zu den Bedingungen für die Durchführung einer derartigen Politik sollte indessen auch gehören, dass Deutschland an der Gestaltung der europäischen Politik teilnimmt und dass deutsche Gesichtspunkte bei der Abwägung dessen, was gemeinsame europäische Interessen sind, berücksichtigt werden.

Dass es einer solchen Koordinierung für die rationelle Lösung des Entschädigungsproblems bedarf, ist bereits in einem anderen Zusammenhang angedeutet worden. Wird das Problem isoliert gelöst, wird Deutschland auf der Grundlage eines sehr niedrigen Lebensstandards den Export ausweiten und Dumpingwaren auf die Märkte der Siegermächte werfen. Die Folgen für den Lebensstandard in anderen Ländern und für den internationalen Handel sind offensichtlich. Erhält Deutschland dagegen seinen Platz in einer organisierten europäischen und internationalen Wirtschaft zugewiesen, kann es seinen Beitrag zum Wiederaufbau leisten ohne anderen zu schaden.

Die Times lancierte im Dezember 1943 die Losung, nicht die Einheit Deutschlands zu zerstören, sondern es in Europa als größere Einheit einzufügen. Zielt man auf eine Ordnung ab, in der Europas Wirtschaft koordiniert werden soll, ist es natürlich – was u. a. von radikalen englischen Kreisen angedeutet wird –, eine Kooperation der Kohle-, Eisen- und Stahlindustrie des Ruhrgebiets, Lothringens, Belgiens, Luxemburgs und Hollands zu errichten. Abgesehen davon, dass die jeweiligen Länder ihren Anteil an dem neuen westeuropäischen Industriegebiet, das die Hegemonie des Ruhrgebiets aufheben würde, bekommen würden, ist es auch gut denkbar, dass man zu einer Ordnung kommt, bei der auch die großen alliierten Mächte zufriedenstellend repräsentiert sind. Etwas ähnliches ist auch für die schlesischen Industriegebiete, die früher zwischen Deutschland, Polen und der Tschechoslowakei geteilt waren, angedeutet worden. Auch für die chemische Industrie sind Pläne für eine Koordinierung, die die bisherigen Staatsgrenzen sprengen, vorgelegt worden.

Was wir machen müssen – sagt Harold Laski – ist, eine Wirtschaft zu planen, die Deutschlands Industriepotenzial voll ausnutzt, um dadurch den Lebensstandard der ganzen Welt einschließlich Deutschlands zu erhöhen. Aber das erfordert, dass man in Europa und in der übrigen Welt mit einer neuen Wirtschaftspolitik beginnt.

INTERNATIONALE PLANUNG

[...]⁴⁴

37. DIE NEUE DEMOKRATIE

[...] Die Atlantik-Charta und die vier Freiheiten deuten diese Erweiterung der Begriffe der Freiheit und der Gleichheit an. Sie stellen fest, dass der Freiheitsanspruch mit der Forderung nach Sicherheit gekoppelt werden muss. Die amerikanischen New Dealers haben eine neue Bill of Rights skizziert. H.G. Wells hat die Freiheit zur Phantasie benutzt, um uns die Vision einer neuen Weltordnung zu geben, die auf einer Erklärung der menschlichen Rechte basiert. Mehrere der besten Köpfe unserer Zeit sind so wie Harold Laski mit einer „reformulation of the purposes of our society" beschäftigt.

Zu den neuen Forderungen, die die Menschen an den Staat stellen, gehören vor allem das Recht auf nützliche und lohnende Arbeit für alle, die arbeiten können; das Recht auf Ausbildung mit gleicher Entwicklungsmöglichkeit für alle; das Recht auf Schutz gegen Krankheit, Armut, im Alter und bei Unglücksfällen. Ein Staat, der den Menschen diese Rechte gibt, die der Wohlfahrt der vielen und nicht den Privilegien der wenigen dienen, der die Arbeitskraft, die Wissenschaft und alle produktiven Quellen für positive Ziele organisiert, der die Produktion plant, um den Lebensstandard des Volkes zu erhöhen – ein solcher Staat ist es wert, dass man für ihn arbeitet und Opfer bringt.

Dieser Grundeinstellung hat man sich bereits auf breiter Front angeschlossen. Auf einer Reihe von Gebieten sind früher stark umstrittene Gesichtspunkte zu allgemein anerkannten Auffassungen geworden. Sozialisten begegnen Personen aus anderen Lagern in der gemeinsamen Anerkennung der Tatsachen, dass die Sonderrechte der Einzelnen weichen müssen, wo dieses erforderlich ist, um der höchstmöglichen Zahl von Menschen wirtschaftliche und soziale Sicherheit geben zu können. Die Diskussion dreht sich nicht mehr so sehr um Angriffe auf das Eigentumsrecht oder seine Verteidigung wie um die Frage, wie die Produktivkräfte am besten eingesetzt werden sollen, wie man für den sozialen Verbrauch die höchsten Ergebnisse erzielt.

Demokratische Sozialisten sind ebenso sehr wie Sozialradikale mit liberaler Grundhaltung daran interessiert, eine Planwirtschaft mit der Aufrechterhaltung der Freiheit des Individuums zu verbinden. Auf verschiedenen Wegen ist man zu derselben Auffassung gelangt: dass Planung Mittel, kein Ziel an sich, sein muss. Die Planung soll der Untermauerung der Freiheit dienen, indem sie den Menschen größere Sicherheit gibt. Sie muss so kleine Eingriffe wie möglich in die Rechte des Individuums vornehmen. Eine gemeinwirtschaftliche Planung ist ebenso wie die staatliche Verwaltung für die Menschen da, nicht umgekehrt.

Die Planung ist im Dienste der Reaktion, der Diktatur und des blutigsten Imperialismus benutzt worden. Damit ist nicht bewiesen worden, dass Planung einen Verlust an Freiheit bedeuten muss. Eine demokratische Planwirtschaft ist nicht dasselbe wie totaler Kollektivismus. Die Arbeitsproduktivität in der Welt ist hoch genug, um die Polizisten bei der Verteilung der Brotbissen entbehren zu können.

Die große Aufgabe, die unserer Generation gestellt worden ist, besteht darin, die Synthese von Kollektivismus und Liberalismus zu finden. Die menschlichen Rechte müssen erhalten bleiben, während man gleichzeitig durch Planwirtschaft wirtschaftliche Fortschritte erreicht. Dasselbe Problem besteht auf dem internationalen Gebiet. Ohne internationale Sicherheit keine wirklich nationale Freiheit. Hinter dem internationalen Gesetz muss Macht mobilisiert werden. Nationale Sonderansprüche müssen internationalen gemeinsamen Interessen untergeordnet werden.

Die Zukunft der Demokratie hängt davon ab, ob es einem gelingt, diese Synthese auf dem nationalen und dem internationalen Gebiet zu finden. Je besser es einem gelingt, desto unblutiger wird die kommende Entwicklung. Auch unter günstigen Bedingungen wird es ein Prozess mit vielen Rückschlägen und großen Opfern werden. Es handelt sich aber auch um Ziele, die einen ebenso großen Einsatz wert sind wie die Aufgabe, die die Vereinten Nationen und die Untergrundarmeen der Freiheit augenblicklich erfüllen.

Nr. 8
Aus der Broschüre
„**Zur Nachkriegspolitik der deutschen Sozialisten**"
Juli 1944[1]

Zur Nachkriegspolitik der deutschen Sozialisten, Stockholm 1944
(Sozialistische Schriftenreihe), S. 3–46.

VORWORT.

Diese Schrift hat nicht die Aufgabe, das fertige Aktionsprogramm der deutschen Sozialisten oder einer bestimmten Gruppe der deutschen Emigration darzulegen. Ein solches Programm wird erst nach dem Sturze Hitlers in Deutschland selbst, in der Auseinandersetzung mit den dann vorhandenen Tatsachen, geformt werden können. Klärende Diskussionen sind jedoch nicht nur nützlich, sie sind im gegenwärtigen Stadium des vom Nazismus[2] entfachten zweiten Weltkrieges zu einer zwingenden Notwendigkeit geworden. Deutsche Sozialisten müssen sich untereinander und mit ihren Bundesgenossen darüber klar werden, welchen Realitäten sie in Deutschland vermutlich gegenüberstehen werden, welchen Kurs sie auf Grund dieser Realitäten einerseits und entsprechend ihrer durch Nazismus und Krieg unveränderten Zielsetzung andererseits zu wählen haben.

Sinn dieser Veröffentlichung ist, einen Beitrag zu jener Diskussion zu leisten, die bereits seit längerer Zeit unter deutschen Hitlergegnern in Schweden und England, in der Sowjetunion und Amerika, und vor allem unter den illegalen Kadern in Deutschland im Gange ist. Es geht uns darum, wesentliche Fragen der deutschen und europäischen Nachkriegspolitik zusammenhängend darzulegen, deutsche Sozialisten und Demokraten zum weiteren Meinungsaustausch anzuregen und damit für eine stärkere politische Einheitlichkeit zu wirken. Darüber hinaus geht es uns auch um die kameradschaftliche Diskussion und Verständigung mit den Sozialisten und Demokraten aus anderen Ländern, mit denen wir uns nicht nur verbunden fühlen, sondern deren Verständnis für den demokratischen und sozialistischen Aufbau in Deutschland nach Hitler wir als unentbehrlich betrachten. Die Verfasser sind sich darüber klar, dass die Siegerstaaten diesmal weit mehr in der Lage und auch Willens sind, die Entwicklung des kommenden Deutschland zu bestimmen als nach dem vorigen Weltkrieg. Aber wir sind überzeugt, dass auch in Deutschland selbst sich Kräfte regen werden, die ein freiheitliches, friedliches Deutschland aufbauen wollen. Wir sehen unsere Aufgabe darin, darzulegen, in welcher Weise nach unserer Meinung diese eignen Kräfte im deutschen Volke vom demokratischen und sozialistischen Standpunkt aus entwickelt und gefördert werden können.

Ausgearbeitet wurde diese Schrift von einem Kreis früherer Funktionäre der Sozialistischen Arbeiterpartei Deutschlands (SAP) in Schweden. Die Verfasser traten in der kritischen Abschlussperiode der deutschen Republik für die Einheitsfront der Arbeiterschaft ein. Sie gehörten in den Jahren vor Kriegsausbruch zu denjenigen, die sich für die Schaffung einer sozialistischen Einheitspartei und für die Sammlung aller demokratischen Hitlergegner einsetzten. Es fällt ihnen darum nicht schwer, sich auch in der gegenwärtigen Lage von traditionellen Sonderstandpunkten zu befreien und die Einheit auf demokratisch-sozialistischer Grundlage voranzustellen.
Stockholm, im Juli 1944.

Voraussetzungen für ein neues, demokratisches Deutschland.

Die Existenz eines „anderen" Deutschland wird durch den innerdeutschen Terror dauernd aufs neue unterstrichen. Müssig ist es jedoch, über die Stärke und unmittelbaren Entwicklungsmöglichkeiten dieses anderen Deutschland zu streiten. Die oppositionellen Kräfte sind in ihrem bewussten und organisierten Teil auch heute noch weitgehend desorientiert und voneinander isoliert. Die Reserven der Opposition wachsen, aber offenbar nicht schnell genug, um von innen her den Krieg beenden und dem Bürgerkrieg der Nazis zuvorkommen zu können. Es ist leider nicht sehr wahrscheinlich, dass die innerdeutschen Faktoren einen entscheidenden Einfluss auf den Verlauf des Krieges haben werden. Wir müssen damit rechnen, dass der Hitlerfaschismus unter der Wucht der Invasion der Westmächte, des sowjetischen Vormarsches und der Bombenangriffe, also infolge einer eindeutigen militärischen Niederlage, zusammenbrechen wird.

Objektiv ist die Lage so, dass ein neues Deutschland der „Geburtshilfe" von seiten der Streitkräfte der Vereinten Nationen[3] bedarf. Nur so wird es möglich, den Bann des nazistischen Terrors zu brechen, die Kräfte des anderen Deutschland freizusetzen. Sind jedoch die Schleusen einmal geöffnet, so sind die Voraussetzungen gegeben für einen revolutionären, breite Volksmassen erfassenden Prozess. Auf der Tagesordnung steht ja nicht allein die Entfernung einer politischen Spitze, sondern auch die Überwindung des das gesamte Gesellschafts- und Wirtschaftsleben umspannenden nazistischen Systems, die Ausrottung nicht nur einer Führergarnitur, sondern auch der politischen und wirtschaftlichen Grundlagen des Faschismus. Positiv ausgedrückt, steht die Aufgabe einer grundlegenden demokratischen Neugestaltung von Staat, Wirtschaft und Gesellschaft. Als Handelnde in diesem Prozess werden nicht ausgeruhte, satte und an parlamentarische Gepflogenheiten gewöhnte Bürger auftreten, sondern auf der einen Seite Volksteile, die unter Nazismus und Krieg besonders schwer gelitten haben, auf der andern Seite Gruppen, die erbittert versuchen werden, den Aufbau einer neuen Ordnung zu verhindern.

Dass es zu einer demokratischen Neugestaltung in Deutschland kommt, liegt ebenso sehr im europäischen und internationalen wie im deutschen Interesse. Es wäre darum nicht nur vom deutschen, sondern auch vom Standpunkt der Vereinten Nationen aus ein Unglück, falls die Politik der Siegermächte nach der militärischen Niederringung Hitler-Deutschlands von der Vorstellung geleitet sein würde, ausländische Behörden müssten Funktionen übernehmen, die der Natur der Sache nach nur von einer Massenbewegung deutscher Antinazisten erfüllt werden können. Eine Verhinderung dieser Massenbewegung wäre dem Verzicht auf eine gründliche Ausmerzung des Nazismus gleich und würde neues Unheil für die Völker der Vereinten Nationen und für das deutsche Volk heraufbeschwören, die Gefahr blutiger Auseinandersetzungen aktuell werden lassen, die Preisgabe während des Krieges von den Wortführern der Vereinten Nationen verfochtener Prinzipien bedeuten und die demokratische Entwicklung in ganz Europa stark hemmen. Eine positive Einstellung zu den aktiven Trägern einer demokratischen Massenbewegung in Deutschland ist die wichtigste Voraussetzung einer guten Zusammenarbeit zwischen der antinazistischen Bevölkerung in Deutschland und den Organen der Vereinten Nationen. Diese Organe können die Kernprobleme der deutschen Umwälzung ebenso wenig lösen wie von ihnen etwa eingesetzte „Regierungen". Ist es wahr, dass die militärische Niederlage Hitlers eine Voraussetzung für den Aufbau eines freiheitlichen und friedlichen Deutschland ist, so ist es andererseits auch wahr, dass die innere Überwindung des Nazismus und all seiner Helfer und Helfershelfer das Werk des deutschen Antinazismus, der deutschen Demokratie, des arbeitenden deutschen Volkes sein muss.

Niemand kann mit Sicherheit voraussagen, welchen Verlauf die Erhebung nach dem Sturz Hitlers nehmen, welchen Charakter sie erhalten wird. Sicher ist jedoch, dass durch die nazistische Niederlage im deutschen Volk starke Kräfte, in Bewegung geraten werden. Die gesamte Verwaltung wird an den Rand der Auflösung gebracht, das Wirtschaftsleben aufs ernsteste in Mitleidenschaft gezogen. Auf die Niederlage folgt diesmal mit grösster Wahrscheinlichkeit die Okkupation Deutschlands durch die Siegermächte. Im Innern werden sich die Kerntruppen der Nazis schlagen, wenn nicht bis zum letzten Mann, dann doch ziemlich lange und ohne irgendwelche Hemmungen. Sie wissen, dass sie absolut alles zu verlieren haben. Aber nicht nur andauernder Blutverlust, auch Ermattung und Zerstörung, Verwirrung und Demoralisierung werden der Situation ihren Stempel aufdrücken und schwere Hindernisse bilden bei der Durchsetzung konstruktiver Lösungen in der Revolution. Weitere Hindernisse können sich eventuell aus der Haltung der Okkupationsbehörden ergeben.

Die unterschiedlichsten Interessen werden sich geltend machen, wenn als Folge einer militärischen Niederlage die deutschen Antinazisten und mit ihnen die zahlreichen Opportunisten des dann ziemlich risikolos gewordenen Antinazismus in Bewegung geraten. Höchst verschiedene Ziele werden von Gruppen und Einzelpersonen proklamiert werden. Eine unbändige Raserei wird sich gegen Naziführer und Gestapoleute richten. Man wird nazistische Hochburgen stürmen und die hitlerschen Organisationsapparate zerschlagen. Die Frage ist, ob es neben dem Negativen auch gemeinsame positive Ziele geben wird. Wir meinen ja, aber wir sind zugleich davon überzeugt, dass eine Vereinigung breiter Schichten des Volkes zumindest in der ersten Phase nicht auf der Basis eines sozialistischen Maximalprogramms möglich sein wird.

Ungeachtet der Gegensätze auf allen möglichen Gebieten werden sich viele Deutsche einig wissen in dem Wunsch, die elementaren demokratischen Rechte wiederherzustellen. Man darf wohl hoffen, dass weder die deutschen Antinazisten noch die Besatzungsmächte dumm genug sein werden, den Nazis demokratische Rechte zuzugestehen. Im übrigen aber ist die Forderung nach Gewissens- und Meinungsfreiheit und nach einem Mindestmasse von Organisations- und Pressefreiheit die natürliche Reaktion auf die Jahre der masslosen Knebelung. In diesem Sinne wird die deutsche Nachhitlerrevolution einen demokratischen Charakter tragen.

Die Abrechnung kann und darf sich jedoch nicht auf die Naziführer beschränken, gegen die sich zweifellos die Hauptwut der Bevölkerung richten wird. Nicht weniger verantwortlich als die eigentlichen Nazis sind diejenigen, die sie an die Macht gebracht und im wesentlichen ihre Politik unterstützt haben. Eine ernste Auseinandersetzung zwischen den demokratischen Kräften und der preussisch-deutschen Militärkaste und der reaktionären Bürokratie steht auf der Tagesordnung. Beamte, Richter und Polizisten werden in beträchtlicher Zahl fortgejagt, eingesperrt oder getötet werden. Solche Massnahmen sind Attribute einer konsequenten demokratischen Revolution, wie sie 1918/19 leider nicht durchgeführt wurde.

Ein solcher Prozess zieht unweigerlich soziale Konsequenzen nach sich. Schreckt man vor diesen Konsequenzen zurück, gefährdet man die demokratischen Errungenschaften. Eine der ersten Forderungen wird sein, den Junkern die Güter wegzunehmen. Darüber hinaus steht die Mitverantwortung der Schwerindustrie und der Grossfinanz für den Nazismus ausser Zweifel. Will man die Macht des kriegerischen Monopolkapitals brechen, so muss man Monopole und Finanzinstitute in öffentliche Verwaltung überführen.

Wo sind die Kräfte, die gewillt und fähig sind, eine so grundlegende Umbildung der Gesellschaft in Angriff zu nehmen? Es gibt sie in erster Linie in den Reihen der deutschen Arbeiterschaft, in engster Zusammenarbeit mit Vertretern der Intelligenz und anderer werktätiger Schichten.

Demhingegen gibt es sie nicht im Lager der Wehrmachtführung. Allzu lange hat man in der demokratischen Welt die Illusion gehegt, die Generäle würden eines schönen Tages die Nazis absetzen und die Geschicke Deutschlands in ihre Hände nehmen. Man vergass dabei erstens, dass die alte Offiziersgeneration mit den Nazis im Kampf gegen Demokratie und Arbeiterbewegung und für Aufrüstung und Eroberung verbündet war, und zweitens, dass die jungen Offiziere zum grossen Teil aus den Reihen der waschechten Nazis rekrutiert worden sind. Gewiss sind zwischen der politischen Spitze des Nazistaats und beträchtlichen Teilen des Offizierskorps seit geraumer Zeit Spannungen vorhanden, im Verlauf des Krieges haben sich wesentliche Gegensätze herausgebildet. Hitlers Katastrophenpolitik und Prestigestrategie hat bei zahlreichen Militärs starken Unwillen hervorgerufen. Wir verkennen keineswegs, dass es auch hohe deutsche Offiziere gibt, die um das Schicksal des deutschen Volkes ernsthaft besorgt sind; bei anderen überwiegt jedoch auch heute noch das Interesse an der Erhaltung von Sonderrechten und an der Vorbereitung der „Revanche". Die Generäle haben sich nicht der Machtmittel bedient, die sich in ihren Händen befanden, um den Kampf gegen Hitler aufzunehmen und den Krieg zu beenden. Sie haben sich dadurch und vor allem auch durch die Duldung der Terrormassnahmen in den besetzten Ländern wie in der Heimat bis in die letzte Zeit hinein mitschuldig gemacht an den nazistischen Verbrechen. Die von der Gestapo im Zusammenhang mit dem „Führerattentat" am 20. Juli [1944] vorgenommenen Hinrichtungen von leitenden Mitgliedern des Offizierskorps ändern nichts an dieser generellen Beurteilung.

Selbstverständlich würden wir die Beendigung des Krieges begrüssen, ganz gleich von welchen Kräften sie vorgenommen würde. Zugleich stellen wir jedoch fest, dass die in gewissen Teilen der Wehrmachtführung vorhandene Opposition mit ernstem Antinazismus herzlich wenig zu tun hat. Eine demokratische Neugestaltung in Deutschland lässt sich nicht auf der Basis der Wehrmacht durchführen. Das ist ganz sicher auch die Überzeugung der breiten Arbeitermassen in Deutschland. Andererseits ist aber nichts dagegen einzuwenden, dass die Generäle die Urkunden unterzeichnen, durch die nicht nur Hitlers, sondern auch ihre Niederlage festgestellt wird und die Waffenstillstandsbedingungen festgelegt werden.

Gerade weil die Verbindung Wehrmacht-Partei trotz mancher Differenzen so klar zu Tage tritt und weil es so viele nazistische Offiziere gibt, wird die Forderung nach Wahl von Vertrauensleuten unter den Soldaten rasch Widerhall finden. Das schliesst nicht aus, dass eine ganze Reihe von vor allem Frontoffizieren weiterhin als Führer anerkannt werden und in gewissen Fällen sogar eine aktive Rolle in der Revolution spielen können. Die Aufrechterhaltung des disziplinarischen Verhältnisses zwischen Offizieren und Mannschaften ist jedoch nicht möglich, falls es zu einer echten demokratischen Erhebung kommt. Schon bei der Durchführung der Demobilisierung bedarf es der Einschaltung von Soldatenräten.

Aus dem eigentlichen bürgerlichen Lager kann keine vertrauenerweckende und konsequente Führung einer demokratischen Bewegung in Deutschland rekrutiert werden. Der Konservativismus ist durch die Allianz mit Hitler stark kompromittiert. Die Kreise, die mit dem Gedanken einer monarchistischen Restauration spielen, werden sehr schnell in offenen Konflikt mit den Kräften der demokratischen Bewegung geraten. Die leitenden Wirtschaftskreise sind teils mit den Nazis verfilzt, teils für die hitlersche Politik zumindest mitverantwortlich, teils durch die Furcht vor den sozialen Konsequenzen der demokratischen Revolution gelähmt. Der deutsche Liberalismus befand sich bereits vor Hitler in einem Zustand innerer Auflösung. Wir sind uns darüber im klaren, dass sich seine Reste gegenüber dem Nazismus behauptet haben und dass unter anderem aus den Reihen der akademischen Jugend Impulse für eine erneuerte sozial-liberale Bewegung zu erwarten sind. Andererseits hat man in gewissen Kreisen der akademischen Jugend, beim Suchen nach Klarheit über die deutsche Entwicklung seit 1914, auch Verbindungen mit der sozialistischen Bewegung gefunden. Eine sehr bedeutende politische Kraft wird aber in der Umwälzungsperiode von hier aus kaum zu erwarten sein.

[...]4

Nicht allein auf Grund prinzipieller Erwägungen, sondern vor allem auch auf Grund einer sachlichen Wertung der innerdeutschen Kräfte kommen wir zu dem Resultat, dass die stärksten Reserven des neuen Deutschland bei der Arbeiteropposition liegen. Man kann der alten deutschen Arbeiterbewegung ihren Mangel an konstruktiver Politik und ihre wenig heroische Haltung im Jahre 1933 vorwerfen. Tatsache ist jedoch, dass sie sich – im Gegensatz zu sämtlichen bürgerlichen Parteien – nicht auf Zusammenarbeit mit Hitler eingelassen hat. Tatsache ist weiter, dass Kräfte vor allem aus der jungen Generation der Arbeiterbewegung die aktivste illegale Arbeit gegen das Hitlerregime geleistet haben.

Wir hegen keine übertriebenen Hoffnungen in Bezug auf den Umfang der organisiert-illegalen Arbeit in Deutschland, weder im Arbeiterlager noch sonstwo. Es gibt illegale Gruppen, und es gibt ihrer erheblich mehr als zu Kriegsbeginn. Aber sie sind erstens sehr klein, sind zweitens voneinander isoliert und haben drittens nur sehr beschränkte Möglichkeiten gehabt, eine gemeinsame Ideologie zu erarbeiten. Die Träger solcher Gruppen sind für grössere Massen zumeist völlig unbekannt. In vielen Fällen werden sie kaum über die Autorität verfügen, um von breiteren Schichten als Sprecher anerkannt zu werden. Die Initiative örtlicher illegaler Zirkel und gewisser zentraler Funktionärsgruppen kann nichtsdestoweniger schon in den ersten Tagen und Wochen nach dem Sturz Hitlers eine grosse

Rolle spielen. Als Mussolini fiel, traten die illegalen politischen Gruppen über Nacht vor die Öffentlichkeit und bildeten bald die Basis der antifaschistischen Parteienkoalition.

Der Schwerpunkt der Arbeiteropposition liegt natürlich in den Betrieben. Dort gibt es trotz nicht zu unterschätzender nazistischer Einbrüche in die Reihen der Arbeiterschaft, trotz aller Einberufungen und Umschichtungen auch heute noch einen Kern von Facharbeitern. Unter ihnen finden wir die Schicht der „natürlichen Vertrauensleute", d. h. von Arbeitern, die sich im jahrelangen täglichen Umgang mit ihren Kollegen eine Vertrauensposition erhalten oder erwerben konnten. Die für Sozialisten nicht überraschende Lehre von Norditalien besagt, dass sich die Arbeiterschaft wuchtig geltend macht, sobald sich die Fesseln des Faschismus lockern. Gerade in Deutschland werden die Produktionsstätten das wichtigste ordnende Element im revolutionären Prozess sein können. Von hier aus kann man auch der Gefahr des reinen Chaos am effektivsten entgegenwirken. Anknüpfend an die Betriebe und gestützt keineswegs ausschliesslich auf Vertreter der Industriearbeiterschaft kann man nicht nur Aufgaben der Lebensmittelversorgung und der grösstmöglichen Aufrechterhaltung der Produktion in Angriff nehmen, sondern auch Fragen der lokalen Ordnung und Verwaltung lösen. Welche Schritte man auch immer in Bezug auf die Bildung einer provisorischen Zentralregierung unternimmt – man kommt nicht um die Notwendigkeit herum, den eigentlichen Aufbau einer neuen deutschen Demokratie von unten her vorzunehmen.

Wir gehen auf Grund zahlreicher Berichte davon aus, dass die oppositionellen Arbeitergruppen in Deutschland in erster Linie daran interessiert sind, dass eine freie und einige Gewerkschaftsbewegung errichtet wird, einig auch in dem Sinne, dass man den christlichen Arbeitersektor miterfasst. Darüber hinaus besteht der Wunsch nach Einheit auch auf politischem Gebiet. Die Spaltung hat Hitler den Weg geebnet. Durch die Einheit in einer demokratisch-sozialistischen Partei muss der Faschismus endgültig überwunden, müssen die Grundlagen eines freien, friedlichen und fortschrittlichen Deutschland gelegt werden.

Klar dürfte sein, dass es keine genügend kraftvolle und einheitliche illegale Bewegung gibt, die am Tage nach Hitler allein die Macht ergreifen könnte. Demhingegen können wir hoffen, dass die sich neu entfaltenden Bewegungen der deutschen Arbeiterbewegung und Demokratie stark genug sein werden, durch Koalition aller fortschrittlichen Kräfte eine neue Ordnung zu etablieren und aufrechtzuerhalten. Der Weg zu einer neuen Ordnung kann zunächst nicht über parlamentarische Wahlen führen. Die Demokratie muss sich erst die Parteien und übrigen freien Organisationen sowie auch die lokalen Organe schaffen, mit deren Hilfe sie auf längere Sicht fungieren kann. Weil dem so ist, wäre es verhängnisvoll, wenn man von seiten der Okkupationsmächte der Organisations- und Parteienbildung Hindernisse in den Weg legen würde.

Die aussenpolitischen Bedingungen.[5]

Das Deutschland, welches dem 3. Reich folgt, kann sich nicht den Konsequenzen der nazistischen Niederlage entziehen. Zu diesen Konsequenzen gehören die Bedingungen, die Deutschland beim Waffenstillstand und im Friedensvertrag auferlegt werden. Die neue Regierung kann versuchen, diese Bedingungen zu ändern und zu mildern, aber sie kann sie nicht einfach ablehnen. Eine intransigente Haltung würde zu hoffnungsloser Isolierung, auch von den natürlichen Bundesgenossen der neuen deutschen Demokratie, führen.

Es handelt sich jedoch in noch höherem Masse darum, klar zu erkennen, dass ein radikaler Bruch mit der traditionellen deutschen Politik vor allem im Interesse des deutschen Volkes selbst liegt. Die Zukunft des deutschen Volkes lässt sich nicht durch Waffen sichern, sondern allein durch friedliche wirtschaftliche und kulturelle Zusammenarbeit. Ausgehend von diesem ureigenen Interesse des deutschen Volkes betrachten wir die Bedingungen und Aufgaben der kommenden deutschen Aussenpolitik.

Das deutsche Volk trägt nicht die Alleinschuld am Kriege. Wir wissen, dass der Krieg ein Resultat engstirniger kapitalistischer Interessenpolitik war. Wir wissen, dass der Krieg durch Anwendung des Prinzips der kollektiven Sicherheit hätte vermieden werden können und dass die damals herrschenden Kreise in England und Frankreich nicht nur Abessinien, Spanien, Österreich, die Tschechoslowakei und teilweise China opferten und den Völkerbund zur Ohnmacht verurteilten, sondern dass sie auch nichts dagegen hatten, wenn die deutsche Expansion sich gegen die Sowjetunion lenken würde.

Tatsache ist aber, dass Hitler-Deutschland diesen Krieg entfesselt hat. Tatsache ist, dass das Hitlerregime sich bei seiner Rüstungs- und Kriegspolitik auf einen allzu grossen Teil des deutschen Volkes stützen konnte. Tatsache ist weiter, dass im Laufe dieser Jahre die schlimmsten Verbrechen an anderen Völkern von Deutschen und im Namen des deutschen Volkes verübt [worden] sind und dass sich demzufolge ein riesenhafter Hass gegen das gesamte deutsche Volk aufgespeichert hat.

Aufgabe einer demokratischen Aussenpolitik des neuen Deutschland wird es sein, erstens, dem deutschen Imperialismus radikal die Grundlagen zu entziehen, zweitens, durch ausserordentliche Beiträge zum europäischen Wiederaufbau zumindest einen Teil der nazistischen Verbrechen wiedergutzumachen, drittens, durch geduldige und sachliche Arbeit den friedlichen Charakter der Massnahmen des neuen Deutschland unter Beweis zu stellen und Schritt für Schritt neues Vertrauen zu erwerben. Es gibt reaktionäre Kräfte im Lager der Siegermächte, die daran interessiert sind, den demokratisch-sozialistischen Neuaufbau in Deutschland zu verhindern oder zumindest zu erschweren. Wir müssen uns auch darüber im klaren sein, dass es der Bevölkerung in den heute okkupierten Ländern nach diesen Jahren der schlimmsten Verfolgung, Demütigung und Ausplünderung nicht leicht fallen wird, einem neuen deutschen Regime ohne weiteres Vertrauen entgegenzubringen. Vertrauen kann man nicht erzwingen, es muss erworben werden. Wir können den vom Nazismus unterjochten Völkern und Nationen, die im Kampf gegen den Faschismus schwerste Blutopfer zu bringen hatten, lediglich sagen: Wir erwarten nichts anderes als eine Chance, durch Taten beweisen zu können, dass wir nichts mit dem Deutschland zu tun haben, das ihr von der widerwärtigsten Seite kennengelernt habt, und dass wir kein höheres Interesse kennen, als mit euch zusammen am friedlichen Wiederaufbau Europas zu wirken.

Wir bekämpfen den „Vansittartismus" natürlich nicht deswegen, weil er die Verbrechen der deutschen Nazis, Militaristen und Imperialisten anprangert. Wir bekämpfen ihn, weil er in seiner konsequenten Verfechtung Rassenpolitik mit umgekehrtem Vorzeichen ist, und vor allem, weil er in konkreten politischen Massnahmen ausgedrückt bedeutet, dass man das arbeitende deutsche Volk prügelt und die reaktionären Schichten einschliesslich des Grosskapitals schont.

Eine realistische Politik für das Nachhitler-Deutschland muss von der Erkenntnis ausgehen, dass die deutsche Umgestaltung sich nicht im luftleeren Raum, nicht unabhängig von den internationalen Kräfteverhältnissen entwickeln kann. Das gilt für jede Revolution unserer Zeit, für Deutschland aber wird es in doppeltem und dreifachem Masse gelten. Wir stellen in Rechnung, dass die führenden Mächte der Vereinten Nationen Deutschland besetzen werden. Die Absichten der Alliierten in Bezug auf die Dauer der Okkupation und das Ausmass der auf deutschem Boden zu stationierenden Formationen sind bisher nicht bekannt. Es spricht vieles dafür, dass es zu einer Aufteilung in eine englische, russische und amerikanische Besatzungszone kommen wird. Daraus können sich unterschiedliche Entwicklungsbedingungen auf Grund differenzierter Politik der einzelnen Mächte ergeben. Das Interesse der deutschen Demokraten und Sozialisten wird es sein, sich auch in einem solchen, die demokratische Entwicklung und Geschlossenheit bedrohenden Falle einheitlich zusammenzuschliessen und jenen Tendenzen entgegenzuwirken, die zu einer dauernden Zersplitterung führen könnten.

Dieser Krieg wird von einer Koalition gewonnen, die in sich keineswegs einheitlich ist. Das hat sich schon im Verlauf des Krieges gezeigt; nach Kriegsende werden reale und vermeintliche Interessengegensätze noch klarer zu Tage treten. Hinzu kommt die nach Kriegsende deutlicher in Erscheinung tretende Differenzierung innerhalb der einzelnen Mächte. Wir glauben aber nicht, dass eine vernünftige deutsche Politik darauf zu basieren ist, die Gegensätze im Lager der Siegermächte auszunutzen. Wir halten eine Sichtnahme auf ein solches Ausspielen der Siegermächte gegeneinander als Hauptelement der künftigen deutschen Aussenpolitik auch darum für verhängnisvoll, weil es von der von den Sozialisten zu erstrebenden Lösung der sozialen Fragen ablenken, die eigene konstruktive Politik gefährden und nationalistische Verirrungen heraufbeschwören würde.

Vieles spricht dafür, dass die Zusammenarbeit zwischen den Hauptpartnern der Vereinten Nationen den Krieg überleben wird. Ist das der Fall, so werden die Grundzüge der europäischen Entwicklung der nächsten Periode durch die Vereinbarungen zwischen England, der Sowjetunion und Amerika bestimmt. Damit wird auch ein Rahmen geschaffen, innerhalb dessen sich die zukünftige deutsche Politik im wesentlichen zu bewegen haben wird. Das Interesse an der Sicherung des Friedens erheischt, dass es nicht zum Bruch zwischen den Vereinten Nationen kommt und dass die Antihitler-Koalition mit dem Ziel der Schaffung eines wirklichen Systems kollektiver Sicherheit ausgebaut und erweitert wird. Eine deutsche Politik, die nicht diesem Gesichtspunkt Rechnung trägt, dient nicht dem Werk der Friedenssicherung. Sie wird im Bewusstsein der anderen Völker als Sabotage am friedlichen Wiederaufbau dastehen.

Deutsche Demokraten und Sozialisten haben von der Tatsache auszugehen, dass die internationalen Kräfteverhältnisse durch den Ausgang des Krieges wesentlich verschoben werden. Keiner der eigentlichen europäischen Staaten wird mehr zu den führenden Grossmächten gehören. Deutschland wird die Rolle einer Macht zweiten Ranges spielen. Es muss die Aufgabe deutscher Demokraten und Sozialisten sein, das Recht ihres Volkes auf Selbstbestimmung im Rahmen einer internationalen Organisation zu vertreten und seine Lebensmöglichkeiten zu sichern. Es kann nicht ihre Aufgabe sein, um die Wiedererlangung einer deutschen Vormachtstellung auf dem Kontinent zu kämpfen. Der demokratische Ausweg für Deutschland liegt nicht in der Ausnutzung der Methoden der geheimen Diplomatie und der zwischenstaatlichen Intrige, sondern in der bewussten, ehrlichen und konsequenten Arbeit an der Einordnung der deutschen Belange in die Interessen der europäischen Völkergemeinschaft.

Es ist sehr wohl möglich, dass Deutschland von Seiten der Siegermächte unbillige Forderungen auferlegt werden. Wir sind keineswegs der Auffassung, dass eine provisorische demokratische Regierung ohne weiteres alle Papiere unterschreiben soll, die ihr vom Ausland vorgelegt werden. Es wird in jedem einzelnen Fall einer gewissenhaften Prüfung der Verhältnisse bedürfen. Vor allem bedarf es aber auch rücksichtsloser Offenheit gegenüber dem eigenen Volk. Die Arbeiter und die übrigen Träger einer Nachhitler-Regierung dürfen nicht durch Geheimabkommen überrumpelt werden, sondern man muss ihnen durch die Presse, den Rundfunk und auf Versammlungen klarmachen, was die jeweiligen Forderungen der Siegermächte beinhalten, was einerseits ihre Annahme und andererseits ihre Ablehnung bedeuten würde. Nationalistischen Tendenzen dürfen keine Zugeständnisse gemacht werden. Im Gegenteil muss man auch dann, wenn es im konkreten Fall nicht möglich ist, ein Verlangen der Siegermächte freiwillig zu erfüllen, klar und deutlich feststellen, dass es die verbrecherische Politik des Naziregimes war, die Deutschland in die schwierigste Position gegenüber der Umwelt gebracht hat.

Lehnen wir eine bedingungslose „Erfüllungspolitik" ab, so wollen wir jedoch zugleich mit aller Schärfe feststellen, dass eine Politik der „weissen Weste" und des fortdauernden Protestierens zu keinen vernünftigen Resultaten führen kann. Die Lage wird einen Modus vivendi mit der Aussenwelt erzwingen. Die Revolution wird ersticken und das Volk verhungern, wenn es nicht gelingt, das Verhältnis zu den Siegermächten zu normalisieren.

Der hohe Grad der Auslandsabhängigkeit der deutschen Revolution muss von allen ernsthaften Personen und Gruppen erkannt werden. Zugleich müssen wir verstehen, dass die neue deutsche Aussenpolitik entscheidend dazu beitragen kann, die Lage zu verbessern und die im inneren revolutionären Prozess erreichten Erfolge zu sichern.

Die Bündnispolitik des demokratischen Deutschland muss sich davon leiten lassen, die Isolierung durch Fühlungnahme mit jenen Kräften in anderen Ländern zu überwinden, denen es mit der konsequenten Weiterführung des Kampfes gegen den Faschismus und seine Hintermänner und mit der Errichtung einer demokratisch-sozialistischen Ordnung im Inneren der einzelnen Staaten und in den zwischenstaatlichen Beziehungen ernst ist. Wenngleich es während des Krieges nationalistische Einbrüche in den Reihen der Arbeiterbewegung fast aller Länder gegeben hat, so können wir doch damit rechnen, dass die entscheidenden Kräfte der internationalen Arbeiterbewegung einem demokratisch-sozialistischen Deutschland nicht nur Verständnis entgegenbringen, sondern es auch in dem Masse unterstützen werden, in dem man die Solidität der deutschen Politik unter Beweis stellen kann. Der schnellmöglichste Ausbau der Verbindungen mit der internationalen Arbeiterbewegung ist darum vom deutschen Standpunkt aus ein Interesse nicht nur der eigenen Bewegung, sondern des gesamten Landes. Es liegt auf der Hand, dass eine möglichst einige deutsche Arbeiterbewegung mit einer möglichst klaren Abgrenzung von den Irrtümern und Irrwegen der Vergangenheit grössere Chancen hat, mit den Bewegungen der anderen Länder in lebendigen Kontakt zu kommen, als wenn es zu einer neuen Aufspaltung und zu einer Konsolidierung überholter fraktioneller Standpunkte kommt.

Die Zielsetzung der demokratischen Revolution.

Wir glauben nicht, das eine neue deutsche Regierung auf der Basis eines sozialistischen Endzielprogramms gebildet werden kann. Die Regierung braucht eine breitere Grundlage, als sie für rein sozialistische Ziele zu erreichen wäre. Worauf es ankommt, ist, durch ein radikal-demokratisches Aktionsprogramm den berechtigten Forderungen der deutschen Antifaschisten und den unmittelbaren Bedürfnissen des arbeitenden deutschen Volkes Rechnung zu tragen und durch eine solche Arbeitsgrundlage auch die von den Völkern der Vereinten Nationen verlangten Friedenssicherungen zu bieten.

Wir sind davon überzeugt, dass eine radikal-demokratische Politik mit starker sozialer Ausrichtung zwangsläufig zu entscheidenden Massnahmen in sozialistischer Richtung führen wird.

Die erste Aufgabe der neuen deutschen Regierung wird sein, rücksichtslos auf die nazistischen Verbrecher niederzuschlagen. Sie müssen verhaftet und bestraft und, soweit auf Grund von Verbrechen in anderen Ländern ein solches Verlangen ausgesprochen wird, an die Regierungen der Vereinten Nationen ausgeliefert werden. Die Gestapo und SS, die NSDAP und alle ihre Unter- und Nebengliederungen sind aufzulösen, alle Terrorgesetze sind aufzuheben. Alle öffentlichen Institutionen müssen von aktiven Nazis gereinigt werden. Gestapo- und SS-Leute und andere nazistische Verbrecher sind, sofern sie nicht wegen konkreter Delikte schärfer abgeurteilt werden, zu internieren und in einem Zwangsarbeitsdienst einzusetzen. Dazu bedarf es einer gründlichen Reinigung und Umbildung der Polizei. Es bedarf auch der Bildung von zentralen und bezirklichen Volksgerichten, die aus zuverlässigen Gegnern des nazistischen Regimes zusammenzusetzen sind. Radikale und unsentimentale Abrechnung mit den Nazis ist auch eine der wichtigsten Voraussetzungen für die Wiederherstellung der Rechtssicherheit.

Zweitens müssen die demokratischen Grundrechte, jedenfalls im Prinzip, entsprechend den Möglichkeiten, aber auch baldmöglichst in der Praxis, für alle jene hergestellt werden, die nicht unter die Kategorie der nazistischen Verbrecher fallen und die bereit sind, die Demokratie als Grundlage des neuen Staates anzuerkennen und zu verteidigen. In diesem Rahmen werden Organisations- und Pressefreiheit wiederhergestellt. Der Wert der Persönlichkeit ist als eine der Grundlagen der neuen Demokratie anzuerkennen.

Drittens gilt es, die Menschen so weit wie möglich vor dem Hunger zu bewahren, Massenepidemien zu verhindern und das Gespenst der Massenarbeitslosigkeit zu bannen. Diese Aufgaben lassen sich nur dann lösen, wenn man entschlossen ist, einen grossen Teil des bestehenden wirtschaftlichen Kontrollapparats zu „übernehmen". Tut man das nicht, so wird man einen wirtschaftlichen

Zusammenbruch mit grenzenlosem Elend erleben. Es gilt aber dafür zu sorgen, dass zuverlässige Personen an die Spitze des planwirtschaftlichen Apparats gestellt und dass in ihn in steigendem Masse demokratische Kontrollorgane eingebaut werden. Wichtiger als ein Dogmenstreit um die Frage „Vollsozialisierung oder freie Initiative" ist es, wie man den Menschen Brot, Arbeit und Wohnungen schaffen kann. Das geht nicht anders als mit Hilfe umfassender planwirtschaftlicher Massnahmen. Diese Notwendigkeit wird noch unterstrichen durch die sich aus der Abrechnung mit den für Nazismus und Krieg Verantwortlichen ergebende Überführung bestimmter Teile der Wirtschaft in die Hände der Gesellschaft.

Die vierte Aufgabe wird sein, dass man bereits in der Übergangsperiode daran geht, die Verwaltung auf den verschiedensten Gebieten, das Unterrichtswesen usw. gründlich zu demokratisieren. Die kommunale Selbstverwaltung muss wiederhergestellt und gesichert werden.

Die Lösung dieser Hauptaufgaben als Basis einer Weiterentwicklung in demokratisch-sozialistischer Richtung ist – wie wir bereits aufgezeigt haben – abhängig von der Haltung des Auslandes gegenüber der deutschen Revolution wie auch von der Aussenpolitik der neuen deutschen Regierung. Auf aussenpolitischem Gebiet gehören die folgenden Aufgaben zu den dringlichsten.

Erstens: Die vorbehaltlose Abstandnahme von allen hitlerschen Annexionen, die Bereitschaft zur Abrüstung und zur Auslieferung von Kriegsverbrechern.

Zweitens: Verständigung mit den bewussten Kadern unter den ausländischen Arbeitern in Deutschland, wie das bereits durch die Anstrengungen illegaler Kreise angebahnt worden ist, Hilfeleistung beim Rücktransport der Ausländer und Verhinderung sinnloser Konflikte. Vor allem aber auch Solidarität mit den nach Deutschland verschleppten Gefangenen aus anderen Ländern.

Drittens: Das Aussprechen des festen Vorsatzes, nach Massgabe der wirtschaftlichen Möglichkeiten am Wiederaufbau Europas mitzuwirken.

Viertens: Durch eine Friedens- und Verständigungspolitik der Tat die Voraussetzungen dafür zu schaffen, dass Deutschland in die Gemeinschaft der freien Nationen aufgenommen wird, sowie die planmässige und geduldige Arbeit am Ausgleich mit den Nachbarvölkern, um so einer europäischen Föderation den Weg zu ebnen.

Wir gehen im Folgenden auf Wege zur Lösung der hier gestellten Hauptaufgaben ein. In Erkenntnis des hohen Grades der Auslandsabhängigkeit der deutschen Revolution und zugleich dessen, dass dieser Faktor im Lager der deutschen Hitlergegner noch immer nicht genügend Beachtung findet, stellen wir die aussenpolitischen Fragen voran und erörtern im Anschluss daran die inneren Probleme der Periode nach dem Sturze der Hitlerherrschaft.

Gegen Nationalismus – für Erhaltung der nationalen Einheit.

Das nationalsozialistische Deutschland wird geschlagen, das Naziregime hinweggefegt werden. Jedoch wird der Nationalismus in mehr oder minder grossen Teilen der deutschen Bevölkerung zunächst weiterleben. Wohl ist er in seinen extremsten Formen ad absurdum geführt worden; man soll sich aber völlig darüber im klaren sein, dass die traditionelle Belastung durch die verspätete Reichsgründung, die Hegemonie des preussischen Militärstaats innerhalb des Reichs und die chauvinistische Durchsetzung des Erziehungswesen sowie die während der letzten fünfzehn Jahre erfolgte nazistische Verseuchung der jungen Generation noch auf geraume Zeit nachwirken werden. Unsinnige Demütigungen von seiten der Siegermächte, eine unkluge Okkupationspolitik und übertriebene Forderungen der Sieger gegenüber den Besiegten wären jedenfalls geeignet, den Kräften des deutschen Nationalismus Wasser auf die Mühle zu treiben. Dadurch kann der Boden geschaffen werden, wenn nicht für einen neuen Hitler, so doch für eine neue chauvinistische Bewegung in Deutschland. Auf jeden Fall würde den wirklich demokratischen Kräften die Arbeit ungeheuer erschwert werden.

Wir können in der gegebenen Situation nur die Hoffnung aussprechen, dass im Lager der Vereinten Nationen die Stimme der Vernunft durchdringen wird und dass man an den Grundsätzen der Atlantikerklärung[6] festhält bzw. zu ihnen zurückkehrt. Wir müssen hoffen, dass man nicht den verhängnisvollen Fehler der Zwischenkriegsperiode wiederholt, als man der Republik all das verweigerte, was man Hitler später gab.

Was unsere eigene Haltung angeht, so sind wir fest entschlossen, ungeachtet dessen, wie stark die nationalistische Opposition sein möge, an unserer europäischen und internationalen Zielsetzung festzuhalten. Wir meinen es aufrichtig mit der Abrüstung. Wir wollen wesentliche Beiträge zum Wiederaufbau der zerstörten Gebiete leisten. Es ist uns ernst mit dem Bestreben, die grosse Mehrheit des deutschen Volkes für eine gesamteuropäische Zusammenarbeit und für eine Politik der internationalen Verständigung und Rechtsordnung zu gewinnen.

Die Sozialisten haben die Pflicht, als die internationalistische Partei der deutschen Revolution aufzutreten. Die sozialistische Partei hat aber im Rahmen ihrer internationalen Zielsetzung die Interessen des arbeitenden deutschen Volkes wahrzunehmen. Die Regierung, auf die sie hoffentlich einen massgeblichen Einfluss ausüben wird, muss nationalistische Banden rücksichtslos niederschlagen und dem Geist der nationalistischen Überheblichkeit zielbewusst entgegenarbeiten. Sollte es, was wir nicht hoffen, zu einer solchen Behandlung Deutschlands kommen, die Anleihen bei den von Hitler praktizierten Methoden macht, so wird das wahrscheinlich in Deutschland einen Widerstand ähnlich dem auslösen, der Hitler von seiten der unterdrückten Völker entgegengetreten ist. Dieser Widerstand würde dann teilweise auch von Schichten des Volkes getragen werden, die nach einer Niederlage keineswegs dazu prädestiniert wären, Stützen einer nationalistischen Opposition zu werden. Für deutsche Sozialisten und für eine neue deutsche Regierung, die sich nicht in die Position eines Quislinggremiums[7] begeben will, gibt es Grenzen der Zusammenarbeit mit den Vertretern der Siegermächte. Diese Grenzen werden nicht durch die Rücknahme auf eine deutsche Grossmachtstellung oder auf die Nazis und ihre Hauptstützen bestimmt, wohl aber durch die Rücksichtnahme auf die Interessen des arbeitenden deutschen Volkes. Wir sprechen dies im vollen Bewusstsein der Tatsache aus, dass auch die Politik einer vernünftigen Zusammenarbeit mit dem Ausland von ehemaligen Nazis und Narren aus verschiedenen Lagern als „Quislingpolitik" verdächtigt werden wird.

In Übereinstimmung mit den fortschrittlichen Exponenten in der angelsächsischen Diskussion über Nachkriegsfragen sind wir der Auffassung, dass die Verhältnisse überreif sind für eine Reduzierung der nationalen Souveränität zugunsten einer wirklichen kollektiven Sicherheit. Wir sind weiter der Meinung, dass die Bedeutung der staatlichen Grenzen durch überstaatliche wirtschaftliche und militärische Regelungen entscheidend eingeschränkt werden sollte. Zugleich rechnen wir jedoch mit der Wahrscheinlichkeit, dass vernünftige Neuregelungen zunächst nur in beschränktem Masse durchzusetzen sein werden und dass man in Europa zumindest als Durchgangsstadium zum System der Nationalstaaten zurückkehren wird. Das zwingt uns, zu den Fragen der Grenzen des neuen Deutschland konkret Stellung zu nehmen.

Wir stehen auf dem Standpunkt des Selbstbestimmungsrechts der Nationen, wenngleich wir uns darüber im klaren sind, dass es Grenzfälle gibt, wo europäische Gesamtinteressen den Vorrang haben müssen. In Bezug auf die hitlerschen Annexionen stehen wir auf dem Standpunkt der automatischen Ungültigerklärung dieser Annexionen. Das gilt natürlich auch in Bezug auf Elsass-Lothringen. Zugleich lehnen wir jedoch die Pläne jener Kreise ab, die Deutschland weit hinter die Grenzen von Weimar zurückdrängen oder es gar in eine Reihe von Teilgebieten zerstückeln wollen.

Im Falle Österreichs erscheint es uns heute unmöglich, zu einem Zusammenschluss zu gelangen, so wie ihn die österreichische Arbeiterbewegung 1918/19 und in den darauffolgenden Jahren vertreten hat. Für die österreichische Arbeiterbewegung spielten hierbei natürlich nicht deutschnationale Gesichtspunkte eine Rolle, sondern die durch die spätere Entwicklung bestätigte Erkenntnis der wirtschaftlichen Lebensunfähigkeit des Rumpfstaates sowie übertriebene

Hoffnungen auf die deutsche Revolution. Für die Entwicklung der deutschen Arbeiterbewegung wäre es wahrscheinlich von grossem Vorteil gewesen, wenn sie Verstärkung und geistige Bereicherung durch Zusammenschluss mit der österreichischen Bewegung erhalten hätte.

Nach dem von Hitler vollzogenen Gewaltanschluss waren die meisten deutschen Sozialisten einig mit den Revolutionären Sozialisten Österreichs[8] in Bezug auf die Perspektive einer gemeinsamen Revolution bei gleichzeitiger Aufrechterhaltung des Prinzips, dass das österreichische Volk frei über sein staatliches Schicksal zu entscheiden habe. Durch den Krieg sind neue Tatsachen geschaffen worden. Die Hauptpartner unter den Vereinten Nationen haben sich auf der Moskauer Konferenz im Oktober 1943[9] für die Wiedererrichtung eines selbständigen österreichischen Staates entschieden. Im österreichischen Volk ist durch die hitlersche Unterdrückung ein starker Widerwille gegen ein Zusammenbleiben mit Deutschland entstanden. Die österreichischen Sozialisten haben sich auf den Boden der neuen Tatsachen gestellt.

Wir geben der Hoffnung Ausdruck, dass die deutsche und österreichische Arbeiterbewegung nicht nur im Rahmen der Internationale, sondern vor allem auch bei der Schaffung vernünftiger Verhältnisse in Zentraleuropa und in Europa überhaupt eng zusammenarbeiten werden.

Wir gehen davon aus, dass die tschechoslowakische Republik im Rahmen der Grenzen von vor München[10] wiedererrichtet wird. Es ist zu hoffen, dass sich die grosse Mehrheit der sudetendeutschen Bevölkerung nach einer gründlichen Abrechnung mit den nazistischen Verbrechern positiv zu den Grundlagen des demokratischen Staates bekennen wird und dass es dieser Bevölkerung auch möglich sein wird, als gleichberechtigte Staatsbürgergruppe in der Republik zu leben. Die Hassgefühle der Tschechen sind leicht genug zu begreifen. Es wäre jedoch verhängnisvoll, falls man kurzsichtige Aussiedelungsprogramme für die Sudetendeutschen, so wie sie von einigen tschechischen Politikern vertreten worden sind, in praktische Politik umsetzen würde. Als deutsche Demokraten können wir uns auch nicht einfach mit der Vorstellung abfinden, Deutschland habe die bislang nazistischen Elemente der deutschsprachigen Bevölkerungsgruppen der Nachbarvölker – sofern sie nicht in den Heimatgebieten abgeurteilt werden – bei sich aufzunehmen. Deutschlands Bedarf an Nazis ist reichlich gedeckt. Das vielbesprochene Programm einer Umerziehung zur Demokratie wird kaum dadurch gefördert werden können, dass man Deutschland zum Sammelplatz von Nazis und Quislingen aus allen möglichen Ländern macht.

Die Frage der zukünftigen deutschen Westgrenze hat in der Debatte über Nachkriegsfragen in der demokratischen Welt bisher eine untergeordnete Rolle gespielt. Die in Frage kommenden Vertretungen der besetzten westlichen Nachbarländer haben wiederholt erklärt, dass sie auf deutsches Territorium keinen Anspruch erheben. Vom Standpunkt des demokratischen Deutschland aus ist es besonders zu begrüssen, dass die provisorische französische Regierung in Algier sich nicht die Forderungen zueigen gemacht hat, die bei Ende des vorigen Weltkrieges von der französischen Rechten gestellt wurden.

Erheblich komplizierter ist die Lage in Bezug auf die zukünftige Gestaltung der östlichen Grenzverhältnisse. Vertreter der polnischen Regierung in London haben seit langem das Aufgehen Ostpreussens und eines Teiles von Deutsch-Oberschlesien in das neue Polen verlangt. Extreme polnische Kreise – sowohl im Lager der Londonregierung und ihrer rechten Opposition sowie auch des Bundes der polnischen Patrioten in Moskau – gehen erheblich weiter und stellen Forderungen auf Gebiete mit neun Millionen ganz überwiegend deutschen Einwohnern. Es ist heute noch nicht abzusehen, welche konkreten Forderungen bei Kriegsschluss gestellt werden, zumal diese Frage von der Lösung des russisch-polnischen Verhältnisses massgeblich abhängig ist. Bislang weiss man lediglich, dass auf der Konferenz in Teheran Ende November 1943 vereinbart wurde, Polen für die Abtretung der ukrainischen und weissrussischen Ostgebiete durch Gebietserweiterungen auf Kosten Deutschlands zu kompensieren.

Wir sind keineswegs der Meinung, dass die Versailler Lösung mit dem Korridor befriedigend war. Wir verstehen auch, dass von polnischer Seite nach all dem, was man durchgemacht hat, Garantien gegen ein Wiederaufleben des deutschen „Dranges nach Osten" verlangt werden. Eine rationellere Lösung als die des Versailler Vertrages wäre eine Grenzregulierung, durch die Polen befriedigenden Zugang zur See bekäme und Deutschland eine geschlossene Ostgrenze erhielte. Eine solche gebietliche Neuregelung müsste mit einem grosszügigen Bevölkerungsaustausch verbunden werden.

Wir sind nicht Anhänger eines Programms der Aussiedelung sämtlicher Minderheiten in Europa, um auf diesem Wege „einheitliche" Nationalstaaten zu schaffen, aber wir anerkennen, dass ein Bevölkerungsaustausch in gewissen Fällen von Vorteil sein kann. Man darf nur nicht aus dem Auge verlieren, dass es in erster Linie darauf ankommt, alle die vielen Millionen, die durch die Nazis verfrachtet und vertrieben wurden, so bald wie möglich in ihre Heimat zurückzuführen, und dass es vom demokratischen Standpunkt aus keine Fortführung der Methoden der nazistischen Zwangsumsiedelung geben darf. Für die verbleibenden Minderheiten muss ein effektiverer internationaler Schutz geschaffen werden, als [er] während der Zwischenkriegszeit durch die Minoritätensektion des Völkerbundes gegeben war.

In bezug auf Polen sind wir fest davon überzeugt, dass die Zukunft des Landes nur durch enge Zusammenarbeit mit der Sowjetunion einerseits und mit einem demokratischen Deutschland andererseits und nicht durch vermeintliche strategische Grenzen gesichert werden kann. Vor allem glauben wir nicht, die Stabilität des neuen Polens würde dadurch gewinnen, dass man sieben Millionen Angehörige der ukrainischen und weissrussischen Minderheiten im Vorkriegspolen gegen ein Gebiet austauscht, das bisher von ca. neun Millionen Deutschen bewohnt war. Will man aber diese Millionen oder den grösseren Teil von ihnen einfach nach Deutschland abschieben, so muss man sich dessen bewusst sein, dass man hiermit nicht nur den wirtschaftlichen und politischen Wiederaufbau Europas ungeheuer erschwert, sondern dem neuen Deutschland auch ein soziales und nationales Unruheelement erster Ordnung zuführt.

Wir sprechen die vorliegenden, sich aus der Politik des Hitlerregimes ergebenden Gefahren offen aus. Zugleich wenden wir uns gegen die Auffassung jener, die meinen, Deutschland könne nach einer ungünstigen Grenzregulierung im Osten nicht mehr existieren. Solche Behauptungen sind nicht stichhaltig und können leicht zu einer abenteuerlichen Politik führen. Wir müssen in einer ganzen Reihe von Fällen damit rechnen, dass der neuen deutschen Regierung nichts anderes übrig bleibt, als sich wohl oder übel mit unangenehmen Tatsachen abzufinden. Das bedeutet nicht, dass die neue Regierung offenbar unbillige und unsinnige Forderungen ohne Protest hinzunehmen hat und sie politisch und moralisch sanktionieren soll.

In diesem Zusammenhang sind noch einige Bemerkungen zu den in verschiedenem Zusammenhang vorgebrachten Zerstückelungsplänen am Platze. Der extreme Flügel des Vansittartismus verlangt eine Aufteilung Deutschlands – häufig vorgeschlagen in Verbindung mit einer Wiederinstallierung der diversen Fürstenhäuser –, um auf diese Weise, wie man sagt, dem deutschen Imperialismus die Giftzähne auszuziehen. In Wirklichkeit geht es zahlreichen Vertretern dieser Richtung in erster Linie darum, das Entstehen einer sozialistisch ausgerichteten deutschen Republik zu verhindern. Es ist kein Zufall, das gewisse Kreise der Reaktion und des Grosskapitals in Deutschland mit Plänen liebäugeln, die den Vorstellungen der extremen Vansittartisten sehr ähnlich sind. Solche separatistischen Tendenzen sind vor allem im Rheinland und in Bayern festzustellen.

Wir lehnen solche oder andere Aufteilungspläne entschieden ab. Der sozialistischen Arbeiterschaft und den übrigen fortschrittlichen Kräften in Deutschland fällt auch die Aufgabe zu, die wirklich nationalen Interessen wahrzunehmen und die nationale Einheit gegenüber der Reaktion zu verteidigen.

Aufteilung Deutschlands bedeutet Zerreissung enger wirtschaftlicher Zusammenhänge. Dem wirtschaftlichen Wiederaufbau Europas würde man damit einen schlechten Dienst erweisen. Eine Unschädlichmachung des deutschen Imperialismus und des preussischen Militarismus ist auf anderen Wegen als dem der Zerstückelung zu erreichen. Der Drang zur Wiedererlangung der nationalen Einheit und damit der unduldsame Nationalismus würden nur Auftrieb erfahren. Wertvolle Energien müssten nutzlos verpuffen, anstatt in den Dienst der Lösung der sozialen Probleme gestellt werden zu können. Entgegen dem unsinnigen Programm der Rückkehr zur Kleinstaaterei wünschen wir die Einordnung Deutschlands in die europäische und internationale Zusammenarbeit.

Die Siegermächte und ihre unmittelbaren Forderungen.

Wir haben bereits zum Ausdruck gebracht, dass wir nicht auf Kampf gegen, sondern auf sachliche Zusammenarbeit mit den Vertretern der Vereinten Nationen eingestellt sind. Wir sehen jedoch der Tatsache ins Auge, dass die Vorstellungen massgeblicher Kreise im Lager der Siegermächte über das, was in Deutschland geschehen soll, mit den Interessen der demokratischen Revolution in Deutschland wie auch mit denen einer demokratischen Entwicklung im gesamteuropäischen Masstabe im Widerspruch stehen können. Weiter machen wir uns keinerlei Illusionen in bezug auf die im Grunde unausweichlichen Friktionen zwischen einer Besatzungsmacht und der Bevölkerung des besetzten Landes. Dieser Faktor wird noch dadurch verstärkt, dass die Besatzungstruppen und ihre Offiziere zu einem nicht geringen Teil von Gefühlen des Hasses gegenüber dem deutschen Volk beherrscht sein werden.

Unser Wunsch ist es jedoch, die Reibungen mit den Okkupationstruppen und -behörden nicht unnötig zu vergrössern, sondern sie auf ein Mindestmass zu reduzieren. Die Motive für eine solche Grundeinstellung sind nicht allein durch Rücksichtnahme auf das Werk der europäischen und internationalen Verständigung bestimmt, sondern sie sind auch durchaus „egoistischer" Art. Wir möchten dem arbeitenden deutschen Volk und den in die zerstörte Heimat zurückströmenden Soldaten zusätzliche Opfer ersparen, und wir möchten einen Kurs steuern, der die Okkupation verkürzt und nicht in die Länge zieht.

Wir dürfen auch niemals vergessen, dass es trotz allem im Lager der Vereinten Nationen und in den Nachbarvölkern starke Kräfte gibt und geben wird, die an einer wirklichen Demokratisierung Deutschlands interessiert sind, die verstehen, dass sie mit der deutschen Arbeiterbewegung und Demokratie gemeinsame Interessen haben und dass der Aufbau eines neuen Deutschland im wesentlichen nur von Deutschen selbst vorgenommen werden kann. Durch möglichst enge Verbindung mit diesen Kräften werden wir versuchen, auf die Gestaltung der Okkupationsverhältnisse Einfluss zu nehmen und ihre Abwickelung so zeitig wie möglich zu betreiben. Die Kräfte der neuen deutschen Republik, hoffentlich bald vertreten durch eine auf breiter Basis gebildete provisorische Regierung, dürfen nicht den Kampf mit den Okkupationsmächten suchen, aber sie können natürlich nicht auf das Recht der Vertretung demokratischer Forderungen verzichten. Vor allem haben sie aufmerksam zu verfolgen und Kenntnis davon zu geben, wozu die Besatzungsbehörden ihre Macht gebrauchen: zur Schaffung von Garantien für die Einhaltung der Waffenstillstandsbedingungen und zur Sicherung einer demokratischen und friedlichen Entwicklung oder zum Schutz des Grosskapitals und zur Stabilisierung reaktionärer Verhältnisse.

Die rechtliche Basis für das Verhältnis zu den Okkupationsmächten ist im Prinzip durch die Haager Landkriegsordnung gegeben. Danach wird den Okkupationsbehörden aufgetragen, die innere Eigenentwicklung des betreffenden Landes zu respektieren, sofern nicht rein militärische Notwendigkeiten Abweichungen erforderlich machen. Wir wissen, dass sich Hitler-Deutschland nicht im geringsten an die Bestimmungen des Völkerrechts gehalten hat und dass diese Tatsache einem neuen Regime vorgehalten werden kann, wenn es seine Rechtsansprüche geltend zu machen versucht. Nichtsdestoweniger sind wir der Überzeugung, dass es im Lager der Vereinten Nationen viele gibt, denen es mit den Grundsätzen des Völkerrechts ernster ist, als es den Repräsentanten des nazistischen Deutschlands war. Die Bestimmungen des Völkerrechts geben den Okkupationsmächten keine Berechtigung zum Einschreiten gegen Massnahmen, die dem Aufbau demokratischer Organisationen dienen und eine soziale Umgestaltung entsprechend dem Willen der Mehrheit der Bevölkerung bezwecken.

Die vorgesehene Besetzung deutscher Gebiete wird vor allem damit begründet, dass es gelte, die Bestrafung der Kriegsverbrecher sicherzustellen und die Abrüstung Deutschlands zu überwachen. In bezug auf diese beiden Forderungen liegen unseres Erachtens keine prinzipiellen Gegensätze zwischen den Interessen der deutschen Demokratie und denen der Siegermächte vor.

Was die Frage der nazistischen Verbrecher betrifft, so haben wir es bereits als eine der vordringlichsten Aufgaben bezeichnet, diese zu verhaften, sofern sie sich auf deutschem Boden befinden, und sie an die Regierungen der Vereinten Nationen auszuliefern, sofern ein solches Verlangen ausgesprochen wird. Dagegen, dass Kriegsverbrecher, die sich bei Kriegsende noch in ausserdeutschen Ländern aufhalten, dort von den Militärbehörden der Vereinten Nationen bzw. von den Organen der befreiten Völker festgenommen und abgeurteilt werden, kann vom demokratischen deutschen Standpunkt aus nichts eingewendet werden. Es wäre verhängnisvoll, falls Vertreter des neuen Deutschland hierbei Gesichtspunkte eines missverstandenen nationalen Prestiges verfechten würden. Anlässlich der Moskauer Konferenz haben sich Churchill, Stalin und Roosevelt auf das Prinzip geeinigt, dass Kriegsverbrecher in dem Land abzuurteilen sind, in dem ihre Schandtaten begangen worden sind, während die Bestrafung solcher Individuen, deren Verbrechen nicht territorial begrenzt sind, einer internationalen Regelung vorbehalten bleiben soll. Es ist ein absolut berechtigtes Verlangen der von Hitler unterjochten Völker, wenn sie nicht nur mit ihren eigenen Quislingen, sondern auch mit den Peinigern in deutscher Uniform abrechnen wollen. Eine solche, gründlich vollzogene Abrechnung mit den wirklich Schuldigen wird auch dazu beitragen, die europäische Atmosphäre zu entgiften und die Hassgefühle gegenüber dem deutschen Volk als Gesamtheit zurückzudrängen.

Zur Kategorie der Kriegsverbrecher zählen wir jene Personen, die Massaker, Misshandlungen und andere schwere Verstösse gegen das Völkerrecht auf dem Gewissen haben. Vom deutschen Standpunkt muss man jedoch verlangen, dass die folgenden drei Gesichtspunkte Beachtung finden:

Erstens besteht die Gruppe der Hauptverbrecher auch aus solchen, die zum Teil nicht konkreter Strafdelikte entsprechend dem Völkerrecht oder den Gesetzen der heute okkupierten Länder überführt werden können, die aber trotzdem verantwortlich sind sowohl für die Entfesselung des Krieges wie für die Terrorpolitik in den besetzten Ländern, den Ausrottungsfeldzug gegenüber den europäischen Juden usw. Hierbei handelt es sich um Personen, deren Strafregister nicht erst von September 1939 datiert werden darf. Es sind dieselben Individuen, die sich in den Jahren von 1933 bis 1939 der schwersten Verbrechen am deutschen Volk schuldig gemacht, es in den Krieg gehetzt, Zehntausende gefoltert und in Konzentrationslager gesteckt und gültiges deutsches Recht in unzähligen Fällen mit Füssen getreten haben. Das deutsche Volk oder zumindest jene seiner Teile, die wie die politischen Zuchthäusler und Konzentrationslagergefangenen am schwersten unter der innerdeutschen Terrorpolitik der Nazis zu leiden hatten, haben diesen Herren eine eigene Rechnung zu präsentieren. Die innerdeutschen Schandtaten würden durch Begrenzung der Strafregister auf die Kriegszeit faktisch als nicht existent betrachtet werden. Wir verfechten das Recht der deutschen Antinazisten auf eigene Abrechnung mit den nazistischen Hauptverbrechern. In jenen Fällen, wo leitende Nazis vor internationale Gerichtshöfe gestellt werden, muss bewährten Vertretern der deutschen Antinazisten Gelegenheit gegeben werden, an den Verhandlungen teilzunehmen.

Zweitens gibt es auch unter den sonstigen Kriegsverbrechern viele, die sich ihre Fertigkeiten bei der Misshandlung deutscher Oppositioneller erworben haben. Dieser Faktor darf nicht unberücksichtigt bleiben. Wir verlangen nicht, dass Gestapoleute aus besetzten Ländern nach Deutschland abgeschoben werden, um dort abgeurteilt zu werden, wir behalten uns lediglich vor, ein solches Verlangen in jenen Fällen anzumelden, wo von ausländischen Gerichten zu milde Urteile gefällt werden. Andererseits vertreten wir prinzipiell den Standpunkt, dass ausländische Nazis, die während des Krieges in

Deutschland dem Terrorapparat angehört und deutsche Antifaschisten gepeinigt haben, auch in Deutschland abzuurteilen sind.

Drittens, und das ist für uns das wichtigste, erwarten wir, dass den Kräften der revolutionären deutschen Demokratie keine Steine in den Weg gelegt werden, wenn sie daran gehen, eine gründliche Abrechnung über die Kategorie der Kriegsverbrecher im engeren Sinne hinaus mit allen jenen vorzunehmen, die sich aktiv und verantwortlich an nazistischen Gewalttaten beteiligt haben und auch mit jenen, die als Hintermänner der Nazibewegung eine nicht geringere Verantwortung tragen. Dazu gehört unter anderem eine ganze Garnitur leitender Militärs und Wirtschaftsleute, Beamter und Publizisten. Wir erwarten, dass diese Kreise nicht den Schutz der Besatzungsmächte geniessen werden. Sollte das geschehen, so würde sich die Forderung auf Bestrafung der Kriegsverbrecher als reine Farce herausstellen. Denn das entscheidende Kriegsverbrechen wurde in Deutschland bereits vor 1933 begonnen und trat im Zusammenhang mit der sogenannten Machtergreifung schon offen in Erscheinung. Billigt man unseren prinzipiellen Standpunkt, so muss man auch die Mittel erkennen, die erforderlich sind, um diesen Standpunkt zur Geltung zu bringen, d. h. man muss ausserordentliche Gerichte zulassen wie auch eine Kollektivschuld anerkennen für die Gruppen der aktiven Terroristen – der Gestapoleute, eines grossen Teils der SS und der NSDAP-Führer. Wir scheuen uns nicht auszusprechen, dass es notwendig ist, auf der Basis einer so festgestellten Kollektivschuld eine in gewissem Sinne summarische Bestrafung vorzunehmen. Weicht man davor zurück, wird entweder überhaupt nichts aus der Abrechnung, oder der Aufräumungsprozess erstreckt sich über eine lange Periode und hindert den positiven Wiederaufbau.

In der Frage der Abrüstung Deutschlands stehen wir ziemlich klar ausgesprochenen Forderungen der Vereinten Nationen gegenüber. Bereits in der Atlantikerklärung vom August 1941 wurde diese Forderung erhoben, und zwar in der Form der einseitigen Entwaffnung, bei gleichzeitiger Aufrechterhaltung der bewaffneten Macht der siegreichen Nationen. Wir erklären dazu, dass wir bereit sind, die Forderung auf einseitige Abrüstung anzuerkennen. Wir tun das nicht allein deswegen, weil wir einem Verlangen der Siegermächte gegenüberstehen, über das sie wahrscheinlich keine Diskussion zulassen werden, sondern vor allem auch aus dem Grunde, weil es im Interesse einer demokratischen Entwicklung in Deutschland liegt, den Militarismus zu zerschlagen, und weil wir unsere ehrliche Bereitschaft zur friedlichen Zusammenarbeit zeigen wollen.

Wir sind uns zugleich darüber im klaren, dass eine einseitige Entwaffnung einer Macht oder einer Gruppe von Mächten auf die Dauer keine Lösung darstellt. Wird nicht der Weg der nationalen und internationalen Überwindung der Kriegsursachen beschritten und kommt man nicht zu einer international durchgeführten und garantierten kollektiven Sicherheit für alle Staaten, so bleibt die nach dem Kriege durchgeführte Abrüstung der einen Seite ohne Nutzen. Wir hoffen darum, dass die in der Atlantikerklärung und in den Beschlüssen der Moskauer und Teheraner Konferenzen enthaltenen Versprechungen auf schrittweise Erleichterung der Rüstungslasten für alle Völker in die Praxis umgesetzt werden. Das demokratische Deutschland sollte nichts unversucht lassen, um so bald wie möglich als gleichberechtigtes Mitglied in die zu erwartende Nachfolgeorganisation des Völkerbundes aufgenommen zu werden.

Erkennen wir die Forderung der militärischen Entwaffnung Deutschlands an, so lehnen wir das vansittartistische Rezept der „industriellen Abrüstung" scharf ab. Nimmt man Deutschland die Schwerindustrie, die chemische und elektrische Industrie usw., so verurteilt man es zum wirtschaftlichen Ruin. Verheerende Folgen würden sich daraus nicht nur für Deutschland selbst, sondern für die gesamte europäische und internationale Wirtschaft ergeben. Das Argument von den neuen Möglichkeiten einer geheimen Aufrüstung ist nicht stichhaltig. Tatsächlich kann in nennenswertem Umfange nicht geheim aufgerüstet werden. Die Alliierten wussten nach dem letzten Kriege sehr wohl, was auf diesem Gebiet in Deutschland vor sich ging, und hätten sie es nicht auf andere Weise gewusst, so würden sie es durch die Enthüllungen deutscher Linkskreise erfahren haben.[11] Hitlers Aufrüstung konnte keineswegs geheim in Angriff genommen werden. Die Regierungen der anderen Grossmächte wussten davon. England gestattete ja z. B. nicht nur ausdrücklich den Wiederaufbau einer modernen deutschen Kriegsflotte, sondern mit dem Flottenvertrag 1935 stillschweigend auch die vertragswidrigen Rüstungen zu Lande und in der Luft.[12]

Der Gefahr einer Wiederaufrüstung im Widerspruch zu den Bestimmungen des Friedensvertrages kann man auf anderem Wege als durch die Verschrottung der deutschen Maschinenindustrie Herr werden. Wir gehen zunächst und vor allem davon aus, dass in Deutschland eine Regierung an der Macht sein wird, die ein Wiederaufleben des Militarismus nicht zulässt. Ist es den Vereinten Nationen um die Bannung der militärischen Gefahr zu tun, so können sie das wirksam durch die Unterstützung einer solchen Regierung tun. Weil die Friedenspolitik der demokratischen deutschen Regierung in dieser Frage mit den Abrüstungsforderungen der Siegermächte zusammenfällt, soll sie sich internationalen Kontrollmassnahmen nicht widersetzen. Es ist u. a. auch damit zu rechnen, dass es zu einer internationalen Kontrolle des Flugwesens in Deutschland kommen wird.

Es ergibt sich jedoch die Frage, wo die Grenze zwischen der zu entwaffnenden deutschen Armee und einer beizubehaltenden bzw. neuaufzubauenden inneren Ordnungsmacht zu ziehen ist. Die Okkupationsmächte können nicht glauben, eine solche Ordnungsmacht überflüssig machen zu können. Man wird sie schon während der Zeit der Besetzung brauchen. Stalin hat zu dieser Frage recht realistische Erklärungen abgegeben. Er hat es als direkten Unsinn bezeichnet, sich vorzustellen, man könne Deutschland jede Art von bewaffneter Macht nehmen.

Völlige Klarheit muss darüber herrschen, dass die himmlersche Polizei nicht beibehalten werden darf, auch nicht nach der Entfernung einiger leitender Personen. Die Polizei muss von Grund aus umgewandelt, mit neuen Menschen und mit neuem Geist erfüllt werden. In der Übergangsperiode ist darauf zu achten, dass die alte Polizei in dem Masse, in dem sie weiter fungiert, von demokratischen Organen des Volkes scharf überwacht wird. An ihre Spitze müssen entschlossene Männer mit absolut einwandfreier Vergangenheit gestellt werden. Aus den Reihen lokal entstehender Arbeiterwehren, Volkswehren usw. müssen verlässliche Kräfte in die neue Polizei überführt werden. Die Möglichkeit der Übernahme gewisser Offiziere darf nicht ausgeschlossen werden. Grundsätzlich aber ist hier grösstes Misstrauen am Platze. Der verhängnisvolle Fehler von 1918/19, als gerade die reaktionärsten Teile des Offizierskorps Gelegenheit erhielten, sich neu zu sammeln und sich entscheidende gesellschaftliche Macht zu sichern, darf nicht wiederholt werden. In dieser Frage muss ein klarer Kurs eingehalten werden.

Wiedergutmachung und Wiederaufbau.

In den ersten Kriegsjahren war in alliierten Kreisen überwiegend die Erkenntnis vorherrschend, das Reparationsproblem sei nach dem vorigen Weltkrieg in einer ganz unvernünftigen Weise in Angriff genommen worden und man müsse sich vor einer Wiederholung der damals gemachten Fehler hüten. In der Atlantikerklärung wurde die Auffassung zum Ausdruck gebracht, dass nach diesem Kriege in wirtschaftlicher Beziehung kein Unterschied zwischen Siegern und Besiegten gemacht werden dürfe. Inzwischen hat sich aber eine markante Verschärfung der zu diesen Fragen vertretenen Standpunkte ergeben. Vor allem haben wir es mit dem Faktum zu tun, dass die Ausplünderung der unterdrückten Völker und der Zerstörungswahn der Nazis immer phantastischere Formen annehmen. Auf Grund dessen haben es die Stimmen der Vernunft immer schwerer, in der internationalen Diskussion durchzudringen. Auch hier stehen wir der Tatsache gegenüber, dass die andauernden nazistischen Verbrechen den Start des Nachhitler-Regimes immer ungünstiger gestalten.

Gemässigte Kreise innerhalb der Vereinten Nationen halten weiterhin daran fest, dass es nicht in Frage kommen könne, aus den eigentlichen Kriegskosten Entschädigungsansprüche abzuleiten. Demhingegen verlangt man ziemlich allgemein Wiedergutmachung der materiellen Schäden, die in den besetzten Ländern angestellt wurden. Nicht allein Regierungsvertreter der besetzten Länder, sondern auch offiziöse Sprecher der Sowjetunion haben von dieser Basis aus umfassende Reparationsprogramme aufgestellt. In den Kreisen der Exilregierungen in London vertritt man den Standpunkt, dass Deutschland alle Sachwerte zurückzuliefern habe, die den besetzten Ländern oder deren Bürgern weggenommen wurden. In allen Fällen, wo diese Sachwerte nicht mehr aufzutreiben sind, sollen entsprechende Werte in Deutschland durch alliierte Kommissionen beschlagnahmt werden. Darüber hinaus stellt man vielfach die Forderung, dass alliierte Ansprüche, die zunächst nicht befriedigt werden können, durch Sachlieferungen während längerer Zeit zu erfüllen sind.

Wenn man weiss, welche Ausmasse die Schäden in den besetzten Ländern bereits angenommen haben, kann man sich leicht vorstellen, dass die hier angedeutete Prozedur auf die ernstesten wirtschaftlichen Konsequenzen für Deutschland hinausläuft. Trotzdem wäre es sehr falsch, von deutscher demokratischer Seite zum Gesamtproblem einen negativen Standpunkt einzunehmen. Die Bereitschaft, mit ausserordentlichen Leistungen am europäischen Wiederaufbau teilzunehmen, muss klar ausgesprochen werden – wie dies auch u. a. in Erklärungen der deutschen Sozialistischen Union in London klar zum Ausdruck gebracht worden ist.[13] Selbstverständlich ist die sofortige Rückerstattung aller irgendwie feststellbaren geraubten Transportmittel, Maschinen und sonstigen Güter. Darüber hinaus muss die Bereitschaft vorhanden sein, *sofort* bestimmte, in Deutschland noch vorhandene Waren zu liefern, die für erste Notmassnahmen und Wiederaufbauarbeiten in den durch die deutsche Okkupation zerstörten Gebieten unentbehrlich sind. Sinnvoll für alle betroffenen Staaten können die Wiedergutmachungsleistungen insgesamt aber nur werden durch internationale Vereinbarungen auf der Basis von Feststellungen, was Deutschland liefern *kann*. Bei der Inangriffnahme der Lieferung von Produkten müssen ausschliesslich die Interessen des Wiederaufbaus massgebend sein, und man sollte sich davor hüten, durch kurzsichtige Massnahmen nicht nur den einen Partner schwer zu belasten, sondern zugleich beim anderen Partner ernste Krisen zu erzeugen.

Das neue Deutschland muss den guten Willen zeigen, dass es nach Massgabe der Möglichkeiten zumindest einen wesentlichen Teil dessen wiedergutmachen will, was Hitler-Deutschland an anderen Völkern verbrochen hat. Von der Arbeiterbewegung aus handelt es sich hierbei auch um eine Verpflichtung der Solidarität gegenüber der Arbeiterschaft in den vom Nazismus meist betroffenen Ländern. Das kann jedoch nicht bedeuten, dass die neue deutsche Regierung die Verantwortung des gesamten deutschen Volkes und vor allem seine Alleinverantwortung für den Krieg anerkennt. Weiter wird die neue Regierung klar betonen müssen, dass sie nicht imstande ist, für einen langen Zeitraum, d. h. auf Kosten kommender Generationen, schwerste Lasten zu übernehmen. Andererseits darf nicht verkannt werden, dass die Zerstörung in den besetzten Ländern zum Teil von einem Umfang ist, dass durch sie kommende Generationen ernstlich in Mitleidenschaft gezogen werden. Hier handelt es sich in mehreren Fällen um kleine Staaten mit einer viel schwächeren industriellen Basis als die Deutschlands. Gerade aus dieser Überlegung ergibt sich eindeutig die Notwendigkeit, das Problem des Wiederaufbaus durch europäische und internationale Gesamtmassnahmen in Angriff zu nehmen. Die Frage ist nicht, ob man Europa durch deutsche Leistungen wiederaufbauen kann, sondern dass sich Europa allein durch Leistungen des doch auch schwer zerstörten Deutschland einfach nicht wiederaufbauen lässt.

Die deutsche Regierung darf keine billigen Ausflüchte suchen und sich vor wirklichen Leistungen drücken. Sie wird jedoch dafür zu wirken haben, dass die Wiedergutmachungsleistungen begrenzt werden, und zwar sowohl zeitlich wie in Bezug auf die von den einzelnen Ländern erlittenen Schäden im Verhältnis zu ihrem Nationalvermögen. Weiter liegt es im deutschen Interesse, dass die festgelegten Wiedergutmachungsleistungen durch Lieferung von Waren und nicht in Form von Barbezahlungen erfolgen. Gegenüber übertriebenen Forderungen muss deutlich betont werden, dass ein auf längere Zeit hinaus herabgedrückter Lebensstandard der deutschen Arbeiter auch den Standard der Arbeiter in anderen Ländern senken würde.

Wir wenden uns gegen die Pläne, die auf die Verfrachtung von Millionen deutscher Arbeiter zu Zwangsarbeit in andere Länder hinauslaufen. Wir können uns auch nicht damit einverstanden erklären, dass die deutschen Soldaten auf längere Zeit als Zwangsarbeiter in fremden Ländern zurückgehalten werden. Auf diesem Wege, der auch den Bestimmungen des Völkerrechts widerspricht, kommt man dem Ziel eines vernünftigen Wiederaufbaus kaum näher. In Kreisen der internationalen Gewerkschaftsbewegung ist man sich auch darüber im klaren, dass Masseneinsatz für Zwangsarbeit ohne tarifgemässe Entlohnung der in Frage kommenden Arbeiter schädliche Folgen weit über den deutschen Rahmen hinaus haben würde. Anders steht die Frage in bezug auf den früher angedeuteten Einsatz der zwangsweise internierten Nazis. Hierbei soll es sich ja wohl überlegt um eine Strafmassnahme handeln.

Ein Sonderproblem ergibt sich im Zusammenhang mit der Tatsache, dass unersetzliche Kunstschätze in grosser Anzahl zerstört und gestohlen worden sind und dass man in den besetzten Ländern auch in grossem Umfange Bibliotheken, wissenschaftliche Laboratorien usw. geplündert und nach Deutschland gebracht hat. Die neue deutsche Regierung darf nichts unversucht lassen, um solche Gegenstände, falls sie noch vorhanden sind, aufzutreiben und den rechtmässigen Inhabern zurückerstatten zu lassen. Darüber hinaus ist es nicht unbillig, wenn man verlangt, dass wissenschaftliche Institute in Ländern, die besonders schwer gelitten haben, mindestens teilweise aus dem Bestand entsprechender deutscher Einrichtungen entschädigt werden. Die Lage kann auch so ernst sein, dass Deutschland genötigt sein wird, einen sehr bedeutenden Teil seiner Kunstschätze für ausländische Zahlungen in fremde Währungen umzusetzen. Das wäre gewiss ein sehr betrüblicher Schritt, aber wir müssen mit einer so schlimmen Notlage rechnen, dass Deutschland es sich einfach nicht leisten kann, im Besitz grosser Kunstschätze zu sein, während seine Bevölkerung verhungert.

Ein anderes Problem ist das der Reinstallierung der von den Nazis verfolgten Juden. Das Gesamtproblem ist so umfassend, dass es zweifellos internationaler Massnahmen bedarf. Diese Massnahmen sollten teils darauf abzielen, den Bürgern jüdischer Herkunft in den einzelnen Ländern Mittel und Wege zu eröffnen, um als in jeder Hinsicht gleichberechtigte Mitglieder der Gesellschaft neu zu starten, teils auch jenem Teil der Juden zu helfen, der sich für den Weg einer Rekonstituierung der jüdischen Nation entschieden hat. Für die deutschen Juden sollte man einen Hilfsfond aus beschlagnahmten Nazivermögen schaffen, nicht um ehemalige Kapitalisten in ihre früheren Positionen einzusetzen, wohl aber, um allen Verfolgten einen menschenwürdigen Start in Deutschland zu ermöglichen. Die Verantwortung breiter Teile des deutschen Volkes gegenüber den Mitbürgern jüdischer Herkunft ist gross. Man kann hoffen, dass die Nazis den Antisemitismus in gewisser Hinsicht ad absurdum geführt haben. Man muss durch Gesetze nachhelfen, um den Antisemitismus und andere Formen von Rassenhass ein für allemal zu diskriminieren. Darüber hinaus bedarf es, wie erwähnt, konkreter wirtschaftlicher Hilfsmassnahmen.

Unsere Forderung, den Opfern der Naziherrschaft Entschädigungen zukommen zu lassen, damit sie nicht durch materielle Not nach dem Sturz des Faschismus weiter gepeinigt werden, erstreckt sich vor allem auch auf die politischen Opfer, die in den Zuchthäusern und Konzentrationslagern des Dritten Reiches schmachten mussten. Es muss eine Ehrensache des neuen Staates sein, arbeitsunfähig gewordene Freiheitskämpfer und die Familien der von den Nazis Ermordeten so zu unterstützen, dass sie in angemessener Weise leben können. Zur Entschädigung der Opfer des Rassenwahnsinns sind besonders auch die von den Nazis gestohlenen jüdischen Vermögen und die von anderen übernommenen Geschäfte und Firmen heranzuziehen.

Von wesentlicher Bedeutung für die Haltung der neuen deutschen Regierung zu den konkret von den Siegermächten zu stellenden Forderungen auf wirtschaftlichem Gebiete wird natürlich sein, erstens, in welchem Zustande sich Deutschlands Wirtschaftsleben im Verhältnis zu dem in den heute von ihm okkupierten Ländern nach Kriegsende befindet und zu welchen Leistungen es faktisch beim besten Willen imstande ist, zweitens, in welchem Masse man Deutschland in internationale wirtschaftliche Wiederaufbaumassnahmen miteinbezieht.

Für internationale Hilfsmassnahmen nach dem Kriege darf einzig und allein der Gesichtspunkt ausschlaggebend sein, was die einzelnen Völker während des Krieges erlitten und welchen dringenden Bedarf sie in der gegebenen Situation haben. Wo die Not am grössten ist, dort muss auch die Hilfe zuerst einsetzen. Wir wollen daraus keineswegs irgendwelche „Privilegien" für Deutschland ableiten, aber wir halten es – und nicht allein vom deutschen Standpunkt aus – für sehr gefährlich, dass beim Start der UNRRA nicht am Bedarfsprinzip festgehalten wurde. Es wurde dort beschlossen, dass „Feindländern" nur in solchen Fällen Hilfe gewährt werden soll, wo dies im Interesse der Vereinten Nationen liegt und auch dann nur unter der Voraussetzung, dass die Warenlieferungen von den besiegten Ländern bezahlt werden, d. h. faktisch ohne Rücksicht auf ihre wirtschaftliche Lage.

Wir hoffen, dass die Regierungen der Vereinten Nationen diese Fragen einer neuen Prüfung unterziehen werden, und zwar nicht nur von einem allgemein-humanitären, sondern auch von einem konkret-egoistischen Standpunkt aus. Ihre Völker können nicht am wirtschaftlichen Ruin in Deutschland interessiert sein; die in der Atlantikerklärung aufgezeigte Grundlinie ist noch immer die richtige. Nicht nur in den heute von Deutschland besetzten Ländern, auch in Deutschland selbst droht die Gefahr riesenhafter Epidemien. Sie können von dort leicht auf andere Länder übergreifen. Die deutschen Arbeiter erwarten gewiss keine Belohnung dafür, dass das hitlerdeutsche Regime den grössten Teil Europas blutig unterjocht hat. Aber sie müssen zu essen haben und den notwendigen hygienischen Schutz geniessen. Man kann Deutschland nicht gleichzeitig „abrüsten" und zu grossen produktionsmässigen Leistungen verpflichten. Man kann auch von den deutschen Arbeitern nicht erwarten, dass sie hungernd ihre Arbeit verrichten. Es ist ein Unsinn zu glauben, dass die deutsche Industrie imstande ist, ohne die ihr fehlenden Rohstoffe zu arbeiten.

Was die internationalen Massnahmen und Kredite betrifft, ohne die an einen befriedigenden Wiederaufbau des deutschen Wirtschaftskörpers nicht zu denken ist, so dürfen entsprechend den offiziell wiederholt verkündeten Prinzipien der Vereinten Nationen keine politischen Bedingungen gestellt werden, jedenfalls keine anderen Bedingungen als solche, die auf die Verhinderung einer Wiederholung nazistischer Abenteuer abzielen. Hat man den europäischen Wiederaufbau vor Augen, verbieten sich auch diskriminierende Massnahmen gegenüber dem deutschen Wirtschaftsleben. Im Gegenteil, es liegt auch im Interesse der anderen Völker, dass ein auf friedliche Basis umgestellter deutscher Wirtschaftskörper so bald wie möglich wieder produktionsfähig wird. Der Nazismus ist aus der Krise hervorgewachsen. Durch Vollbeschäftigung und Prosperität muss der Einfluss des Nazismus im deutschen Volk endgültig überwunden werden. Das Problem der „Umerziehung" der deutschen Jugend steht und fällt ebenfalls damit, ob man ihr normale und regelmässige Arbeit verschaffen kann.

Beschreitet man den Weg der Einordnung eines friedlich gewordenen und sich zur Demokratie entwickelnden Deutschlands in die europäische und internationale Gemeinschaft, so kann man dieser Gemeinschaft starke positive Faktoren zuführen, vor allem den deutschen Produktionsapparat mit seinen Facharbeitern und qualifizierten Technikern. Der Weg der schnellmöglichsten Einordnung Deutschlands muss auch in Bezug auf das internationale Arbeitsamt, die UNRRA, die internationale Lebensmittel- und Landwirtschaftskommission, die in Bildung begriffene Organisation zur Regelung der Währungsfragen[14] usw. beschritten werden. In allen diesen Fragen wird der neuen deutschen Regierung das Gesetz des Handelns im wesentlichen von aussen vorgeschrieben; durch vernünftige Zielsetzung und Argumentation kann sie dennoch auf die Gestaltung der Dinge zumindest einen gewissen Einfluss ausüben.

Europäische Föderation und neuer Völkerbund.

Es ist ein erklärtes Ziel der Vereinten Nationen, nach diesem Kriege eine internationale Organisation zur Sicherung des Friedens zu schaffen. Dieses Ziel deckt sich völlig mit dem der deutschen Demokraten. Wir halten es auch für gegeben und nützlich, dass man bei der Herausbildung eines neuen Völkerbundes anknüpft an die bereits während des Krieges geschaffenen Zusammenarbeitsorgane, sind aber zugleich der Meinung, dass so bald wie möglich eine Erweiterung des Rahmens der Vereinten Nationen durch Einbeziehung sowohl der Neutralen wie der Besiegten vorgenommen werden muss. Weiter halten wir es im Interesse des europäischen Wiederaufbaus und der Demokratisierung der besiegten Länder für notwendig, die Periode zwischen Waffenstillstand und Friedenskonferenz möglichst zu verkürzen.

Wertvolle und teuer erkaufte Erfahrungen aus der Arbeit des alten Völkerbundes stehen zur Verfügung. Sie laufen vor allem darauf hinaus, dass es neben einer effektiven internationalen Organisation keine Neutralität geben kann und dass die einzelnen Staaten bereit sein müssen, auf einen Teil ihrer Souveränität zugunsten der gemeinsamen Sicherheit zu verzichten. Das neue Deutschland muss seine unbedingte Bereitschaft erklären, auf der Basis dieser Erkenntnis an der Schaffung einer internationalen Rechtsorganisation mitzuwirken. Es muss sich verpflichten, an der Ausarbeitung eines vollständigeren Völkerrechts teilzunehmen, sich bei zwischenstaatlichen Zwistigkeiten den Entscheidungen überstaatlicher Schiedsgerichte zu unterwerfen, Sanktionen gegenüber Friedensstörern im Rahmen vorhandener Machtmittel zu unterstützen.

Vieles spricht dafür, dass ein neuer Völkerbund auf Grund vorhandener Interessengegensätze zwischen den Grossmächten nicht so eng und effektiv gestaltet werden kann, wie es den objektiven Notwendigkeiten entspräche. Teilfragen werden wahrscheinlich weitgehend durch Institutionen, die auf einem funktionellen Prinzip basieren, in Angriff genommen werden. Dagegen ist vom demokratischen Standpunkt aus nichts einzuwenden. Zugleich wird jedoch das Problem der regionalen wirtschaftlichen und politischen Zusammenarbeit viel stärkere Aufmerksamkeit erheischen, als es Illusionisten in bezug auf die Möglichkeiten der baldigen Schaffung einer Weltunion wahrhaben wollen.

Uns interessiert hierbei vor allem die Frage der europäischen Zusammenarbeit. Wir betrachten sie nicht als gegensätzlich zum Problem der Schaffung eines weltumfassenden kollektiven Sicherheitssystems, sondern als eine wesentliche Teillösung. Tatsache ist, dass Europa bis in die Gegenwart Hauptherd kriegerischer Verwicklungen geblieben ist. Tatsache ist weiter, dass die wirtschaftliche Entwicklung durch die Zerstückelung des europäischen Kontinents gehemmt und gestört wird. Historische nationale Gegensätze und der Egoismus der bislang herrschenden Klassen haben einem wirtschaftlichen Zusammenschluss Europas entgegengestanden.

Zu diesen Widerständen ist nun ein neuer gekommen. Hitlers Gangsterpolitik des „neuen Europas" hat den Gedanken einer gesamteuropäischen Lösung schwer kompromittiert. Der Hass gegen alles Deutsche steht der Einordnung Deutschlands in ein wirklich neues Europa im Wege. Ohne Deutschland ist aber keine gesamteuropäische Lösung denkbar. Wir halten jedoch die erwähnten Gegenkräfte für so ernst, dass wir unmittelbar nach dem Kriege wahrscheinlich nicht mit einer Verwirklichung eines europäischen Föderationsprogramms rechnen können. Nichtsdestoweniger ist dieses Programm richtig. Es ist darum notwendig, dass die neue deutsche Regierung zielbewusst für seine Durchsetzung eintritt. Vor allem muss auch immer wieder betont werden, dass die Gefahr einer deutschen Vormachtstellung gegenüber den Nachbarvölkern in einer europäischen Föderation nicht grösser, sondern im Gegenteil viel geringer ist als in einem zersplitterten Europa.

Regionale Teillösungen brauchen kein Hindernis für die Erreichung des höheren Zieles einer gesamteuropäischen Föderation zu sein. Die bisherigen Erfahrungen besagen jedoch, dass die Schwierigkeiten bei der Schaffung von Teilföderationen ebenso gross sind wie bei der Inangriffnahme des Gesamtproblems. Völlige Klarheit muss darüber herrschen, dass eine europäische Föderation weder in Frontstellung gegen die Sowjetunion noch gegen England geschaffen werden kann. Wie bereits durch den russisch-tschechoslowakischen Pakt von Dezember 1943 zum Ausdruck gebracht worden ist, werden die zwischen Deutschland und der Sowjetunion liegenden Länder zumindest in Fragen der Aussenpolitik stark auf die Sowjetunion angewiesen sein. Eine entsprechende Bindung an

England liegt bei den kleineren west- und nordeuropäischen Demokratien vor.

Man sollte sich jedoch auch vor Augen halten, dass nach Abschluss des Krieges zwar die Hauptpartner unter den Vereinten Nationen das entscheidende Wort in Europa sprechen, dass dann aber auch andere Kräfte auftreten und ihren Anspruch auf Mitentscheidung geltend machen werden. In Deutschland wird die revolutionäre Entwicklung hoffentlich in der Lage sein, Schritt für Schritt jene Faktoren zu beseitigen, die Hauptgrund des Misstrauens der Nachbarvölker sind. In Frankreich besteht die grosse Wahrscheinlichkeit einer Entwicklung zu einem Volksfrontregime erheblich radikalerer Art als 1936–38. In Italien werden die demokratischen Kräfte und vor allem die der Arbeiterbewegung sich freier entfalten. In Spanien wird es Franco nicht möglich sein, sich im Sattel zu halten, falls die Entwicklung in Frankreich in die erwartete Richtung geht und im übrigen ein radikaler Wind über Europa weht. In Holland und Belgien, in Dänemark und Norwegen werden Sozialisten und radikale Demokraten, die während des Freiheitskampfes unter der Okkupation eine massgebliche Rolle gespielt haben, ihren Führungsanspruch anmelden. In Österreich gibt es kein Zurück zu Dollfuss, in Ungarn wird es nicht mehr möglich sein, den Durchbruch einer ernsthaft demokratischen Revolution zu verhindern. Die Partisanenbewegung auf dem Balkan zeigt an, dass man dort zumindest mit der Ablösung der reaktionären Diktaturregime der Vorkriegszeit durch fortschrittlichere Regierungen rechnen kann.

Wir meinen, dass durch die überwiegende Tendenz einer radikal-demokratischen Entwicklung mit mehr oder minder starken sozialistischen Tendenzen erheblich günstigere Voraussetzungen für eine Entwicklung zur europäischen Föderation geschaffen werden, als sie im Vorkriegseuropa vorhanden waren. Der Verständigung zwischen Frankreich und Deutschland messen wir ausschlaggebende Bedeutung bei. Für die Erweiterung dieser Zusammenarbeit auf Italien dürften auch relativ günstige Voraussetzungen bestehen.

In wirtschaftlicher Beziehung ist es entscheidend, ob es gelingt, Südosteuropa in den Rahmen der europäischen wirtschaftlichen Zusammenarbeit einzubeziehen. Diese Frage ist vor allem davon abhängig, welche Haltung die Sowjetunion gegenüber der Entwicklung zu einer europäischen Föderation einnehmen wird. Die Sowjetunion hat zu regionalen Teillösungen einen negativen Standpunkt bezogen, und zwar mit der Begründung, dass solche Föderationen den Charakter von gegen die Sowjetunion gerichteten Bündnissen erhalten könnten. Zugleich hat man von russischer Seite betont, dass man bereit sei, die Fragen im Lichte der nach Kriegsende vorliegenden Verhältnisse einer neuen Prüfung zu unterziehen. So wie wir die Entwicklung sehen, dürfte es nicht schwer fallen, überzeugende Beweise dafür zu erbringen, dass eine im Sinne der Arbeiterbewegung und der radikalen Demokratie betriebene Föderalisierung Europas keine gegen die Sowjetunion gerichtete Spitze erhält.

Weder die Sowjetunion noch Grossbritannien sind ausschliesslich europäische Mächte. Wir betrachten es jedoch als eine Selbstverständlichkeit, dass eine gesamteuropäische Lösung ohne Russland und England nicht möglich ist. Eine Einbeziehung der Vereinigten Staaten in eine europäische Föderation ist aus geografischen Gründen gegenstandslos. Wir betonen aber ausdrücklich die grosse Bedeutung einer möglichst engen und freundschaftlichen Zusammenarbeit mit den Kräften der amerikanischen Demokratie.

Als Sozialisten haben wir ein besonderes Interesse daran, mit der Sowjetunion in engen, freundschaftlichen Beziehungen zu stehen. Solche Beziehungen sind eine der entscheidenden Voraussetzungen für die Zukunft des deutschen Volkes und für die Stabilisierung des Friedens in Europa.

Die Bildung einer provisorischen Regierung.

Wir wenden uns nun den besonderen Problemen des innerdeutschen Neuaufbaus zu. Dabei ergibt sich zunächst die Frage, ob und auf welchem Wege es möglich sei, eine neue Zentralregierung zu bilden, die – gestützt auf das Vertrauen breiter deutscher Volksschichten und zumindest toleriert durch die Siegermächte – imstande wäre, eine Politik in dem von uns skizzierten Sinne einzuleiten.

Sobald es die Verhältnisse zulassen, sind wir für die Bildung eines, auf politische Parteien gestützten und aus allgemeinen, freien Wahlen hervorgehenden Parlaments. Von seinem Vertrauen soll die Regierung abhängig sein. Ein solches System ist demokratischer und der nach dem Sturz des Nazismus so notwendigen Erziehung der Massen der Bevölkerung mehr entsprechend als ein, von manchen Sozialisten erstrebtes, politisches Delegiertensystem, das von den Arbeitsstätten ausgeht und in einen Rätekongress ausmündet. Wir messen den betrieblich und lokal entstehenden Räten eine grosse Bedeutung für die Aktivierung der arbeitenden Bevölkerung und für die soziale Verankerung der neuen Demokratie bei. Für die politische Willensbildung im neuen Staat sind jedoch Parteien und eine Vertretung der wesentlichen politischen Gruppierungen unter der Wählerschaft in einem Reichstag unentbehrlich. Der wesentliche Unterschied des neuen Deutschland zu dem der Weimarer Zeit liegt nicht in der Bildung oder Nichtbildung von Parteien und einem politischen Parlament, sondern darin, dass der Parlamentarismus den Erfordernissen einer modernen Demokratie angepasst werden muss. Er muss vor allem verbunden werden mit einer wirklich demokratischen Neugestaltung der sozialen Verhältnisse und einem dementsprechenden Aufbau des Wirtschaftslebens.

Es dürfte aber klar sein, dass es in Deutschland unmittelbar nach der Überwindung des Nazismus und zumindest auf eine Reihe von Monaten nicht möglich sein wird, Wahlen zu einem neuen Reichstag oder zu einer konstituierenden Nationalversammlung durchzuführen. Zunächst müssen die Grundlagen des neuen Staates geschaffen und gesichert werden. Die Parteien müssen erst im Zuge eines sicherlich widerspruchsvollen Klärungsprozesses gebildet und aufgebaut werden. Technische Schwierigkeiten werden auch für längere Zeit die Durchführung allgemeiner demokratischer Wahlen unmöglich machen. Man kann nicht zu Neuwahlen schreiten, so lange nicht eine Neuregistrierung der Bevölkerung stattgefunden hat und sich Millionen deutscher Soldaten noch in Kriegsgefangenschaft befinden. Hinzu kommt, dass man heute nicht wissen kann, wie sich die Besetzung in dieser Beziehung auswirken wird.

In der Übergangszeit bis zur Einberufung der Nationalversammlung wird die deutsche Demokratie durch eine provisorische Regierung sowie auf dem Wege über die lokal entstehenden Volksvertretungen und über die sich neu bildenden Parteien, Gewerkschaften und sonstigen freien Organisationen zu wirken haben. Es liegt aber unseres Erachtens im Interesse des deutschen Volkes, dass eine eigene Regierung möglichst bald zustande kommt. Gewerkschaften und Interessenorganisationen anderer Bevölkerungsschichten genügen nicht, um dem sofort notwendig werdenden Neuaufbau auf den verschiedensten Gebieten eine einheitliche Ausrichtung zu geben. Es bedarf einer provisorischen Regierung als verantwortlicher Spitze der zu erhaltenden und neuzubildenden deutschen Verwaltungszweige, als Zentrum der innerdeutschen Abrechnung mit den Nazis und des politischen, wirtschaftlichen und moralischen Wiederaufbaus sowie als Vertretung deutscher Volksinteressen gegenüber den Siegermächten und Okkupationsbehörden. Die Frage ist, wie man eine Gewähr dafür schaffen kann, dass eine solche provisorische Regierung aus Persönlichkeiten zusammengesetzt wird, die die entscheidenden Schichten der Bevölkerung vertreten und den Willen zu einer ernsten demokratischen Aufbauarbeit haben. Wir können annehmen, dass – ähnlich wie in Italien – auch in Deutschland nach dem Sturz der nazistischen Diktatur neue demokratische Parteien entstehen, auch wenn sie zunächst noch nicht stabil verankert sein werden. Es wird sich sehr bald herausstellen, welche dieser Parteien über Masseneinfluss verfügen. Die provisorische Regierung müsste sich im wesentlichen aus Vertretern dieser, mit der antinazistischen Massenbewegung verbundenen politischen Gruppierungen zusammensetzen. Das würde nicht die Heranziehung von parteilich nicht gebundenen und besonders qualifizierten Einzelpersönlichkeiten ausschliessen. Die Parteigruppierungen müssten sich als Basis des Zusammengehens in einer provisorischen Regierung auf ein Mindestprogramm der notwendigen Sofortmassnahmen und des Verhältnisses zu den Siegermächten und Okkupationsbehörden einigen.

Sozialisten sollten sich nicht nur bereit erklären, sich an einer solchen provisorischen Regierung zu beteiligen, sie sollten mit aller Energie für ihr schnelles Zustandekommen nach dem Sturze der Hitlerherrschaft eintreten. Für die gesamte weitere Entwicklung in Deutschland wird es von entscheidender Bedeutung sein, welche Aufgaben bereits in der ersten Nachkriegspause von einer provisorischen Regierung in Angriff genommen, welche Ziele von ihr proklamiert werden. Wenn wir von den innerdeutschen Verhältnissen ausgehen, so liegt kein Grund vor, dass die Sozialisten erst einmal eine „Oppositionsstellung" beziehen. Im Gegenteil. Sie würden damit nur solchen Kräften das Spiel erleichtern, die ungeachtet aller tragischen Erlebnisse und Erfahrungen des Volkes klassenmässige und gruppenmässige Sonderinteressen gegenüber den Interessen des gesamten arbeitenden Volkes vertreten und eine Ausrottung des Nazismus bis auf seine Wurzeln umgehen wollen. Wenn irgendwann, so ist nach diesem Kriege in Deutschland die Zeit dafür reif, dass eine neue, wenn auch arme, eine wirklich soziale Demokratie aufgebaut wird. Dafür haben Sozialisten nicht nur propagandistisch, sondern durch Übernahme verantwortlicher Funktionen zu wirken. Sie wären schlechte Vertreter der Arbeiterinteressen und der sozialistischen Zielsetzung, wenn sie vor der Verantwortung zurückschreckten. Sie haben die Aufgabe, sich von Anfang an aktiv einzuschalten und an der Leitung des Neuaufbaus verantwortlich teilzunehmen.

Man muss mit der Möglichkeit rechnen, dass die Okkupationsmächte ihnen geeignet erscheinende Personen, unabhängig von der demokratischen Bewegung in Deutschland, als Regierung oder anders firmierte oberste Verwaltungsinstanz einsetzen. Eine solche Körperschaft würde nicht den Bedingungen entsprechen, die wir für eine provisorische Regierung aufgestellt haben. Sie wäre im Wesen ein ausführendes Organ fremder Mächte. Für eine Regierungsernennung dieser Art könnten deutsche Sozialisten keine Mitverantwortung übernehmen. Das braucht jedoch nicht zu bedeuten, dass eine von den Okkupationsbehörden ernannte Regierungskörperschaft von Anfang an und unter allen Umständen frontal anzugreifen ist. Die Frage einer Bekämpfung oder einer bedingten Unterstützung wird von den praktischen Massnahmen einer solchen Körperschaft abhängig sein müssen. Kraft ihres Einflusses in der Masse der arbeitenden Bevölkerung und mit allen zweckdienlichen Mitteln müssen sich Sozialisten gegen alle Massnahmen wenden, die den Interessen der breiten Bevölkerungsschichten entgegengesetzt sind oder gar bestehende soziale Klüfte noch erweitern.

Sollte, als Übergangslösung, zunächst noch eine Generalsregierung zustande kommen, so haben sich Sozialisten und alle wahrhaften Demokraten für ihre Ersetzung durch eine unmilitaristische, demokratische Regierung einzusetzen. Dasselbe gilt für sonstige Regierungsbildungen der allerersten Phase, sofern es nicht einer solchen Körperschaft selbst gelingt, sich auf dem Wege der Verständigung die notwendige Erweiterung und den demokratischen Unterbau durch Verankerung in der Massenbewegung zu sichern.

Zum Aufbau des neuen Staates.

In dem mit der Schuld der nazistischen Kriegsentfachung und Greuel belasteten und mit aller Wahrscheinlichkeit okkupierten Deutschland sind zunächst eine Fülle von Massnahmen notwendig, die mit einer freien demokratischen Gesellschaftsentfaltung nicht im Einklang stehen. Die Ausrottung des Nazismus mit der Säuberung der Verwaltungsstellen, Lehrkörper, Betriebe usw. von aktiven Nazis und von allen solchen Personen in leitenden Stellen, von denen anzunehmen ist, dass sie einen demokratischen Aufbau sabotieren werden, erfordert energische, von landläufigen demokratischen Gepflogenheiten abweichende Massnahmen. Die Freiheit der Person und der Meinungsäusserung, Pressefreiheit und Organisationsfreiheit, jene grundlegenden Freiheiten, die im zukünftigen Deutschland gesichert werden sollen, werden in der Übergangszeit gewissen Beschränkungen unterliegen müssen. Diese Beschränkungen ergeben sich und sollen sich einzig und allein ergeben aus der notwendigen Aufgabenstellung der totalen Überwindung des Nazismus und seiner Helfer und Helfershelfer, also der Ausschaltung nicht nur der offenen, sondern auch der getarnten Nazis. Gerade um diese Säuberung gründlich vollziehen zu können und um Garantien dafür zu schaffen, dass der demokratische Charakter der deutschen Umwälzung nicht verloren geht, ist von Anfang an die aktive Einschaltung der demokratischen Teile der deutschen Bevölkerung durch eigene Organe zu erstreben.

Wir haben bereits auf die Notwendigkeit hingewiesen, die schnelle Herstellung einer neuen Ordnung durch die Errichtung von Volksgerichtshöfen und durch die Schaffung einer demokratisch zuverlässigen Polizei zu fördern. Geeignete Laien sind in das Gerichtswesen einzuschalten und auch auf anderen Gebieten des neuen Staatsaufbaus in Anspruch zu nehmen.

Zu den dringlichsten Aufgaben wird der Aufbau neuer Städte- und Gemeindeverwaltungen gehören. Im Prinzip liegen die Dinge hier ebenso wie wir sie in bezug auf die Bildung einer provisorischen Regierung im Gesamtmasstab dargelegt haben. Darum wird man auch im wesentlichen einen ähnlichen Weg zu beschreiten haben, nämlich bei der Zusammensetzung der provisorischen Gemeindeverwaltungen die verschiedenen, im betreffenden Gebiet verankerten politischen Richtungen zu berücksichtigen. Darüber hinaus sollte man stärkstes Gewicht darauf legen, dass Vertreter der Belegschaften von Grossbetrieben wie auch Vertrauensleute der gewerkschaftlichen und beruflichen Organisationen verantwortlich herangezogen werden.

Die volle Herstellung der grundlegenden demokratischen Freiheiten, darunter nicht zuletzt des Prinzips der Selbstverwaltung, muss während der weiteren Entwicklung entsprechend den konkreten Verhältnissen verwirklicht werden. Einzelheiten darüber lassen sich nicht am Schreibtisch festlegen. Sie müssen auf Grund der dann in Deutschland vorhandenen Gegebenheiten bestimmt werden. Aus dem, was über die Frage der provisorischen Regierung gesagt ist, ergibt sich aber, dass wir in der neuen Republik sogleich dafür einzutreten gedenken, dass die Bildung neuer Parteien zugelassen wird, selbstverständlich begrenzt auf solche Gruppierungen, deren Aufgabenstellung im Rahmen demokratischer und nichtmilitaristischer Bestrebungen liegt. Wir hoffen, dass man im neuen Deutschland nicht eine zu weitgehende Parteienzersplitterung erleben wird. Im Interesse der Stabilität des politischen Lebens sollten sich die Sozialisten dafür einsetzen, dass sich möglichst grosse Bevölkerungsteile nach grossen Grundlinien um möglichst wenige Parteien scharen. Der Staat muss davor geschützt werden, dass das politische Leben und besonders auch die spätere Parlamentsarbeit durch eine Parteieninflation erschwert und vielleicht sogar zersetzt wird. Das könnte u. a. dadurch erreicht werden, dass man bei der Aufstellung von Kandidatenlisten zu Reichstagswahlen den Nachweis einer relativ hohen Zahl von Anhängern der betreffenden politischen Gruppierung verlangt. Der demokratische Staat muss sich auch vor kamouflierten antidemokratischen Parteibildungen schützen. Zu diesem Zweck sollten die Programme, Statuten und Kassenberichte der Parteien in Bezug auf demokratische, dem deutschen sozialen Neuaufbau dienende Ziele und auch in Bezug auf die Sicherung demokratischer Prinzipien im Aufbau der Parteiorganisationen einer öffentlichen Kontrolle unterzogen werden.

Es dürfte sich aus unserer Gesamthaltung ergeben, dass wir die Zulassung nur einer Partei im Staat prinzipiell und entschieden ablehnen. Ein Einparteiensystem birgt, auch wenn es ursprünglich mit den besten Vorsätzen verbunden ist, immer die Gefahr in sich, dass es zur Aufhebung der demokratischen Rechte führt.

Gegenüber dem Weimarer System treten wir für eine effektivere Gestaltung der parlamentarisch-demokratischen Arbeitsformen ein. Insbesondere halten wir es auch für erforderlich, dass ein engerer Kontakt zwischen Wählern und Abgeordneten hergestellt wird. Dieser Forderung könnte teilweise durch die Bildung relativ kleiner Wahlkreise Rechnung getragen werden. Den Abgeordneten sollte auch die Verpflichtung auferlegt werden, in ihren Wahlkreisen in gewissen Abständen in öffentlichen Versammlungen über ihre Haltung im Reichstag und über die Parlamentsarbeit überhaupt Bericht zu erstatten. Dadurch würde man auch dazu beitragen, das Interesse breiterer Kreise an den öffentlichen Aufgaben zu wecken und deren politische Schulung zu fördern.

Auf die Frage, ob und in welchen Formen es angebracht sein wird, in Deutschland ein Zweikammersystem zu schaffen, also etwa eine erste Kammer aus Vertretern der Länder oder Provinzen zu bilden, gehen wir in diesen Zusammenhang nicht ein. Diese Frage bedarf auch zunächst keiner Entscheidung. Nachdem die Voraussetzungen für allgemeine Wahlen vorhanden sind, steht zunächst die Einberufung einer Nationalversammlung auf der Tagesordnung. Sie wird dem Lande die verfassungsmässigen Grundlagen zu geben haben. In der Zwischenzeit wird man prüfen können, ob etwa ein Reichswirtschaftsrat die Funktionen einer Kammer in einem Zweikammersystem erfüllen könnte.

Wir sind aus Gründen der Sicherstellung der demokratischen Entwicklung für weitmöglichste Dezentralisierung und Selbstverwaltung auf den verschiedenen Gebieten der gesellschaftlichen Tätigkeit. Auf politischem und wirtschaftlichem wie auch auf sozialpolitischem und kulturellem Gebiet und in der gesamten Verwaltung muss jedoch zumindest durch Reichs-Rahmengesetze, zum Teil auch durch einheitliche Lenkungsorgane, eine Geschlossenheit der Neugestaltung im ganzen Reich gewährleistet werden.

Wir sind Anhänger einer Reichsreform, durch die die Vormachtstellung Preussens überwunden wird. Bei der Festlegung der neuen inneren Verwaltungsgebietsgrenzen müssen traditionelle Gesichtspunkte den Gesichtspunkten der Volkswirtschaft den Platz räumen. Die nichtpreussischen Länder würden ihre Geschlossenheit im grossen und ganzen behalten können, da sie weitgehend den Bedingungen wirtschaftlicher Zusammengehörigkeit entsprechen.

Für eine sozialistische Einheitspartei.

Im Lager der Arbeiterschaft und der übrigen Kreise, die eine sozialistische Lösung erstreben, treten wir mit aller Entschiedenheit dafür ein, dass die alte Parteienzersplitterung nicht zurückkehrt. Wir sind für die Bildung einer demokratisch-sozialistischen Einheitspartei.

Es gibt eine Reihe von günstigen Voraussetzungen für die Schaffung einer solchen Einheitspartei. Zu den wichtigsten dieser Voraussetzungen gehören die Erfahrungen der Niederlage 1933 und die ökonomischen und sozialen Umwandlungen, die in Deutschland bis zum Sturze des Naziregimes vor sich gingen und die der traditionellen Spaltung den objektiven Boden entzogen haben, sowie auch die ideologische Annäherung beträchtlicher Teile der Illegalen untereinander. Die grosse Masse der deutschen Arbeiterschaft und alle Sozialisten aus anderen Schichten haben das gemeinsame Interesse, den Nazismus mit Stumpf und Stiel auszurotten und einen neuen, politisch und sozial demokratischen Staat aufzubauen. Weitschweifende ideologische Debatten innerhalb der sozialistischen Bewegung können getrost einer späteren Periode überlassen werden. Es wäre jedenfalls sinnlos und müsste zwangsläufig zu einer Schwächung der sozialistischen Gesamtposition führen, wenn grosse prinzipielle Auseinandersetzungen als Vorbedingung für die Bildung einer einheitlichen sozialistischen Partei angesehen würden. Worauf es zunächst ankommt und womit man sich darum zunächst begnügen kann, ist eine Einigung über die nächsten Aufgaben in bezug auf die Überwindung des Nazismus und die Befriedigung der dringendsten Bedürfnisse des Volkes unter dem Gesichtspunkt, einen weitgehenden sozialen Ausgleich herbeizuführen. Darüber hinaus müsste man sich auf eine kurze Umreissung der allgemeinen gesellschaftlichen Ziele der sozialistischen Bewegung beschränken.

Eine solche Partei, deren Hauptbasis die Arbeiterschaft sein wird, muss auch Raum haben für städtische und ländliche Mittelschichten. Deren Interessen sind im Wesen nicht unterschiedlich von den hier kurz umrissenen Interessen der Arbeiterschaft im engeren Sinne. Die sozialistische Bewegung muss es sich angelegen sein lassen, zu verhindern, dass es anderen, eine besondere Monopolstellung erstrebenden Kreisen erneut gelingt, eine ideologische und politische Kluft zwischen den Mittelschichten und der Arbeiterschaft zu schaffen. Es gilt dafür zu wirken, dass die Arbeitermassen und die trotz aller Massnahmen des Naziregimes noch immer vorhandene Masse der Mittelschichten so eng wie möglich zusammengeschweisst werden.

Wir sind uns darüber im klaren, dass, trotz einer positiven Einstellung von sozialistischer Seite zum Bündnisproblem der arbeitenden Volksschichten, eine oder mehrere Parteien mittelständlerischen Charakters entstehen werden. Sicherlich werden auch kirchliche Kreise bestrebt sein, eine oder mehrere eng mit der Kirche verbundene Parteien neu ins Leben zu rufen. Es ist weiter anzunehmen, dass auch solche Kreise zu eigener Parteibildung schreiten, die zwar für politische Demokratie eintreten, aber zugleich entschlossen sind, ihre alte wirtschaftliche Monopolstellung wiederaufzurichten. Das Verhältnis der Sozialistischen Partei zu anderen Parteien wird davon abhängig zu machen sein, inwieweit das Wirken der anderen Parteien den Bestrebungen der sozialistischen Bewegung strikt entgegengesetzt ist, oder inwieweit in der jeweiligen Situation eine gemeinsame Plattform gefunden werden kann. Ein Bündnisverhältnis zwischen der Sozialistischen Partei und einer Partei, die wirtschaftliche Monopolstellungen erstrebt, wird kaum in Frage kommen, wie aus unserer im übernächsten Abschnitt dargelegten Auffassung über den notwendigen Wirtschaftsaufbau hervorgehen dürfte.[15]

Es lässt sich heute noch nicht abschätzen, ob die seinerzeit leitenden Kräfte auf sozialdemokratischer und kommunistischer Seite am Tage nach dem Sturze Hitlers für eine einheitliche sozialistische Partei eintreten werden oder ob der Versuch unternommen wird, die Parteiapparate im wesentlichen in Anknüpfung an die Vergangenheit wiederaufzurichten und scharfe Trennungsstriche zwischeneinander zu ziehen. Wir sind aber überzeugt, dass die Losung der Schaffung einer einheitlichen Sozialistischen Partei starken Widerhall in Deutschland finden wird. Diese Losung wird vor allem auch von jenen Gruppen früher sozialdemokratisch und kommunistisch organisierter Arbeiter unterstützt werden, die auf Grund der Erfahrungen der gemeinsamen Niederlage und des gemeinsamen Kampfes unter den schwierigsten Bedingungen die alten Parteischranken längst haben fallen lassen. Auch unter den jüngeren bewussten Antinazisten, die an keine alten Parteitraditionen gebunden sind, und unter den parteilich heimatlos gewordenen Sozialisten sowie solchen Kreisen, die sich erst unter dem Naziregime zu sozialistischen Erkenntnissen durchgerungen haben, gibt es starke Voraussetzungen für die Schaffung einer einheitlichen, mit freiheitlichem Geist erfüllten und demokratisch aufgebauten Sozialistischen Partei.

Eine solche Partei kann und wird nicht über Nacht entstehen und plötzlich fix und fertig sein. Es muss um ihre Schaffung, um ihre Zielsetzung und ihren Aufbau gerungen werden. Worauf es aber ankommt, ist, dass bei den wahrscheinlich rasch erfolgenden lokalen Parteibildungen alles vermieden wird, was zu einer Zersplitterung im sozialistischen Lager führt, dass man bei den lokalen Bemühungen das Ziel der einheitlichen Parteibildung im Reichsmasstab vor Augen hat. Es sollte auch angestrebt werden, dass so zeitig wie möglich ein zentraler vorbereitender Ausschuss, zusammengesetzt aus angesehenen Vertretern der verschiedenen massgeblichen Gruppierungen der sozialistischen Bewegung, gebildet wird, um den Entstehungsprozess der einheitlichen Partei zu fördern.

Die neue Sozialistische Partei in Deutschland hat alles Interesse daran, dass eine starke, einheitliche Sozialistische Internationale kommt. Während dieser Zeit muss die deutsche Partei nach bestem Vermögen bestrebt sein, die Verbindungen mit der sozialistischen Bewegung in anderen Ländern, vor allem aber mit den Bruderparteien der europäischen Nachbarvölker, wieder aufzunehmen, Missverständnisse aus dem Wege zu räumen und Verständigung über die die deutsche und europäische Arbeiterbewegung angehenden Fragen herbeizuführen.

[...][16]

Nr. 9
Aus dem Schreiben Brandts an Walcher
26. August 1944

SAPMO-BArch, NY 4087/24.

Lieber Jacob,
August [Enderle] hat Dir bereits auf Deinen Brief vom 31. Mai [1944] – über den wir uns sehr freuten – geantwortet.[1] Ich möchte jedoch auch Gelegenheit nehmen, Dir zu einigen Fragen zu schreiben und vor allem auch meiner Befriedigung darüber Ausdruck zu geben, dass wir offenbar trotz der jahrelangen Isolierung und der Milieuunterschiede im grossen und ganzen mit der gleichen Einstellung und Blickrichtung an die Lösung der neuen Aufgaben herangehen.

Gestern wurde Paris befreit! Das war gewiss wert, einigen Flaschen den Hals abzudrehen. Aber es geht jetzt so schnell, dass man überhaupt nicht aus dem Suff herauskäme, falls man alle Teilsiege begiessen wollte. Vielleicht werden die Alliierten nach dem erstaunlich raschen Kollaps der deutschen Westarmee und mit Hilfe der inneren Streitkräfte jenes Frankreichs, das unser fester Bundesgenosse werden muss, schon in ein paar Wochen am Rhein stehen. Die Russen werden sicherlich demnächst ihren wuchtigen Vormarsch im Norden fortsetzen und bald bis an die Oderlinie vorstossen. Auf dem Balkan bricht nach dem Kurswechsel in Rumänien alles zusammen.[2] Sehr bald wird also auf deutschem Boden gekämpft werden.

Leider müssen wir damit rechnen, dass es noch erbitterte Kämpfe innerhalb der Reichsgrenzen geben wird. Die Naziführer und ihre Kerntruppen wissen, dass sie absolut alles zu verlieren haben. Für sie geht es in der letzten Phase nur noch um das besinnungslose Morden alles dessen, was sich ihnen in den Weg stellt. Sie wollen nicht, dass ein anderes Deutschland einigermassen erträglich leben kann. Ihnen geht es darum, möglichst das ganze Volk mit in den Untergang zu zerren. Die Liste der unbeschreiblichen nazistischen Greuel ist noch nicht abgeschlossen. Einige schlimme Schandtaten stehen noch bevor. In Ungarn ist man gerade dabei, den einzigen bisher überlebenden grösseren Teil der europäischen Juden umzubringen.[3] Stefan [Szende] teilte mir gerade heute mit, dass man seine Mutter und übrige Familie deportiert und wahrscheinlich bereits in Osviencin[4] umgebracht habe. Das Vorgehen der Nazis in den besetzten Ländern wird aber unter Umständen noch übertroffen werden durch ihren Vernichtungsfeldzug gegen Teile des eigenen Volkes. Der einzige Trost ist, dass ihnen das alles nichts mehr nützt und dass sie die Entscheidung nicht einmal mehr wesentlich verzögern können. Wir können damit rechnen, dass der Krieg dieses Jahr zu Ende ist, möglicherweise sogar schon in wenigen Wochen.

Es ist darum fraglich, ob Dich dieser Brief noch vor Kriegsende erreicht. Vielleicht erhältst Du ihn trotzdem. Ich nehme an, dass die Plätze im ersten Flugzeug aus USA bereits belegt sind und dass Ihr dort vielleicht noch einige Zeit warten müsst. Unsere „Schweden" sind ja näher am Schuss. Hier wird aber eine Menge von Rückreisesperre und -kontrolle gesprochen. August und Irmgard [Enderle] dürften trotzdem gute Chancen haben, unter den ersten Heimkehrern zu sein. Ausserdem sind Vorkehrungen getroffen, damit einige Freunde noch vor dem endgültigen Kollaps ihre alten Bekannten wieder aufsuchen und alte Freundschaftsbeziehungen auffrischen können.

Für mich wird kaum die Frage einer unmittelbaren Reise in die alte Heimat stehen. Ich habe Dir bereits früher zu dieser Frage geschrieben. Aus meiner Staatsbürgerschaft ergeben sich gewisse Verpflichtungen, die bei Kriegsende nicht unmittelbar in Wegfall geraten. Am 9. April 1940[5] traf ich die Entscheidung, während dieses Krieges vor allem für Norwegen zu arbeiten, mit dem mich so viel verbindet und dem ich so viel schuldig bin. Bei Kriegsschluss muss ich mich also neu entscheiden. Schon heute ist für mich klar, dass ich mich nicht in innernorwegischen Fragen politisch exponieren werde. Andererseits kann ich meinen norwegischen Genossen nicht einfach den Rücken kehren. Vielleicht stellt sich auch heraus, dass wichtige Aufgaben in der Übergangszeit von meinem jetzigen Standort aus am besten zu lösen sind. Vielleicht ist es auch so, dass es in der ersten Phase in dem, was von unserer alten Heimat übrig bleibt, keine Betätigungsmöglichkeiten über den engeren gewerkschaftlichen Rahmen hinaus gibt. Das wird man sehen. Wenn ich zunächst nach Oslo zurückkehre, werde ich wahrscheinlich nicht viel versäumen. Ich nehme an, dass es hinterher nicht schwer fallen wird, sich über den weiteren Einsatz zu verständigen.

Was die vor uns liegenden Probleme und Aufgaben angeht, so kann ich mir lange Ausführungen deswegen ersparen, weil Du in der Zwischenzeit sicherlich die hier im Juli erschienene Broschüre „Zur Nachkriegspolitik der deutschen Sozialisten"[6] erhalten hast, der übrigens bald eine neue, über die besonderen Probleme der Einheitspartei, folgen wird.[7] Du wirst in Rechnung stellen, dass gewisse Nuancen der Darstellung vom jeweiligen Betätigungsfeld abhängig sind. Ausserdem ist ja manches mit Absicht nur andeutungsweise zum Ausdruck gebracht worden. Trotzdem wirst Du Dir auf der Basis dieser Schrift ein Urteil über unsere „Gesamtlinie" bilden können. Hier war es vor allem notwendig, der Diskussion im soz[ialistischen] Sektor einen festeren Halt zu geben. Die bisher vorliegenden Äusserungen laufen darauf hinaus, dass das gelungen ist.

Du wirst gesehen haben, dass wir mit Dir einer Meinung sind, was die Notwendigkeit der Verständigung mit dem Osten – wie auch mit allen in Frage kommenden Kräften des Westens – betrifft. Gleichfalls sind wir heute wie früher überzeugte Anhänger einer einheitlichen soz[ialistischen] Bewegung. Ich möchte aber betonen, dass es sich hierbei um zwei verschiedene Probleme handelt. Die Notwendigkeit der Verständigung mit dem Osten muss einer der Leitsterne der kommenden Politik sein, auch dann, wenn es nicht möglich sein sollte, sich mit der KP zu verständigen. Und umgekehrt muss der Kampf um die Einheit auch dann fortgeführt werden, wenn sich Friktionen im Verhältnis zum Osten ergeben. Ich teile im übrigen Deine kritische Einstellung gegenüber Leuten, die noch immer nicht begriffen haben, was sich während dieses Krieges ereignet hat und denen der Sinn für die nach dem Krieg vorliegenden realen Faktoren abgeht. Selbst bin ich geneigt, gewisse Entscheidungen im Osten heute noch kritischer zu beurteilen als früher und die unbedingte Notwendigkeit der Eigenentwicklung noch stärker zu betonen. Andererseits hat die Geschichte in einer Reihe von früher umstrittenen Fragen ihr Urteil gefällt, und es geht darum, das Verständnis für die östliche Entwicklung dadurch zu vertiefen, dass man immer wieder den speziellen historischen und sozialen Hintergrund aufzeigt. Daraus ergibt sich zur gleichen Zeit eine Anerkennung und Abgrenzung.

Leidergottes habe ich mir nicht die Zeit genommen, russisch zu lernen, aber ich bemühe mich, die russischen Darlegungen in der mir zugänglichen Presse zu verfolgen. Ich versäume auch keine Gelegenheit des direkten Kontaktes mit den hiesigen SU-Leuten, um so neue Eindrücke zu gewinnen und das persönliche Verhältnis so gut wie möglich zu normalisieren. Mir ist aber klar geworden, dass sich bei den M[oskau]ern – nicht a l l e i n auf Grund der engstirnigen Haltung vieler Sozialdemokraten – ein gewaltiges Misstrauen gegen alle Sektoren der von ihnen unabhängigen Arbeiterbewegung aufgespeichert hat. Irrationale Faktoren spielen eine nicht geringe Rolle, und selbst wenn man den besten Willen zur Zusammenarbeit hat, muss man mit grossen Schwierigkeiten rechnen, falls man zugleich gewillt ist, sich von den Gegebenheiten des eigenen Landes und von der selbständigen Einschätzung dessen, was vernünftige soz[ialistische] Politik ist, leiten zu lassen. Das wichtigste ist jedoch, dass es bei uns nicht am guten Willen fehlt und dass wir uns nicht Vorwürfe zu machen brauchen, falls nicht alles so geht, wie wir es am liebsten hätten und wie es im gemeinsamen Interesse läge.

Ich sagte Dir schon, dass wir weiterhin Anhänger der EP seien. Das entspricht auch – wie wir aus einer ganzen Reihe von Berichten wissen – dem Wunsch der bewussten Kräfte drinnen. (Ich sehe hier ab von den keineswegs zu unterschätzenden Kadern in gewissen Industrien – z. B. an der Wasserkante –, die das Verständnis für die Notwendigkeit der Partei verloren haben und die sich jedenfalls zunächst ausschliesslich auf die Neubildung der Gewerkschaften einstellen.) Ob es aber wirklich zur Schaffung einer einheitlich demokratisch-soz[ialistischen] Partei kommt, hängt doch massgeblich von Faktoren ab, auf die wir keinen Einfluss haben. Bisher sieht es nicht so aus, als ob die KP auf die Neukonstituierung verzichten wollte. Auch zu dieser Frage muss unsere Haltung sein: „An uns soll es nicht liegen!" Falls es zunächst nicht möglich sein sollte, alle unter einen Hut zu bringen, so besteht die Hoffnung, im Kampf um die totale Einheit zumindest eine vernünftige Vereinigung im soz[ialistischen] Sektor zustandezubringen, und zwar u. a. auch so, dass dadurch die Voraussetzungen für die Weiterarbeit an der Erreichung des grösseren Ziels gegeben sind.

Der Kampf um die Schaffung einer einheitlichen Bewegung muss drinnen vom ersten Tag an geführt werden. Die Vorarbeiten im Ausland, so winzig sie auch im einzelnen Falle scheinen mögen, sind von grosser Bedeutung. Natürlich wird man nicht hindern können, dass sich Freunde im Rahmen alter Gruppierungen zunächst wieder zusammenfinden. Worauf es ankommt, ist jedoch zu verhindern, dass sich hieraus eine Versteifung der alten, durch die Entwicklung überholten Gegensätze ergibt. Gruppenmässige Zusammenfassungen müssen einen absolut provisorischen Charakter haben. So rasch wie nur irgend möglich muss ein Reichsausschuss gebildet werden, der die Arbeit für die EP in Arbeit nimmt. Wenn das richtig ist, so müssen wir entschieden davor warnen, dass es zu einer Rekonstituierung der SAP kommt. Meiner Meinung nach würden sich die Freunde auch lokal isolieren, falls sie darauf verzichten, schon in der ersten Phase in den Rahmen breiterer Zusammenschlüsse aufzutreten. Falls die Voraussetzungen dafür gegeben sind, ist eine Reichsvertretung der ehemaligen SAP-Genossen zu bilden, die an der Arbeit um die Schaffung der einheitlichen Bewegung teilnimmt und die im übrigen dafür sorgt, dass die Freunde in den verschiedenen Bezirken nicht in den Fehler der gruppenmässigen Isolierung verfallen. So wie in der Phase, als wir uns um die Konzentration bemühten,[8] ist es auch heute noch die Aufgabe unserer Freunde, sich in den soz[ialistischen] Sektor einzureihen, auf seine Umgestaltung einen wohlmöglich massgeblichen Einfluss auszuüben und mit ihm in der neuen Form eventuell in die EP aufzugehen. Ich bin mir darüber im klaren, dass auch in dieser Frage nicht alles von unserm guten Willen abhängt und dass man zu gruppenmässiger Sonderstellung gezwungen werden kann. Man sollte sich aber ernsthaft bemühen, dieser Eventualität zu entweichen. Aus d i e s e m Grunde war ich – ebenso wie die anderen Freunde hier – so wenig von der Schrift der Londoner Freunde begeistert, die übrigens sehr wenig Wert darauf gelegt haben, den Kontakt mit uns aufrechtzuerhalten.

Ueber die hiesige lokale Arbeit wird Dir August bzw. Irmgard geschrieben haben.[9] Die Lage ist darum nicht sehr erquicklich, weil die soz[ial]demokratischen Freunde durch scharfe innere – mehr persönliche als politische – Gegensätze an einheitlichem Auftreten und politischer Arbeit gehindert werden. Soweit ich die Dinge überblicken kann, entwickelt sich die gewerkschaftliche Arbeit hier durchaus befriedigend. Kürzlich wurde von seiten unserer engeren Freunde ein Versuch gemacht, einen pol[itischen] Dreierausschuss zu bilden, damit man ein Organ hätte, das hier in der Periode des Umsturzes wirken könnte. Die Bildung eines solchen Ausschusses sollte mit einem Aufruf zur aktuellen Lage verbunden werden. Zunächst ist aus dieser Initiative nichts geworden. Die KP hatte es offenbar nicht gern, dass praktische Vorschläge – gegen die sie in der Sache nichts einzuwenden hatte – von anderer Seite kamen und dass man sich nicht ausdrücklich auf das M[oskau]er Komitee[10] berief. Viele der SP[D]-Leute schrecken aus obengenannten Gründen vor praktischen Konsequenzen zurück. Sie möchten bei jeder Kleinigkeit erst den P[artei-]V[orstand] fragen. Ich nehme jedoch an, dass man demnächst auf die von vielen Freunden als richtig erkannten Vorschläge zurückkommen wird.

Viel wichtiger als diese lokalen Dinge ist das, was mit dem Lande zusammenhängt. Darüber liesse sich eine Menge schreiben. Wir haben heute in dieser Hinsicht allerlei aufzuweisen, und zwar nicht nur in Bezug auf die Verfolgung der inneren Ereignisse, sondern auch in der Richtung der Anknüpfung von Kontakten mit sehr seriösen inneren Kreisen. Für mich selbst hat sich durch Initiative von innen her eine sehr bedeutende Verbindung mit einer zentralen Gruppierung ergeben, an der Freunde verschiedener Richtungen, auch ausserhalb des Arbeitersektors, beteiligt sind.[11] Ich erwähne diesen Punkt hier lediglich, um anzudeuten, dass sehr wohl die Möglichkeit gegeben war, eine Unterstützung von eurer Seite zweckentsprechend anzubringen. Nun ist alles etwas schwieriger gewesen, aber wir haben uns bemüht, all das zu tun, was in unseren Kräften stand.

Wir haben die spärlichen Nachrichten über den dortigen deutschen Ausschuss[12] mit grossem Interesse zur Kenntnis genommen. Die in Deinem Brief erwähnten Anlagen haben wir jedoch leider nicht erhalten. Es wäre gut, wenn wir auf anderem Wege noch Informationen erhalten könnten.

Du weisst wahrscheinlich, dass ich mich seit anderthalb Jahren mit einem hiesigen Kreis beschäftige, der sich Internationale Gruppe demokratischer Sozialisten in Stockholm nennt. An den Diskussionen in diesem Kreis, als dessen Sekretär ich fungiere, sind Freunde aus 12–14 Ländern beteiligt. [...]

Das Hauptgewicht liegt jedoch auf den Diskussionen im kleineren Kreise, an dem nur je 1–2 Mann aus den verschiedenen Ländern beteiligt sind. Vor einigen Tagen hatten wir gerade eine sehr ausführliche und ernste Aussprache über die Dir sicher bekannte Erklärung einer Reihe von Freunden in London zur Frage der Atlantic Charter, vor allem in Bezug auf die Behandlung der Feindländer. Es stellte sich heraus, dass der durch den naz[istischen] Terror hervorgerufene Hass immer ernstere Hindernisse für die künftige Zusammenarbeit auch im Lager der A[rbeiter]B[ewegung] aufwirft. Trotzdem scheint es uns hier zu gelingen, den Kreis beieinander zu halten. Wir bilden uns natürlich nicht ein, man könnte von hier aus die Int[ernationale] wiedererrichten. Möglich ist aber, einerseits wertvolle Informationen auszutauschen und andererseits den persönlichen Kontakt zwischen Freunden aus verschiedenen Ländern zu festigen.

Was meine Arbeit betrifft, so beschäftige ich mich hauptamtlich weiterhin mit der Vermittlung der norwegischen Nachrichten an die schwedische Presse. Hinzu kommt meine schriftstellerische Tätigkeit. Im Frühjahr gab ich auf schwedisch ein Buch über die aktuellen Nachkriegsfragen heraus („Nach dem Sieg"). Zur Zeit bin ich dabei, einerseits meine Manuskripte zur norwegischen Okkupationsgeschichte für die bevorstehende Veröffentlichung in Norwegen zu überprüfen, andererseits gemeinsam mit einer Reihe anderer Leute

eine kurzgefasste Geschichte dieses Krieges für eine Veröffentlichung nach dem Kriege in den drei skandinavischen Ländern zustandezubringen.¹³ Meine Aufgabe ist es, über die politischen Geschehnisse in der Periode vor Kriegsausbruch bis zum 22. Juni 1941 zu schreiben. Diese Arbeit soll bei Kriegsende fertig sein. Es gilt also, jede freie Stunde auszunutzen. Von der Familie sieht man unter diesen Umständen nicht viel, und an Ausruhen ist kaum zu denken.
[...]¹⁴
Dir und Hertha Handschlag und viele Grüsse
Euer
‹Willy›¹⁵

Nr. 10
**Erklärung ehemaliger SAP-Mitglieder in Stockholm zum Eintritt in die Stockholmer SPD-Ortsgruppe
9. Oktober 1944¹**

AAB, Archivnr. 1563: Sozialdemokratische Partei Deutschlands, Ortsgruppe Stockholm, Vol. 2.

An den Vorstand der SPD-Gruppe Stockholm²
Die Unterzeichneten beantragen hiermit ihre Aufnahme in die Ortsgruppe Stockholm der SPD. Als Begründung möchten wir³ Folgendes erklären:

Die umstürzenden Ereignisse seit 1933 haben die Grundlagen und Bedingungen für den Neuaufbau der Arbeiterbewegung in Deutschland gegenüber früher verändert. Jahrzehntelang heiß umstrittene Probleme sind gegenstandslos geworden, veränderte Aufgaben und Schwierigkeiten stehen bevor. Sie können nur mit Erfolg bewältigt werden, wenn es gelingt, von Beginn des Wiederaufbaus die frühere Zersplitterung zu verhindern und neben einer einheitlichen Gewerkschaftsbewegung eine sozialistisch-demokratische

Einheitspartei zu schaffen. Die Mitglieder und Anhänger der früheren Parteien und politischen Gruppen der[4] Arbeiterbewegung, die zu positiver Mitarbeit in der Richtung eines demokratisch-sozialistischen Aufbaus in Deutschland bereit sind, sowie neue Kräfte – auch in den Mittelschichten und unter den Intellektuellen –, die diese Auffassung haben, müssen[5] in dieser sozialistischen Partei vereinigt werden.

Wir wissen, daß die Partei nicht in der Emigration, sondern nur in Deutschland selbst gegründet und aufgebaut werden kann. Es ist aber von Bedeutung, wenn heute bereits in der Emigration und, soweit das möglich ist, in Deutschland propagandistisch und organisatorisch Vorbereitungen für den Start der sozialistischen Einheitspartei[6] getroffen werden. Eine solche Partei, mit einem konkreten Wiederaufbauprogramm, wird bei der mit der Niederlage des Nazismus[7] sicherlich zu politischer Aktivität drängenden Masse der Bevölkerung sicherlich die Anziehungskraft haben[8], während die Aufrichtung der alten Parteiensplitterungen[9] große Enttäuschung hervorrufen und vor allem den von uns erwünschten demokratisch-sozialistischen Aufbau gefährden würde.

Aus den von der Stockholmer SP[D]-Gruppe aufgestellten Richtlinien über die neue sozialistische Partei in Deutschland und aus Äußerungen der SP[D]-Gruppen in Malmö und anderen Orten in Schweden sowie aus den Mitteilungen in London, wo der SP[D]-Vorstand seinen Sitz hat, geht hervor, daß innerhalb der SP[D] dieselben Bestrebungen für die Schaffung einer sozialistischen Einheitspartei bestehen wie bei uns.

Organisatorische Voraussetzungen für die Bildung einer Union, wie sie in England von SP[D], SAP und anderen sozialistischen Gruppen gebildet wurde,[10] sind in Stockholm und Schweden nicht gegeben. Die SAP ist hier in den letzten Jahren auch nicht als feste Organisation aufrecht erhalten worden.[11] Da wir aber eine enge Zusammenarbeit und völlig gemeinsame Vorbereitungen auf die Aufgaben in Deutschland mit allen erstreben, die auf gleichem sozialistisch-demokratischem Boden stehen wie wir,[12] sind wir zu der Schlußfolgerung gekommen, uns der sozialdemokratischen Organisation[13] anzuschließen. Wir haben die früheren SAP-Mitglieder in der Provinz von dieser Absicht unterrichtet, und ein Teil von ihnen (Alfred u. Lotte Krüger, Nyköping, Willy und Lene Stumpe, Göteborg, Werner und Eleonore Buchheister, Alnö) will ebenfalls Aufnahme in die SP[D] beantragen.

[...]¹⁴

I[m] A[uftrag] der Unterzeichneten

‹Aug[ust] Enderle›¹⁵

Nr. 11
**Aus dem Vortrag Brandts
„Forderungen und Möglichkeiten der Demokratie in der internationalen Politik" im Philosophischen Diskussionsklub in Stockholm
4. Februar 1945**¹

AAB, NL Max Hodann, Vol. 3.

Einleitung.

[...] Ich bin zutiefst davon überzeugt, dass die europäische und internationale Demokratie noch über starke Reserven verfügt. Das zeigt bereits die Entwicklung in den von Faschismus und Nazismus befreiten Ländern. Das wird sich noch viel deutlicher zeigen, wenn – wie wir jetzt anzunehmen das Recht haben – in kurzer Zeit die Macht der nazistischen Barbarei gebrochen ist. Die Niederlage des Nazismus wird in fast ganz Europa eine breite Volksbewegung auslösen. Diese Volksbewegung ist heute bereits sichtbar. Sie wird morgen wuchtiger, entschlossener auftreten, und sie wird klarmachen, dass das Kriegsende in Europa nicht den Schlussstrich unter eine Epoche bedeutet, sondern den Auftakt zur wichtigsten Phase dieser Epoche. Worum wird es gehen? Es ist klar, dass die unterdrückten Völker ihre nationale Freiheit wieder gewinnen wollen. Klar ist auch, dass sie die Freiheiten und Rechte im Inneren, die ihnen genommen wurden, zurückverlangen. Dabei werden sie aber nicht stehen bleiben. Es wird um die Erweiterung und Verankerung der Freiheitsrechte gekämpft, es wird um den Inhalt der Demokratie gerungen werden. Vieles von dem, was geschehen wird, mag geeignet sein, den Blick zu trüben. Nichtsdestoweniger wird dies eine der Haupttendenzen der bevorstehenden Phase sein: Aktivisierung der europäischen Volksmassen, ihr Ringen um die Wiedergewinnung verlorengegangener Rechte und um die Erlangung neuer, umfassenderer Rechte.

Man mag es nennen, wie man es will. Gehen wird es um den Inhalt der neuen Demokratie. Dem Wesen der Demokratie aber widerspricht es, wie gleich aufzuzeigen sein wird, sich national zu begrenzen. Ebensosehr widerspricht eine solche Begrenzung den Erfordernissen unserer Zeit. Es wird in den kommenden Jahren viel von den Forderungen der Demokratie in den zwischen- und überstaatlichen Verhältnissen die Rede sein.

Was ist Demokratie?

Zunächst mag aber die Frage beantwortet werden, in welchem Sinne hier von Demokratie gesprochen wird. Alle Welt redet von Demokratie und hinter der gemeinsamen Fassade verbirgt sich recht häufig ein verschiedener Inhalt.

Man macht es sich sicherlich zu einfach, wenn man erklärt, Demokratie sei Volksherrschaft und damit basta. Der Skeptiker wird einwenden, dass eine wirkliche Volksherrschaft – vielleicht von gewissen primitiven Gesellschaftsformen abgesehen – noch kaum irgendwo verwirklicht worden sei. Klarer wird die Frage m. E., wenn man so formuliert: Sinn und Zielsetzung der Demokratie ist es, dass immer breitere Schichten des Volkes ermächtigt und befähigt werden, an der Kontrolle und Leitung, an der gesamten Gestaltung der öffentlichen Angelegenheiten teilzunehmen. Dem Sinn und der Zielsetzung der Demokratie widerspricht es, dass Interessengruppen oder privilegierte Schichten die Macht usurpieren. Damit breite –

und im Zuge der Entwicklung breiteste – Volksschichten an der Gestaltung der öffentlichen Angelegenheiten teilhaben können, bedarf es eines repräsentativen Systems. Was nicht bedeutet, dass die parlamentarische Regierungsform die endgültige Lösung darstellt.

Als endgültig können wir aber davon ausgehen, dass die grundlegenden menschlichen Rechte nicht von der Demokratie zu trennen sind: die Freiheit des Glaubens und der Meinung und die Gleichheit vor dem Gesetz. Es mag unausweichlich sein, diese grundlegenden Freiheiten zeitweilig zu beschränken oder gar zu suspendieren. Das ändert daran nichts, dass sie in ihrer Gesamtheit die Luft ausmachen, ohne die die Demokratie zum Ersticken verdammt ist. Nur auf der Basis der Menschenrechte kann sich jener Geist der Verständigung, der Toleranz, des gegenseitigen Respekts entwickeln, der freier, kultivierter Menschen würdig ist.

Geschichtlich überholt ist dagegen die Forderung nach Wirtschaftsfreiheit, die ausgesprochen situationsgebunden war und die Interessen des aufstrebenden Bürgertums gegenüber den Schranken der Feudalordnung ausdrückte. An die Stelle der Wirtschaftsfreiheit ist die Forderung nach sozialer und wirtschaftlicher Sicherheit zu setzen. Soziale und wirtschaftliche Sicherheit, Erweiterung des Rahmens der demokratischen Forderungen von der politischen auf die wirtschaftliche Ebene – das ist die moderne Formel der Demokratie.

Da die Demokratie gebunden war an die bürgerliche, kapitalistische Gesellschaftsordnung, wurde der Kampf um ihren Inhalt von aussen her – und anscheinend vielfach unter antidemokratischer Flagge – geführt. Jedoch war das Ziel immer – nicht nur für Sozialisten westeuropäischer Schule, sondern auch für den doktrinärsten Kommunisten –, die Voraussetzungen für grössere Freiheit, für eine umfassende Demokratie zu schaffen. Es ist in diesem Rahmen nicht möglich, das Verhältnis zwischen Bolschewismus und Demokratie zu behandeln. Es dürfte jedoch feststehen, dass in der Sowjetunion wesentliche ökonomische und soziale Voraussetzungen – gemessen an der Ausgangslage auf dem Riesengebiet der Sowjetunion – für grössere politische Freiheit geschaffen worden sind. Damit ist gewiss keine Garantie dafür gegeben, dass es dort automatisch zu einer Synthese der beiden Hauptelemente der Demokratie kommen wird. Ebenso wenig, wie wir andererseits eine Garantie dafür haben, dass es in den westlichen Ländern gelingt, die Demokratie auf dem Wege des friedlichen Ausgleichs den Erfordernissen unserer Zeit anzupassen.

Universalistische Zielsetzung der Demokratie.

Als die moderne Demokratie in ihrer bürgerlich-liberalistischen Form zum Durchbruch kam, lag das Schwergewicht verständlicherweise auf den Bestebungen, die eine Umgestaltung des betreffenden Gesellschaftskörpers zum Ziel hatten. Zugleich sehen wir jedoch, dass die moderne Demokratie in der Periode ihres Durchbruchs mit einer nicht auf die eigene Gesellschaft begrenzten humanistischen, mit einer universalistischen Zielsetzung hervortritt. Das kommt vielleicht am deutlichsten in der Französischen Revolution zum Ausdruck. Das Gleichheitsideal wurde dort angewandt nicht nur in Bezug auf das eigene Volk. Es wurde das Ideal einer internationalen Brüderlichkeit entwickelt.

Jenes Ideal hatte gewiss schon das Christentum vertreten, aber kaum konsequent und jedenfalls nicht so, dass es hätte in praktische Politik umgesetzt werden können. Es trat auch in der Französischen Revolution sehr rasch in den Hintergrund. Aus dieser Revolution – ebenso wie aus der amerikanischen – erwuchs ein Gleichheitsideal. Sie begründeten aber auch das moderne Nationalitätsprinzip, das bald in die Vergötterung der Nation und des Staates, in schlimmsten nationalistischen Egoismus ausartete. Napoleon verfälschte erfolgreich die Ideale der grossen Revolution und strebte nicht nach Einheit auf der Basis der Gleichheit, sondern nach Gleichmachung unter Hegemonie seines Militärregimes. Das Bürgertum war geschichtlich nicht in der Lage, die universalen Ziele der Demokratie durchzusetzen. Seine Interessen förderten die Schaffung eines europäischen Staatensystems, so wie wir es kennen, und in Vertretung dieser Interessen wurde der Staat Werkzeug im Kampf um Kolonien und Absatzmärkte. Die technische Entwicklung brachte die Völker einander näher, politisch aber standen sie in der imperialistischen

Ära einander in Harnisch gegenüber. Das Nationalitätsprinzip mündete in den barbarischen Nationalismus unserer Zeit, den Rassenwahn, in internationales Gangstertum.

Nichtsdestoweniger bleibt die Tatsache bestehen, dass die moderne Demokratie eng verknüpft ist mit der Idee der Völkerverständigung, der internationalen Zusammenarbeit. Das entspricht dem Wesen der Demokratie: Beschränkung der menschlichen Rechte und Freiheiten nicht auf Gruppen eines Volkes, aber auch nicht auf ein Volk oder gewisse Völker, Erweiterung auf alle Völker, auf alles, was Menschenantlitz trägt.

Es ist kein Zufall, dass diese – die universelle – Zielsetzung der Demokratie am konsequentesten von der Arbeiterbewegung, vom Sozialismus, weitergetragen wurde. Die Arbeiterklasse, die sich – zunächst ausgestossen von der bürgerlichen Gesellschaft – im Kampf gegen die national herrschenden Klassen formierte, erkannte die gemeinsamen Interessen, die sie über die Grenzen hinweg verband. Sie trat schon in ihrer Frühzeit mit einem internationalen und mit einem Friedensprogramm hervor. Sie predigte Gleichheit und Gleichberechtigung, Zusammenarbeit und Verbrüderung der Völker, Staaten und Rassen.

In der Inauguraladresse der 1. Internationale, die im Jahre 1864 angenommen wurde, umriss man die Zielsetzung der internationalen Politik mit den einfachen Worten, dass die elementaren Gesetze der Moral und Gerechtigkeit, die für das Verhältnis zwischen Individuen massgebend seien, auch das Verhältnis zwischen Völkern und Nationen bestimmen müssten.[2] Es mag hier daran erinnert sein, dass der proletarische Internationalismus keineswegs – wie das u. a. infolge einer Fehlinterpretation des Kommunistischen Manifestes vielfach angenommen wurde – antinational war. Dagegen sprechen die Haltung von Marx und Engels, die von Bebel und Wilhelm Liebknecht und die Tatsache, dass z.B. der Kampf um die Befreiung des polnischen Volkes einen der Hauptpunkte auf der Gründungstagung der 1. Internationale ausmachte. Für den Sozialisten, der – richtig verstanden – ein Erbe des Demokraten aus der Zeit der grossen bürgerlichen Revolutionen ist, ergibt sich eine natürliche Synthese von

Heimat- oder wenn man will Vaterlandsliebe und Internationalismus.

Wichtig in diesem Zusammenhang ist noch die Feststellung, dass die Arbeiterbewegung – durch die sozialistische Theorie und unterstrichen durch die praktische Erfahrung – sehr rasch zu der Erkenntnis kam, dass sich die Demokratie – vor allem wirtschaftlich – nicht verwirklichen lässt, falls man nicht die nationalen Schranken durchbricht. In gleicher Richtung wie die Arbeiterbewegung wirkte in mancher Hinsicht die bürgerliche Friedensbewegung. Ihr aber ging der Sinn ab für die Wichtigkeit der sozialen und ökonomischen Probleme. Die Bedeutung dieser Probleme und ihre Lösung in internationalem Rahmen ist andererseits in neuester Zeit in hohem Masse von Kreisen ausserhalb der sozialistischen Bewegung erkannt worden. Hier ist nicht der Platz, um darüber Untersuchungen anzustellen, warum die Arbeiterbewegung mit der Verfolgung ihres internationalistisch-demokratischen Programms so geringen Erfolg gehabt hat. Es gibt dafür viele Gründe, objektiver wie subjektiver Art. Unbestritten ist wohl auch, dass die sachliche Richtigkeit und Überlegenheit eines Programms nicht dadurch widerlegt wird, dass seine Träger einmal oder auch mehrfachen Schiffbruch erleiden.

Forderungen der internationalen Demokratie.

Worauf laufen nun die Forderungen hinaus, die die demokratische Friedensbewegung – mit Einschluss der Arbeiterbewegung – in Bezug auf die internationale Politik gestellt hat?

Als erste dieser Forderungen mag genannt werden, dass es keine internationale Unterdrückung geben darf. Gefordert wird das Selbstbestimmungsrecht der Nationen.

Zweitens wird verlangt, dass man sich nicht mit der Erreichung demokratischer Rechts- und Regierungszustände bei sich zu Hause begnügen kann. Die Demokratie drängt über die Grenzen hinaus. Sie tut das im Interesse der eigenen Sicherheit, die offenbar gefährdet ist, solange die Gefahr des Machtmissbrauchs unkontrollierter Regierungen und dynastischer Interessen vorliegt.

Drittens stellt die Demokratie der willkürlichen Machtpolitik die Forderung nach freier Aussprache und freier Entscheidung entgegen.

Viertens verwirft die Demokratie den Krieg als Mittel der Austragung zwischenstaatlicher Konflikte. Das bedeutet nicht einfache Akzeptierung extremer pazifistischer Auffassungen und prinzipielle Ablehnung der Gewaltanwendung. Auch der demokratische Staat – und zwar auch dann, wenn er nicht mehr Organ der bürgerlichen Klassenherrschaft ist – braucht eine Polizei und wird sie wohl brauchen, solange nicht alle Menschen Engel geworden sind. Aber so wie im demokratischen Staat Konflikte nicht durch Mord und Totschlag, sondern auf gesetzlichem Wege geregelt werden, so bedarf es in der internationalen Politik einer geordneten Bereinigung von Meinungsverschiedenheiten. Es bedarf eines internationalen Schlichtungswesens.

Fünftens, und das ist eigentlich nur eine Weiterführung des oben Ausgeführten, bedarf es eines internationalen Gerichtswesens, das Entscheidungen dort fällen kann, wo einfache Schlichtung nicht möglich ist oder nicht für zweckdienlich gehalten wird.

Um die zwischenstaatliche Zusammenarbeit stabilisieren und normalisieren zu können, braucht man, sechstens, eine internationale Rechtsorganisation.

Gelingt es dieser internationalen Rechtsorganisation, ihre Aufgabe zu erfüllen, so wird das Interesse an nationalen Rüstungen reduziert. Es wird die Voraussetzung geschaffen für, siebentens, Abrüstung im internationalen Maßstab.

Achtens wären jene Forderungen zu nennen, die von bürgerlicher Seite vielfach so formuliert worden sind, dass es gelte, anstelle dauernd verschärfter ökonomischer Konkurrenz auf dem Wege entwickelter Zusammenarbeit, grössere ökonomische Freiheit zu schaffen. Selbst möchte ich – in Übereinstimmung mit den Vorstellungen nicht nur im traditionellen sozialistischen Lager, sondern heute auch in vielen anderen Kreisen – so sagen: internationale Wirtschaftsplanung mit dem Ziel der Hebung des Wohlstandes und damit auch der Sicherung der demokratischen Freiheiten – überall in der Welt.
[...]

Weltkrieg und Versailles.

[...] Die Friedensverträge – insbesondere der Versailler Vertrag – waren gewiss kein Sieg der Demokratie. Die Siegermächte dachten kaum ernsthaft daran, grössere Opfer auf dem Altar der Demokratie zu bringen und ihre imperialistischen Interessen aufzugeben. Das Denken der führenden Staatsmänner war beherrscht von der Vorstellung, um jeden Preis eine Ausbreitung der sozialen Revolution zu verhindern. Und dennoch: es wäre falsch zu sagen, dass die Friedensverträge einfach Ausdruck der Willkür der Siegermächte waren. Man möge sie vergleichen mit dem, was damals und vor allem während dieses Krieges von deutscher Seite angestrebt wurde. Man vergleiche sie auch mit manchen jener Vorstellungen, die in der Schlussphase dieses Krieges im alliierten Lager an Boden gewinnen. Ich bin überzeugt davon, dass mancher Deutsche, dessen Entrüstung über das „Versailler Diktat" früher kaum Grenzen kannte, sich heute die Finger lecken würde, wenn ihm eine Versailler Mahlzeit serviert würde.

Natürlich war Versailles ein Diktat der Siegermächte. Aber es enthielt auch – das darf man bei einer geschichtlichen Wertung nicht übersehen – wesentliche Zugeständnisse an demokratische Forderungen. Der Doppelcharakter der Friedensverträge ist verschiedentlich aufgezeigt worden. Man gab tatsächlich einer Reihe europäischer Völker die Möglichkeit eines nationalen Eigenlebens. Indem man das Prinzip des nationalen Selbstbestimmungsrechts zu dem allein seligmachenden erhob, beschwor man allerdings eine Zerklüftung herauf, die in der übernächsten Phase in einer Verschärfung der europäischen Krise resultierte. Man schaffte einen Minderheitenschutz, der aber von den betreffenden Regierungen weitgehend nicht respektiert wurde. Man führte durch das Mandatssystem ein Stückchen internationaler Verwaltung der Kolonien ein, rührte aber im übrigen nicht an diesem heiklen Problem. Man schaffte den Völkerbund, ohne aber ernsthaft die Frage der Begrenzung der nationalen Souveränität zu stellen. Man schaltete die Besiegten und die Sowjetunion aus, während sich die Vereinigten Staaten in den Isolationismus zurückzogen. Man errichtete das Internationale Arbeitsamt, das bald eine überaus

positive Tätigkeit entfaltete, ignorierte aber im übrigen die ökonomische Seite der neuen Friedensordnung. Das Problem der Reparationen wurde losgerissen von der zu betreibenden Wirtschaftspolitik und wurde vor allem deswegen zu einem Sieg der Unvernunft.
[...]

Der zweite Weltkrieg.

Wenn wir uns nun schliesslich diesem Krieg zuwenden, so ist leicht festzustellen, dass demokratische Zielvorstellungen eine noch weit grössere Rolle gespielt haben als während des ersten Weltkrieges.
[...]
Erstens ist der Charakter dieses Krieges ein anderer als der des vorigen. In ihm sind starke, demokratische Elemente enthalten. Die führenden alliierten Staatsmänner haben dem, vor allem in der ersten Phase des Krieges, in ihren Verlautbarungen weitgehend Rechnung getragen. Die Atlantik-Charta – die, wie die weitere Entwicklung zeigen wird, keineswegs tot ist – ist im wesentlichen eine demokratische Kriegszielerklärung. Wir finden darin in einer anderen Formulierung – dass jedes Volk sein eigenes Leben führen können soll – das Prinzip des Selbstbestimmungsrechtes der Völker wieder, weiter die Forderung nach einem System kollektiver Sicherheit und nach einer Begrenzung der Rüstungslasten. Im Gegensatz zu Wilsons 14 Punkten ist auch zum Problem der ökonomischen Zusammenarbeit Stellung genommen worden. Als Ziel wird wirtschaftlicher Aufschwung und soziale Sicherheit für alle verlangt, und man knüpft an an die Rooseveltsche Formulierung: Freiheit von Furcht und Freiheit von Not, womit prinzipiell der neue, erweiterte Inhalt der Demokratie zum Ausdruck gebracht wird. Der besondere Charakter dieses Krieges wird auch durch die entscheidende Rolle der Sowjetunion unterstrichen, deren Führer im wesentlichen demokratische Kriegsziele aufgestellt haben.
Zum Zweiten sollte man nie vergessen, dass der Krieg einen demokratischen Charakter hatte und hat, vor allem im Bewusstsein der unterdrückten Völker. Sie haben sich auf ihrem Leidensweg eine le-

bendigere und weiterreichende Vorstellung von der Demokratie erarbeitet. Dem stehen gewiss der mächtig gewachsene Volkshass und der Nationalismus gegenüber. Zugleich aber wissen wir, dass gerade in den unterdrückten Völkern das Verständnis für die internationale Abhängigkeit und damit auch für die Notwendigkeit internationaler Zusammenarbeit gewachsen ist.

Drittens sind Fragen nicht darum von der Tagesordnung abgesetzt, weil ihre Behandlung mächtigen Männern gegenwärtig inopportun erscheint. Der Nur-Tagespolitiker mag die Hoffnungslosigkeit der Lage feststellen, er mag von Verrat und Betrug sprechen. Auf etwas längere Sicht gesehen, werden all die Probleme, die vorübergehend in den Hintergrund gedrängt sind, neue Aktualität erlangen. Ich wiederhole: das Kriegsende bedeutet nicht Abschluss einer Epoche, sondern Auftakt zur entscheidenden Phase dieser Epoche.

Wiederum stehen die grundlegenden Forderungen der Demokratie identisch mit den Forderungen der Vernunft zur Debatte. Es geht um die Verhinderung des 3. Weltkrieges, um die Beilegung zwischenstaatlicher Konflikte auf dem Wege des Schlichtungsverfahrens, um Sicherheit, Vertrauen, rationelle Organisierung der internationalen Politik.

Welche Möglichkeiten sind aber gegeben, um diese Forderungen durchsetzen zu können? Bei der Beantwortung dieser Frage sollte man zunächst so stark wie möglich betonen, dass die Welt und die Menschen, die in dieser Welt Politik machen wollen, völlig veränderten Bedingungen gegenüberstehen werden. 1919 konnte man doch in starkem Masse an die Verhältnisse anknüpfen, die 1914 gegeben waren. 1945 gibt es kein Zurück zu der Welt von 1939. Politik und Ökonomie, der seelische Zustand der Völker, die internationalen und interkontinentalen Kräfteverhältnisse – alles ist gewaltigen Veränderungen unterlegen. In einer Welt, die in diesem Masse aus den Fugen geraten ist, kann nicht die eine oder andere Grenzfrage, ja nicht einmal das vorübergehende Schicksal des einen oder anderen Volkes als absoluter Masstab dafür gelten, ob die Entwicklung in vernünftiger, demokratischer Richtung verläuft oder nicht. Es geht um grosse Dinge. Gegenüber diesen grossen Dingen behalten jedoch die grundsätzlichen Forderungen der Demokratie ihre uneingeschränkte Berechtigung.

Man sollte sich vor Augen halten, dass es in der Politik – ebenso wie im Leben überhaupt – nur selten – wenn überhaupt – eine absolute Gerechtigkeit gibt. Die relativ gerechteste Lösung wird demokratisch auf dem Wege der Verständigung und des Kompromisses durchgesetzt. In dem besonderen Fall, dem wir gegenüberstehen, ergibt sich jedoch eine besondere Schwierigkeit aus dem Faktum, dass die Mächte, die berufen wären, demokratische Zielvorstellungen in der internationalen Politik zu verwirklichen, selbst nur bedingt demokratische Mächte sind. In den Vereinigten Staaten und in England wird um den Inhalt der Demokratie gegen kapitalistische Sonderinteressen gekämpft und gekämpft werden. In der Sowjetunion wären möglicherweise nach der siegreichen Beendigung des Verteidigungskrieges relativ günstige Voraussetzungen vorhanden für beträchtliche Fortschritte auf dem Wege der politischen Demokratie. Wir wissen jedoch allzu wenig über die Wirkungen, die der Krieg im gesellschaftlichen und politischen Leben der Sowjetunion nach sich ziehen wird. Unabhängig von diesen unklaren Momenten müssen wir einsehen, dass die Verwüstungen dieses Krieges, das Elend, das ihm folgen wird, keinen günstigen Nährboden bilden für das Wachsen demokratischer Verhältnisse zwischen den Völkern und Staaten.

Andererseits zwingt gerade die Not zur Zusammenarbeit. Fragen, die normalerweise vielleicht erst im Laufe der nächsten zehn oder zwanzig Jahre spruchreif wären, erheischen nun unmittelbare Beantwortung. Gewiss wird es viel Hass geben. Gewiss wird es Misstrauen geben, nicht nur den Besiegten gegenüber, sondern auch unter den Siegern. Gewiss wird der primitive Nationalismus noch neue Triumphe feiern. Aber kein Hass, kein nationalistischer Wahn, wird hindern können, dass die Stimme der Vernunft Gehör verlangt.

Springende Punkte in der internationalen Debatte.

Die umfassende internationale Debatte über Nachkriegsfragen und gewisse Ereignisse in den befreiten Ländern beweisen, dass dem so ist. Wenn ich auf einige springende Punkte dieser Debatte eingehe, so möchte ich gleich betonen, dass ich nicht beabsichtige, mich in diesem Zusammenhang bei der „deutschen Frage" aufzuhalten. Prinzipiell muss festgestellt werden, dass Wiedergutmachung begangenen Unrechts natürlich einem gesunden demokratischen Prinzip entspricht. Das international nicht minder als national. Nach all dem, was geschehen ist, lässt sich auch beim besten Willen kaum vermeiden, dass das Pendel nach der andern Seite ausschlägt. Nichtsdestoweniger muss es das Bestreben aller aufrechten Demokraten sein, zu verhindern, dass allzuviel neues Unrecht getan wird.

Im übrigen geht es und wird es gehen um drei Problemkreise:

erstens, um die Herstellung bzw. Wiederherstellung der nationalen Freiheit, der demokratischen Rechte im Innern und damit auch der Rechtssicherheit,

zweitens darum, dass die Demokratie nicht mehr rationiert wird, dass die Prinzipien der Freiheit und Gleichheit von der politischen auf die ökonomische Ebene ausgeweitet werden.

Und drittens darum, dass die Regeln internationaler Zusammenarbeit in Übereinstimmung gebracht werden mit jenen Regeln, die in jeder einigermassen zivilisierten Gesellschaft gelten.

Es dürfte heute weitgehend anerkannt sein, dass das Prinzip der nationalen Selbstbestimmung nicht der Weisheit letzter Schluss ist, dass es darauf ankommt, dieses Prinzip zu verbinden mit der Einordnung der nationalen Interessen in den Rahmen gemeinsamer regionaler, kontinentaler oder internationaler Körperschaften.

Es ist weiter weitgehend anerkannt, dass eine demokratische Ordnung im internationalen Masstab unmöglich erreicht werden kann, wenn man nicht zu einer Neu-Umreissung des einzelstaatlichen Souveränitätsanspruches kommt. Eine Begrenzung der nationalen Souveränität ist nicht undemokratisch, wenn sie das Ergebnis freiwilliger Abkommen und nicht von Diktaten ist.

Der alte Völkerbund ist nicht daran zugrundegegangen, dass er sich zuviel vorgenommen hatte. Im Gegenteil, er blieb selbst in seiner besten Zeit eine Halbheit, weil er keine Übereinstimmung von Worten und Taten erreichte. Der neue wird grössere Forderungen an die

Mitgliedsstaaten stellen müssen. Sie kann keine Neutralität anerkennen. Sie muss das Prinzip der kollektiven Sicherheit und die Erkenntnis von der Unteilbarkeit des Friedens in praktische Politik umsetzen.

Es ist möglich, dass der Start einer neuen internationalen Rechtsorganisation – so wie er in den Beschlüssen der Konferenz von Dumbarton Oaks[3] vorgesehen ist – in hohem Masse einem Diktat der siegreichen Grossmächte gleichkommt. Das ändert nichts daran, dass die Forderung der Demokratisierung erhoben werden wird. Natürlich ist der unterschiedlichen Stellung grosser und kleiner Nationen Rechnung zu tragen. Nicht formale Gleichmacherei entspricht dem Grundgedanken der Demokratie, sondern die reale Möglichkeit, verschiedene Interessen auf rechtlich gleicher Basis vertreten zu können.

Die Durchsetzung demokratischer Prinzipien in der internationalen Politik ist nicht an organisatorische Formeln gebunden. Die Gesichtspunkte regionalen, kontinentalen und interkontinentalen Zusammenschlusses wie auch die praktischen Methoden funktionaler Zusammenarbeit mögen miteinander konkurrieren. Zutiefst überzeugt bin ich jedoch davon, dass die in der Tradition der europäischen Demokratie fest verwurzelte Erkenntnis von der Notwendigkeit eines Zusammenschlusses der europäischen Völker – grausam bestätigt durch die jüngste Geschichte und nicht widerlegt durch die nazistische Mordpolitik – so oder so praktische Ergebnisse zeitigen wird.

Weiter bin ich davon überzeugt, dass – ungeachtet der Beschlüsse der Grossmächte – die Forderung nach Demokratisierung der internationalen Konferenzen und Institutionen aufgerollt werden wird. Geheimdiplomatie wird es geben, solange im wesentlichen souveräne Staaten existieren. Eine wichtige pädagogische und politisch hygienische Aufgabe kann jedoch erfüllt werden, wenn man dafür sorgt, dass in möglichst vielen Ländern die geheimen Dokumente, die für das Verstehen der Vorgeschichte dieses Krieges von Interesse sind, der Öffentlichkeit zugänglich gemacht werden. In den gleichen Problemkreis gehören die Bestrebungen, die darauf Sicht nehmen, dass nicht nur und nicht in erster Linie Regierungsmitglieder und Diplomaten an internationalen Konferenzen und Körperschaften teilnehmen, sondern Parlamentsmitglieder, Vertreter der grossen gewerkschaftlichen und wirtschaftlichen Organisationen, Vertreter der Völker.

In wirtschaftlicher Hinsicht ist die Aufgabenstellung, Sicherheit und wachsenden Wohlstand durch internationale Massnahmen zu schaffen, weitgehend anerkannt, wenngleich festgestellt werden muss, dass die richtigen Erkenntnisse bisher nur in geringem Masse in praktischen Schlussfolgerungen resultiert haben. Vielleicht bedarf es neuer Wirtschaftskrisen, um Dinge einzubläuen, die heute schon klar genug sind, um von allen vernünftigen Menschen erkannt zu werden. Jedenfalls sind die Forderungen nach Vollbeschäftigung, nach Bekämpfung der privaten Monopole, nach Beteiligung aller Länder am internationalen Handel, nach einem anständigen Mindeststandard in Bezug auf Ernährung, Kleidung, Wohnung und Gesundheitspflege nicht mehr vom Programm der modernen Demokratie zu trennen.

Diese Punkte werden einen wichtigen Raum einnehmen in jener neuen Erklärung der Menschenrechte, für die von verschiedenen Seiten plädiert worden ist. Man braucht sich keinen übertriebenen Illusionen über den Wert beschriebenen Papiers hinzugeben, um zu erkennen, dass ein bedeutender Fortschritt mit der Formulierung und Annahme gewisser Grundrechte für alle Menschen in allen Ländern erreicht wäre. Darüber hinaus bedarf es natürlich einer Erweiterung und Konkretisierung des eigentlichen Völkerrechtes. Das ist noch keine Garantie gegen Rechtsbrüche, aber schlimmer als ein mangelhaft respektiertes Gesetz ist das Fehlen von Rechtsnormen, an denen sich zumindest das Weltgewissen orientieren kann.

Man mag nun fragen, wie die Probe aufs Exempel in den Ländern ausgefallen ist, die bereits die Möglichkeit hatten, mit dem Aufbau eines neuen Staates zu beginnen. Es ist zu früh, darauf eine abschliessende Antwort zu erteilen. Für meinen Teil kann ich jedoch – trotz der mehr als bedenklichen griechischen Krise – nicht einsehen, dass die Entwicklung der von mir vorausgesetzten demokratischen

Grundtendenzen zuwiderläuft. Die Politik der Alliierten in Italien ist in mancher Hinsicht anfechtbar, aber es zeigt sich, dass trotz 20jähriger faschistischer Herrschaft beträchtliche demokratische Reserven im italienischen Volk vorhanden sind. Es ist noch nicht abzusehen, wohin die Entwicklung in Ost- und Südost-Europa führt. Absolut klar ist aber, dass kein Weg zurückführt zu den halb- oder ganzfaschistischen Regimen der Vorkriegszeit. Besonderen Dank schuldet man den aktiven Teilen des französischen Volkes, die der europäischen Demokratie mit ihrem in Anbetracht der Verhältnisse überaus raschen und disziplinierten Neuaufbau einen gewaltigen Dienst erwiesen haben. Viel schwärzer sieht es aus, wenn man sich den Zukunftsaussichten der Demokratie in Deutschland zuwendet. Man soll jedoch gerade hier zu unterscheiden wissen zwischen anormalen, krankhaften Äusserungen der Kriegszeit und jenen Fragen, die nach Kriegsende tatsächlich zu lösen sein werden. Will man sehr bescheiden sein, kann man auch so sagen: Was immer geschehen möge – die kommende Entwicklung kann Deutschland der Demokratie nur näherführen, sie kann es nicht noch mehr als unter dem Nazismus von der Demokratie entfernen.

Forderungen und Möglichkeiten.

Ich fasse zusammen: die Forderungen der Demokratie in der internationalen Politik sind – jedenfalls in ihrem prinzipiellen Teil – relativ leicht zu umreissen. Die Möglichkeiten, die für die Durchsetzung dieser Forderungen vorliegen werden, sind von Faktoren abhängig, über die wir zum grossen Teil heute noch keine Übersicht haben können. Andeutungsweise kann doch angegeben werden, was wünschenswert und notwendig wäre und was möglich erscheint.

Zu fordern ist die Gleichberechtigung aller Nationen. Möglich muss sein, dass alle Völker zumindest das gesicherte Recht zum Mitreden erhalten.

Zu fordern ist ein Völkerbund, an dem alle Staaten – bei Berücksichtigung ihres unterschiedlichen Gewichts in der internationalen Politik und Ökonomie – beteiligt sind. Möglich erscheint eine internationale Sicherheitsorganisation, für die zunächst die siegreichen Grossmächte die Verantwortung tragen, deren Rahmen jedoch im Zuge der Entwicklung auf alle erweitert wird.

Zu fordern wären die demokratisch organisierten Vereinigten Staaten von Europa. Möglich sind vielleicht föderative Regelungen, die den Weg zu diesem Ziel ebnen.

Zu fordern ist internationale ökonomische Planung. Möglich sind internationale Massnahmen zur Behebung der Not, zur Wiederbelebung des Wirtschaftslebens und zur Verhinderung neuer Überproduktionskrisen.

Zu fordern sind völlig demokratische internationale Institutionen. Möglich ist der Kampf um die Demokratisierung der zunächst aus engerem Interesse der Siegermächte entstehenden Institutionen.

Zu fordern ist die Abschaffung der geheimen Diplomatie. Möglich sind die Begrenzung der Geheimdiplomatie und die rückwirkende Offenlegung der Geheimdokumente über die Vorgeschichte des Krieges.

Zu fordern ist allgemeine Abrüstung. Möglich ist eine Begrenzung der Rüstungen unter Kontrolle einer internationalen Sicherheitsorganisation.

Zu fordern ist die Aufhebung des Kolonialimperialismus. Möglich erscheint mir die sukzessive Befreiung der Kolonialvölker auf dem Wege über internationale Kontrolle und Verstärkung der demokratischen Aufklärung sowohl in den Kolonien sowie in den sogenannten Mutterländern.

Zu fordern ist Demokratie – politisch und ökonomisch – überall in der Welt. Möglich sind offenbar eine Weiterentwicklung in der Richtung auf universale Demokratisierung und als Element dieses Prozesses die Festlegung eines wirklichen Völkerrechtes und von Grundrechten für alle Bürger in allen Staaten.

Zu fordern wäre schliesslich: Nie wieder Krieg.

Möge es uns und der nächsten Generation gelingen, eine leichter zu übersehende Aufgabe zu lösen: eine lange Sicherung des Friedens, als Basis für Freiheit, Recht und Wohlstand – kurzum für alles, was wir in den Begriff der Demokratie zu legen berechtigt sind.

Nr. 12
**Aus dem Vortrag Brandts
„Deutschlands aussenpolitische Stellung nach dem Kriege"
auf der Mitgliederversammlung der SPD-Ortsgruppe Stockholm
9. Februar 1945**[1]

AAB, NL Max Hodann, Vol. 3.

[...]

Grenzfragen.

Viel schwieriger wird es, wenn wir uns den Grenzfragen zuwenden. Eins ist klar: die deutschen Demokraten haben niemals die hitler'schen Annexionen anerkannt. Sie tun das natürlich auch heute nicht. Andererseits haben sie weder Recht noch Anlass gehabt, Gebiete innerhalb des territorialen Rahmens der Weimarer Republik – Gebiete mit eindeutiger deutscher Bevölkerung – zum internationalen Ausverkauf anzubieten. Auch heute liegt meiner Meinung nach für sie kein Anlass vor, sich für einen solchen Ausverkauf zur Verfügung zu stellen.

Auch hier muss man jedoch noch einmal feststellen, dass sich die Diskussionsbasis durch den Verlauf des Krieges, durch das Ausbleiben sichtbaren und effektiven deutschen Widerstandes, durch die Verlagerung der internationalen Kräfteverhältnisse wesentlich verschoben hat. Deutschland wird kaum ohne territoriale Einbussen aus dem Krieg herauskommen. Das kann wohl nicht den Beifall deutscher Demokraten finden. Wenn sie nicht den Sinn für geschichtliche und politische Realitäten verloren haben, wissen sie jedoch, dass es heilige, für alle Ewigkeit unveränderliche Grenzen weder für Deutschland noch für andere Länder gibt oder gegeben hat und dass nicht ungünstige und – wenn man will – ungerechte Lösungen bei Detailfragen den einzigen Massstab bilden können bei der endgültigen Beurteilung der neuen Ordnung, die sich aus diesem Krieg ergibt.

Die Frage Ostpreussens dürfte entschieden sein. Offen steht wohl noch die Frage, welche weiteren Gebietsverluste gegenüber den Weimarer Grenzen sich für Deutschland im Osten ergeben werden oder ob es gar zu der vom Chef der Lubliner Regierung[2] proklamierten Oder-Neisse-Grenze kommen wird.

Es darf nicht unterlassen werden, klar zu betonen, welche sozialen Unruheelemente sich für das neue Deutschland dadurch ergeben können, dass viele Millionen Evakuierter aus den Ostgebieten im Rest-Reich Beschäftigung und dauernde Bleibe finden sollen, wie sich gerade hier ein Reservoir für die nationalistische Reaktion herausbilden kann.

Was die Westgrenze angeht, so sind die Forderungen von alliierter Seite bisher reichlich unklar. Von französischer wie auch von belgischer Seite ist die Annektion der deutschen Gebiete westlich des Rheins gefordert worden, und die Holländer verlangen eine – jedoch nicht so schwerwiegende – territoriale Kompensation für ihre wertvollen, durch Überschwemmungen zerstörten landwirtschaftlichen Gebiete. Man hat von französischer Seite aus auch die Abtrennung des ganzen Rheinlandes, des Ruhrgebietes und Westfalens verlangt. Die massgebliche französische Haltung scheint jedoch dahin zu gehen, dass zwar militärische Sicherungen am Rhein geschaffen werden sollen und dass man die rheinisch-westfälische Industrie einer alliierten Kontrollbehörde unterstellen möchte, ohne jedoch von dieser Seite her wesentliche dauernde Abtrennungen vorzunehmen.

Im alliierten Lager haben zweifellos die Auffassungen an Boden gewonnen, die auf eine Aufteilung des deutschen Reiches hinauslaufen. Demgegenüber ist zweierlei zu sagen: erstens, gerade auf diesem Wege würde man dem Nationalismus Wind in die Segel blasen. Wiederum würden wertvolle Energien, die für die Lösung sozialer Fragen einzusetzen wären, nutzlos verpuffen. Zweitens, eine Zerstückelung Deutschlands bedeutet Zerreissung enger wirtschaftlicher Zusammenhänge und widerspricht darum den Regeln praktischer Vernunft.

Die Gefahr einer Zerstückelung kann sich auch aus einer sich über Jahre erstreckenden Aufteilung in die verschiedenen Besatzungszonen ergeben. Deutsche Demokraten müssen diese Probleme sehen. Sie müssen danach trachten, nicht den Kontakt miteinander zu verlieren, auch dann, wenn die verschiedenen Zonen ziemlich unabhängig voneinander administriert werden sollten. Es ist kein Nationalismus, wenn sich deutsche Demokraten für die Erhaltung der staatlichen Einheit einsetzen, jener Einheit, aus der ein freies, friedliches und fortschrittliches Deutschland werden soll. Es ist kein Nationalismus, wenn man sich – bei Ablehnung der reaktionär-mystischen „Reichsidee" und bei Anerkennung einer Linie, die auf stärkere innere Föderalisierung hinausläuft – zum Sprecher des Zusammenhaltens gegenüber jenen Separatisten macht, die bereits einmal gezeigt haben, dass sie sich aus den zweifelhaftesten Gesellschaftsschichten rekrutieren.

Nationalismus und Hilfsdienste für die schwärzeste Reaktion wäre es jedoch, falls man Revanchepläne aktiv oder passiv unterstützte. Auch wenn es zu mehr empfindlichen gebietlichen Einbussen kommen sollte, muss die Hauptparole die sein, die die Dänen nach 1864 ausgegeben haben: Was draussen verloren ging, muss drinnen gewonnen werden. Dem Lebensinteresse der deutschen Werktätigen dient man nicht durch aussenpolitische Abenteuer, wohl aber durch entschlossenen, werbenden Aufbau im Inneren – der sozialen, ökonomischen und kulturellen Front.

Sollte es zu besonders unvernünftigen Regelungen in territorialer Hinsicht kommen, würden gerade diese beweisen, dass man auf die Dauer nicht mehr auf der Basis der nationalistischen Ordnung in Europa zu Rande kommt. Dieses Moment – zusammen mit den Forderungen, die sich aus der ökonomischen Notlage ergeben – würde einen wichtigen Impuls abgeben für die Arbeit in der Richtung auf eine gesamteuropäische, föderativ-demokratische Lösung der Probleme.

Wiedergutmachung.

Ich brauche nicht besonders zu betonen, dass sich in der Frage der materiellen Wiedergutmachung eine wesentliche Verschiebung in den Auffassungen im Lager der Vereinigten Nationen geltend gemacht hat. Auch hier spielen die Leiden, denen die anderen Völker ausgesetzt waren, eine Hauptrolle. Eine Hauptrolle spielt die einfache Tatsache, dass die materiellen Zerstörungen Ausmasse angenommen haben, von denen man sich vor einigen Jahren noch keine Vorstellungen machte. Die Norweger, die lange Zeit hindurch betonten, dass sie keine Reparationsansprüche stellten, haben nach dem Niederbrennen der Städte, Fischerdörfer und Kleinbauernstellen in Finnmark ihren Standpunkt geändert.

Deutschland kann und darf sich nicht der Forderung nach Wiedergutmachung widersetzen. Im Gegenteil: deutsche Demokraten müssen erklären, dass sie vom ersten Tage an mit voller Kraft für ausserordentliche Beiträge zum europäischen Wiederaufbau eintreten werden. Keine billigen Ausflüchte dürfen hier zugelassen werden. Natürlich kann man nur liefern im Rahmen der gegebenen Möglichkeiten, aber an der Bereitschaft darf niemand zweifeln können. Natürlich kann nicht Europa allein auf diesem Wege aufgebaut werden. Das werden die andern Völker auch einsehen. Wenn es von deutscher Seite zu stark betont wird, würde gleich der Verdacht der Drückebergerei aufkommen. Das Argument, dass deutsche Politiker nicht Verpflichtungen eingehen können, die auch noch die nächste Generation belasten, ist nicht stichhaltig. Auch die Verwüstungen in den von Deutschland überfallenen Ländern sind derart, dass von ihnen kommende Generationen betroffen werden.

Das gilt auch für die Verwüstungen des deutschen Wirtschafts- und Gesellschaftskörpers, über deren Ausmasse man heute noch keine klare Übersicht hat. Von dieser Seite aus ergibt sich eine natürliche Begrenzung dessen, was faktisch und beim besten Willen möglich ist. Sie ergibt sich auch daraus, ob und in welchem Mass Deutschland in den internationalen Handel einbezogen wird und Zufuhren erhält, ohne die sein Leistungsvermögen wesentlich herabgesetzt würde.

Es ist heute allgemein anerkannt, dass Wiedergutmachungsleistungen in natura erfolgen sollen. Das bedeutet schematisch gesehen, dass mit der Kriegsökonomie und Kriegsfinanzierung nicht ohne weiteres Schluss gemacht werden kann. Ein beträchtlicher Teil dessen, was bislang für Rüstung verwandt wurde, wird in der nächsten Phase für Reparationen abzuzweigen sein. Eine Hebung des deutschen Lebensstandards wird bei Berücksichtigung dieses Faktors nur in langsamem Tempo möglich sein.

Was in Deutschland noch an gestohlenen Sachwerten und vor allem auch an Kunstgegenständen aufzutreiben ist, muss unverzüglich zurückerstattet werden.

SS-Leute und andere Nazis, die nicht einer strengen Bestrafung unterzogen werden, müssen, falls das vom Ausland gewünscht wird, als Zwangsarbeitskommandos in den zerstörten Gebieten eingesetzt werden. Was den Einsatz anderer deutscher Arbeiter im Auslande betrifft, so verdienen die hierzu von internationaler Gewerkschaftsseite vorgebrachten Gesichtspunkte grösste Aufmerksamkeit. Die Frage wird wohl auch so stehen, dass es bei der ausserordentlichen Dezimierung der männlichen Bevölkerung, bei den Erfordernissen der Aufräumung und des Wiederaufbaus und darüber hinaus bei der zu leistenden Wiedergutmachung in der Form der Lieferung deutscher Produkte kaum einen Überschuss an Arbeitskraft in Deutschland geben wird.

Besondere Aufmerksamkeit verdient die Frage der Wiedergutmachung gegenüber den deutschen Bürgern jüdischer Herkunft und gegenüber der gepeinigten und zum grossen Teil ausgerotteten jüdischen Bevölkerung in anderen Ländern. Was die Bürger jüdischer Herkunft betrifft, die – hoffentlich in nennenswerter Zahl – nach Deutschland zurückkehren, so sind sie – auch in bezug auf Entschädigungsfragen – gleichzustellen mit allen übrigen von den Nazis verfolgten Deutschen. Im Übrigen ist auch ernsthaft zu erwägen, ob ein nennenswerter Betrag aus dem Fond, der aus den beschlagnahmten Nazivermögen zu bilden ist, für das Aufbauwerk jenes Teils der Juden zur Verfügung gestellt werden konnte, die entschlossen sind, in Palästina ein Nationalheim auf- und auszubauen.

Die neue Weltordnung.

Es hat wenig Sinn, in diesem Zusammenhang lange Ausführungen über die Probleme zu machen, die sich bei der Herausbildung der neuen internationalen Ordnung ergeben. Klar ist, dass die in Aussicht genommene Nachfolgeorganisation des Völkerbundes zumindest zunächst eindeutig unter der Führung der Hauptpartner unter den Vereinigten Nationen stehen wird und dass jedenfalls Deutschland während der Okkupationsmethode[3] weder Mitgliedschaft noch Möglichkeit der Einflussnahme erhalten wird. Klar ist andererseits, dass deutsche Demokraten darauf hinarbeiten werden, möglichst bald die Voraussetzungen dafür zu schaffen, dass sie wieder mitraten und mittun können, dass Deutschland wieder aufgenommen wird in den Kreis der zivilisierten Nationen. Das gilt für die internationale Rechts- und Sicherheitsorganisation. Das gilt für alle anderen, schon geschaffenen, geplanten und noch zu schaffenden internationalen Organisationen und Körperschaften.

Die deutschen Vertreter, die eines Tages wieder am Konferenztisch sitzen werden, sollen sich nicht selbst bespeien. Sie sollen sich aber einer Bescheidenheit und Toleranz befleissigen, zu der Deutschland gewiss allen Anlass hat und an der es in der deutschen Aussenpolitik – und zwar nicht nur unter Hitler – häufig gefehlt hat. Sie sollen recht und schlecht die Interessen des schaffenden deutschen Volkes – im Rahmen der gesamteuropäischen Interessen – vertreten. Sie sollen den Vertretern der andern Völker sagen: wir erwarten keine Blankovollmachten. Wir verstehen Eure Skepsis. Aber gebt uns eine Chance, damit wir auch beweisen können, dass wir hundertprozentig gebrochen haben mit jenem Deutschland, das Ihr von seiner widerwärtigsten Seite kennengelernt habt.

Diese Zurückhaltung ist auch am Platze bei der Vertretung gesamteuropäischer Lösungen. Nach den Erfahrungen mit dem hitlerschen Europa wird ein tiefes Misstrauen allen Föderationsvorschlägen begegnen, vor allem aber, wenn sie von deutscher Seite kommen. Das muss man wissen. Man muss andererseits wissen, was richtig und was erforderlich ist. Richtig und erforderlich ist die Durchsetzung föderativer Lösungen in Europa, eingeordnet in ein internationales Sicherheitssystem. Diese Richtigkeit wird durch die zukünftige Entwicklung noch mehr bestätigt werden. Sie wird heute bereits anerkannt von den fortschrittlichen Kräften in vielen Ländern. Diesen Kräften, die auf eine konstruktive, demokratische Lösung der europäischen Krise hinarbeiten, ist Erfolg zu wünschen. Ihnen gebühren die Sympathie und in dem Masse, in dem es möglich und wünschenswert ist, die Unterstützung deutscher Demokraten. Bei aller Bescheidenheit muss jedoch noch einmal betont werden: Bedingungslose Kapitulation der Nazis, des durch sie vertretenen und zugrunde gerichteten Deutschlands bedeutet nicht und kann nicht bedeuten die würdelose Unterwerfung deutscher Antifaschisten, der deutschen Demokraten. Realistische Einschätzung der Gesamtlage, Wille zu ehrlicher Zusammenarbeit bedeuten nicht und können nicht bedeuten, dass man auf seine Gesinnung, seine Erkenntnis, seine Zukunftsvorstellungen verzichtet. Im Gegenteil: Es gilt im kommenden Deutschland, gerade auch den Tendenzen zur geistigen Unterwerfung Einhalt zu gebieten. Es gilt, sich selbst und der Sache eines fortschrittlichen Deutschland in einem demokratischen Europa die Treue zu bewahren. Es gilt, ein neues Ideal zu entwickeln, an dem sich die europäische Jugend deutscher Zunge orientieren kann. Dieses Ideal kann geschaffen werden durch Besinnung auf wirkliche Grosstaten deutscher Europäer und Weltbürger, durch das Weiterspinnen des roten Fadens, durch Weiterführung der progressiven Linie in der deutschen Geschichte, aber auch durch die Entwicklung eines heroischen Realismus und durch Ehrung der Opfer und der geistigen Erneuerer dieser Zeit. Zu den Opfern gehören auch die Zehntausende von Deutschen, die die Gestapo umgebracht und in Konzentrationslagern gefoltert hat, die in Spanien und an anderen Fronten des Freiheitskrieges gefallen sind, die trotz allem den Widerstand in Deutschland weitergeführt haben. Zur geistigen und politischen Erneuerung haben auch Menschen deutscher Zunge einiges beigetragen, und man kann hoffen, dass diese Beiträge sich vermehren werden, wenn durch das Kriegsende der Weg freigemacht wird für die neue Selbstbesinnung, für den Wiederaufbau nicht nur auf materiellem Gebiet.

Zusammenfassung.

Ich komme zum Schluss und ich wiederhole: Es gilt auszusprechen, was ist. Deutsche Demokraten müssen einsehen, dass sie sich nicht den Konsequenzen der Niederlage und den Folgen der nazistischen Mordpolitik entziehen können. Vorbehaltloses Erkennen der Verbrechen, die von Deutschen und im Namen Deutschlands an andern Völkern verübt worden sind, ist die erste Vorbedingung für eine Gesundung des deutschen Volkes.

Zweitens gilt es, allen Saboteuren am Wiederaufbau im Innern und am Werk der demokratischen Sammlung der Welt, es gilt, dem nationalistischen Feind im eigenen Volk das Handwerk zu legen. Nicht in Demonstration und Obstruktion, sondern im Willen zur ehrlichen Zusammenarbeit der Vertreter des schaffenden deutschen Volkes und der Okkupationsbehörden liegt die Lösung.

Die demokratischen Deutschen stehen nicht vor der Wahl zwischen Ost und West. Sie müssen eintreten für enge Zusammenarbeit mit der Sowjetunion, mit England, mit den Vereinigten Staaten, mit den Nachbarländern, vor allem Frankreich, Polen und der Tschechoslowakei.

Der Rahmen deutscher Nachkriegspolitik wird durch aussenpolitische Faktoren bestimmt, aber dafür, wie eng oder wie weit dieser Rahmen gezogen wird, ist mitentscheidend, wie sich das deutsche Volk während der Okkupation verhält, ob es die Abrüstung loyal durchführt, ob es die Kriegsverbrecher ohne Vorbehalt ausliefert und selbst mit den Nazis gebührend abrechnet, ob es ernsthaft den Willen zur Wiedergutmachung beweist.

Es gilt aber zur Überwindung der deutschen Tragödie noch eines anderen Feindes im Innern Herr zu werden, nämlich des unglückseligen deutschen Sektierertums, der Rechthaberei, des Dogmatismus, des Schwankens zwischen Zersplitterung und Unterstellung unter ein Kommando. Es gilt, alles zu sammeln, was es an Ansätzen einer neuen, sehr progressiven deutschen Vertretung gibt:

erstens, die im Innern überlebenden Gewerkschaftler und übrigen Vertrauensleute der antinazistischen Arbeiterschaft, Vertreter der Bauern, der Kirchenopposition, der nicht durch den Nazismus prostituierten deutschen Intellektuellen, zweitens: die im Moskauer „Nationalkomitee"[4] vertretenen Gruppierungen aus dem kommunistischen Sektor und aus den Reihen der Kriegsgefangenen, drittens: die in den Emigrationszentren in Europa und Amerika vorhandenen aufbauwilligen Kräfte aus dem sozialistischen und bürgerlich-demokratischen Lager. Es geht hier nicht um die Bildung neuer Komitees oder um die Befürwortung dieser oder jener Schritte in der Emigrationspolitik. Es geht um die Blickrichtung demokratischer Deutscher für die kommenden Monate.

Der Fluch der Zersplitterung lastet bis in die Stunde der tiefsten Niederlage auf dem deutschen Antinazismus. Mögen alle, die berufen sind, sich zu einer Haltung entschliessen, die dem Ernst der Lage gerecht wird.

Nr. 13
Aus dem Schreiben Brandts an August und Irmgard Enderle
26. August 1945

AdsD, WBA, A 5, Allgemeine Korrespondenz 1945.

Liebe Beide,
[...] Wir haben uns hier verschiedentlich über die Potsdamer Beschlüsse unterhalten. Von seiten der KP – die auch gegen Euch eine sehr aggressive Haltung eingenommen hat – wird alles als das schönste auf der Welt hingestellt. Auf der anderen Seite haben wir diejenigen, die mit ihrem ganzen Kräfte- und Stimmaufwand protestieren, in Weltuntergangsstimmung machen. Beides ist falsch. In politischer Beziehung stellt Potsdam zweifellos einen Fortschritt gegenüber dem bisherigen Zustand dar. Einen eindeutigen Vorbehalt mache ich jedoch in Bezug auf die Grenzregelung im Osten, die meiner Meinung nach viel zu weit geht, sodass man noch versuchen sollte, auf der Friedens-

konferenz zumindest einige Modifizierungen zu erreichen. In wirtschaftlicher Hinsicht ist auch manches Positive in den Potsdamer Beschlüssen enthalten. Dass sich starke Lasten ergeben würden, war von vornherein klar. Aber es gibt auch hier – und gerade hier – bestimmte Punkte, die zweifellos zu weit gehen und sich auch wohl nicht verwirklichen lassen. Es kommt auf die deutschen demokratischen Kräfte selbst an, ob und in welchem Masse Modifizierungen möglich sein werden. Als Arbeitsbasis gibt es heute nichts anderes als Potsdam. Das kann aber nicht bedeuten, dass man zu allem Ja und Amen sagt. Die Parteileitungen in Berlin[1] haben sich vorbehaltlos auf den Boden der Beschlüsse gestellt. Das kann wohl nicht anders sein. Jedenfalls muss man klar auseinanderhalten, was auf Grund der gegebenen Verhältnisse unumgänglich ist und was man selbst für richtig hält.

Kurz nach Eurer Abreise erhielt ich einen längeren, sehr freundschaftlichen Brief von Jacob [Walcher].[2] Er hat die unmögliche Konzeption, als ob unsere frühere Gruppierung[3] eine Rolle als „Geburtshelfer" der Einheit zu spielen hat, während unsere Auffassung doch wohl dahin geht, dass wir gerade durch die hier vollzogene Orientierung am wirksamsten die so notwendige Zusammenarbeit fördern können. Jacob beruft sich besonders auf die Lage in ‹Adolfstadt›[4] (auf Grund der Mitteilungen eines Freundes dort, der sich in am[erikanischer] Gefangenschaft befindet), um zu beweisen, dass der ‹Verein›[5] eben doch noch existiert. Ein Besuch, den Adolf [Ehlers] im Vorjahr in der ‹Metro›[6] abstattete, soll darauf hindeuten, dass Karl B[aier] als Reichsleiter fungiert habe. – Wir werden hier nun noch einmal unseren Standpunkt schriftlich zusammenfassen, sodass man sich bei der jetzt anwachsenden Korrespondenz mit Freunden an den verschiedenen Orten ersparen kann, alles immer wieder von Anfang bis Ende durchzukauen.[7] Es wäre sehr wertvoll, von Euch gerade in dieser Frage etwas zu hören. Vor allem möchte ich auch gern wissen, wie Ihr dazu steht, dass man dann, wenn es die äusseren Umstände zulassen, eine zentrale Funktionärsbesprechung unseres früheren Kreises macht (unabhängig davon, ob die einzelnen sich bis dahin in die SP[D] eingeordnet haben oder nicht), denn wir sind wohl alle daran interessiert, dass wir

Presseausweis Willy Brandts für seine erste Reise nach Oslo nach der Befreiung Norwegens am 8. Mai 1945. Am 16. Mai fuhr er zum ersten Mal wieder aus dem schwedischen Exil in die norwegische Hauptstadt.

voreinander Rechenschaft ablegen und die gesammelten Erfahrungen gemeinsam werten.

Wichtig scheint mir zu sein, dass wir bei der Vertretung des Einheitsstandpunktes die gegenwärtigen internationalen Tendenzen mit in Rechnung stellen. Die Vereinigungsbestrebungen haben bisher in keinem Lande zum Erfolg geführt. In Norwegen sah eine Weile alles sehr schön aus, aber nun ist auf Grund der unmöglichen Haltung von seiten der KP der Bruch eingetreten, und man polemisiert heftiger gegeneinander als je zuvor.[8] In Dänemark ist es ähnlich gegangen. Der französische Parteitag der SFIO hat [eine] org[anisatorische] Vereinigung in der gegenwärtigen Phase abgelehnt, sich aber für weitere Zusammenarbeit ausgesprochen. Auch in Italien ist es nicht zur Bildung einer einheitlichen Partei gekommen. In Österreich, wo die Sozialisten offenbar viel stärker sind als die Komm[unisten], haben die ersteren sogar ein Wahlkartell mit der Begründung abgelehnt, dass man erst die wirkliche Stärke der beiden Richtungen kennenlernen müsse. Es ist offenbar, dass die Komm[unisten] erstens gegenwärtig nicht wirklich auf Einheitspartei visieren, dass der soz[ialistische] Sektor zweitens durch den englischen Wahlsieg eine beträchtliche Verstärkung erfahren hat und dass drittens darum wohl verschiedene Formen der Aktionseinheit, nicht aber einheitliche Parteien aktuell sind. Meiner Meinung nach gilt es weiterhin, sich zum Sprecher des gesunden Strebens nach der Gesamtvereinigung zu machen, ohne sich aber Illusionen in Bezug auf die Möglichkeiten der unmittelbaren Verwirklichung hinzugeben. Es wäre in diesem Zusammenhang verlockend, noch einige Ausführungen über Veränderungen der internat[ionalen] Lage zu machen, aber das würde zu weit führen. Jedenfalls spricht vieles dafür, dass die Kooperation mit dem Westen besonders wichtig sein wird, ohne es aber deswegen auf Kosten des Kontakts mit dem Osten geschehen zu lassen. Zahlreiche Berichte laufen jedoch darauf hinaus, dass die progressive Rolle des Ostens in vieler Hinsicht unterschätzt wurde.

[...]

Nr. 14
Hektographierte Erklärung Brandts, Szendes und Behms
„Warum Eintritt in die Sozialdemokratie?"
25. September 1945

AdsD, WBA, A 5, ungeordnet.

Liebe Freunde!
Die grosse Mehrheit der in Schweden lebenden Mitglieder der SAP – darunter die Mitglieder der Parteileitung, August Enderle und Willy Brandt, und die Genossen Ernst Behm[1] (Berlin), Arno Behrisch (Dresden), Werner Buchheister (Hans, Braunschweig-Berlin),

Irmgard Enderle (Berlin-Breslau), Mathäus Herrmann (Stuttgart), Michael Huber (Ludwig, Berlin), Alfred Krüger (Berlin), Walter Pöppel (Dresden), Ernst Steinhoff (Gelsenkirchen), Willi Stumpe[2] (Breslau), Stefan Szende (Berlin) – haben sich im Herbst 1944 der hiesigen Landesgruppe der deutschen Sozialdemokratie angeschlossen. Beim Eintritt wurde folgende gemeinsame Erklärung abgegeben:

„Die umstürzenden Ereignisse seit 1933 haben die Grundlagen und Bedingungen für den Neuaufbau der Arbeiterbewegung in Deutschland gegenüber früher verändert. Jahrzehntelang heiss umstrittene Probleme sind gegenstandslos geworden. Veränderte Aufgaben und Schwierigkeiten stehen bevor. Sie können nur mit Erfolg bewältigt werden, wenn es gelingt, von Beginn des Wiederaufbaus an die frühere Zersplitterung zu verhindern und neben einer einheitlichen Gewerkschaftsbewegung eine sozialistisch-demokratische Einheitspartei zu schaffen. Die Mitglieder und Anhänger aller früheren Parteien und politischen Gruppierungen der deutschen Arbeiterbewegung, die zu positiver Mitarbeit in der Richtung eines demokratisch-sozialistischen Aufbaus in Deutschland bereit sind, sowie neue Kräfte – auch unter den Mittelschichten und unter den Intellektuellen, die diese Auffassung haben – sollen in dieser sozialistischen Partei vereinigt werden.

Wir wissen, dass die Partei nicht in der Emigration, sondern nur in Deutschland selbst gegründet und aufgebaut werden kann. Es ist aber von Bedeutung auch heute in der Emigration bereits und, soweit das in Deutschland möglich ist, auch dort propagandistisch und organisatorisch Vorbereitungen zu treffen für den Start der sozialistischen Einheitspartei auf breiter Basis, sobald die äusseren Möglichkeiten gegeben sein werden. Eine solche Partei, mit einem konkreten Wiederaufbauprogramm, wird bei der dann sicherlich zu politischer Aktivität drängenden Masse der Bevölkerung die notwendige Anziehungskraft ausüben. Dagegen würde die Aufrichtung der alten Parteien und Parteiensplitterungen in der Arbeiterbewegung grosse Enttäuschung hervorrufen und vor allem den von uns erstrebten demokratisch-sozialistischen Aufbau gefährden."

Wir berufen uns weiter auf die von der Stockholmer Ortsgruppe der SPD ausgearbeiteten Richtlinien für eine neue sozialistische Partei in Deutschland, auf ähnliche Äusserungen der SP[D]-Gruppen in anderen Orten und auf Mitteilungen aus London, die uns zeigten, dass innerhalb der Sozialdemokratie die gleichen Bestrebungen für die Schaffung einer sozialistischen Einheitspartei vorhanden waren wie bei uns. Unseren Eintritt in die Landesgruppe Schweden der SPD begründeten wir schliesslich damit, dass es uns um die unmittelbare engere Zusammenarbeit und um die gemeinsame Vorbereitung für die Aufgaben in Deutschland gehe.

Da nun die durch den Krieg abgerissenen Verbindungen mit den Freunden in anderen Emirationsländern weitgehend wieder hergestellt sind und da sich nach und nach gewisse Möglichkeiten des Kontaktes mit den Genossen in der Heimat ergeben, liegt uns daran, eine nähere Begründung des hier vollzogenen Schrittes zu geben.

Unsere Einordnung in die hiesige Landesgruppe vollzog sich reibungslos, und die Zusammenarbeit hat sich kameradschaftlich gestaltet. Niemand verlangte von uns, dass wir politische Auffassungen, die wir uns erarbeitet hatten, preisgeben sollten. Wir konnten nach Massgabe unserer Kräfte zur Klärung im sozialdemokratischen Lager beitragen, verzichteten aber freiwillig auf einen besonderen fraktionellen Zusammenschluss. Durch unsere Mitwirkung wurde auch die Zusammenarbeit zwischen den antifaschistischen deutschen Organisationen in Schweden gefördert. Sie fand schliesslich ihren Ausdruck in der „Zentralstelle", der die Sozialdemokraten, die Kommunisten, die Landesgruppe der freien Gewerkschaften und der Freie Deutsche Kulturbund angehören.[3] Diese Einheitsarbeit fand nicht die Billigung der in London amtierenden Mitglieder des Parteivorstandes der SPD, die der hiesigen Landesgruppe vor allem aus diesem Grunde die offizielle Anerkennung versagten. Das ändert jedoch nichts an der Tatsache, dass die Landesgruppe die übergrosse Mehrheit der in Schweden lebenden deutschen Sozialdemokraten erfasst und auf demokratische Weise gebildet wurde.

Wie sich aus der eingangs wiedergegebenen Erklärung ergibt, waren wir von Anfang an der Meinung, dass die eigentliche Entscheidung über die Neuformierung der Bewegung in Deutschland selbst zu treffen sei. Die Emigration hat aber die Pflicht, dazu mit den von ihr gesammelten Erfahrungen beizutragen. Für unseren Beitritt zur hiesigen Landesgruppe waren die besonderen lokalen Bedingungen nicht ohne Bedeutung. Sie konnten jedoch nicht ausschlaggebend sein. Wir visierten auf die Arbeit in Deutschland. Wir sind der Meinung, dass der von uns vollzogene Schritt jenen Standort angibt, von dem aus sich die früheren Mitglieder der SAP und die mit der SAP Sympathisierenden überall in Deutschland in den Wiederaufbau der politischen Arbeiterbewegung einordnen sollten.

Lasst uns hierbei betonen, dass wir uns nach wie vor engstens mit den Kadern der SAP verbunden fühlen. Eintritt in die Sozialdemokratie bedeutet auf Grund der heute gegebenen Bedingungen nicht die Preisgabe unserer Erfahrungen, sondern die kontinuierliche Weiterentwicklung jener Politik, die von der SAP in der kurzen Periode der legalen Existenz und von ihren Kadern auch in der Periode der Illegalität geführt wurde. Die Berechtigung der in der Vergangenheit von uns an der kraftlosen Tolerierungspolitik der SPD und dem ultralinken Kurs der KPD geübten Kritik ist nicht nur geschichtlich erwiesen. Sie wird heute von weiten Kreisen dieser beiden Parteien anerkannt. Dieser fehlerhaften Politik gegenüber traten wir für die Verteidigung der Demokratie durch die Einheitsfront der Arbeiterschaft ein, die damals allein die Machteroberung Hitlers und deren Folgen hätte verhindern können. Unsere Kader bewährten sich an vielen Orten in der Illegalität. In der Emigration förderten wir den Klärungsprozess der deutschen Arbeiterbewegung und traten entschlossen für die Zusammenarbeit der Sozialisten und Kommunisten und darüber hinaus aller demokratischer Hitlergegner ein.

Es kommt nun darauf an, dass unsere guten, in der Illegalität, den Konzentrationslagern und im Exil gehärteten Kader den richtigen Einsatz beim Wiederaufbau der Bewegung finden, dass ihre wertvollen Energien nicht nutzlos verpuffen. Zum lebendigen, wirkungsvollen Einsatz im Neuaufbau der deutschen Arbeiterbewegung genügt es keineswegs, dass wir den Nachweis einer einwandfreien sozialistischen Politik für unsere Vergangenheit erbringen. Vielmehr müssen wir sehen, welche Veränderungen in der Gesamtsituation der deutschen und internationalen Arbeiterbewegung eingetreten sind, und wir müssen verstehen, diesen veränderten Bedingungen Rechnung zu tragen.

Die faschistische Ära, der zweite Weltkrieg und die Niederwerfung der Achsenmächte durch die militärische Macht der westlichen Demokratien und der Sowjet-Union stellten die sozialistische Arbeiterbewegung vor eine Fülle neuer Fragen. Bei der Klärung der neuen Probleme trat zeitweise eine Auflockerung in allen Gruppen der deutschen Emigration ein. Auch die Auslandsgruppen der SAP verloren unter diesen Umständen ihre frühere Einheitlichkeit und Geschlossenheit. Im Reich entstanden Aktionsgemeinschaften über den Rahmen der früheren Parteigruppen hinaus. Für den ideologischen Klärungsprozess waren dort ausserordentlich ungünstige Bedingungen vorhanden. Die Auflockerung innerhalb des Restbestandes der deutschen Arbeiterbewegung war jedoch keineswegs nur ein Ausdruck des anhaltenden Niedergangs. Sie schuf auch wichtige Voraussetzungen für die Überwindung der traditionellen Zersplitterung und Erstarrung der sozialistischen Bewegung und für ihre Neuformierung.

Die Tendenzen zum gemeinsamen Vorgehen der Arbeiterparteien haben sich seit Kriegsende verstärkt. Die Zusammenarbeit, für die wir mit Recht unentwegt eingetreten sind, wird an vielen Orten verwirklicht. Damit ist der früheren Kritik an der einheitsfeindlichen Politik der beiden grossen Parteien gegenwärtig weitgehend der Boden entzogen.

Die Frage ist nun, ob auch unter diesen neuen Bedingungen der Raum für eine dritte Arbeiterpartei gegeben ist oder ob eine solche Partei eine nützliche Funktion im Dienste des demokratisch-sozialistischen Aufbaus erfüllen könnte. Zweifellos werden die Verelendung der grossen Mehrheit des Volkes und die mit der Besetzung Deutschlands sich ergebenden wirtschaftlichen und politischen Schwierigkeiten zu Verzweiflung und Unzufriedenheit führen, die sich in mehr oder weniger breiten Schichten der Bevölkerung auch gegen jene Parteien richten können, die eine Politik der Verständigung mit den Besatzungsmächten führen. Der Versuch, diese Unzufriedenheit zur Bildung einer neuen „revolutionären" Partei auszunutzen, muss aber mit Notwendigkeit zu weiterer Desorganisation der Arbeiterbewegung und zum weiteren politischen Zerfall des deutschen Volkes führen. Davon würde lediglich die Reaktion profitieren.

Wir müssen uns auch die gegenwärtigen Entwicklungstendenzen in der internationalen Arbeiterbewegung vor Augen halten. Es ist ganz eindeutig, dass sich die Arbeiterbewegung – zumindest für die jetzige Periode – in zwei Lagern stabilisiert hat, dem kommunistischen und dem sozialistischen resp. sozialdemokratischen. Nirgends in der Welt gibt es eine „dritte" Arbeiterpartei von nennenswerter Bedeutung.

Es handelt sich also nicht darum, eine „richtige" Politik durch eine „opportunistische" zu ersetzen, sondern um die richtige Bestimmung des Standorts auf Grund der in hohem Masse veränderten Bedingungen. Die SAP war ein Produkt der Krise innerhalb der Arbeiterbewegung in der Periode vor der Machtergreifung des Faschismus. Ihr relatives Gewicht wurde 1933 durch die in vieler Hinsicht korrekte Kritik an der zur Katastrophe führenden Politik verstärkt. In der weiteren Folge konnte auch sie sich nicht jenem Zerfallsprozess entziehen, der alle Sektoren des deutschen Antifaschismus erfasste. Bis zum Kriegsausbruch war es nichtsdestoweniger möglich, eine gewisse Kontinuität sowohl in der Verbindung mit Teilen des Reichs wie [auch] innerhalb der Auslandsorganisation aufrechtzuerhalten. Durch den Krieg trat ein Bruch in dieser Entwicklung ein. Ein solcher Bruch muss eine Partei vom Charakter der SAP notwendigerweise härter treffen als traditionelle Massenparteien.

Von dem, was von uns in einer anderen Lage entwickelt wurde, ist vieles auch heute noch haltbar. Aber von einer für die heutige Situation ausreichenden und die politisch-organisatorische Sonderexistenz berechtigenden SAP-Plattform kann nicht die Rede sein. Es handelt sich nicht darum, ob die SAP weitergeführt, sondern darum, ob sie – politisch und organisatorisch – neu begründet werden soll. Das halten wir für falsch. Dem stellen wir die Vereinigung im Rahmen der Sozialdemokratie gegenüber. Dadurch kann weitere Zersplitterung vermieden werden. Alles, was als gutes Erbe der SAP-Zeit bewahrt blieb, kann ohne Neukonstituierung der Partei bewahrt bleiben und zum Nutzen der Gesamtbewegung weiterentwickelt werden.

Zum guten Erbe gehört vor allem die konsequente Verfechtung der Arbeitereinheit für eine demokratisch-sozialistische Politik. Wir sind heute wie seit Jahren grundsätzliche Anhänger einer sozialistischen Einheitspartei. Wir müssen andererseits der in Deutschland, aber auch international bedingten Tatsache ins Auge schauen, dass sich die totale Einheit in einer Arbeiterpartei heute nicht verwirklichen lässt. In verschiedenen Ländern ist über die Vereinigung der beiden Hauptrichtungen innerhalb der Arbeiterbewegung verhandelt worden, aber nirgends haben diese Verhandlungen bisher zum Erfolg geführt. Auch für Deutschland müssen wir damit rechnen, dass die Sozialdemokratie und die KP[D] noch auf absehbare Zeit unabhängig voneinander bestehen bleiben werden.

Wenn die totale Einheit nicht zu verwirklichen ist und die Bildung einer dritten Partei nicht in Frage kommt, so müssen wir uns für Einordnung in eine der beiden Parteien entscheiden. Dafür kommt unserer Meinung nach nur die Sozialdemokratie in Frage. Ungeachtet dessen, wie richtig im einzelnen die von der KPD vertretenen Forderungen sein mögen, scheint uns keine Gewähr dafür zu bestehen, in ihrem Rahmen einen demokratischen, durch die Verhältnisse des eigenen Landes und den Willen der Mitgliedschaft bestimmten Prozess der Klärung und Meinungsbildung durchführen zu können. Diese Gewähr ist bei der Sozialdemokratie in höherem Masse gegeben.

Einigung im Rahmen der Sozialdemokratie ist die heute mögliche Etappen-Lösung des Einheitsproblems. Im sozialistischen resp. sozialdemokratischen Lager gilt es, dafür zu wirken, dass die bereits eingeleitete Aktionseinheit weiterentwickelt und von den Spitzenvertretern auf die unteren Organisationsteile ausgedehnt wird. Es gilt, jene verhängnisvolle Kampfsituation innerhalb der Arbeiterschaft zu verhindern, die wir von früher her kennen. Für die sozialistisch-kommunistische Zusammenarbeit bedarf es aber auch einer grösstmöglichen Geschlossenheit des sozialistischen Sektors. Dazu können und müssen wir beitragen. Der Rahmen der deutschen Sozialdemokratie muss durch die Einbeziehung bisher aussenstehender Kreise erweitert, ihr politischer Inhalt muss überprüft und erneuert werden.

Die Vereinigung auf dem Boden der Sozialdemokratie ist also für uns verbunden mit einer positiven Haltung zum Problem der weiterreichenden Arbeitereinheit. Vor allem gilt es auch innerhalb der Sozialdemokratie dafür zu wirken, dass von ihrer Seite her nicht zu einer Aufspaltung der deutschen Arbeiterbewegung in eine Ost- und eine West-Partei beigetragen wird. Soll das möglich sein, so muss eine einseitige aussenpolitische Festlegung verhindert werden. Innerhalb der Grenzen, die durch die aussenpolitischen Bedingungen gesteckt werden, hat sich die Politik des demokratischen Sozialismus nach den Interessen des werktätigen Volkes im eigenen Lande zu richten.

Die Sozialdemokratie wird von einem grossen Teil der deutschen Arbeiterschaft, vor allem auch der älteren Kader in den Betrieben, traditionell als ihre Partei betrachtet. Sie kann mit beträchtlichem Zugang aus solchen Kreisen rechnen, denen die Notwendigkeit sozialistischer Lösungen ebenso geläufig geworden ist wie das Verlangen nach Sicherung der demokratischen Freiheiten. Die Sozialdemokratie hat grosse Chancen, zur führenden Partei der neuen deutschen Republik zu werden. Wenn sie das werden will und wenn sie fähig sein soll, eine fortschrittliche demokratische und sozialistische Politik zu betreiben, so muss sie sich allerdings gründlich erneuern. Vor allem kommt es darauf an, dass die guten alten Kräfte der Partei zusammengeführt werden mit den jüngeren Kadern der verschiedenen sozialistischen Gruppen, auch wenn diese sich unabhängig von der alten Sozialdemokratie entwickelt haben. Der Name der Partei kann keine entscheidende Rolle spielen. Die entscheidende Rolle spielt, von welchem Geist die Partei erfüllt ist. In Österreich hat sich die Vereinigung der alten Sozialdemokratie mit den Revolutionären Sozialisten, die sich während der Illegalität gesondert organisiert hatten, zur Sozialistischen Partei Österreichs vollzogen. Auch für Deutschland steht nicht die Frage einer einfachen Reorganisierung der Sozialdemokratie, sondern einer Neubegründung der Partei. Diese Notwendigkeit wird im sozialdemokratischen Lager weitgehend eingesehen. Innerparteiliche Demokratie und Unabhängigkeit von ausländischen Regierungen werden allgemein anerkannt. Dadurch sind die Voraussetzungen vorhanden, durch aktive Einreihung in die Sozialdemokratie für ihre Stärkung und Erneuerung zu wirken. Das ist die für die gegenwärtige Lage logische Weiterführung jener Politik der sozialistischen Konzentration, für die die SAP in den Jahren vor Kriegsausbruch in der Emigration eintrat. Je einheitlicher sich die Kader der SAP und andere unabhängige Sozialisten am Wiederaufbau der Sozialdemokratie beteiligen, desto grösser ist die Gewähr, dass als Ergebnis eine erneuerte, den bevorstehenden Aufgaben gewachsene Bewegung zutage tritt. Je geschlossener der sozialistische Sektor auftritt, desto grösser ist die Chance für eine solche Zusammenarbeit mit anderen Parteien, die in der Linie einer demokratisch-sozialistischen Politik liegt.

Auf Grund dieser Erwägungen empfehlen wir unseren Freunden und Genossen, mit denen wir gemeinsam in der SAP gewirkt haben, sich im Geiste der guten SAP-Tradition am Aufbau einer möglichst einheitlichen demokratisch-sozialistischen Partei in Deutschland zu beteiligen. Wir wünschten, dass es in absehbarer Zeit möglich wäre, eine zentrale Funktionärbesprechung der früheren SAP durchzuführen, wo wir einander Rechenschaft geben und die neuen Probleme beraten könnten. Wir würden uns auf einer solchen Konferenz für eine Haltung in dem hier dargelegten Sinne einsetzen. Die Genossen in den einzelnen Orten und Bezirken können jedoch nicht warten. Sie haben sich zum grossen Teil auch bereits im selben Sinne entschieden wie wir hier.

Seit ihrem Eintritt in die SPD haben die früheren SAP-Mitglieder nicht mehr gesondert zu den politischen Ereignissen und den neuen Aufgaben Stellung genommen. Aus diesem Grunde unterlassen wir heute bewusst den Versuch, die aktuellen politischen Aufgaben, die mit der Niederlage Hitler-Deutschlands und der Besetzung gegeben sind, vom Standpunkt unserer Gruppe her zu skizzieren. Unsere Stellung zu den deutschen und internationalen Problemen sozialistischer Politik ist von der Landesgruppe Schweden der SAP unmittelbar vor ihrem Übertritt in der Broschüre „Zur Nachkriegspolitik der deutschen Sozialisten"[4] dargelegt worden. Diese Broschüre wurde in ihrer Grundhaltung von der Gruppe einmütig gebilligt, und der Eintritt in die sozialdemokratische Landesgruppe wurde von uns als ein Schritt zur Erfüllung der hier gestellten Aufgaben angesehen. Wir halten die in dieser Broschüre vertretenen Auffassungen in den Grundzügen nach wie vor für richtig, auch wenn die konkreten Umstände inzwischen weitgehend verändert worden sind. In der gegenwärtigen Periode scheinen uns die folgenden Probleme bei der Herausarbeitung einer sozialistischen Politik in Deutschland von zentraler Bedeutung zu sein:

Erstens müssen wir alle begreifen, dass sich die Bewegung von einem fast unvorstellbaren Tiefstand wieder aufarbeiten muss. Die Sozialisten müssen sich im Kampf um die elementarsten Forderungen des Tages bewähren, im Kampf um Arbeit, Wohnung und Brot und um die bescheidensten Grundlagen des Rechtsstaates und der Demokratie.

Zweitens gilt es, den ausserordentlich hohen Grad der Auslandsabhängigkeit des Umgestaltungsprozesses der deutschen Gesellschaft zu erfassen. Die Vertretung deutscher Belange muss mit gesamt-europäischen Lösungen in Einklang gebracht werden. Der Ausweg aus der gegenwärtigen Lage liegt einerseits im unermüdlichen Schaffen der demokratischen Kräfte in Deutschland selbst, andererseits in europäisch-sozialistischer Kooperation, innerhalb des Rahmens internationaler Regelungen.

Drittens geht es um die Überwindung des totalitären Geistes nicht nur in der Gesellschaft, sondern auch innerhalb der Arbeiterschaft und der Arbeiterbewegung. Wir brauchen eine freie, unbürokratische, demokratische Arbeiterbewegung, deren Geschlossenheit das Ergebnis von Klärung und Überzeugung ist. Wir wollen die lebendige Anteilnahme immer breiterer Schichten an der Gestaltung des politischen, sozialen und wirtschaftlichen Geschehens.

Viertens gilt es, von den neuen Verhältnissen aus und befreit von Dogmen und Vorurteilen, eine planwirtschaftlich-freiheitliche, demokratisch-sozialistische Konzeption für die deutsche, europäische und internationale Arbeiterbewegung zu entwickeln.
Mit besten Grüssen:
Willy Brandt, Stefan Szende, Ernst Behm.

Nr. 15
Aus dem Schreiben Brandts an Walcher
7. November 1945

AdsD, WBA, A 5, Allgemeine Korrespondenz 1945.

Lieber Jacob!
Besten Dank für Deinen Brief vom 10. Oktober [1945] mit Anlagen.[1] Ich wartete mit der Beantwortung, um Dir Genaueres über meine Reise mitteilen zu können. Jetzt habe ich eben erfahren, dass ich morgen früh mit dem Flugzeug nach Bremen starten soll (falls sich nicht infolge ungünstigen Flugwetters eine ein- oder zweitägige Verzögerung ergibt). Du kannst Dir vorstellen, welche Gefühle einen befallen, wenn man nach so vielen Jahren wieder unmittelbar vor der Berührung mit jenem Boden steht, auf dem wir eine neue Bewegung und einen neuen Start aufzubauen haben. Aber Gefühle beiseite, ich muss mich bemühen, zumindest meine dringendsten Korrespondenzpflichten zu erfüllen.

Wenn es sich irgend machen lässt, werde ich von Bremen aus einen Abstecher in meine Heimat machen. Dann zurück über Bremen und via Frankfurt nach Nürnberg, wo ich den Kriegsverbrecherprozess für die hiesige Arbeiterpresse zu referieren habe. Die Hiesigen möchten ausserdem, dass ich ihnen eine Artikelserie über den Wiederaufbau der deutschen Bewegung schreibe. Das ist gewiss nur eine periphere Aufgabe. Aber es gehört trotz allem nicht zu den unwesentlichen Dingen, den Kontakt mit der internationalen Bewegung neu zu fundieren. Und dabei ist es nun mal mein Schicksal geworden, mich der Norweger in besonderem Masse anzunehmen.

Nach dem Prozess werde ich [mich] bemühen, etwas herumzureisen, mich zu orientieren und Kontakte anzuknüpfen. Wenn es irgend möglich ist, werde ich auch nach Berlin fahren. Auch wenn das nicht möglich sein sollte, werde ich mich bemühen, mit Otto Br[enner] in Verbindung zu kommen. Ich habe mir auch die Adressen Deiner Brüder notiert, um ihnen Grüsse ausrichten zu können, falls ich in die Gegend komme.

[...]

Über meine weiteren Pläne kann ich heute noch nichts aussagen. Die Lübecker Genossen drängen sehr, dass ich komme und – wie sie meinen – massgeblich mitarbeiten soll. Ich bin jedoch fest entschlossen, zumindest für kürzere Zeit Anfang nächsten Jahres nach hier[2] zurückzukehren. Vor allem möchte ich dann das in der Zwischenzeit gesammelte Material für Publikationszwecke in Skandinavien, aber – wie ich hoffe – auch in Amerika und vielleicht England ausnutzen.[3] Ich will dann auch die internen Erfahrungen verarbeiten und daraus meine Schlüsse ziehen. Darum habe ich auch bisher auf Anfragen von alliierter Seite, die sich auf die Übernahme bestimmter Funktionen bezogen, nicht positiv antworten können. Ich möchte mich heute nicht binden. Wir haben ja schliesslich jahrelang unter viel schwierigeren Verhältnissen auf eigenen Beinen gestanden.

Ich habe Deinen Bericht über die Krise im dortigen Council mit grossem Interesse zur Kenntnis genommen.[4] Es wäre sehr zu bedauern, wenn es zum Bruch käme. Man sollte die Gegensätze nicht auf die Spitze treiben. Das tut aber offenbar der Vertreter der KP[D] [Schreiner], der seiner Stellungnahme eine offen anti-englische (und unausgesprochen anti-amerikanische) Note gibt. Es kommt doch, von dieser Frage abgesehen, sehr darauf an, zu wem man spricht. Innerhalb der deutschen Bewegung ist meiner Meinung nach das Schwergewicht auf die Fragen zu legen, die ich in meinem Vortrag andeutete.⁵ Gegenüber dem Ausland kann es angebracht sein, in stärkerem Masse auf unvernünftige Massnahmen und Übertreibungen von alliierter Seite hinzuweisen. Das kann meiner Meinung nach nur dann erfolgreich geschehen, wenn man trotz allem positiv zur Zusammenarbeit steht und auch Potsdam als in gegebener Lage einzig mögliche Kooperations- und Diskussionsbasis anerkennt.⁶

Wichtiger als alles andere ist heute die Überwindung der zonenmässigen Absperrung. Sie hindert die Lösung der Flüchtlingsfrage, der Lebensmittelversorgung, überhaupt des objektiv möglichen wirtschaftlichen Wiederaufbaus. Sie bedeutet auch ein ernstes Hemmnis für die neue Arbeiterbewegung. Und sie birgt in sich die Gefahr der Verschärfung solcher Friktionen im Lager der Vereinten Nationen, die an sich vermieden werden könnten. Aber gerade diese Frage zeigt, wie blöd es ist, Potsdam rundweg abzulehnen. Dort wurde doch immerhin festgelegt, dass für die Administration einheitliche Richtlinien massgebend sein sollten und, vor allem, dass die deutschen Gebiete in wirtschaftlicher Beziehung als Einheit zu behandeln seien. Es wurde auch die Errichtung besonderer Fachministerien für das gesamte Restreich beschlossen. Um die Verwirklichung dieser vernünftigen Etappenlösung geht es heute.

Es freut mich, dass wir in der Betrachtung der aussenpolitischen Lage und unserer sich daraus ergebenden Aufgaben – so wie ich sie andeutungsweise in meinem Februar-Vortrag⁷ behandelte – einig gehen. Hier konnte ich die Erfahrung machen, dass auf dieser Basis auch schon jetzt mit den Vertretern der Bewegung und sonstiger demokratischer Kräfte in den bis vor wenigen Monaten von den deutschen Nazis geschundenen Ländern zu sprechen ist. Ich war sehr unsicher, als mich vor einigen Wochen eine hiesige Studentenorganisation aufforderte, über das deutsche Problem zu sprechen. Der Abend verlief jedoch sehr erfreulich. Die Diskussion lag auf einem hohen Niveau und war frei von allen rassistischen Ressentiments. Vor gut einer Woche war ich nun auch in Bergen, wohin mich die Gesamtstudentenschaft eingeladen hatte und wo der Vortrag in demselben Saal zu halten war, in dem bis zum Mai dieses Jahres die

Gestapo residierte. Meine Ausführungen wurden mit ausserordentlich starker Zustimmung entgegengenommen, und sämtliche Lokalblätter brachten ausführliche Berichte, drei von ihnen ausserdem Sonderinterviews.[8] Ich erwähne das darum, um zu zeigen, dass es nicht an den andern, sondern an uns liegt, ob wir „ins Gespräch" kommen.

Es ist schade, dass sich die Gemeinsamkeit unserer politischen Orientierung nicht auch auf die Frage des gegenwärtigen Standorts erstreckt.[9] Zunächst ist dazu festzustellen, dass unsere Einschätzung der Dinge insofern eine Bestätigung erfahren hat, als die Freunde im Reich von sich aus auf Grund der heutigen Bedingungen zu dem Ergebnis gekommen sind, dass für eine dritte Arbeiterpartei kein Raum vorhanden ist. Darüber hinaus kann aber auch festgestellt werden, dass sich die übergrosse Mehrheit unserer Freunde ebenso entscheidet, wie wir es in Stockholm taten.

Gewiss gibt es Eintritte in die KP, wie die Beispiele Adolf [Ehlers], Klaus [Zweiling] und Karl [Baier] beweisen. Ullmann [Walter Fischer], der im Westen war und mit 8 Ortsgruppen Verbindung hatte, berichtet jedoch, dass sich die Genossen in allen acht Fällen für die SP[D] entschieden haben. Dasselbe ist ja bei der Ortsgruppe Hannover und bei der grossen Mehrheit der Bremer Genossen der Fall. In London werden sich die Genossen nun auch in den organisatorischen Rahmen der SP[D] einordnen.[10]

Für mich ist natürlich die Entscheidung meiner Lübecker Freunde besonders interessant. Ich möchte dabei erwähnen, dass ich ihnen nicht den Eintritt empfohlen, sondern mich in meinem ersten Brief an sie ganz auf die Betonung der Notwendigkeit der Zusammenarbeit beschränkt habe. Darauf schrieben die Genossen am 27. August [1945][11] u. a.:

„In der Parteifrage wünschen wir eine Einigung des gesamten Proletariats. Aber auch hier sind Bestrebungen von gewissen alten Führern der SPD und KPD im Gange, die ihre alten Ziele von damals wieder zu verwirklichen suchen. Wir als klassenbewusste Arbeiter lehnen diese Bestrebungen ab, da diese nicht zu einer ideologischen Klärung der Arbeiterschaft führen können. Der grösste Teil der Arbeiterschaft Lübecks steht auf dem Standpunkt, dass der Zeitpunkt zur Einigung des Proletariats nie so günstig war wie im Augenblick... Wir gehen mit Deinen Ausführungen im Brief, Einigung der Arbeiterschaft, durchaus konform und würden uns freuen, wenn Du Deine Gedankengänge der Lübecker Arbeiterschaft bald persönlich vortragen könntest."

Die Genossen teilen im gleichen Brief mit, dass mancher unserer guten Freunde verloren gegangen ist. „Eines aber freut uns jetzt besonders, unsere illegale Arbeit während der Nazizeit ist nicht umsonst gewesen, jetzt können wir den Kreis unserer treuen Genossen vergrössern und für den Gedanken der Einheit des Proletariats werben." Sie übermitteln mir gleichzeitig Grüsse unserer Genossen in Reinfeld (Holstein), von denen es heisst: „Auch sie sind sehr rührig und besitzen dort einen massgebenden Einfluss." Am 23. Oktober [1945] schickten die Lübecker Genossen mir einen neuen Brief, in dem sie u. a. mitteilen, dass sie entscheidend an der Neuregelung der Wohnungsfragen mitarbeiten. Da eine Reichspolitik wegen Mangel an Masse zur Zeit entfalle, erstrecke sich ihre Arbeit ganz auf die Lokalpolitik. Dort aber sei ein Berg Arbeit zu bewältigen. Zur Einheitsfrage sagen sie nun Folgendes:

„Dabei ist von untergeordneter Bedeutung, dass die erwünschte Einheitsfront zwischen KPD und SPD nicht zustande gekommen ist. Auch nach unserem heutigen Standpunkt ist diese Vereinigung aus ideologischen Gründen nicht voll vertretbar, dagegen ist es ungemein wichtig, dass beide Parteien grundsätzlich bereit sind zur Unterdrückung eines neuen Bruderkampfes. Wie lange jedoch wird diese Grundsätzlichkeit vorhalten? Unsere alten Parteiführer haben unbestreitbar Beherrschergelüste, sind die Führer der KPD ehrlicher in der Zusammenarbeit? Das sind Fragen, die die Zukunft klären wird. Kann man sich auf den gesunden Sinn der Arbeiterschaft verlassen? Die Aufgabe unserer Kreise sehen wir in der Stärkung dieses gesunden Sinnes. Aus unseren Erfahrungen des Jahres 1931, Gründungsjahr der SAP, glauben wir gelernt zu haben. So sind wir wieder in die SPD eingetreten, um hier den linken Flügel zu verstärken und leitend zusammenzufassen."

Es ist also offensichtlich, dass da von August bis zum Oktober etwas passiert ist. Vielleicht gibt hierzu die Mitteilung von August und Irmgard [Enderle] Aufschluss, dass in Braunschweig von seiten der SPD sowohl wie [auch] der KPD der Wunsch vorhanden war, sogleich zur Bildung der Einheitspartei zu schreiten, was aber vom ZK der KPD abgeblasen wurde.[12] Wir müssen klar erkennen, dass sich der Gedanke der E[inheits]P[artei] heute leider nicht verwirklichen lässt. Bestehen bleibt die Notwendigkeit der Aktionseinheit, und ich hoffe sehr, dass unsere Freunde, die sich für Einreihung in den KP[D]-Sektor entscheiden, von der Seite her positiv wirken können. Nichtsdestoweniger halte ich es heute – mindestens in ebenso hohem Masse wie vor 10 oder 5 Jahren – für erwiesen, dass die Politik der KP[D] primär nicht durch die Verhältnisse im eigenen Lande bestimmt und dass in der Partei kaum Möglichkeiten für eine demokratische Meinungsbildung vorhanden sind. Aus diesem Grunde, aber auch darum, weil wir da sein müssen, wo das Gros des eigentlichen Proletariats ist, kommt für uns die Einreihung in den soz[ial]-dem[okratischen] Sektor in Frage. Dort gibt es für uns grosse Aufgaben. Ich weiss, dass Dir eine solche Orientierung nicht leicht fallen wird, möchte Dich aber doch sehr bitten, Dich nicht vorzeitig festzulegen, sondern zumindest auch die Verhältnisse im Lande mit in Betracht zu ziehen.

Was nun die tatsächlichen Verhältnisse angeht, so gehört dazu, dass die KP[D] offensichtlich nicht jenen Einfluss erreicht hat, den sie selbst erwartete. Sven Åhman, der Vertreter der grössten schwedischen Tageszeitung, Dagens Nyheter, berichtete im Oktober aus Berlin, dass die Arbeiter zunächst bereit gewesen seien, die R[ote]A[rmee] als Befreierin zu empfangen, dass aber auf Grund der vorgekommenen Willkürakte und der Wegführung der Maschinen eine tiefe Enttäuschung eingetreten sei. Das habe auch auf die Haltung zur KP[D] abgefärbt. Åhman teilte mit, dass die KP[D] in Berlin 35–40.000, die SP[D] demhingegen 60–70.000 Mitglieder habe. Wichtiger sind seine Mitteilungen über einige Betriebsrätewahlen: Bei der BVG wurden 35 Sozialdemokraten und 9 Kommunisten gewählt, bei den Bunawerken in Leipzig 29 Sozialdemokraten, 10 Christen und ein

Kommunist, bei den Leunawerken in Halle-Merseburg 26 Sozialdemokraten, 5 Christen und 1 Kommunist.

Du fragst nach der hiesigen Lage. Ich kann darauf leider jetzt nicht im Einzelnen eingehen. Völlig erwiesen ist jedoch, dass wenn es jemals eine soz[ial]dem[okratische] Partei gegeben hat, die ehrlich die Einheit wollte, dann war es die norwegische A[rbeiter]P[artei] unter Führung von Einar Gerhardsen und meiner Freunde, die von der Jugendbewegung über Sachsenhausen[13] und Grini[14] in die Parteiführung aufgerückt sind. Die [N]KP-Leitung hat die Verhandlungen bewusst torpediert, und zwar sogar auf die Art, dass man gegen Martin Tranmæl eine Anzeige bei der Polizei erstattete. Die Gewerkschaften versuchen nun einen neuen Einigungsversuch. Es bestehen jedoch leider keine grosse Chancen, dass ein positives Ergebnis erzielt wird.

Es ist sehr gut, dass Ihr unseren Bremern[15] Lebensmittel schickt. Ebenso wichtig ist jedoch, dass sie <u>Literatur</u> erhalten. [...]

Nr. 16
Hs. Schreiben des Mitglieds der Leitung der SPD-Landesgruppe Schweden Brandt an den Politischen Beauftragten der SPD für die drei westlichen Besatzungszonen, Schumacher
19. November 1945[1]

AdsD, NL Schumacher, Mappe 64.

Werter Genosse Schumacher,
ich schreibe Ihnen diesen Brief vor allem, um Ihnen und der Zentrale in Hannover die besten Grüße der Auslandsgruppe der Partei in Schweden und ihres kleinen Ablegers in Norwegen zu übermitteln. Es gibt in Skandinavien eine ganze Reihe qualifizierter Genossen, die gern bald am Wiederaufbau mitarbeiten möchten. Bisher ist jedoch nur in ganz vereinzelten Fällen die Rückreise genehmigt worden.

Presseausweis Willy Brandts für seine Tätigkeit als Korrespondent skandinavischer Zeitungen beim Nürnberger Kriegsverbrecherprozess, dessen Verhandlungen am 20. November 1945 begannen.

Die Genossen in den skandinavischen Ländern möchten gern mit Euch in feste Verbindung kommen. Bisher ist ja aber an eine reguläre Postverbindung nicht zu denken. Wenn ich um die Jahreswende nach Skandinavien zurückkehre, kann ich vor allem der Auslandsgruppe Schweden – deren Leitung ich angehöre – Mitteilungen überbringen. Kürzere Bescheide kann ich in der Zwischenzeit auch brieflich nach dort gelangen lassen.

Ich bin ursprünglich Lübecker, war dort Vorsitzender der S.A.J. und schloß mich bei der Spaltung 1931 der SAP [an]. Im Ausland gehörte ich zur Leitung der SAP, trat aber im Vorjahr zusammen mit der großen Mehrheit unserer Gruppe Stockholm in die dortige sozialdemokratische Gruppe ein, in Übereinstimmung mit der auf Bildung einer einheitlichen und erneuerten demokratisch-sozialistischen Partei auch von den Genossen in London betriebenen Arbeit. Seit 1940 bin ich norwegischer Staatsbürger, und beim Kriegsverbrecherprozeß vertrete ich nun auch die norwegische – von der nächsten Woche ab auch die schwedische – Arbeiterpresse. Ich bin entschlossen, im Frühjahr [1946] zurückzukommen, um meinen Beitrag zum Neuaufbau leisten zu können. Gleichzeitig liegt mir jedoch daran, meine in Skandinavien und anderen Ländern geschaffenen Verbindungen im Interesse unserer Bewegung auswerten zu können.

Mir würde sehr daran liegen, mit Ihnen in der nächsten Zeit einmal sprechen zu können. Sollte Sie der Weg nach Nürnberg führen, so machen Sie mir bitte vorher Mitteilung darüber, wann und wo ich Sie treffen kann. Selbst habe ich bei längerer Prozeßdauer vor, von hier aus einige Abstecher – u. a. nach Berlin – zu machen. Vielleicht kann ich es so einrichten, daß ich auch nach Hannover komme.

Neben vielen anderen Fragen möchte ich mit Ihnen besprechen, wie wir die Stützpunkte in Skandinavien am zweckmäßigsten in die Gesamtarbeit der Partei einordnen können.

Ich wäre Ihnen dankbar, wenn Sie veranlassen würden, dass mir Broschüren und anderes Material zugestellt wird, sodaß ich mich selbst und die Genossen im Norden unterrichten kann und damit ich zugleich die notwendigen Unterlagen für meine Berichterstattung in der skandinavischen Arbeiterpresse habe.

Falls Gen. Ollenhauer schon wieder aus London zurück ist, bitte ich ihm meine Grüße zu übermitteln.
Mit Parteigruß
Ihr Willy Brandt

Nr. 17
Schreiben des Mitglieds der Leitung der SPD-Landesgruppe Schweden Brandt an den Politischen Beauftragten der SPD für die drei westlichen Besatzungszonen, Schumacher
13. Januar 1946

AdsD, NL Schumacher, Mappe 64.

Werter Genosse Schumacher,
ich hatte mich bereits im November [1945] mit einem Brief an Sie gewandt, weiss jedoch nicht, ob dieser Brief jemals angekommen ist.[1] Im Dezember [1945], als ich auf der Reise nach dem Norden durch Frankfurt kam, hinterliess ich dem Gen. Knothe eine Aktennotiz bezüglich der Frage, wie unsere Genossen in Skandinavien, vor allem in Schweden, nützlich für den Wiederaufbau der Bewegung eingesetzt werden können. Damals hatte ich die Hoffnung, dass ich auf der Rückreise von Skandinavien durch Hannover kommen und Sie treffen könnte. Die Genossen Ollenhauer und Heine hatten mir aus London mitteilen lassen, dass sie eine Besprechung zwischen Ihnen und mir begrüssen würden. Leider konnte ich jedoch in Hannover nicht Aufenthalt machen.

Mir wäre viel daran gelegen, Sie in der nächsten Zeit sprechen zu können. Bis Ende Februar [1946] bin ich allerdings hier gebunden. Sollte Sie der Weg während der kommenden Wochen einmal nach Nürnberg führen, würde ich mich sehr freuen, wenn Sie hier nach mir fragen würden, und zwar entweder im Pressezimmer des Justizgebäudes oder im Press Camp des Faber-Schlosses in Stein.

In der Zwischenzeit komme ich auf das Thema meines Novemberbriefes und der im vorigen Monat in Frankfurt hinterlassenen Notiz zurück. Wir haben in Skandinavien einige hundert Parteigenossen, von denen die meisten gern so bald wie möglich zurückkehren möchten. Bisher ist nur einigen wenigen die Rückreise gelungen. Nun, das ist eine Frage, die im wesentlichen mit den zuständigen alliierten Stellen zu klären ist und wohl auch im Laufe der nächsten Monate geklärt wird. Vielleicht kann aber auch vom Reich her nachgeholfen werden, indem man von verschiedenen Verwaltungen aus in Frage kommende Mitarbeiter aus dem Ausland anfordert. Bisher ist der Stand der Dinge jedenfalls der, dass mehrere der führenden kommunistischen Genossen und zusammen mit ihnen das frühere Mitglied unserer Partei, Max Seydewitz, Einladungen und Einreiseerlaubnisse erhielten, während das noch bei keinem unserer bekannteren Parteigenossen der Fall gewesen ist.

Die Partei ist wohl aber auch daran interessiert, dass die Genossen, solange sie noch im Ausland sind, nach Kräften beim Wiederaufbau der Bewegung mithelfen. Auch nach Abwickelung des Emigrationszustandes ist es sicherlich wünschenswert, dass in Schweden bzw. in Skandinavien eine Verbindungs- und Pressestelle aufrechterhalten wird.

Bei meinem Neujahrsaufenthalt habe ich den Genossen Tarnow, Raloff[2], Fritz Bauer und anderen in Kopenhagen ausführlich berichtet und in Stockholm auf einer sehr gut besuchten Versammlung unserer dortigen Ortsgruppe referiert. Mit der schwedischen Landesgruppe, als deren Vorsitzender der frühere Dresdner Parteisekretär Willi Seifert fungiert, habe ich folgende Vereinbarung getroffen:

1.) Die Genossen sollen alles zusammentragen, was aus den letzten zwölf Jahren (und auch von früher) an sozialistischer und antifaschistischer Literatur in deutscher Sprache aufzutreiben ist. Sie sollen weiter neben der dort monatlich herausgegebenen Sozialistischen Tribüne und den Mitteilungsblättern sachlich-referierendes Material über die internationale Arbeiterbewegung zusammentragen und ins Deutsche übersetzen.[3] Dieses Material soll bereitliegen und in dem Masse an die Freunde in der Heimat übermittelt werden, in dem sich Transportmöglichkeiten ergeben. Ich hoffe, dass sich schon bald zumindest eine Verbindung über Lübeck herstellen lässt.

2.) Sie sollen in verstärktem Masse dafür sorgen, dass die skandinavische Arbeiterbewegung und Öffentlichkeit über Fragen der deutschen Bewegung und über die Erfordernisse des deutschen Wiederaufbaus im Rahmen der europäischen Problematik informiert werden.

Notat von Willy Brandt während des Nürnberger Kriegsverbrecherprozesses.

263 Brandt an Schumacher, 13. Jan. 1946

3.) Die Genossen sollen an der in Schweden gestarteten Hilfsaktion für deutsche Kinder und Kranke (die die schwedische Rote-Kreuz-Aktion für Kinder im Ruhrgebiet, in Hamburg und Berlin ergänzt) teilnehmen.[4] Das ist auch bereits beschlossen, und unsere Freunde sind in dem betreffenden Komitee massgeblich vertreten. Für den Anfang rechnet man damit, zusätzlich ein paar hunderttausend Kronen aufbringen zu können. Die Übermittlung der Hilfsleistung nach Deutschland wird über das Evangelische Hilfswerk erfolgen.

Es wäre aber gut, wenn von unserer Seite aus konkrete Hinweise gegeben werden könnten, wie und wo die Hilfe am zweckmässigsten eingesetzt werden soll. Es ist überhaupt so, dass die Genossen auf konkreten Bescheid darüber warten, was sie tun können, was man von ihnen erwartet. U. a. wollen sie wissen, ob es möglich ist, den Neuaufbau der Bewegung durch Lieferung bestimmten technischen Materials zu unterstützen. Dafür wären möglicherweise Mittel von seiten der schwedischen Bewegung aufzubringen. Die Landesgruppe Schweden, deren Leitung ich angehört habe und der die Genossen in Oslo angegliedert sind, hat mich beauftragt, ihr baldmöglichst näheren Bescheid über die hier angeschnittenen Fragen zu geben. Ich habe deswegen auch den Zentralausschuss der Partei für die Ostzone unterrichtet.[5]

Wenn die Genossen in Schweden Aufklärungsarbeit leisten sollen, so brauchen sie von drinnen her rasch und viel Material. Ich habe ihnen allerlei hinterlassen und werde in ein paar Monaten wieder oben sein. Solltet Ihr von Hannover aus die Möglichkeit der direkten Materialbelieferung haben, so ist die Adresse des Gen. Seifert: Barnhusgaten 8, Stockholm.

Für meine eigene Informierung, für die Unterrichtung unserer Genossen, vor allem aber auch der Parteipresse im Norden würde ich grossen Wert darauf legen, dass mir die Parteizentrale für den Westen ihre Veröffentlichungen von Broschüren u. ä. zustellt. Anfang dieses Monats haben die Hauptorgane der Sozialdemokratie in Oslo, Kopenhagen und Stockholm eine Artikelserie von mir über den Wiederaufbau der deutschen Bewegung veröffentlicht[6], und mir

wurde mitgeteilt, dass die Artikel grosses Interesse gefunden hätten. Ich brauche auch so viel konkretes Material wie möglich – u. a. über die Opfer, die der innerdeutsche Widerstand gegen die Hitlerei gefordert hat – für ein Buch, an dem ich arbeite und das im Frühjahr jedenfalls auf schwedisch und norwegisch, möglicherweise aber auch in anderen Sprachen, erscheinen wird.[7] Schliesslich kann ich erwähnen, dass mich die skandinavischen Genossen beauftragt haben, ihnen über das, was in der Presse veröffentlicht werden kann, hinaus zu berichten. Das gemeinsame Komitee der nordischen Sozialdemokratien und Gewerkschaften hat vor gut einer Woche in Kopenhagen getagt und u. a. beschlossen, nach Massgabe der Möglichkeiten den Kontakt mit der Arbeiterbewegung anderer Länder wieder aufzunehmen.[8]
Mit freundlichen Grüssen!
‹Willy Brandt›[9]

Nr. 18
Ausarbeitung des Mitglieds der Leitung der SPD-Landesgruppe Schweden Brandt
„Die Krise der deutschen Arbeiterbewegung"
März 1946[1]

AdsD, NL Erna und Joseph Lang, Ordner 7.

Die überaus ernste Krise, die die neue deutsche Arbeiterbewegung erfasst hat, stellt nicht nur ein inner-deutsches Problem dar. Sie geht die internationale sozialistische Bewegung an und beeinflusst die gesamt-europäische Entwicklung. Wir haben es mit der Widerspiegelung der Friktionen und des Tauziehens zwischen jenen Mächten zu tun, deren Besetzung Deutschland unterworfen ist.

I.

Was lehrt die Entwicklung seit dem Wiedererwachen der Bewegung im vorigen Sommer? Sie lehrt erstens, dass trotz des starken Blutverlustes und der nicht zu unterschätzenden Verwirrung die personellen und ideologischen Reserven für den Wiederaufbau der deutschen Arbeiterbewegung vorhanden waren. Sie lehrt zweitens, dass der spontane Einheitswille der Arbeiterschaft nicht zum Durchbruch kommen konnte, nachdem sich die alten Parteiapparate stabilisiert hatten. Sie lehrt drittens, dass sich die neue Arbeiterbewegung nicht jener Auslandsabhängigkeit entziehen konnte, die die gesamte Entwicklung seit dem Zusammenbruch des Nazismus beherrscht.

Als sich im vorigen Frühjahr die Fesseln des Terrors lockerten, waren es nicht Parteigruppen, sondern „antifaschistische Ausschüsse", die in Erscheinung traten. Sozialisten, Kommunisten und Gewerkschaftler hatten gemeinsam unter dem Terror gelitten. Sie schworen einander, die notwendige Säuberung und den schwierigen Wiederaufbau gemeinsam durchzuführen. Die Notwendigkeit einer einheitlichen Gewerkschaftsbewegung war unumstritten. Es unterliegt aber auch keinem Zweifel, dass ein Aufruf führender Vertreter der Bewegung zur Schaffung einer einheitlichen sozialistischen Partei begeisterte Zustimmung gefunden hätte.

Statt eines solchen Aufrufes kam es leider nur zu schwachen, zögernden Vorschlägen. In den letzten Apriltagen, als noch um Berlin gekämpft wurde, wandte sich Max Fechner im Namen der illegalen Spitzenvertretung der Sozialdemokratie an Vertreter der kommunistischen Partei, um ihnen den Aufbau einer Einheitspartei vorzuschlagen. Dieser Vorschlag und weitere Anregungen, die während der kommenden Wochen in Berlin gemacht wurden, blieben unbeantwortet. In verschiedenen Städten wurde der Versuch unternommen, die Einheit lokal zu verwirklichen. In mehreren Fällen scheiterten solche Versuche am Einspruch der kommunistischen Parteileitung. In anderen Fällen opponierten führende sozialdemokratische Kreise, entweder weil sie Gegner einer einheitlichen

Arbeiterpartei waren oder weil sie meinten, die Frage könne nur auf dem Wege über zentrale Verhandlungen gelöst werden.

Es ist jedenfalls eine Tatsache, dass die grosse Chance zur Bildung einer einheitlichen Arbeiterbewegung in Deutschland unmittelbar nach dem Zusammenbruch des Hitler-Regimes gegeben war und dass diese Chance nicht ausgenutzt wurde.

Der Einheitswille war jedoch noch nicht gebrochen. Auch Ende 1945 war die Stimmung noch so, dass eine Urabstimmung unter der sozialdemokratischen und kommunistischen Mitgliedschaft eine starke Mehrheit für die Vereinigung ergeben hätte. Zu diesem Zeitpunkt waren jedoch die separaten Parteiapparate wieder in Betrieb gekommen. Das bedeutete eine Wiederbelebung der traditionellen Konkurrenz, ergänzt durch die mehr oder weniger realen Gegensätze, die sich aus der neuen Lage ergaben.

Die spontane Entwicklung, die in der Richtung auf eine einige, unabhängige Arbeiterbewegung tendierte, wurde jedoch auch durch die Politik der Besatzungsmächte zum Stillstand gebracht. In der allerersten Phase verboten sie jegliche politische Tätigkeit, so dass die Antifa-Komitees in einem Zustand der Inaktivität und der Halblegalität erstickten. In der nächsten Phase stellte sich heraus, dass die Besatzungsmächte keine einheitliche Politik verfolgten. Mit dem Nichtvorhandensein gemeinsamer Richtlinien begann der Krebsschaden der alliierten Okkupationspolitik in Deutschland.

Als sich die Potsdamer Konferenz für die Zulassung anti-nazistischer, demokratischer Parteien aussprach, war die Errichtung der vier Parteizentralen für Berlin und die östliche Zone bereits erfolgt. Es musste also „von oben nach unten" organisiert werden. Der Spielraum, der der Initiative der Mitgliedschaft belassen war, konnte nicht besonders gross sein. Den Parteileitungen wurde deutlich zu verstehen gegeben, was die Besatzungsbehörden von ihnen erwarteten. Sie mussten sich innerhalb eines Rahmens bewegen, zu dem nicht nur allgemeine Direktiven, sondern auch Sonderanweisungen zu einzelnen Fragen gehörten. Der kommunistischen Partei wurde eine in mancher Hinsicht privilegierte Stellung eingeräumt.

Die Westmächte bestimmten, dass der Parteien-Aufbau „von unten auf" zu erfolgen habe. Diese Methode wirkte demokratischer, als sie tatsächlich war. Die vorbereiteten Arbeiten wurden nämlich fast ausschliesslich den früheren Partei-Funktionären überlassen, und die Mitglieder standen weitgehend vor vollendeten Tatsachen, als es zur Konstituierung der Organisationen kam. Ausserdem machten sich in vielen Bezirken die Einflüsse reaktionärer Militärs bemerkbar, die der Arbeiterbewegung Schwierigkeiten bereiteten.

Das zentralisierte Parteiwesen in der östlichen Zone wurde durch die besonderen Verhältnisse unter der sowjetischen Besatzung geprägt. Aber auch in den westlichen Zonen machten sich Aussen-Einflüsse deutlich genug bemerkbar. Binnen kurzer Zeit färbten die Gegensätzlichkeiten und das Misstrauen unter den alliierten Grossmächten auf das neue deutsche Parteileben ab. Die Okkupation hätte keine zersplitternden und auflösenden Folgen zu haben brauchen, wenn die Besatzungsmächte sachlich zusammengearbeitet hätten. In der Tat arbeiteten sie aber auf vielen Gebieten gegeneinander. Deutsche Gruppen und Parteien wurden in das gefährliche Spiel einbezogen. Sie hätten sich ihm entziehen können, falls es einen festen Willen und die praktische Möglichkeit zum inter-zonalen Zusammenschluss gegeben hätte. Es fehlte jedoch an beiden Voraussetzungen.

II.

Die Kommunisten hatten den Vorteil, dass sie sehr rasch über einen relativ festgefügten Parteiapparat in ganz Deutschland verfügten. Die Sozialdemokraten konnten sich andererseits eines stärkeren Zustroms von Anhängern aus der Arbeiterschaft und aus anderen antifaschistischen Teilen der Bevölkerung erfreuen. Diese Tatsache trat besonders deutlich in der Ostzone in Erscheinung, wo die Sozialdemokratie zu Beginn dieses Jahres bereits eine Mitgliederzahl von 400.000 erreicht hatte. Auch in den westlichen Zonen überflügelte die SPD – von wenigen Ausnahmen abgesehen – die KPD. Die Partei näherte sich rasch dem organisatorischen Stand, den sie vor Hitler erreicht hatte. Zu ihren alten Anhängern stiessen Mitglieder der SAP und anderer sozialistischer Gruppen sowie solche, die früher nicht politisch organisiert waren.

Die Sozialdemokratie verfügte über eine bedeutende Vertrauensreserve, vor allem angesichts der Tatsache, dass sie seit acht Jahrzehnten das demokratische Element in der deutschen Politik repräsentierte. Manche Vertreter der Partei waren allerdings geneigt, das positiv-traditionelle Element überzubetonen. Die bekanntesten Sprecher der Bewegung im Osten und Westen – Grotewohl und Schumacher – erklärten übereinstimmend, man könne nicht einfach dort weitermachen, wo man 1933 aufgehört habe. Dieser richtigen Feststellung standen andere gegenüber, die im Grunde darauf hinausliefen, dass auf sozialdemokratischer Seite alles in Ordnung gewesen sei. Man begriff durchaus nicht überall, dass es galt – bei Übernahme aller wertvollen traditionellen Elemente –, eine im Wesen neue Partei aufzubauen: eine Partei, die ihrer Zusammensetzung, ihrem Aufbau, ihrer willensmässigen Ausrichtung nach nicht an der Vergangenheit hängt, sondern den neuen, in vieler Hinsicht völlig veränderten, gesellschaftlichen und internationalen Bedingungen Rechnung trägt. Nur eine solche Partei wird in der Lage sein, die Vergreisung zu überwinden und zur Partei der jungen Generation zu werden. Nicht zuletzt darauf kommt es an.

Beim Neuaufbau der Bewegung konnte es den ganzen Umständen nach nicht anders sein, als dass die überalterte Funktionärs-Schicht von vor 1933 stark dominierte. Die unglückliche Gliederung der Bevölkerungs-Pyramide musste sich besonders stark auf die politische und gewerkschaftliche Bewegung auswirken. Dabei kann und darf es aber nicht bleiben. Es müsste immer wieder betont werden, wie wichtig es ist, dass die Selbstbestimmung innerhalb der Bewegung entwickelt wird und dass es bei der Besetzung von Funktionen nicht nach den Bäuchen und Bärten sondern nach den Köpfen zu gehen hat. Ehre der alten Generation, ohne die die deutsche Arbeiterbewegung nicht wieder aufgebaut werden könnte. Kampf aber dem Fraktionsgeist, der Cliquenwirtschaft und einer gewissen innerparteilichen Diplomatie.

Die Kräfte der Sozialdemokratie wurden in hohem Masse durch praktische Tagesaufgaben absorbiert. Das war unvermeidlich, führte aber dazu, dass die grundsätzlichen und politisch-strategischen Fragen durchweg zu geringe Beachtung fanden. Vorhanden war eine gesunde Grundhaltung des Inhalts, dass man nicht in einem neuen „Weimar" steckenbleiben dürfe. Die bekanntesten Sprecher der Sozialdemokratie befassten sich auch ernsthaft mit der Frage, wie es möglich sein sollte, den Rahmen der neuzuschaffenden Demokratie mit sozialistischem Inhalt zu füllen. Gerade angesichts der Tatsache, dass eine gewaltige Schuldenlast zu übernehmen war und dass der Industrie durch die Berliner Beschlüsse schrecklich enge Grenzen gesetzt wurden, wurde festgestellt, dass sich Deutschland den Luxus der Planlosigkeit und der Profitwirtschaft nicht mehr leisten könne. In Berlin wurden sehr beachtliche Ausarbeitungen vorgenommen, denen die marxistische Tradition und die Berührung mit den Erfahrungen des russischen Planaufbaus zugrunde lagen. In den westlichen Zonen war die Sozialdemokratie stärker durch die Gedankengänge beeinflusst, die heute die englischen und skandinavischen Arbeiterbewegung beherrschen. Schumacher und andere bemühten sich, eine sozialistische Gesamtlinie herauszuarbeiten. Sie waren damit allerdings dem durchschnittlichen Stand eines grossen Teils der älteren Parteifunktionäre weit voraus. Sowohl in der östlichen wie in den westlichen Zonen betonten jedoch führende Sozialdemokraten, dass die Partei die grosse Aufgabe habe, „Osten und Westen", das Element des Sozialismus und das der Freiheit, miteinander zu verbinden.

In allen vier Zonen waren sich die Sozialdemokraten darüber einig, dass es gelte, eine nationale Politik im Sinne der Überwindung der Zonengrenzen und der Herstellung einer wirtschaftlichen und rechtlich-politischen Einheit zu betreiben. Separatistische Bestrebungen und Zerstückelungspläne wurden scharf abgelehnt. Gegensätze bildeten sich heraus zwischen dem Einheitsstaat-Programm der „Berliner" und föderalistischen Neigungen im Westen und Süden. Dabei handelte es sich jedoch zum guten Teil um einen Streit um Worte. Manche der westlichen „Föderalisten" wollten nicht mehr als eine gewisse kulturelle und administrative Autonomie bei Konzentrierung der entscheidenden Funktionen in den Händen der Zentralregierung. Ausserdem muss es allen sorgfältigen Beobachtern klar sein, dass sich die tatsächliche Entwicklung schon auf Grund der zonenmässigen Aufteilung in der Richtung auf eine föderative Lösung vollziehen würde. Es ist jedoch eine Frage, ob es nicht die Aufgabe der Sozialdemokratie gewesen wäre, noch energischer, als es geschah, auf die Durchführung der Potsdamer Beschlüsse in bezug auf die interzonale Verwaltung zu drängen.

Unabhängig von den Zonengrenzen traten die Sozialdemokraten für loyale Zusammenarbeit mit den Vereinten Nationen, für eine Politik des Friedens und der internationalen Rechtsordnung ein. Vielleicht war man zu sehr geneigt, von der Unbeeinflussbarkeit der internationalen Bedingungen auszugehen und die Entwicklung einer gesamtdeutschen sozialistischen Politik zu vorsichtig zu betreiben. Diese Vorsicht, die zuweilen einer Passivität gleichkam, erleichterte in der zweiten Phase, auf die wir weiter unten zu sprechen kommen, die Zerklüftung der Sozialdemokratie. Sowohl in Berlin wie im Westen lehnten die Sozialdemokraten die These von der Kollektivschuld aller Deutschen ab. Sie erklärten andererseits, dass sie sich auch nicht dem gemeinsamen Schicksal des Volkes entziehen und dass sie Wiedergutmachungs-Leistungen nicht in Frage stellen wollten. Festzustellen bleibt jedoch, dass hier und da falsche Töne durchklangen und dass einige Sprecher der Partei mehr entschuldigen wollten, als sich entschuldigen lässt. Sie differenzierten nicht zwischen Schuld und Verantwortung und liessen sich auch gelegentlich dazu verleiten, dem Ausland Vorhaltungen zu machen, bevor sie die innerdeutsche Verantwortlichkeit, zu der auch die des deutschen Antinazismus gehört, gebührend festgestellt hatten. Das waren bedenkliche Tendenzen. Im Ganzen war es dennoch so, dass die ideologische Ausgangslage im sozialdemokratischen Lager eine gesunde Weiterentwicklung ermöglichte.

Die vorhandenen Meinungsverschiedenheiten, die nebenbei gesagt nicht parallel mit den Zonengrenzen liefen, rechtfertigten jedenfalls keine Spaltung der Sozialdemokratie. Die im Herbst vorigen

Jahres vorhandenen Meinungsverschiedenheiten lagen vorwiegend auf organisatorischem Gebiet. In Berlin war im Juni [19]45 der „Zentralausschuss" gebildet worden,[2] zu dem die beiden Überlebenden jenes Zwölfer-Komitees gehörten, das 1933 anlässlich der Emigration des Parteivorstandes gebildet worden war. Der Standpunkt der „Berliner" lief im Grunde darauf hinaus, dass sie rechtmässig im Namen der Gesamtpartei sprächen, bis ein Parteitag tagen und eine neue Leitung wählen könne. Diesem Standpunkt widersprach die Hannoversche Konferenz im Oktober vorigen Jahres.[3] Dort wurde beschlossen, eine besondere Zentrale für die westlichen Zonen – mit Kurt Schumacher als Bevollmächtigtem – zu bilden, während der Zentralausschuss für die Ostzone zuständig sein sollte. Mit den Vertretern des Zentralausschusses wurde vereinbart, dass in Fragen der Gesamtpartei eine Verständigung zwischen „Hannover" und „Berlin" erzielt werden sollte. Diese Regelung trug der Tatsache Rechnung, dass man es mit unterschiedlichen Arbeits- und Entwicklungsbedingungen in den verschiedenen Zonen zu tun hatte. Sie bedeutete jedoch weitgehend einen Verzicht auf die Schaffung einer einheitlichen sozialistischen Partei zur Durchsetzung einer einheitlichen sozialistischen Politik.

Die Vertreter des „Westens" befürchteten, dass der Zentralausschuss nicht in der Lage sein würde, seine Unabhängigkeit gegenüber der KPD und der Besatzungsmacht zu behaupten. Man kann jedoch kaum davon sprechen, dass die Sozialdemokraten in Berlin und in der Ostzone zu diesem Zeitpunkt einem undemokratischen Druck ausgesetzt waren. Die führenden Mitglieder des Zentralausschusses und massgebliche Vertreter in den Bezirken, vor allem in Sachsen und Thüringen, liessen sich von der ehrlichen Überzeugung leiten, dass Deutschland weder neu entstehen noch leben könne, falls es nicht gelänge, zu einem Ausgleich mit der Sowjetunion zu kommen. Sie waren weiter davon überzeugt, dass die Spaltung ein Verhängnis war und dass alle nur möglichen Anstrengungen gemacht werden müssten, sie zu überwinden. Wir erwähnten bereits, dass es schon vor Abschluss des Krieges ein Mitglied des Zentralausschusses war, das den Kommunisten die Vereinigung vorschlug. Als die Parteien in

Berlin im Juni legalisiert wurden, setzten sich die sozialdemokratischen Vertreter wiederum für die politische und organisatorische Arbeitereinheit ein. Das kommunistische Zentralkomitee nahm jedoch den Standpunkt ein, dass ein solcher Schritt verfrüht sei und dass es zuerst einer ideologischen Klärung bedürfe. Darum blieb es bei der im vorigen Sommer vereinbarten Aktionseinheit.

Es dauerte nicht lange, bis sich Vorfälle ereigneten, die auf sozialdemokratischer Seite als Illoyalität des kommunistischen Bündnispartners aufgefasst wurden und wohl auch nicht anders aufgefasst werden konnten. Der Zentralausschuss und leitende Funktionäre in den Bezirken beharrten nichtsdestoweniger auf der Einheits-Politik. Sie waren davon überzeugt, dass es bei einer Vereinigung im Reichsmasstab die Sozialdemokraten sein würden, die die besten Chancen hätten, der Einheitspartei ihren Stempel aufzudrücken. Für die östliche Zone versprachen sie sich von der Bildung der Einheitspartei eine Besserung und Förderung der Zusammenarbeit mit den sowjetischen Behörden. Diese Motive müssen gerade angesichts der späteren bedenklichen Entwicklung festgehalten werden.

Unter den Sozialdemokraten im Westen gab es keineswegs eine geschlossene Front gegen die Zusammenarbeit mit den Kommunisten. In einer Reihe von Städten und Bezirken hatte sich eine durchaus erspriessliche praktische Zusammenarbeit entwickelt. Selbst dort, wo keine besonderen Kontaktausschüsse gebildet wurden, entging man dem „Kampf bis aufs Messer", der sich vor 1933 so verhängnisvoll auswirkte. Auf der Konferenz in Hannover und bei anderen Gelegenheiten wurde jedoch der Auffassung Ausdruck gegeben, dass die Voraussetzungen für eine politische und organisatorische Vereinigung der beiden Arbeiterparteien nicht gegeben seien. Das Hauptargument für diese Auffassung war, dass die Kommunisten keine wirklich selbständige Politik betrieben, sondern von einer der Okkupationsmächte abhängig seien. Man stellte auch fest, dass ihre Abkehr von diktatorischen Anschauungen und Gepflogenheiten eher taktischer als grundsätzlicher Art seien. Mit besonderem Nachdruck wurde darauf hingewiesen, dass die Einigungsverhandlungen in keinem anderen Lande zu einem positiven Ergebnis geführt hätten. Woran es aber fehlte, war die Entwicklung einer positiven Linie, auf die sich die Sozialdemokratie im Osten und Westen hätte einigen können. Zu dieser Linie musste die Erkenntnis der „Berliner" gehören, dass die Erreichung einer gesunden Kooperation mit der Sowjetmacht zu den wichtigsten Voraussetzungen deutscher Politik zu zählen war. Weiter gehörte dazu die Betonung dessen, dass es der Sozialdemokratie um die Erreichung der grösstmöglichen Geschlossenheit der antinazistischen Kräfte zu tun sei und dass sie zu diesem Zweck neben der Gewerkschaftseinheit für eine sachliche, praktische Zusammenarbeit mit der KPD eintrete. Statt dessen wurde in hohem Masse eine negative Haltung eingenommen. Dieser Mangel trug offenbar dazu bei, dass das Zentralkomitee der KPD die Sozialdemokraten „in die Zange" nehmen konnte.

III.

Die Kommunisten schufen eine einheitliche Organisation, die durch die zonenmässige Aufteilung so gut wie gar nicht geschwächt wurde. Die besonders in der ersten Zeit nach der Kapitulation harten Massnahmen der sowjetischen Besatzungsmacht riefen zwar auch in den Reihen der deutschen Kommunisten Befremden hervor, änderten aber nichts an der in der grossen Linie geschlossenen „Ost-Orientierung" der Partei. Der Aufbau des Partei-Apparats wurde durch Funktionärmangel verzögert, aber auch durch das Vorhandensein reichlicher materieller Hilfsquellen gefördert.

Für die alten kommunistischen Kader bedeutete die neue Lage eine Umstellung, die nicht immer leicht verstanden wurde. Die KPD stand nicht mehr in der Opposition. Sie betonte ihre positive Haltung zur Demokratie und zum Parlamentarismus und trat, in Übereinstimmung mit ihren Bruderparteien in andern Ländern, mit dem Anspruch einer „nationalen Volkspartei" auf. Die Haltung gegenüber der Sozialdemokratie und auch gegenüber dem nicht-sozialistischen Antinazismus war nicht sektiererisch, sondern eher „umarmend". Es wurde klar zum Ausdruck gebracht, dass die Pforten der Partei neuen Mitgliedern offen stünden und dass man Mitglied werden könne, ohne die „philosophischen" Auffassungen der Partei zu teilen. Anfang dieses Jahres erklärte man sich auch offiziell bereit, Aufnahmegesuche „kleiner P.g.s"4 wohlwollend prüfen zu wollen.

Der Zustrom neuer Mitglieder entsprach jedoch nicht den Erwartungen. Dabei spielte es sicherlich eine wichtige Rolle, dass die für den Wiederaufbau in Frage kommenden Teile der Bevölkerung tatsächlich von der Diktatur genug hatten und den demokratischen Parolen der KPD mit einiger Skepsis gegenüberstanden. Man bemerkte u. a., dass im Aufruf des Z.K. vom vorigen Sommer davon die Rede war, dass das Sowjetsystem nicht den „gegenwärtigen" deutschen Entwicklungsbedingungen entspräche und dass „gegenwärtig" die Errichtung einer antifaschistisch-demokratischen Republik auf der Tagesordnung stünde. Bei der Betonung der deutschen Kriegsschuld und Verantwortung für die Naziverbrechen machten die Kommunisten weniger Vorbehalte als die Sozialdemokraten. Sie waren auch weniger geneigt, auf eine scharfe Kritik [an] der Weimarer Periode zu verzichten. Der Wert dieser kritischen Auseinandersetzung wurde jedoch dadurch herabgemindert, dass die KPD keine eigenen Fehler, höchstens „taktische Irrtümer" eingestehen wollte.

In der östlichen Zone trat für die Kommunisten eine ernste Belastung dadurch ein, dass sie mit den zum Teil sehr harten Massnahmen der Besatzungsmacht identifiziert wurden. Die Betriebsrätewahlen, die im Herbst [19]45 in der russischen Zone abgehalten wurden, ergaben dort, wo nicht gemeinsame Listen aufgestellt wurden, fast durchweg ein sehr bedeutendes Übergewicht der sozialdemokratischen Kandidaten. Selbst in Betrieben, die früher als kommunistische Hochburgen angesehen wurden, wurden teilweise zehn- bis zwanzig mal soviel sozialdemokratische wie kommunistische Stimmen abgegeben. Um die Jahreswende war jedoch bereits eine wesentliche Festigung der kommunistischen Positionen festzustellen. Der Partei war keine Monopolstellung eingeräumt worden, und Marschall Shukow hatte ausdrücklich betont, dass er die Sozialdemokratie als die stärkste Partei betrachte. Beim Aufbau der Organisation und der Presse sowie bei der Besetzung öffentlicher Ämter wurde jedoch den Kommunisten eine deutliche Favorisierung zuteil.

KPD-Vertreter hatten in hohem Masse Schlüsselpositionen in der Verwaltung besetzt und kontrollierten fast die gesamte Personalpolitik. Sie machten sich auch stark beim Aufbau der neuen Polizeimacht geltend. Andererseits ist festzustellen, dass sich die Verhältnisse in der Ostzone nach und nach normalisierten und dass individuellen Übergriffen durch scharfes Vorgehen der russischen Führung Einhalt geboten wurde. Auf die Periode der Maschinen-Wegführung und der umfassenden Requisitionen folgte jetzt eine neue Periode des planmässigen Wirtschaftsaufbaus, bei Einschaltung der Betriebsräte und der Gewerkschaften.

In den westlichen Zonen lag keine Belastung durch Identifizierung mit der Besatzungsmacht vor. Dort war es im Gegenteil so, dass die KPD als gemässigt oppositionelle Partei in Erscheinung treten konnte. Nichtsdestoweniger war es so, dass die Sozialdemokraten in fast allen Bezirken erheblich stärker verankert waren als die KPD. Die wichtigste Ausnahme war das Ruhrgebiet. Dort zeigte es sich bei den Betriebswahlen Ende des vorigen Jahres, dass die KP[D]-Kandidaten vielfach 60–65 Prozent der Arbeiterstimmen erhielten. Ähnlich war es in mehreren Grossbetrieben in Hamburg, Bremen und anderen Städten.

Das Übergewicht der SPD gegenüber der KPD trat deutlich bei den Gemeindewahlen in Erscheinung, die Ende Januar [1946] in der amerikanischen Zone abgehalten wurden. Gewiss muss man in Betracht ziehen, dass es sich dabei nur um die Gemeinden mit bis zu 20.000 Einwohnern handelte, dass „unpolitische" lokale Listen ein Drittel aller Stimmen und die Hälfte der Mandate erhielten und dass die Arbeiterparteien in vielen Gemeinden überhaupt nicht kandidierten. Das galt für die KPD in noch höherem Masse als für die SPD. Nichtsdestoweniger lassen sich gewisse Schlussfolgerungen aus den ersten freien Wahlen ziehen, die in Deutschland nach dem Zusammenbruch des Nazismus abgehalten wurden. Insgesamt erhielt die SPD 980.000 Stimmen und die KPD 137.000. Das waren 24 resp. 3 Prozent der abgegebenen Stimmen. In Hessen erhielt die SPD 485.000 und die KPD 61.000 Stimmen. Für Bayern waren die entsprechenden Ziffern 337.000 und 46.000, für Württemberg-Baden (d. h. die nördlichen, amerikanisch besetzten Teile dieser beiden Länder) 158.000

und 30.000. In Gross-Hessen gewann die SPD allein 42 Prozent aller Stimmen.

Es ist jedoch damit zu rechnen, dass sich bei den Wahlen in den Städten wesentliche Verschiebungen ergeben werden. Die verschärfte Ernährungskrise im Westen kann bis zu einem gewissen Grade der KPD zugute kommen. Ausserdem bleibt abzuwarten, welchen Widerhall die nationalen Parolen finden werden, die besonders seit der Jahreswende von der Führung der KPD ausgegeben worden sind. Die Partei nahm von Anfang an einen scharf ablehnenden Standpunkt gegenüber separatistischen Bestrebungen und föderalistischen Plänen ein. Sie kritisierte nicht die Grenzverschiebungen im Osten, wohl aber Abtrennungspläne im Westen. Wilhelm Pieck sprach sich eindeutig für die Einheits-Republik aus, während Walter Ulbricht ausdrücklich erklärte, die Ruhr sei deutsch gewesen und werde deutsch bleiben.

Wenn man von den Tagesforderungen und Aktionsprogrammen ausgeht, so ergibt sich faktisch kein besonders grosser Unterschied zwischen den Sozialdemokraten und Kommunisten. In der Frage der Bodenreform wurde allerdings von sozialdemokratischer Seite häufig betont, dass sie überstürzt und schematisch durchgeführt worden sei und dass es richtiger gewesen wäre, das Schwergewicht auf eine genossenschaftliche Lösung zu legen. In bezug auf die Wiederankurbelung der Wirtschaft wurde von kommunistischer Seite stark betont, dass es darauf ankomme, die „private Initiative" auszunutzen, während sozialdemokratische Sprecher vielfach eindeutigere sozialistische Vorschläge unterbreiteten. Andererseits war es jedoch so, dass die Kommunisten einen realen Einfluss auf die Planung der Notwirtschaft im Osten ausübten, während die Sozialdemokraten im Westen bei der Gestaltung der wirtschaftlichen Dinge ziemlich wenig zu melden hatten.

Es wurde bereits erwähnt, dass sich zwischen sozialdemokratischen und kommunistischen Vertretern in der Verwaltung vielfach eine gute Zusammenarbeit entwickelte. Die Kommunisten nahmen in der amerikanischen Zone an allen drei Länderregierungen teil. Sie waren in den provisorischen Gemeindevertretungen, in den Redaktionen der gemeinsamen Zeitungen usw. vertreten. Auch in der englischen Zone übernahmen sie verantwortliche Funktionen, vielfach auf paritätischer Basis. Die Kommunisten hatten, wie alle anderen, Mangel an geeigneten Kräften. Aber sie verfügten zweifellos auch über eine Anzahl sehr fähiger Leute. In diesem Zusammenhang verdient Erwähnung, dass zahlreiche Mitglieder oppositioneller kommunistischer Gruppen wieder in die Partei aufgenommen und dass ihnen häufig verantwortliche Aussenfunktionen übertragen wurden. Ein kommunistischer Senator oder Arbeitsamt-Direktor ist entweder fähig oder unfähig. So wie die Dinge liegen, wird er seine Arbeit ebenso gestalten wie ein fähiger oder unfähiger Sozialdemokrat.

Auf sozialdemokratischer Seite im Westen erwartete man, dass sich aus der neuen Lage, d. h. der positiven Zusammenarbeit beim Aufbau des neuen Staates, entweder eine Änderung des Aufbaus und Charakters der kommunistischen Partei oder aber eine innere Differenzierung dieser Partei ergeben würde. Es war bereits festzustellen, dass sich zwischen den Kommunisten und Sozialdemokraten, die mit praktischer Arbeit betraut waren, vielfach eine gute Zusammenarbeit entwickelte, während das Verhältnis zu den Parteisekretären – und das Verhältnis der Sekretäre untereinander – nicht immer gleich gut war. Der sich hier anbahnende Prozess wurde jedoch durch die „Einheitsoffensive" unterbrochen, die Ende des Vorjahres in der Ostzone einsetzte. Bevor wir darauf zu sprechen kommen, wollen wir uns jedoch kurz mit der Entwicklung auf gewerkschaftlichem Gebiet befassen.

IV.[5]

Auf der Potsdamer Konferenz wurde beschlossen, dass ausser politischen Parteien auch freie gewerkschaftliche Organisationen gebildet werden sollten. In Berlin war zu dieser Zeit bereits eine provisorische Leitung des „Freien Deutschen Gewerkschaftsbundes" gebildet worden. In entsprechender Weise wurden zentrale Körperschaften für die Bezirke der russischen Zone geschaffen, die den Neuaufbau auf der Basis des Prinzips der Industriegewerkschaften durchführten. In den westlichen Zonen wurde, ebenso wie für die Parteien, angeordnet, dass der Aufbau von unten her zu erfolgen habe. Auch in den Westzonen überwog die Tendenz zur Bildung von Industriegewerkschaften, mit Einschluss der Angestellten, Beamten und der Angehörigen freier Berufe. Die lokale Zersplitterung resultierte jedoch in der Befolgung recht unterschiedlicher organisatorischer Richtlinien. An manchen Orten kehrte man zu den Berufsverbänden zurück, an anderen Orten ging man zum entgegengesetzten Extrem der „Einheitsgewerkschaft" über. Erst jetzt ist man dabei, die zonenmässige Zusammenfassung und eine Angleichung der Organisationsformen durchzuführen. Bürokratische Verständnislosigkeit von seiten gewisser Militärbehörden haben diesen Sammlungsprozess erheblich verzögert. Andererseits kam es nicht zur Durchführung jener Bestimmungen für den Gewerkschaftsaufbau, auf die sich der Kontrollrat in Berlin geeinigt hatte. Diese Bestimmungen zielten auf die Schaffung eines einheitlichen Gewerkschaftsbundes für alle vier Zonen ab. Sie konnten vor allem deswegen nicht durchgeführt werden, weil die französischen Vertreter hier, wie auf anderen Gebieten, ihr Veto einlegten. Mancherorts hoffte man, dass der Besuch der Delegation des Welt-Gewerkschaftsbundes in Deutschland im Februar dieses Jahres zu einer Vereinheitlichung der Gewerkschaftsbewegung über die Zonengrenzen hinaus führen würde. Diese Hoffnung scheint nicht berechtigt gewesen zu sein. Es ist offenbar so, dass sich die Schwierigkeiten, mit denen der Kontrollrat zu tun hat, auch in der Leitung der Gewerkschaftsinternationale widerspiegeln.

Als Positivum ist jedoch festzustellen, dass es sowohl im Osten wie in den westlichen Zonen gelungen ist, das Prinzip der Gewerkschaftseinheit durchzusetzen und eine erneute politische Zersplitterung auf gewerkschaftlichem Gebiet zu vermeiden. In den westlichen Zonen sind die sozialdemokratischen Funktionäre tonangebend. In den meisten Vorständen sind jedoch die Kommunisten und in vielen Fällen auch die Christen vertreten. Im Osten haben kommunistische Vertreter in hohem Masse die leitenden Funktionen übernommen. Neben ihnen wirken zahlreiche sozialdemokratische und in geringerem Masse auch christliche Gewerkschaftler. In organisatorischer Hinsicht hat die Ostzone während der ersten Aufbauperiode die grössten Resultate zu verzeichnen. Berlin hatte Anfang des Jahres etwa 300.000 Mitglieder, die Ostzone über anderthalb Millionen. Für die Westzonen kann man bislang mit einer Gesamtziffer von anderthalb Millionen rechnen. Nachdem nun das Stadium der lokalen Begrenzung überwunden ist, kann man mit einer relativ raschen Steigerung rechnen.

Es ist bekannt, dass die neuen Gewerkschaften vorläufig so gut wie gar keinen Einfluss auf Lohn- und Tariffragen ausüben können. Demhingegen haben sie sich bereits stark bei der überaus schwierigen Neugestaltung des Sozialversicherungswesens geltend gemacht. Objektive Beobachter geben auch zu, dass die Entnazifizierung, besonders der Wirtschaft, dort die grössten Fortschritte gemacht hat, wo man es mit einer aktiven Gewerkschaftsbewegung und mit rührigen Betriebsvertretungen zu tun hatte.

Darüber hinaus ist es in einem hohen Masse ein Verdienst der Gewerkschaften und der Betriebsvertrauensleute, dass die Produktion vor dem völligen Zerfall bewahrt blieb. Es ist ein allgemeiner Wunsch der deutschen Gewerkschaftler, dass die Betriebsräte nicht nur in der Weimarer Form wiedererrichtet werden, sondern dass sie wirkliches Mitbestimmungsrecht in den Betriebsleitungen erhalten und dass die Gewerkschaften als solche in die Kontroll- und Planungsorgane der Wirtschaft eingeschaltet werden. Für die Ostzone kann registriert werden, dass diesen Wünschen in beträchtlichem Masse Rechnung getragen worden ist. In zahlreichen Fällen hat die Arbeiterschaft ihre Vertreter in die Leitung nicht nur öffentlicher, sondern auch privater Unternehmungen entsandt, und die Gewerkschaften werden bei der Ausarbeitung der Bedarfspläne für das Jahr 1946 herangezogen. In den westlichen Gebieten befinden sich neue Betriebsrätegesetze im Stadium der Ausarbeitung. Es bleibt abzuwarten, wie weit sie den Erforderungen der Lage und den Wünschen der Belegschaft Rechnung tragen werden. Die bisherige Entwicklung gibt zu einiger Skepsis Anlass. Bei der amerikanischen, aber auch bei der englischen Militärverwaltung war die Neigung festzustellen, das Tätigkeitsgebiet der Betriebsvertretungen und der Gewerkschaften stark einzuengen und ihnen möglichst geringen

Einfluss auf die Gestaltung der Wirtschaftspolitik einzuräumen. Hier und da glaubt man sogar, auf die Mitwirkung der Arbeitervertreter bei der Entnazifizierung der Wirtschaft verzichten zu können.

Es kann jedoch kaum bestritten werden, dass im Westen die Grundlage für die Weiterentwicklung einer demokratischen Gewerkschaftsbewegung gegeben sind. In bezug auf den Osten sind sehr ernste Zweifel laut geworden, Zweifel, die sich aus dem Eindruck ergeben, dass die KPD die Führung der dortigen Gewerkschaften mit anderen als demokratischen Methoden erobert hat oder zu erobern trachtet. In Berlin kam es zunächst zur Bildung einer provisorischen Leitung, in der die Kommunisten vier Plätze besetzten, während sich die Sozialdemokraten und Christen die anderen vier Plätze teilen mussten. Im Januar [1946] fanden dann die Wahlen zum Kongress des Berliner Gewerkschaftsbundes statt, der in den ersten Februartagen abgehalten wurde. Auf diesem Kongress waren die Kommunisten mit 320 und die Sozialdemokraten mit 259 Delegierten vertreten. Ausserdem gab es noch drei christliche und siebzehn parteilose Delegierte.

Die von der inter-alliierten Kommandantur gebilligte Wahlordnung sah vor, dass weder bei den Wahlen in den Betrieben noch bei der darauffolgenden Wahl der Bezirksdelegiertenversammlungen unter parteipolitischen Gesichtspunkten abgestimmt werden sollte. Daraufhin kamen die Sozialdemokraten und Kommunisten überein, gemeinsame Listen aufzustellen. Von sozialdemokratischer Seite wird nun behauptet, dass man sich an dieses Abkommen gehalten habe, während von kommunistischer Seite die Parole ausgegeben worden sei, nur „gerade Ziffern" zu wählen, d. h. die sozialdemokratischen Kandidaten auf den gemeinsamen Listen zu streichen. Die kommunistische Presse forderte jedenfalls öffentlich auf, keine „Feinde der Einheit" zu wählen. Das Ergebnis war so, dass es dem wirklichen Einfluss der beiden Arbeiterparteien in Berlin offenbar nicht gerecht wurde.

Auf dem Gewerkschaftskongress in der russischen Zone, der eine Woche später in Berlin abgehalten wurde, trat das kommunistische Übergewicht noch stärker in Erscheinung. Dort erschienen 539 kommunistische Delegierte, 252 Sozialdemokraten, 3 Christen, 1 Liberaler und 39 Parteilose. Annähernd 200 Gastdelegierten wurde allerdings das Stimmrecht erteilt, nachdem die Mandatsprüfungskommission „Unregelmässigkeiten" bei der vorausgegangenen Wahl festgestellt hatte. Einer Reihe sozialdemokratischer Vertreter wurde z. B., als sie in Berlin ankamen, mitgeteilt, dass ihre Mandate ungültig seien. Mit Verwunderung nahm man auch zur Kenntnis, dass aus Sachsen 247 Kommunisten und nur 69 Sozialdemokraten erschienen, nachdem die Sozialdemokraten zumindest in einer beträchtlichen Zahl grosser Betriebe viel besser abgeschnitten hatten als die Kommunisten.

Es kann kaum bestritten werden, dass es der KPD darum zu tun war, auf jeden Fall die Führung des Gewerkschaftsbundes in Berlin und in der Ostzone in die Hand zu bekommen. Das löste andererseits starke Kritik unter nicht-kommunistischen Gewerkschaftlern aus. Dieser Stimmung trugen die Kommunisten insofern Rechnung, als sie ihre nominelle Majorität nicht zur völligen Majorisierung der Leitungen ausnutzten. In beiden Fällen wurde ein Kommunist als erster Vorsitzender gewählt, mit einem Sozialdemokraten als zweitem und einem christlichen Gewerkschaftler als drittem Vorsitzenden. Der erweiterte Berliner Vorstand besteht aus 15 Kommunisten, 12 Sozialdemokraten und 3 Christen, die engere Leitung aus je 4 Kommunisten und Sozialdemokraten und einem Christen. In der Gewerkschaftsleitung für die Zone sitzen 19 Kommunisten, 18 Sozialdemokraten, 4 Christen und 4 Parteilose.

Beide Gewerkschaftskongresse wurden dazu benutzt, die Einheitsoffensive voranzutreiben, zu der die KPD im Dezember [1945] die Initiative ergriffen hatte. Auf dem Kongress für die Ostzone wurde auch zum ersten Mal mitgeteilt, dass die Vereinigung der beiden Arbeiterparteien im Laufe der nächsten Monate erfolgen werde.

V.

Diese neue Phase der Einheitspolitik wurde mit der Konferenz eingeleitet, die am 20. und 21. Dezember [1945] in Berlin stattfand,[6] und zu der auf Antrag des ZK der KPD je 30 Vertreter beider Parteien sehr schnell zusammenberufen wurden. Das führte dazu, dass sich die sozialdemokratische Leitung in Berlin, entgegen den Vereinbarungen von Hannover, überhaupt nicht mit den Parteienorganisationen im Westen ins Einvernehmen setzen konnte. Diese wurden von der neuen Entwicklung der Dinge völlig überrascht.

Auf der Berliner Konferenz wurde eine Entschliessung angenommen, in der man feststellte, dass die Spaltung entscheidend zum Sieg des Faschismus beigetragen habe. Die Gefahr sei auch jetzt noch nicht überwunden, und es bedürfe einer Front der Arbeiter, Bauern und Intellektuellen mit einer vereinigten Arbeiterpartei als Kern. Es wurde eine Studienkommission gebildet, deren Aufgabe darin bestehen sollte, die Grundlagen der Einheit zu klären. Demselben Zweck sollte ein gemeinsamer Verlag und eine theoretische Zeitschrift dienen. Mit Hinblick auf kommende Gemeindewahlen vereinbarte man ein gemeinsames Kommunalprogramm und ein Abkommen betreffs paritätischer Besetzung kommunaler Positionen. In der Entschliessung wurde zum Ausdruck gebracht, dass die zukünftige Einheitspartei ihre Politik ausgehend von den besonderen deutschen Verhältnissen führen und dass sie die demokratischen Rechte der Mitgliedschaft sicherstellen solle. Als Minimalprogramm einigte man sich auf die Erneuerung der Demokratie durch Aufbau einer antifaschistisch-demokratisch-parlamentarischen Republik, als Maximalprogramm: Verwirklichung des Sozialismus durch die Herrschaft der Arbeiterklasse. Man rechnete mit der Möglichkeit neuer Übergangsformen zum Sozialismus.

Von seiten des ZK der KPD hatte man ursprünglich weitergehende Forderungen gestellt. Man wünschte ein Abkommen zwecks Aufstellung gemeinsamer Wahllisten. Ausserdem, und das war offenbar das wichtigste, verlangte man die Bereitschaft des sozialdemokratischen Zentralausschusses zur unmittelbaren Verwirklichung der Einheit, lokal, bezirklich und im Zonenmasstab. Diese Vorschläge wurden von Grotewohl in einer sehr freimütigen Rede abgelehnt.[7] Er betonte erneut den Willen zur Zusammenarbeit mit der Sowjetunion und die prinzipielle Bereitschaft zur Schaffung der Einheitspartei, deren Bildung die Berliner Sozialdemokraten bereits vor Monaten vorgeschlagen hatten. In der Zwischenzeit sei in der sozialdemokratischen Mitgliedschaft der Ostzone eine starke Opposition auf Grund dessen eingetreten, wie die KPD gehandelt habe und behandelt worden sei. Sie sei sowohl in ihrer Parteiarbeit, beim Aufbau ihrer Presse und bei der Besetzung öffentlicher Funktionen bevorzugt behandelt worden und habe ausserdem in einer Reihe von Fällen einen undemokratischen Druck auf Sozialdemokraten ausgeübt. Es war in der Tat kein Geheimnis, dass dem Zentralorgan der KPD eine dreimal so hohe Auflage zugebilligt wurde wie dem der SPD und dass die Meinungsfreiheit in der sozialdemokratischen Presse durch Zensurmassnahmen eingeengt war.

Grotewohl legte dar, dass sich der Zentralausschuss mit einem so ernsten Schritt wie dem beschäftigt habe, alle sozialdemokratischen Vertreter aus den Organen der Selbstverwaltung zurückzuziehen, falls die kritisierten Verhältnisse nicht geändert würden. Es sagte den kommunistischen Vertretern auch, dass sie sich als Voraussetzung für die Bildung der Einheitspartei zu einem demokratischen Parteiaufbau entschliessen müssten. So lange mehrere Parteien bestünden, sei es richtig, den Wählern zu überlassen, für welche Partei sie stimmen wollten. Eine Realisierung der Einheit auf lokaler, bezirklicher und zonenmässiger Basis könne man nicht anerkennen. Die Einheitsfrage müsse durch Reichsparteitage entschieden werden.

Im Westen stiessen die Beschlüsse der Berliner Konferenz, die also ein[en] Kompromiss darstellten, auf ziemlich einmütige Ablehnung der leitenden sozialdemokratischen Körperschaften. Das war um so bemerkenswerter, als gerade noch um die Jahreswende in verschiedenen Bezirken, so in München und Wiesbaden, gemeinsame Komitees der beiden Parteien geschaffen worden waren. Es war offenbar so, dass man sehr scharf gegen das reagierte, was man als „Berliner Direktiven" auffasste. Dabei spielte die bereits erwähnte Tatsache eine grosse Rolle, dass die Sozialdemokratie im Westen vom Gang der Dinge überrascht wurde und dass keinerlei Verständigung zwischen den Zentralausschüssen in Berlin und Hannover stattgefunden hatte.

Das entscheidende „Nein" wurde durch die Funktionärskonferenzen gesprochen, die Anfang Januar [1946] in Hannover und Frankfurt stattfanden. In den dort angenommenen Entschliessungen wies man darauf hin, dass das Berliner Abkommen durch die Besonderheit der Verhältnisse in der Ostzone bedingt sei. Damit wollte man zum Ausdruck bringen, dass die Sozialdemokraten genötigt gewesen seien, die kommunistischen Vorschläge zumindest teilweise zu akzeptieren, um die Legalität der SPD aufrechterhalten zu können. Weiter brachte man zum Ausdruck, dass der Einheitswille der Arbeiterschaft missbraucht werden solle. Die Sozialdemokraten sollten „Blutspender für den geschwächten Körper der KPD" werden, wie es Schumacher ausdrückte. Wie schon bei früheren Anlässen wurde auch jetzt betont, dass die Kommunisten keine unabhängige Politik betrieben. Internationale Argumente spielten eine gewisse Rolle. Es wurde nicht nur auf das Scheitern der Einigungsverhandlungen in anderen Ländern, sondern auch darauf hingewiesen, dass sich die kommunistischen Parteien Polens, der Tschechoslowakei, Frankreichs und anderer Länder durch eine besonders zugespitzte antideutsche Politik auszeichneten.

Die Sozialdemokratie im Westen lehnte gemeinsame Listen und auch gemeinsame Wahlprogramme mit den Kommunisten ab. Sie meinten, dass dadurch eher eine Schwächung als eine Stärkung der Arbeiterschaft erreicht würde. Man konnte sich jedoch schwer des Eindrucks erwehren, dass man auf sozialdemokratischer Seite die politisch-strategische Bedeutung des Einheitsproblems nicht oder ungenügend erkannte.

Mehr als problematisch war auch ein Teil der Begründung, mit der man den Vorschlag auf Bildung einer Einheitspartei ablehnte. Man widersprach der Berliner Feststellung, dass die Spaltung der Arbeiterbewegung und die Zersplitterung der anti-nazistischen Kräfte entscheidend zum Sieg Hitlers beigetragen habe. Weiter hiess es, dass allein die Politik der KPD den Schuldanteil der deutschen Arbeiterbewegung darstelle. Eine solche Behauptung war nicht viel besser als die umgekehrte KP[D]-These, derzufolge sich allein die SPD mit einer historischen Schuld belastet habe. Solchen Behauptungen musste von sozialdemokratischer Seite gewiss widersprochen werden. Wer es mit der geschichtlichen Wahrheit und mit der politischen Erziehung der jungen Generation ernst meint, darf jedoch nicht so tun, als ob bei der SPD im Grunde alles in Ordnung gewesen sei. Die neue

Bewegung darf nicht mit Geschichtsfälschungen – weder von der einen noch von der andern Seite – beginnen und auch nicht mit jener Art von „Marxismus", der immer nur hinterher erklärt, dass es so kommen musste, wie es kam. Zu bemängeln ist auch, dass die Entscheidungen der Sozialdemokratie im Westen nicht einer gründlicheren Diskussion in den Organisationen unterzogen wurden. Trotzdem ist nicht zu bezweifeln, dass die Mehrheit der Mitgliedschaft hinter den Beschlüssen stand, die in Hannover und Frankfurt gefasst wurden. In der Ostzone machten sich auch bei Teilen der sozialdemokratischen Mitgliedschaft starke Bedenken geltend. U. a. wurden Entschliessungen des Inhalts angenommen, dass eine zonenmässige Vereinigung nicht in Frage komme und dass eine Urabstimmung im Gebiet aller vier Zonen durchgeführt werden solle. Mitte Januar [1946] veröffentlichte der Zentralausschuss einen Beschluss, in dem er ausdrücklich betonte, dass weder gemeinsame Listen noch bezirkliche oder zonenmässige Vereinigungen mit den Beschlüssen der Dezember-Konferenz vereinbar seien. „Das Volk" betonte zur gleichen Zeit, dass die Sozialdemokraten der verschiedenen Zonen in den entscheidenden Fragen einer Meinung seien.

Auf kommunistischer Seite war man offenbar mit diesem Stand der Dinge sehr unzufrieden. Ulbricht erklärte, wer gegen die Einheit sei, stemple sich damit selbst zu einem „Feind der Nation". Im Westen wurden von KP[D]-Bezirksleitungen Entschliessungen angenommen, in denen behauptet wurde, die Sozialdemokraten hätten den Antibolschewismus von den Nazis übernommen. Sie seien Agenten des ausländischen Finanzkapitals und sabotierten die Zusammenarbeit zwischen den Vereinten Nationen. Es setzte eine mächtige Propagandawelle ein und bald wurde ersichtlich, dass die Vereinigung in der Ostzone durchgesetzt werden sollte, „so oder so".

VI.

Die Vorgänge, die sich Ende Januar und Anfang Februar [1946] in Berlin und in der Ostzone abgespielt haben, sind in allen Einzelheiten noch nicht bekannt. Das wesentliche ist, dass während dieser Zeit von seiten der KPD verlangt wurde, die Vereinigung solle im Laufe der nächsten Monate – bis zum 1. Mai – erfolgen und dass diese Forderung in unmissverständlicher Weise von Vertretern der sowjetischen Behörden unterstützt wurde. Anfang Februar [1946] trafen Grotewohl und Dahrendorf vom Berliner Zentralausschuss mit Schumacher und einem anderen Vertreter der Hannover-Zentrale zu einer Besprechung in Braunschweig zusammen. Die Berliner erklärten bei dieser Gelegenheit, dass es ihnen nicht möglich gewesen sei, die Verbindung mit dem Westen aufrechtzuerhalten, und dass an der Durchführung der Vereinigung in der Ostzone nichts mehr zu ändern sei. Auch eine eventuelle Auflösung der SPD komme auf Grund der Gesamtlage nicht mehr in Betracht. Die einzig offenstehende Frage war, ob man anstelle eines Parteitages der Ostzone einen Gesamtparteitag in Berlin abhalten könne, um dort eine Entscheidung zu fällen. Schumacher nahm zu dieser Frage den Standpunkt ein, der durch die Parole „erst das Reich, dann die Partei" gekennzeichnet ist. Er meinte, erst wenn es wieder ein Gesamt-Deutschland gebe, könne eine gesamt-deutsche Partei ins Leben gerufen werden. Bis dahin müsse man von den Bedingungen ausgehen, die durch die Zonenaufteilung geschaffen seien.

Der Zentralausschuss in Berlin hob seinen Beschluss von Mitte Januar [1946] auf und entschloss sich, einen Zonen-Parteitag für Ende April [1946] einzuberufen. Dort und auf einem gleich danach stattfindenden Parteitag der KPD sollte über die Bildung der „Sozialistischen Einheitspartei" entschieden werden. Verhandlungen, die Schumacher im Anschluss daran mit dem Zentralausschuss in Berlin führte, änderten nichts an diesem Stand der Dinge. Einige Mitglieder des Zentralausschusses wurden allerdings wegen abweichender Auffassungen ausgeschaltet.

Grotewohl und seine Freunde hielten an der Auffassung fest, dass die Schaffung der Einheitspartei notwendig sei, und zwar infolge der Entwicklung notwendig vor allem zur Erreichung einer gedeihlichen Zusammenarbeit mit den sowjetischen Behörden. In manchen Kreisen rechnete man offenbar mit der Möglichkeit oder Wahrscheinlichkeit, dass es bei der Zonenaufteilung zwischen Ost und West bleiben werde und dass die ostdeutschen Gebiete infolgedessen in die sowjetische Einfluss-Sphäre eingeordnet würden. Angesichts einer solchen Perspektive komme es darauf an, so meinte man, auf die Gestaltung der einheitlichen oder einzigen politischen Bewegung von Anfang an Einfluss auszuüben, auch wenn dieser Einfluss begrenzt sei und wenig an der dominierenden Position der kommunistischen Kreise ändern sollte. Andererseits wies man darauf hin, dass im Osten wohl eine Einschränkung der demokratischen Rechte vorhanden und weiterhin zu erwarten sei, dass man aber andererseits mit einer wirklichen Niederringung der Reaktion und mit einer konstruktiven Neugestaltung der Wirtschaft in sozialistischem Sinne rechnen könne, während im Westen weiterhin reaktionäre Kreise am Werk seien und von alliierter Seite der Versuch unternommen werde, den Kapitalismus wieder aufzupäppeln. Man müsse sich in der gegebenen Lage auf das Entscheidende konzentrieren.

Einer, der das Argument des „Entscheidenden" besonders hervorhob, war Gustav Dahrendorf. Ende Februar [1946] entschloss er sich jedoch, Berlin zu verlassen und in die Westzonen zu „emigrieren". Ihm folgten andere. Damit sind wir bei dem bedenklichsten Kapitel der gegenwärtigen Einheitskrise angelangt, nämlich dem, das von einem sehr handgreiflichen Druck auf die Sozialdemokratie in der Ostzone handelt. Es ist gewiss nicht so, dass der Berliner Zentralausschuss und die führenden Sozialdemokraten etwa in Sachsen und Thüringen mit der Peitsche in die Einheitspartei getrieben würden. Es ist auch nicht wahr, dass Sachsenhausen und Buchenwald sozusagen zu dem Zweck wiedereröffnet worden seien, um dort oppositionelle Sozialdemokraten unterzubringen. Eine entscheidende Tatsache haben wir aber bereits erwähnt: die der eindeutigen Stellungnahme seitens der russischen Behörden. Andere Tatsachen kommen hinzu. Es kam wirklich vor, dass sozialdemokratische Funktionäre verhaftet wurden. In Berlin wurden Funktionäre wegen „parteischädigenden Verhaltens" ausgeschlossen, nachdem sie einen von der Leitung abweichenden Standpunkt zu jener Frage deklariert und vertreten hatten, die erst vom Parteitag entschieden werden soll. Redakteure, die nicht einheitswillig genug waren, wurden abgesetzt und durch andere abgelöst. In der Parteipresse war keine Möglichkeit gegeben, kritische Auffassungen zum Ausdruck zu bringen oder den Standpunkt der Sozialdemokratie in anderen Teilen Deutschlands bekanntzugeben. Sozialdemokratische Mitgliederlisten wurden von den kommunistischen Parteisekretariaten und teilweise auch von russischen Stellen angefordert, offenbar in der Absicht zu verhindern, dass die Vereinigung durch „Desertionen" beeinträchtigt würde.

Sozialdemokratische Konferenzen in der Westzone nahmen gegenüber dieser Entwicklung den Standpunkt ein, dass die in Aussicht genommene Einheitspartei nicht das Ergebnis freier Entscheidungen, sondern das Resultat äusseren Drucks sein würde. Man betonte, dass man sowohl aus nationalen wie aus internationalen Gründen an einer unabhängigen Sozialdemokratie festhalte. Angesichts der Tatsache, dass die KPD eine abhängige Partei sei, könne man sich mit ihr nicht vereinigen, umso weniger, nachdem sich herausgestellt habe, dass die Sozialdemokraten in der Ostzone undemokratischen Gewaltmethoden ausgesetzt würden. Die Sozialdemokratie könne sich eine Vereinigung der arbeitenden Bevölkerung nur auf der Basis der geistigen Freiheit und des Rechts freier Kritik denken. Sie halte fest an den Idealen der Freiheit, der Demokratie, des Sozialismus und der Humanität. Aus Rücksicht auf das deutsche Volk und auf den internationalen Sozialismus müsse man von jeder anderen Methode der Vereinigung Abstand nehmen.

Die scharf ablehnende Haltung der sozialdemokratischen Leitung im Westen fand die Unterstützung fast der gesamten Mitgliedschaft. Man war also nun sehr weit von jener Lage entfernt, die vor weniger als einem Jahr vorhanden war.

„Hannover" behauptete, dass auch in der Ostzone bis zu 90 Prozent der Mitglieder gegen die Vereinigung seien, zumindest gegen eine Vereinigung unter den jetzt vorhandenen Bedindungen. Von kommunistischer Seite und auch von einigen sozialdemokratischen Sprechern wurde darauf geantwortet, „99 Prozent" seien dafür. Die Wahrheit liegt wahrscheinlich in der Mitte. Auf der Berliner Funktionärsversammlung, die um die Monatswende Februar-März [1946] stattfand, gelang es Grotewohl jedenfalls nicht, mit seinen Auffassungen durchzudringen. 1.600 von 2.000 Funktionären stimmten gegen den Vorsitzenden des Zentralausschusses und gegen die in dieser Form geplante Vereinigung. Ende März [1946] stimmten von den Weddinger[8] Funktionären über 300 gegen und 20 für den Zusammenschluss mit der KPD. In den Bezirken der Zone waren keine oder nur sehr minimale Möglichkeiten gegeben, eine oppositionelle Haltung zum Ausdruck zu bringen.

Es wird also ungeachtet dessen, ob ein mehr oder weniger beträchtlicher Teil der Mitgliedschaft anderer Meinung ist, zur Bildung einer Einheitspartei in der Ostzone kommen. Die Führung dieser Partei wird zweifellos überwiegend aus den Reihen der KPD rekrutiert werden. Das Einheitsproblem der deutschen Arbeiterbewegung ist damit nicht gelöst. Die Krise wird in gewisser Hinsicht sogar noch verschärft werden.

VII.

Die wichtigste Ursache der Entwicklung, die wir in dieser Übersicht besprochen haben, ist die Aufteilung Deutschlands in vier Zonen, bei unterschiedlicher Politik der Besatzungsmächte in den verschiedenen Zonen.

Im konkreten Fall haben Vertreter der sowjetischen Okkupationsmacht einen massgeblichen Einfluss auf die Gestaltung der Einheitspolitik ausgeübt. Man nimmt vielfach an, das sei darauf zurückzuführen, dass die Vertreter der Sowjetunion bei kommenden Wahlen in ihrer Zone auf keinen Fall eine kommunistische Wahlniederlage erleben wollten. Es sei darum kein Zufall, dass die Forderung auf Zusammenschluss nach den Wahlen in Ungarn und Österreich erhoben und nach dem Bekanntwerden [der Ergebnisse] der süddeutschen Gemeindewahlen forciert worden sei.[9]

Es dürfte jedoch nicht richtig sein, der Wahlfrage eine allzu grosse Bedeutung beizumessen. Wichtiger dürfte sein, dass die russische Sicherungspolitik auch gegenüber der deutschen Ostzone darauf abzielt, das Gebiet an die Verhältnisse in der übrigen sowjetischen Einfluss-Sphäre anzugleichen und ihm eine „loyale" politische Vertretung zu verleihen. Es ist bekannt, dass gegenüber sozialdemokratischen Vertretern erklärt wurde, der Sowjetmacht sei es darum zu tun, dass Garantien gegen das Wiederaufleben reaktionärer Kräfte und gegen „politische Intrigen" geschaffen würden. Falls das durch die Einheitspartei geschehe, würde sich auch ein rascher Rückzug der sowjetischen Streitkräfte ermöglichen lassen. Eine solche Ausrichtung und Angleichung der Verhältnisse in der Ostzone braucht nicht zu bedeuten und bedeutet aller Wahrscheinlichkeit nach nicht, dass die Führung der Sowjetunion auf die Stabilisierung der gegenwärtigen Zonengrenzen visiert. Im Gegenteil kann es sich darum handeln, dass man in den Wettbewerb um die Gestaltung der gesamtdeutschen Entwicklung die Ostzone als geschlossenes Ganzes mit einer straff ausgerichteten politischen Partei einsetzen will. Die KPD im Westen würde den verlängerten Arm der östlichen Einheitspartei darstellen, ganz gleich ob sie den Namen der Einheitspartei übernimmt oder nicht.

Die grosse Frage ist jedoch, ob nicht gerade die Form, in der die Einheitspartei realisiert wird, den Zielsetzungen der russischen Politik entgegenwirkt. Bei den Westmächten ist der Verdacht wachgerufen worden, als wolle sich die Sowjetunion der Einheitspartei bedienen, um mit diesem „Werkzeug" bis an den Rhein vorzustossen. Und bei zumindest beträchtlichen Teilen der antinazistischen deutschen Bevölkerung ist die Furcht vor einer neuen Gleichschaltung und vor, wenn auch andersgearteten, diktatorischen Massnahmen stark gewachsen. Die Militärregierungen der Westmächte wünschen die Einheitspartei nicht, das ist absolut klar, und das haben sie offensichtlich auch gegenüber Vertretern der Sozialdemokratie zum Ausdruck gebracht. Von einem Verbot seitens der Westmächte kann allerdings nicht die Rede sein. Lokalen Einheitskomitees werden nicht die geringsten Schwierigkeiten bereitet, und die KPD kann ungehindert weiterarbeiten. Für die führenden Sozialdemokraten im Westen dürften übrigens die Meinungsäusserungen offizieller englischer und amerikanischer Vertreter weniger massgeblich gewesen sein als die

Erfahrungen, die ihnen von der westeuropäischen sozialistischen Bewegung vermittelt worden sind.

Jedenfalls ist das eingetreten, was es gerade zu verhindern galt. Die deutsche Arbeiterbewegung ist in eine Ost- und eine West-Partei gespalten. Die KPD bzw. die Einheitspartei sind ostorientiert, während die SPD ihre Anlehnung im Westen findet.

Diese Gefahr lag auf der Hand, nachdem die Okkupationsmächte in Wirklichkeit keine gemeinsame Politik entwickelten, sondern gerade in Deutschland miteinander um ihren Einfluss auf die weitere Gestaltung der Dinge rangen. Die sozialdemokratischen Vertreter in Berlin liessen sich ursprünglich von der Erkenntnis leiten, dass Deutschland nicht ohne Freundschaft und sachlichen Ausgleich mit der Sowjetunion werde leben können. Sie betonten, dass das nicht einer einseitigen Wahl zwischen Ost und West gleichkomme. Die faktische Entwicklung, die u. a. durch die Verschärfung des Verhältnisses zwischen der Sowjetunion und dem westeuropäischen Sozialismus gekennzeichnet war, machte es jedoch ausserordentlich schwierig, in der Ostzone die Grundsätze des demokratischen Sozialismus weiterzuentwickeln. Im Westen gingen die Vertreter der Sozialdemokratie von der traditionellen Verbundenheit mit der westeuropäischen Bewegung aus. Sie betonten, dass auch ihnen an einer gedeihlichen Zusammenarbeit mit der Sowjetunion gelegen sei, meldeten aber gleichzeitig mehr oder weniger scharfe Kritik an gewissen Massnahmen der russischen Politik an. In der weiteren Entwicklung ergab sich infolge der gespannten internationalen Verhältnisse eine noch stärkere „westliche" Orientierung. Man verzichtete wohl oder übel darauf, die Entwicklung in der Ostzone zu beeinflussen.

Für beide Teile stellte es sich im Grunde so dar, dass die Frage der deutschen Einheit auf internationaler Ebene entschieden würde. Entweder würden sich die Grossmächte auf eine Gesamtlösung einigen oder es würde zur Stabilisierung der östlich-westlichen Zonengrenze (und damit zur Kolonisierung Deutschlands) kommen. Ja, es geht nicht nur um die deutsche Arbeiterbewegung, es geht um die 70 Millionen Deutschen und ihre politische und wirtschaftliche Zukunft. Die bisherige Entwicklung des Einheitsproblems hat die Gegensätze verschärft und den Kräften Vorschub geleistet, die keine gesamt-deutsche Lösung wollen. Die Stabilisierung der zonenmässigen Zerstückelung widerspricht aber den Regeln elementarster wirtschaftlicher Vernunft. Sie ist ein Unglück für die Deutschen, aber nicht nur für sie. Eine andauernde Kolonisierung Deutschlands, mit allen Friktionen, die gerade sie nach sich zieht, beinhaltet eine Gefährdung des Weltfriedens.

Im Augenblick scheint es keinen Ausweg zu geben. Und dennoch muss alles versucht werden, um einer weiteren Zersplitterung Einhalt zu gebieten. Die grösste Aussicht auf Erfolg ist auf gewerkschaftlichem Gebiete gegeben. Gerade dort müsste also heute der Gegenstoss gegen die auflösenden Tendenzen einsetzen. Das ist eine Lebensaufgabe deutscher Gewerkschafter in allen Zonen. Aber sie können allein nicht durchdringen. Sie bedürfen der Unterstützung der internationalen Arbeiterbewegung, die ihren Einfluss auf dem Wege über den Weltgewerkschaftsbund beim alliierten Kontrollrat geltend machen müsste. Der erste Schritt wäre die Bildung eines Koordinations-Komitees, in dem die gewerkschaftlichen Spitzenvertretungen aller vier Zonen und Berlins zusammenzufassen wären. Eine solche Zusammenfassung ist erforderlich im Interesse der gemeinsamen Lösung der gewerkschaftlichen und wirtschaftlichen Aufgaben. Sie würde aber auch verhindern, dass eine regelrechte Kluft zwischen breiten Teilen der Arbeiterschaft des Ostens u[nd] Westens geschaffen wird.

Es wäre darüber hinaus an der Zeit, dass die alliierten Mächte darauf verzichten, deutsche Gruppen u[nd] Parteien als Figuren in ihrem Schachspiel zu benutzen. Moskau und London müssten sich im Gegenteil darüber einigen können, die ihnen nahestehenden Flügel der deutschen Arbeiterbewegung im Sinne einer positiven, praktischen Zusammenarbeit zu beeinflussen. Sofern und solange das beim Stand der internationalen Beziehungen nicht möglich ist, kann man jedenfalls erwarten, dass sich die englische Arbeiterpartei, die französischen Sozialisten und die amerikanischen Gewerkschaften dafür einsetzen, dass die Arbeiterbewegung in den westlichen Zonen nicht nur geduldet, sondern dass sie aktiv gefördert wird.

Im übrigen aber kommt es darauf an, dass in Deutschland selbst Kräfte entwickelt werden, die einer dauernden Zerklüftung zwischen Ost und West bewusst entgegenwirken. Als der Krieg zuende war, traten alle vernünftigen deutschen Antinazisten für loyale Zusammenarbeit mit den Okkupationsmächten ein. Das setzte Loyalität der Besatzungsmächte untereinander voraus. Wenn diese Voraussetzung nicht gegeben ist, wem gegenüber soll man dann loyal sein? Es ist offenbar wichtig, das Schicksal Deutschlands nicht nur den Aussenkräften zu überlassen, sondern zu erkennen, dass ein politischer Wille, der aus dem deutschen Antinazismus herausgeboren wird, sehr wohl den Gang der Dinge mit beeinflussen kann.

Ich schrieb im vergangenen Herbst, in der gegenwärtigen Periode schienen mir die folgende Probleme bei der Herausarbeitung einer sozialistischen Politik in Deutschland von zentraler Bedeutung zu sein:

Erstens müssen wir alle begreifen, dass sich die Bewegung von einem fast unvorstellbaren Tiefstand wieder aufarbeiten müsse. Die Sozialisten müssten sich im Kampf um die elementarsten Forderungen des Tages bewähren. Zunächst geht es um Arbeit, Wohnung und Brot und um die bescheidensten Grundlagen des Rechtsstaats und der Demokratie.

Zweitens gälte es den ausserordentlich hohen Grad der Auslandsabhängigkeit des deutschen Umgestaltungsprozesses zu erfassen. Sozialisten hätten die Belange des werktätigen Volkes, nicht aber engstirnige vermeintlich nationale Interessen zu vertreten. Die Vertretung nationaler Interessen müsse mit gesamt-europäischen Lösungen in Einklang gebracht werden. Der Ausweg aus der gegenwärtigen Lage läge einerseits im unermüdlichen Schaffen der demokratischen Kräfte in Deutschland selbst, andererseits in europäisch-sozialistischer Kooperation, innerhalb des Rahmens internationaler Regelungen.

Drittens gehe es um die Überwindung des totalitären Geistes nicht nur in der Gesellschaft, sondern auch innerhalb der Arbeiterschaft und der Arbeiterbewegung. Wir brauchen eine freie, unbürokratische, demokratische Arbeiterbewegung, deren Geschlossenheit das Ergebnis von Klärung und Überzeugung sei. Wir wollen die lebendige Anteilnahme immer breiterer Schichten an der Gestaltung des politischen, sozialen und wirtschaftlichen Geschehens.

Viertens gälte es, von den neuen Verhältnissen aus und befreit von Dogmen und Vorurteilen, eine planwirtschaftlich-freiheitliche, demokratisch-sozialistische Konzeption für die deutsche, europäische und internationale Arbeiterbewegung zu entwickeln.

Dem wäre heute manches hinzuzufügen, vor allem aber dies:

Die Grossmächte mögen sich durch militärische Okkupation gegen reale oder vermeintliche Gefahren sichern. Das gibt ihnen kein Recht, das wiedererstehende demokratische Leben der Deutschen zu okkupieren. Solchen Ansprüchen ist das Selbstbestimmungsrecht des werktätigen deutschen Volkes gegenüberzustellen. Es gilt die Unabhängigkeit der deutschen Arbeiterbewegung zu verteidigen. Denn nur wenn die deutsche Arbeiterbewegung auf eigenen Beinen steht, kann sie die Elemente der Freiheit und des Sozialismus in sich und für Deutschland vereinigen.

Nr. 19
Schreiben des Mitglieds der Leitung der SPD-Landesgruppe Schweden Brandt an den Leiter der Organisationsabteilung des vorläufigen SPD-Parteivorstandes, Ollenhauer
11. April 1946

AdsD, WBA, A 5, Allgemeine Korrespondenz 1946.

Lieber Genosse Ollenhauer,
ich schrieb Dir vor einigen Tagen auf dem „normalen" Postgang.[1] Zunächst ist ja aber noch ganz unklar, wie lange die Beförderung auf diesem Wege dauert und ob die Briefe überhaupt ankommen. Da ich nun Gelegenheit habe, einem norwegischen Pfarrer Post mitzugeben, komme ich auf einige der neulich angeschnittenen Fragen zurück.

Mir wurde aus Stockholm mitgeteilt, dass im Mai [1946] ein Parteitag für die britische Zone stattfinden solle. Daran möchte ich gern teilnehmen. Ich nehme an, dass meiner Teilnahme als „Gast" nichts im Wege steht, zumal ich die Berichterstattung für die norwegische und schwedische, vielleicht auch für die dänische Parteipresse übernehmen kann. Ausserdem bin ich ja auch Leitungsmitglied der schwedischen Landesgruppe unserer Partei. Ich würde gern umgehend Nachricht über den genauen Zeitpunkt und Tagungsort des Parteitages haben. Falls sich nicht unvorhergesehene formelle Schwierigkeiten ergeben, würden wir uns dort treffen.

Als wir uns Ende Februar [1946] in Offenbach sahen, dachte ich noch daran, als skandinavischer Pressevertreter nach Nürnberg zurückzukehren. Inzwischen habe ich mir das anders überlegt. Die Nünberger Sache[2] ist interessant und wichtig und gibt uns sehr viel Material für die so notwendige Aufklärungsarbeit, aber man kann dort unmöglich noch ein halbes Jahr herumsitzen. Es sagt mir auch nicht besonders zu, in Deutschland weiterhin als „Ausländer" herumzufahren. Ich möchte doch in absehrbarer Zeit aktiv in die Arbeit einsteigen. Persönlich eilt das gewiss nicht für mich. Ich habe hier[3] meine Staatsbürgerschaft und mein Auskommen und kann auch von hier aus manche Dinge tun, die sich von Drinnen aus nicht erledigen lassen. Das kann jedoch nur ein Übergang sein. Sollte die Bewegung daran interessiert sein, mich für eine Presseaufgabe oder auf einem anderen in Frage kommenden Gebiet einzuspannen, so werde ich mich dem nicht entziehen.

Hier war übrigens nach meiner Rückkehr mehr als genug zu tun. Mein neues Buch, das sich mit der aktuellen Lage in Deutschland befasst, wird demnächst in Stockholm und hier erscheinen.[4] Für die skandinavischen Partei- und Gewerkschaftsleitungen habe ich besondere Informationen ausgearbeitet. Die Norweger haben für ihre Funktionäre eine solche Information, zur Frage der „Einheitspartei", gedruckt herausgegeben. Ich referierte hier auch auf einer zentralen Funktionärsversammlung, an der die Parlamentsfraktion, der Parteivorstand [der DNA] usw. teilnahmen. In Stockholm sprach ich vor einigen Wochen mit führenden schwedischen Genossen und referierte ausserdem vor unserer dortigen Gruppe. Nächste Woche fahre ich wieder nach Stockholm herüber, vor allem um an einer Veranstaltung mitzuwirken, die der Förderung der Hilfsarbeit dienen soll.

Du bist Dir sicher darüber im klaren, dass der Hilfsarbeit für Deutschland weiterhin ernste stimmungsmässige Hindernisse entgegenstehen. Die schwedischen Genossen betonen mit Nachdruck, dass sie Sonderaktionen ablehnen. Sie unterstützen tatkräftig die breitere „Europa-Hilfe", in deren Rahmen ja z. B. die schwedischen Kinderspeisungen eingeordnet sind.[5] Meine Meinung geht nun dahin, dass wir die Kräfte nicht zersplittern sollten. Wir müssen also auch unsererseits die „Europa-Hilfe" unterstützen, uns aber zugleich dafür einsetzen, dass der deutsche Sektor so stark wie möglich berücksichtigt wird. Daneben wird es dann möglich sein, die eine oder andere Sondersammlung oder Paket-Aktion durchzuführen. Das ist auch z. T. bereits geschehen. Von Dänemark aus wird es ebenfalls möglich sein, einige Pakete zu schicken. Hier ist die Lebensmittellage noch nicht so befriedigend wie in den beiden andern skandinavischen Ländern. Der Widerstand gegen Hilfsmassnahmen für Deutschland ist wohl auch hier am grössten, was leicht durch die Art der deutschen Okkupation zu erklären ist. Nach Besprechungen, die ich mit leitenden Genossen und mit dem Generalsekretär des Roten Kreuzes hatte, ist jedoch anzunehmen, dass es auch von hier aus möglich sein wird, in einiger Zeit eine Kinderhilfe durch das Rote Kreuz zu starten, und dass wir vielleicht auch die Möglichkeit erhalten, einem kleineren Personenkreis Fischprodukte und andere unrationierte Lebensmittel zu schicken. In diesem Fall bitte ich Dich, dass Du mir die Adressen von 50–100 Genossen in Norddeutschland schickst, die zur Kategorie „Opfer des Faschismus" gehören oder die sich aktiv an der illegalen Arbeit beteiligten. Ich werde das Adressenmaterial dann auch den zuständigen Stellen in Dänemark und Schweden zugängig machen. Es ist leider nicht sicher, ob der Erfolg so gut sein wird, wie ich hoffe. Aber man muss alles versuchen.

In beschränktem Masse können wir auch Hilfsleistungen für den Aufbau der Bewegung erreichen, besonders dann, wenn man den skandinavischen Organisationen konkret mitteilt, woran es am meisten hapert. Von Schweden aus hat man erreicht, dass den Hamburger Gewerkschaften Vervielfältigungsapparate und anderes Material zur Verfügung gestellt werden. Papier für die Gewerkschaftszeitungen war auch bereits bewilligt, konnte aber auf Grund des Exportverbots nicht geschickt werden. Die Norwegische Arbeiterpartei hat beschlossen, der Hamburger Partei Vervielfältigungsapparate zu schicken. Das mag nicht viel sein, ist aber immerhin mehr als eine platonische Sympathieerklärung. Auf Grund der Haltung der Norweger haben sich nun auch die Dänen entschlossen, zur Frage praktischer Hilfsleistungen für die Hamburger Stellung zu nehmen. In Schweden und hier sind wir ausserdem dabei, deutsche sozialistische Literatur zu sammeln, um sie der Partei in Hamburg und vielleicht auch in Lübeck zur Verfügung stellen zu können.

Noch eine praktische Frage. Für die Parteileitungen und für die wiedererstehende Parteipresse ist es doch sicher von grosser Bedeutung, dass sie so gut wie möglich über Vorgänge im Ausland und vor allem in der internationalen Arbeiterbewegung informiert werden. Wir haben in unserem Kreis hier einen Genossen, der sich ausgezeichnet für eine solche Arbeit eignen würde. Es handelt sich um

Kurt Vogel, der früher der KPD angehörte und journalistisch sehr befähigt ist. Ich denke daran, dass er zunächst wöchentlich einen Bericht zusammenstellt, in dem neben dem eigentlichen skandinavischen Material auch wesentliche Dinge zu berücksichtigen wären, die skandinavische Korrespondenten aus anderen Ländern mitteilen. Die Arbeit ist mit Unkosten verbunden, die vielleicht durch die norwegische Partei aufgebracht werden können.[6] Ich möchte die Frage aber dort erst aufgreifen, nachdem ich von Euch weiss, ob Ihr den Vorschlag für vernünftig haltet und wirklich an solchem Material interessiert seid. Ausserdem müsste man sich dann noch darüber unterhalten, wie das Material am besten und schnellsten in Eure Hände gelangt.

Mir würde sehr an einer gründlichen politischen Aussprache liegen. In Offenbach war ja dazu keine Zeit. Ich habe natürlich nichts für die im Osten praktizierten Methoden übrig. Andererseits bin ich nicht davon überzeugt, dass die Position unserer Partei in allem glücklich war und ist. Ich bekam den Eindruck, dass man vielfach geneigt war, auf die KP[D]-Haltung mit einer einseitigen Westorientierung zu antworten und ausserdem zu wenig daran dachte, eine eigene offensive Haltung in der Einheitsfrage einzunehmen. Vor allem aber scheint es mir bedenklich, dass manche Sprecher unserer Partei die „traditionellen" Elemente überbetonen und nicht bereit sind, die frühere Politik einer kritischen Wertung zu unterziehen. Das ist aber gerade mit Hinblick auf die Gewinnung der jungen Generation notwendig.

Bei der Verständigung über den weiteren Weg kommt es meiner Meinung nach darauf an, dass wir neben der Festigung unserer Organisationen und unseres Einflusses im Westen keinen Augenblick die gesamtdeutsche Perspektive aus dem Auge verlieren. Auf gewerkschaftlichem Gebiet müsste gerade von unserer Seite die Initiative zu einer interzonalen Koordination kommen. Damit könnten wir in gewissem Masse auch die Isolierung unserer Genossen im Osten überwinden. Wir können sie wohl jedenfalls nicht als „Verräter" betrachten, auch wenn sie sich unter den gegebenen Umständen für eine Politik entschieden haben, die wir für verhängnisvoll halten.[7]

Ich sehe heute, dass sich die Parlamentsfraktion der Labour Party gestern in einer Resolution für Organisations- und Propagandafreiheit der deutschen Sozialdemokratie ausgesprochen hat. Das ist ein Fortschritt. Für die weitere Entwicklung ist es aber noch wichtiger, dass von innen her jener einheitliche politische Wille geschaffen wird, der die Gestaltung des deutschen Schicksals zumindest mitbestimmen kann, und dass wir uns gerade im Westen nicht mit der Proklamierung sozialistischer Lösungen begnügen, sondern um ihre Durchsetzung ringen.
Mit den besten Grüssen!

Nr. 20
Schreiben Brandts an Walcher
30. April 1946[1]

AdsD, WBA, A 5, Allgemeine Korrespondenz 1946.

Lieber Jacob,
ich werde von hier [Oslo] wiederum für einige Zeit verschwinden und möchte Dir deswegen vorher gern schreiben, obgleich ich auf meinen letzten Brief noch keine Antwort erhalten habe.[2] Hauptzweck meiner neuen Reise ist die Teilnahme am Parteitag der SP[D], der vom 9. bis 11. Mai in Hannover stattfinden wird. Die schwedische Landesgruppe, der auch die hiesigen Freunde angeschlossen sind, hat mich mit ihrer Vertretung beauftragt. Ausserdem werde ich über den Parteitag und über andere aktuelle Fragen für die norwegische und schwedische Arbeiterpresse berichten. Ich rechne damit, dass ich um die nächste Monatswende wieder nach hier [zurückkommen] und auch den Stockholmern einen Besuch abstatten werde. Für wie lange, weiss ich noch nicht. Das hängt von den bevorstehenden Besprechungen drinnen[3] ab. Ich bin zu weiterer Tätigkeit hier oben nur dann gewillt, wenn das von den Genossen drinnen ausdrücklich ge-

wünscht wird. Sollten sie es für angebracht halten, dass ich dort einsteige, so werde ich schleunigst meine Zelte abbrechen.

Du wirst inzwischen meine längere Ausarbeitung zur Krise der deutschen Arbeiterbewegung[4] erhalten haben. Während der letzten Wochen ist allerlei neues Material gekommen, aus dem sich eindeutig ergibt, dass es sich bei der SEP[5] in der Ostzone um etwas ganz anderes handelt, als was wir als Ergebnis unserer Einheitspolitik erstrebten.[6] Gegen die in Berlin getroffenen schriftlichen Festlegungen ist wenig einzuwenden. In ihnen ist sehr viel Positives enthalten, wenngleich man andererseits mit Bedauern feststellen muss, dass die KP[D]-Presse sich vielfach eines Tons bedient, der nur zu deutlich an die Beschimpfungen der ultralinken Periode erinnert.[7] Das ist jedoch nicht das Entscheidende.[8] Entscheidend ist vielmehr, dass die Bildung der SEP mit undemokratischen Mitteln und teilweise sogar mit gewalttätigen Methoden vorangetrieben worden ist. Dort wo die SP[D]-Mitglieder – wie in den westlichen Sektoren Berlins – abstimmen konnten, wandten sie sich mit einer Mehrheit von mehr als 80 Prozent gegen die Verschmelzung, während sie zugleich für eine Zusammenarbeit der beiden Arbeiterparteien Stellung nahmen. Im übrigen Osten wurde eine Urabstimmung verhindert, mit der eigenartigen Begründung, dass derartige „primitive Formen der Demokratie" in den Kinderjahren der Arbeiterbewegung angebracht gewesen seien und dass man mittlerweile qualifiziertere Formen entwickelt habe.

Die Freude über strukturell fortschrittliche Veränderungen in der Ostzone wird dadurch wesentlich getrübt, dass jene „Demokratie neuen Typus" praktiziert wird, die mit den demokratischen Grundrechten herzlich wenig gemein hat und sogar die elementaren Forderungen der demokratischen Meinungsbildung innerhalb der Arbeiterbewegung beiseiteschiebt. Die demokratischen Grundrechte und die Demokratie innerhalb der Arbeiterbewegung sind aber nicht Fragen der Zweckmässigkeit. Sie sind grundsätzliche Fragen erster Ordnung.

Es ist auch festzustellen, dass durch die Art, wie die Einheitspolitik im Osten vorangetrieben ist, der Einheitswille des übergrossen Teils der sozialdemokratischen Arbeiterschaft in sein Gegenteil umgekehrt wurde. Die KP[D] begegnet heute in allen westlichen Zonen, aber nicht nur dort, einem Misstrauen, das nicht unberechtigt ist und das teilweise bereits in offene Feindschaft umgeschlagen ist. Eine der Folgen ist auch, dass den weniger fortschrittlichen Teilen der sozialdemokratischen Führung geradezu Wasser auf die Mühlen getrieben wurde und dass überhaupt eine Stärkung der reaktionären Einflüsse festgestellt werden kann.[9] Die Zwangseinheit trägt zweifellos dazu bei, dass die Zonengrenzen sich versteifen. Diese Wirkung wird nicht durch noch so viel SEP-Aufrufe aufgehoben. Für die Westmächte, aber auch für die westliche Arbeiterbewegung stellt sich die SEP-Politik als eine Funktion der russischen Aussenpolitik dar. Sie fordert zu Gegenmassnahmen heraus. Das Ergebnis wird tiefe Zerklüftung statt der so notwendigen stärkeren Vereinheitlichung sein.

Heute ist schon absolut klar, dass die SEP durch den KP[D]-Apparat dominiert ist. Ich bin trotzdem der Meinung, dass man – bei klarer Abgrenzung von den bereits erwähnten Methoden – der Partei der Ostzone nicht mit Feindschaft begegnen, sondern dieses Experiment aufmerksam studieren soll. Ich befürchte allerdings, dass nicht viel Gutes dabei herauskommen wird.

Für meinen eigenen Teil ziehe ich die Schlussfolgerung, dass es heute mehr denn je darauf ankommt, die SP[D] im Westen so stark wie möglich werden zu lassen und in ihrem Rahmen für eine möglichst fortschrittliche Politik zu wirken.[10] Es bleibt abzuwarten, welches Gesicht die SP[D] auf dem Hannoverschen Parteitag erhalten wird. Besonderen Illusionen gebe ich mich nicht hin. Immerhin dürften die Voraussetzungen dafür gegeben sein, von innen her und auf demokratischem Wege für eine Erneuerung der Bewegung zu wirken. Es wird auch weiterhin eine Aufgabe sein, trotz der durch die Zwangseinheit im Osten eingetretenen Verschärfung für eine sachliche, praktische Zusammenarbeit im Westen einzutreten. Daneben dürfte es wichtig sein, immer wieder auf die richtige Einschätzung der aussenpolitischen Bedingungen hinzuweisen. Ich kann dabei allerdings nicht von der Voraussetzung ausgehen, dass eine Interessensolidarität zwischen der S[owjet-]U[nion] und der deutschen Arbeiterbewegung vorliegt. Es wird immer klarer, dass wir zwar entschlossen auf eine Normalisierung des Verhältnisses zur S[owjet-]U[nion] hinarbeiten, andererseits aber erkennen müssen, dass es neben den beiden Grossmächten, den USA und der S[owjet-]U[nion], einen dritten Faktor gibt, nämlich die westliche Arbeiterbewegung. Es liegt auch auf der Hand, dass wir weiterhin für loyale Zusammenarbeit mit den Besatzungsmächten einzutreten, zugleich aber auch für ein klareres Herausarbeiten einer selbständigen deutschen sozialistischen Politik zu wirken haben. Es müsste mit dem Teufel zugehen, wenn es während der nächsten paar Jahre nicht noch gelänge, aus den fortschrittlichen Teilen der deutschen Bevölkerung heraus einen politischen Willen zu formen, der bei der Gestaltung des deutschen und europäischen Schicksals zumindest eine mitbestimmende Rolle spielen kann.

Zur Zeit tagt die Aussenminister-Konferenz in Paris. Es bleibt abzuwarten, ob das dort erzielte Ergebnis die Bedingungen für eine gesamtdeutsche Politik bessern oder verschlechtern wird. Nach den kürzlich gefassten Beschlüssen des Kontrollrats dürfte es jedenfalls heute schon möglich sein, die Gewerkschaften über die Zonengrenzen hinweg zusammenzufassen. Diese Chance darf nicht ungenutzt bleiben. Unter Berücksichtigung der politischen Schwierigkeiten, mit denen wir es heute zu tun haben, sollte man meines Erachtens mit einem Koordinationsausschuss der Gewerkschaftszentralen der vier Zonen in Berlin beginnen.

Als ich kürzlich in Stockholm war, fand ich dort Deinen Brief vom 27. März [1946] vor,[11] zusammen mit der Kritik, die Boris [Goldenberg] und Fritz [Lamm] anlässlich unseres Schreibens in Zusammenhang mit dem Eintritt in die SP[D] verfasst hatten.[12] Es betrübte mich tief, dass die Verbindung mit meinen Freunden Boris und Fritz auf diese Weise wieder „angeknüpft" wurde. Die Kritik wirkte auf mich, und nicht allein auf mich, wie eine Stimme aus dem Grabe.

Während unsere Freunde noch im Ausland sind, haben sie zweifellos die Pflicht, alles nur mögliche auf dem Gebiet der Hilfsarbeit in die Wege zu leiten. In allererster Linie muss es sich darum handeln, dass wir Genossen helfen, die entweder im Lager oder Kerker waren oder aktiv an der antinazistischen Arbeit teilhatten. Man soll auch daran denken, dass Funktionäre der Bewegung heute einen Abend nach dem andern opfern und infolgedessen meistens keine Gelegenheit haben, Lebensmittel unter der Hand zu besorgen. Unterstützung dieser Genossen ist eine wirksame Hilfe für die Bewegung. Von Stockholm wird bereits allerlei getan. Mäkki [Max Köhler] schrieb auch vor einiger Zeit, dass man von Dänemark aus mit einer Paketaktion in Gang gehen werde. Dasselbe gilt für die Genossen in London. Hier hoffen wir nun auch, im Laufe des Mai die Erlaubnis zu erhalten, mindestens an einen kleineren Kreis von deutschen Opfern des Faschismus Pakete schicken zu dürfen. Wenn ich richtig informiert bin, so dürfen jetzt auch aus Amerika Pakete geschickt werden. Ich hoffe, dass Ihr dabei unsere Bremer[13] nicht vergesst. Dasselbe gilt für Freund Arno [Behrisch] in Hof und für die anderen Genossen, deren Adressen ich Euch in einem Brief über Stockholm im Januar [1946] mitteilte. Dass Ihr Kuli [Kurt Liebermann] (Stadtrat) über Rathaus Dresden erreichen könnt, wird Euch bekannt sein.

Ich werde, wie erwähnt, um die nächste Monatswende zumindest vorübergend in Oslo sein. Wenn Ihr in der Zwischenzeit schreibt, werde ich die Post also hier vorfinden.

Dir, Hertha und allen gemeinsamen Freunden herzliche Grüsse!
Euer

Nr. 21
Aus dem Schreiben Brandts an Szende
25. Mai 1946

AdsD, WBA, B 25, Mappe 162.

Lieber Stefan,
[...] Über den Parteitag¹ wäre viel zu sagen. Die Beschlüsse sind durchweg vernünftig. Schumacher hat auch, besonders in seinem Schlusswort², eine ordentliche Linie aufzeigt. Er überragt bei weitem seine Umgebung. Die neben ihm gewählten besoldeten PV-Mitglieder sind ‹z. T.›³ Apparat-Leute, die es nicht unterlassen konnten, auch in Hannover schon wieder mit kleinlichen Intrigen und Schiebungen anzufangen. Ein Resultat ihrer Tätigkeit war die unglückliche Beiseiteschiebung Dr. Hoegners bei der Wahl zum Parteivorstand. Die altermässige Zusammensetzung der Delegierten war überaus erfreulich. Sehr bedenklich war jedoch, dass die Organisationsonkels fast alle das Feld beherrschten und Vertreter der sozialistischen Intelligenz sich kaum geltend machten.
Wir werden uns über „Hannover" gründlich aussprechen müssen. [...]
[...] Mir wurden diesmal allerlei Vorschläge gemacht. Heine scheint geneigt zu sein, mich noch als Verbindungsmann in Skandinavien zu belassen, während Schumacher mich im Industriegebiet einsetzen wollte. Von lokalen Vorschlägen, vor allem der Lübecker, sehe ich ab, da sie mir von Anfang an nicht ‹besonders›⁴ zugesagt haben. Dann kamen jedoch verschiedene Genossen und sprachen mir davon, dass die Dana-Sache⁵, die man mir schon Anfang des Jahres nahegelegt hatte, noch immer nicht in Ordnung sei. Der ursprünglich in Aussicht genommene Chef wurde von den Amis nicht anerkannt. Ausserdem gibt es dort einem Kampf mit den Kommunisten. Agricola ist Vorsitzender des Dana-Ausschusses, und der jetzige politische Mitarbeiter des Büros gehört zur gleichen Fakultät. Mir persönlich würde nun eine Tätigkeit bei der Dana vor allem darum zusagen, weil ich da-

mit von Apparatleuten in Hannover (zu denen ich Schumacher nicht zähle) unabhängig wäre, die ihre Feindschaft mir gegenüber nur zu deutlich an den Tag gelegt haben. Formell ist natürlich alles lauter Freundschaft, und am Montag wurde mir telefonisch nach Lübeck mitgeteilt, der PV habe beschlossen, mich bei der Dana-Sache zu unterstützen. Wenn die Ollenhauers mich damit los werden wollen, so ist mir das nur recht. Ich habe jedenfalls an Agricola geschrieben und mich formell für eine leitende journalistische Stellung beworben. Die Antwort muss ich jetzt erst abwarten. Man muss mit der Möglichkeit rechnen, dass die KP[D]-Leute lieber einen Bürgerlichen als einen Sozialdemokraten unterstützen.

Ich habe Dir das so ausführlich geschildert, weil Du von der Dana-Angelegenheit schriebst und sicher auch an meinen Plänen interessiert bist. [...] Wahrscheinlich wird es ja wohl so werden, dass ich doch noch im Sommer irgendwie einsteige. [...]

[...] Man kann ja nicht verlangen, dass der Mann [Schumacher] mit allem allein fertig wird. Seine Umgebung wirkt auch kaum besonders befruchtend auf ihn. Die grosse Gefahr besteht, dass Schumacher die Reden hält, während die Ollenhauers und Kriedemänner die Partei beherrschen werden.

[...]

Besonders mach ich Dich auf die Erklärung aufmerksam, mit der die Senatoren Ehlers und Wolters in Bremen (ersterer früherer SAP-Vorsitzender) ihren Übertritt von der KP[D] zur SP[D] begründen. [...]

Nr. 22
Schreiben Brandts an Walcher
10. Juni 1946

SAPMO-BArch, NY 4087/24.

Lieber Jim!
Ich habe Dein Schreiben vom 30.4. und Euern Ende April [1946] datierten Rundbrief erhalten.[1] Inzwischen hat mir einer unserer Freunde einen Teil der Beantwortung abgenommen. Ich meine Gen. Adolf Ehlers, der zusammen mit dem zweiten Vertreter der KPD im Bremer Senat, Hermann Wolters, Mitte Mai [1946] zur SPD übergetreten ist.

Die Genossen Ehlers und Wolters haben ihren Austritt aus der KPD mit einer Erklärung begründet, in der es heisst: „Die Demokratie wird in der KPD mit Füssen getreten, und selbständig denkenden Kommunisten wird ein Schweigeverbot auferlegt, weil sie versuchen, innerhalb der Partei für eine Politik einzutreten, die nach ihrer ehrlichen Auffassung den Interessen der deutschen Arbeiter entspricht." Es wird weiter ausgeführt, dass sich an den Methoden der früheren Zeit in der KPD nichts geändert habe: „Wichtige politische Entscheidungen werden nicht diskutiert, sondern von oben wird eine fertige Meinung dekretiert." Wer widerspreche, werde als Parteischädling und als Helfer der Reaktion abgestempelt.

Ehlers und Wolters wenden sich gegen den schematischen Zentralismus des kommunistischen Parteiapparats, dessen tiefere Ursache sie auf die aussenpolitische Abhängigkeit der Partei zurückführen. „Die KPD", so schreiben sie, „führt eine Politik der mechanischen Übertragung politischer Direktiven, die unvereinbar sind mit den Grundsätzen einer selbständigen sozialistischen Politik." Eine sozialistische Partei in Deutschland stehe vor der Aufgabe, eine völlig unabhängige sozialistische Politik zu führen. Sie müsse frei sein von allen fremden Einflüssen und dürfe unter keinen Umständen ein Instrument der Aussenpolitik eines anderen Staates sein. „Eine sozialistische Partei in Deutschland darf nicht in einseitiger Weise für die wirtschaftliche, politische und nationale Einheit in den westlichen Gebieten eintreten und vor den gleichen Fragen in der östlichen Zone stumm resignieren. Man kann auch nicht einer Demontage der lebensnotwendigen Betriebe im Osten weitgehende Unterstützung leihen und im Westen eine gegenteilige Politik betreiben."

Weiter heisst es, dass eine sozialistische Einheitspartei nur auf der Grundlage des freiwilligen Zusammenschlusses der Mitglieder beider Parteien entstehen könne. Ihren Übertritt zur Sozialdemokratie begründen die beiden Genossen zusammenfassend damit, dass für eine Politik der internationalen Verständigung und der gegenseitigen Hilfe aller Sozialisten heute nur Platz in den Reihen der SPD sei. Sie schliessen ihre Erklärung mit der Aufforderung: „Aus diesen Gründen erklären wir unseren Austritt aus der KPD und fordern unsere Freunde auf, mit uns gemeinsam in die SPD einzutreten und diese Partei zu stärken für die sozialistischen Aufgaben."

Es kann kaum geleugnet werden, dass dem Schritt der Gen. Ehlers und Wolters eine gewisse Bedeutung beizumessen ist. Zu ihrem Urteil über die Zustände innerhalb der KPD sind sie nicht am grünen Tisch gekommen, sondern auf Grund praktischer Erfahrungen. Du solltest auch nicht übersehen, dass zu diesem Thema eine Menge früheren Erfahrungsmaterials vorliegt. Dieses Material berechtigt kaum zu Deiner optimistischen Annahme, die Ausarbeitung von Losungen geschehe bei der KPD in 99 von 100 Fällen „ganz ähnlich wie es bei uns geschah, d. h. durch ernsthafte, gründliche und zuweilen auch heftige Diskussionen". Besonders wundere ich mich aber über Deine Feststellung, die Kommunisten würden „im gemeinsamen Rahmen jedem willig Gehör schenken und Anregungen und Vorschläge von ihnen entgegennehmen, wenn sie den Eindruck haben, dass es den Betreffenden darum zu tun ist, der gemeinsamen Sache am besten zu dienen. Unzugänglich, abweisend und rücksichtslos werden sie sich stets dann verhalten, wenn sie glauben, dass jemand Nebenabsichten verfolgt und sich gern ein Extra-Süppchen kochen möchte." Das heisst doch im Grunde nichts anderes, als dass alles gut ist, solange man mitmacht, und dass es schiefgeht, wenn einer gegen den Stachel löckt. Du akzeptierst jetzt in Wirklichkeit den Führungsanspruch von seiten der KPD und schliesst damit die Möglichkeit aus, dass es ja auch auf ihrer Seite Leute geben kann, die Nebenabsichten verfolgen und sich ein Extra-Süppchen kochen möchten. Ich muss demgegenüber noch einmal die Auffassung unterstreichen, die ich in meinem Brief vom 30. April [1946] zum Ausdruck brachte: „Die Freude über strukturell fortschrittliche Veränderungen in der Ostzone wird dadurch wesentlich getrübt, dass jene ‚Demokratie neuen Typus' praktiziert wird, die mit den demokratischen Grundrechten herzlich wenig gemein hat und sogar die elementaren Forderungen der demokratischen Meinungsbildung innerhalb der Arbeiterbewegung beiseiteschiebt. Die demokratischen Grundrechte und die Demokratie innerhalb der Arbeiterbewegung sind aber nicht Fragen der Zweckmässigkeit. Sie sind grundsätzliche Fragen erster Ordnung."[2]

Selbstverständlich fliegen Späne, wenn gehobelt wird. Natürlich darf man nicht zulassen, dass sich Nazis und Besitzbürger hinter der Fahne der Freiheit verstecken. Du hast auch ganz recht, wenn Du feststellst, dass Freiheit, Demokratie und Humanität sich im neuen Deutschland niemals werden wirklich entfalten können, wenn es der Arbeiterklasse nicht gelingt, das Land gründlich von den Nazis und ihren Hintermännern zu säubern, einen verlässlichen Staats- und Verwaltungsapparat aufzubauen und die Struktur der Wirtschaft grundlegend zu ändern. Aber es kommt darüber hinaus noch darauf an, dass man weiss, was „Freiheit, Menschenwürde und andere schöne Dinge" beinhalten, dass man an diesem Inhalt mit fanatischer Entschlossenheit festhält und sich auf diese Weise dagegen sichert, im revolutionären Prozess zur Abtötung dessen beizutragen, was zu erkämpfen man sich vorgenommen hatte.

Darum kann ich mich nicht Eurer Forderung anschliessen, „wir sollen uns nicht durch Räsonnieren über die zur Anwendung gelangten Methoden vom Begreifen des Kerns der Sache abhalten lassen". Die „Methoden", über die jetzt nicht mehr räsonniert werden soll, waren es doch, die seinerzeit dazu führten, dass für Dich und Deinesgleichen in der Komintern kein Platz mehr war.[3] Inzwischen ist viel Wasser den Berg hinabgelaufen. Zwei Kernpunkte, die Du damals und während der Jahre unserer Zusammenarbeit immer wieder betont hast, haben jedoch an Aktualität nicht verloren. Ich meine die Frage der Demokratie innerhalb der Arbeiterbewegung und die ihrer Unabhängigkeit und Bodenständigkeit.

Damit sind wir bei der Haltung zur S[owjet-]U[nion] angelangt. Mir will scheinen, dass unsere Auffassungen zu diesem Punkt in der Tat beträchtlich voneinander abweichen. Für Dich repräsentiert die S[owjet-]U[nion] das sozialistische Moment in der internationalen Politik. Von daher gelangst Du in der Gesamtlinie zu einer Unterordnung der internationalen – in unserem Fall der deutschen – Arbeiterbewegung unter die Interessen der S[owjet-]U[nion]. Ich gehe demhingegen nicht von einer einfachen Interessensolidarität zwischen der S[owjet-]U[nion] und der deutschen resp. internationalen Arbeiterbewegung aus. Gewiss gibt es es objektiv eine Masse gemeinsamer Interessen. Diese lassen sich aber auf Grund der geschichtlichen Gegebenheiten, vor allem auch auf Grund der russischen Eigenentwicklung, nur in beschränktem Masse durchsetzen.

Es ist hier nicht der Platz, die Entwicklung innerhalb der S[owjet-]U[nion] zu analysieren. Mit dem, was dazu vor 14 Jahren formuliert wurde, kommen wir jedenfalls nicht mehr aus. Inzwischen hat sich doch allerlei zugetragen. Der russische Aufbau ist weiter fortgeschritten, und die Sowjetmacht hat die Belastungsprobe des 2. Weltkrieges in bewundernswerter Weise bestanden. Die axiomatische Behauptung, dass die kollektive Umformung der Wirtschaft zwangsläufig eine Befreiung der Menschen nach sich ziehen werde, ist jedoch durch die Entwicklung nicht bestätigt worden. Es ist offenbar, dass die Verstaatlichung der Produktionsmittel (oder andere Formen der Kollektivierung) nicht automatisch zu „höheren Formen der Demokratie" führt, sondern dass es dazu einer besonderen und ganz entschiedenen willensmässigen Anstrengung bedarf. Man kann hoffen, dass es auf der Basis der veränderten gesellschaftlichen Verhältnisse im Laufe der Zeit in der sowjetischen Welt gelingen wird, die Eigen- und Rückentwicklung im „Überbau" zu überwinden und durch eine freiheitliche, humanistische Entwicklung abzulösen.

Wir stehen jedoch vor der Frage, ob wir – über das hinaus, was sich während der vergangenen 13 Jahre abgespielt hat – erst die Entwertung uns wesentlicher menschlicher und sittlicher Werte durchmachen müssen oder ob wir von einer höheren Stufe aus zum Sozialismus gelangen und in ihm die Elemente des Kollektivismus und der Freiheit vereinigen können. Ich weiss nicht, ob das gelingen wird. Aber der Versuch muss gemacht werden. Daraus ergibt sich keine Feindschaft gegenüber der S[owjet-]U[nion] und erst recht kein primitiver Antibolschewismus. Aber es bedarf einer unabhängigen sozialistischen Politik, einer Politik, die dem Osten lässt, was ihm gebührt, die aber keineswegs auf den Anschluss an die sozialistischen und fortschrittlichen Kräfte im Westen verzichtet. Es ist doch eine unerlaubte und falsche Vereinfachung, wenn man im Westen nichts als Reaktion und kapitalistische Ausbeutung sieht.

An den Schluss meiner Ausarbeitung zur Krise der neuen deutschen Arbeiterbewegung[4] stellte ich die Forderung, dass es gälte, von den neuen Verhältnissen aus und befreit von Dogmen und Vorurteilen, eine planwirtschaftlich-freiheitliche, demokratisch-sozialistische Konzeption für die deutsche, europäische und internationale Arbeiterbewegung zu entwickeln. Und ich fügte hinzu: „Die Grossmächte mögen sich durch militärische Okkupation gegen reale und vermeintliche Gefahren sichern. Das gibt ihnen kein Recht, das wiedererstehende demokratische Leben der Deutschen zu okkupieren. Solchen Ansprüchen ist das Selbstbestimmungsrecht des werktätigen deutschen Volkes gegenüberzustellen. Es gilt, die Unabhängigkeit der deutschen Arbeiterbewegung zu verteidigen. Denn nur wenn die deutsche Arbeiterbewegung auf eigenen Beinen steht, kann sie die Elemente der Freiheit und des Sozialismus in sich und für Deutschland vereinigen."

Es kann doch gar keinem Zweifel unterliegen, dass der S[owjet-]U[nion] am besten mit der selbständigen Entwicklung des europäischen Sozialismus gedient wäre. Jetzt ist es so, dass die Russen nur dort sicher sind bzw. sich sicher fühlen, wo sie sich durch die Rote Armee gesichert haben. In der übrigen Welt ist ihre Position im Laufe des letzten Jahres phantastisch geschwächt worden. Für Deutschland hat sich das bestätigt, was ich in meiner Ausarbeitung feststellte: „Die bisherige Entwicklung des Einheitsproblems hat die Gegensätze verschärft und den Kräften Vorschub geleistet, die keine gesamt-deutsche Lösung wollen. Die Stabilisierung der zonenmässigen Zerstückelung widerspricht aber den Regeln elementarster wirtschaftlicher Vernunft. Sie ist ein Unglück für die Deutschen, aber nicht nur für sie. Eine andauernde Kolonisierung Deutschlands, mit allen Friktionen, die gerade sie nach sich zieht, beinhaltet eine Gefährdung des Weltfriedens." In meinem vorigen Brief fügte ich dem hinzu: „Es ist auch festzustellen, dass durch die Art, wie die Einheitspolitik vorangetrieben worden ist, der Einheitswille des übergrossen Teils der sozialdemokratischen Arbeiterschaft in sein Gegenteil umgekehrt wurde. Die KP begegnet heute in allen westlichen Zonen, aber nicht nur dort, einem Misstrauen, das nicht unberechtigt ist und das teilweise bereits in offene Feindschaft umgeschlagen ist. Eine der Folgen ist auch, dass eine Stärkung der reaktionären Einflüsse festgestellt werden kann. Die Zwangseinheit trägt zweifellos dazu bei, dass die Zonengrenzen sich versteifen. Diese Wirkung wird nicht durch noch so viel SED-Aufrufe aufgehoben. Für die Westmächte, aber auch für die westliche Arbeiterbewegung, stellt sich die SED-Politik als eine Funktion der russischen Aussenpolitik dar. Sie fordert zu Gegenmassnahmen heraus. Das Ergebnis wird tiefere Zerklüftung statt der so notwendigen stärkeren Vereinheitlichung sein."[5]

Trotzdem bin ich natürlich mit Dir darin einig, dass es weiterhin eine gebieterische Notwendigkeit ist, die grösstmögliche Geschlossenheit innerhalb der Arbeiterbewegung herzustellen und einer einheitlichen sozialistischen Partei zuzustreben. Ich kann jedoch nicht einsehen, dass der Erreichung dieses Ziels durch die forcierte Bildung der SED im Osten gedient ist.

Lass uns doch noch einmal festhalten, dass es vor einem Jahr möglich gewesen wäre, die Einheit zu verwirklichen, wenn die KPD-Führung das gewollt hätte. Nun wirst Du fragen, warum denn dann nicht die SPD mitgemacht hat, als die KPD-Führung ihren Kurswechsel vornahm. Nun, ich verleugne keineswegs, dass es meiner Meinung nach negative Momente in der sozialdemokratischen Politik gab. Entscheidend ist doch aber andererseits, dass die KPD umschwenkte, als sie ihren Apparat in der Ostzone ausgebaut und die Gewähr für die Beherrschung der SED in der Hand zu haben glaubte. Während zuvor und auch noch in der Entschliessung vom Dezember vorigen Jahres[6] viel von der dort so notwendigen ideologischen Klärung gesprochen wurde, war es plötzlich sehr eilig geworden. Durch die Art, wie nun im Osten die SED zusammengebracht wurde, ist in der Tat das Einheitsproblem der deutschen Arbeiterbewegung nicht gelöst worden. Im Osten hat man es äusserlich gelöst, im Westen – und zwischen dem Osten und Westen – sind die Gegensätze gewachsen.

Man kann nun auf zweierlei Weise an das vorliegende Problem herangehen. Man kann meinen, im Osten seien die zielweisenden Lösungen gefunden worden und von dort aus müsse das übrige Deutschland durchdrungen oder erobert werden. Oder man kann der Auffassung sein, dass es weiterhin zwei Hauptlager der deutschen Arbeiterbewegung gibt, deren Verhältnis zueinander auf der Basis der Anständigkeit geregelt werden sollte. Ich bekenne mich zu der letztgenannten Auffassung. Die erstere würde die Festlegung auf eine einseitige „östliche" Regelung bedeuten, bei der kaum viel Gutes herauskommen kann. So wie sich die Dinge entwickelt haben, halte ich es für angebracht, noch einmal den Satz in meinem Brief vom 30.4. [1946] zu unterstreichen, dass es darauf ankomme, „die SPD im Westen so stark wie möglich werden zu lassen und in ihrem Rahmen für eine möglichst fortschrittliche Politik zu wirken".

Du weisst, dass ich dem sozialdemokratischen Parteitag in Hannover im vorigen Monat beiwohnte. Ich nehme an, dass Du von den Beschlüssen und vom Referat des Gen. Schumacher bereits auf andere Weise Kenntnis genommen hast.[7] Du wirst daraus ersehen haben, wie abwegig die Auffassung ist, Schumacher sei „Helfer und Vertrauensmann von Kräften, die willens sind, die Reaktion zu stützen und jede strukturelle Änderung der Gesellschaft in sozialistischer Richtung unmöglich zu machen".

Ich bin weit davon entfernt, jedem Wort zuzujubeln, das in Hannover gesprochen wurde. Dort wurde gewiss noch nicht das letzte Wort zu den heute vorliegenden Fragen gesprochen. Die Tagung stellte jedoch eine wichtige Etappe dar. Zu zentralen Gegenwartsaufgaben wurde in positiver Weise Stellung genommen. Es wurde die Konzeption eines revolutionären <u>und</u> demokratischen Sozialismus zumindest andeutungsweise entwickelt. Entscheidend waren der Appell und das Gelöbnis zu unmittelbarer sozialistischer Initiative. Es bleibt abzuwarten, wie sich die Praxis gestalten wird. Es wird vielleicht notwendig werden, an das Schumacher-Wort zu erinnern, dass es niemals mehr zu einer blossen Herrschaft des Apparats kommen dürfe. Es wird vor allem notwendig sein, an Hand der heute stehenden Probleme aufzuzeigen, in welchem Ausmass eine Kooperation mit der KPD einerseits und den linken Christen andererseits möglich ist.

Schon jetzt möchte ich aber der vereinfachten Darstellung widersprechen, dass im Osten bereits all das verwirklicht sei, was die SPD im Westen erst fordere. Gewiss, in der Ostzone sind grundlegende Veränderungen durchgeführt worden. Die Schlussbilanz lässt sich aber heute noch nicht ziehen. Es ist nicht alles Gold, was glänzt. Der Kampf um die demokratisch-sozialistischen Umgestaltung Deutschlands ist noch nicht abgeschlossen, er hat erst begonnen.

Dieser Kampf wird erleichtert werden, wenn es gelingt, eine möglichst breite Front gegen die Reaktion zustandezubringen. Er wird nicht gefördert durch die Übertragung totalitärer Formen und Ansprüche in die Reihen der Arbeiterbewegung. Die Einheit, die es zu erstreben gilt, verliert ihren Wert, wenn sie nicht auf unabhängiger, demokratischer Basis geschaffen wird.[8]
Mit bestem Gruss!
〈Willy〉[9]

Nr. 23
Aus dem Schreiben Brandts an Szende
31. Juli 1946

AdsD, WBA, A 5, ungeordnet.

Lieber Stefan,
als wir das letzte Mal beisammen waren, nahm ich an, dass ich um diese Zeit schon längst wieder in Deutschland sein würde. Es ist aber anders gekommen.[1] In der Frage der Dana konnte noch immer keine Klarheit erzielt werden[2], obgleich (oder vielleicht weil?) Hannover[3] mich als Parteikandidaten nominiert hat. Verschiedene Miteilungen deuten darauf hin, dass Agricola die Sache überhaupt nicht vorgebracht hat und dass die Yankees offenbar auch nicht sehr an „zonenfremden" Elementen interessiert sind.

Inzwischen wurde mir aus Hannover mitgeteilt, dass man mich auch als Chef des DPD[4] in der britischen Zone in Aussicht genommen und von zuständigen Engländern eine wohlwollende Stellungnahme erfahren habe. Mir wäre nun wirklich die Frankfurter Gegend[5] viel lieber gewesen. Abgesagt habe ich nicht, werde aber abwarten, bis ich einen klaren Bescheid mit klaren Bedingungen habe. Erstens kann ich auf ein Mindestmass an Selbständigkeit nicht verzichten, zweitens kann ich auf meine norwegische Staatsbürgerschaft nicht verzichten, jedenfalls nicht, solange es keinen deutschen Staat gibt, mit dem die Alliierten Frieden geschlossen haben.

Die Lübecker haben mir geschrieben, dass ich kommen sollte, um mit einigen Versammlungen am Wahlkampf mitzuwirken. Das täte ich gern, muss aber auch in diesem Fall abwarten, ob die Genossen dort die Genehmigung der Mil[itär]regierung erhalten – woran ich zweifele. Mein Aufenthalt hier zieht sich also in die Länge. Ich will aber jetzt nicht herunterreisen, um den Eindruck zu vermeiden, als wolle ich mich aufdrängen. Wenn inzwischen immer noch keine Klarheit geschaffen ist, fahre ich jedoch möglicherweise

Anfang September zur Schlussrunde [des Kriegsverbrecherprozesses] nach Nürnberg.
[...]
Mein Buch⁶ kam hier vor einem Monat [heraus] und hat mir viel Lob eingebracht. Ich hätte es Dir geschickt, wenn ich gewusst hätte, dass sich die schwedische Ausgabe wiederum verzögern würde. Nun erfahre ich jedoch, dass sie dieser Tage endlich kommen wird. Allerdings erfuhr ich gleichzeitig, dass meine letzten Korrekturen (vom Mai!) nicht mehr berücksichtigt wurden (schöner Betrieb!), sodass leider eine Reihe von Fehlern drin sind.
[...] Ich erhielt gestern einen Brief von Boris Goldenberg, viel vernünftiger als das, was er auf unsere SP-Erklärung geantwortet hatte.⁷ [...]
Herzliche Grüsse!
Euer
‹W[illy]›⁸

Nr. 24
Aus dem Schreiben Brandts an Szende
8. Oktober 1946

AdsD, WBA, A 5, ungeordnet.

Lieber Stefan,
[...]
Vor allem schreibe ich Dir aber heute, um Dich als Freund um Rat zu bitten. Ich erzählte Dir neulich von meinen Plänen. Du wirst Dich daran erinnern, dass mir die beiden Bürogeschichten¹ nicht besonders zusagten, sondern dass ich mich halbwegs entschlossen hatte, doch nach Lübeck zu gehen. Ob sich allerdings dort ein Einbau in dem von Steltzer erwähnten Sinne² in nächster Zukunft erreichen lässt, weiss ich nicht. Enderles haben mir, ohne dass ich ihnen näher

geschrieben hatte, was ich eventuell in Lübeck machen sollte, abgeraten und meinen, ich solle mich für Hamburg[3] entscheiden. Sie schreiben weiter, es würde nicht schaden, wenn ich mit der endgültigen Übersiedelung noch bis zum Frühjahr [1947] wartete.[4] Inzwischen hat sich nun etwas Neues ergeben. Ich war vor gut einer Woche bei Halvard Lange, dem hiesigen Aussenminister, eingeladen, der gerade einige Tage von Paris da war. Er sagte mir, dass er es so aufgefasst habe, als hätte ich mich für die Rückkehr nach Deutschland entschieden. Falls ich eine solche Entscheidung noch nicht endgültig gefasst hätte, sollte ich wissen, dass ich bei ihm einsteigen und Presseattaché in Paris werden könne. Meine Aufgabe sollte vorwiegend darin bestehen, den Kontakt mit der französischen [Arbeiter-]Bewegung wahrzunehmen und dem Botschafter sowie der Regierung über französische und internationale politische Vorgänge zu berichten.

Nun weiss ich wirklich nicht, was ich machen soll. Paris reizt mich. Die angedeutete Tätigkeit dort, für die ich mich wahrscheinlich auf zwei Jahre verpflichten müsste, würde mein Blickfeld erweitern und könnte mir den Übergang in eine europäische oder internationale Organisation erleichtern. Es ist doch wohl so, dass es im Laufe der nächsten 5–10 Jahre zu festeren Formen europäischer Zusammenarbeit kommen oder dass Europa zugrundegehen wird. Für eine Tätigkeit dieser Art bringe ich vielleicht einige Voraussetzungen mit, Voraussetzungen, die ich in Paris besser ausnützen kann als in Deutschland.

Die Entscheidung ist aber darum so schwer, weil die Übernahme der „norwegischen" Stellung eben doch bedeuten würde, dass ich definitiv auf <u>direkte</u> Anteilnahme an der deutschen Politik verzichte. Und darüber hinaus: ich riskiere, bei der Verrücktheit der Leute, dass die Ex-Alliierten weiterhin in mir einen Deutschen und die Deutschen in mir einen Renegaten sehen.

Ich habe während all' dieser Jahre damit gerechnet, zu einem frühen Zeitpunkt wieder in die deutsche Bewegung einzusteigen. Und jetzt, wo ich unmittelbar davor stand, gerate ich ins Schwanken. Einerseits fühle ich mich verpflichtet, nach Deutschland zurückzukehren. Ich fürchte, dass ich mir bei einer anderen Entscheidung Vorwürfe machen würde – was wichtiger wäre, als wenn andere schlecht über mich redeten, denn das tun sie sowieso. Ich glaube auch, dass ich in Deutschland nützlich wirken könnte, besonders in einer Funktion, bei der ich mich als Sprecher, Verhandler und Administrator entfalten kann. Andererseits frage ich mich, ob es nicht eine verstandeswidrige Entscheidung ist, freiwillig ins KZ zu gehen und, was im Lübecker Fall notwendig wäre, auf eine reale Staatsbürgerschaft zugunsten einer fiktiven zu verzichten. Ich frage mich auch, ob ich nicht gerade in einer öffentlichen Stellung viel Ärger mit denen haben werde, die mir trotz der Rückkehr die langen Jahre des Exils – oder sogar Renegatentum wegen meiner norwegischen Staatsbürgerschaft – vorwerfen werden.

Entscheidend kann natürlich nicht sein, wo ich besser lebe. Das bedarf keiner Erörterung. Sondern es kommt darauf an, wo ich mein Pfund am Besten verwalten kann, wo ich mich im Sinne der deutschen und europäischen sozialistischen Bewegung am nützlichsten betätigen kann.

Ich schreibe nur Dir und möchte Dich bitten, dass Du mir ebenso offen antwortest, wie ich Dir geschrieben habe.[5] Du kennst mich nun so einigermassen und kannst mir vielleicht bei der Orientierung in dieser für mich äusserst komplizierten Lage helfen. Ich weiss, Du bist kein Briefschreiber. <u>Mach' trotzdem eine Ausnahme.</u> Denn ich muss Lange Anfang nächster Woche antworten. Er ist dann einige Tage hier, bevor er zur UNO nach New York fährt.

Dir und den Deinen sehr herzliche Grüsse
Dein ‹Willy›[6]

Nr. 25
Aus dem Schreiben Brandts an Szende
22. Oktober 1946[1]

AdsD, WBA, A 5, ungeordnet.

Lieber Stefan,
es ist nicht nett und vor allem nicht dankbar von mir, dass ich nicht gleich auf Deinen Brief vom 8. geantwortet habe.[2] Er hat viel für mich bedeutet und mich weitgehend überzeugt. Leicht war die Entscheidung nicht[3], und ich habe die feige Gewohnheit, mich vor schwierigen Entscheidungen dadurch zu drücken, dass ich meiner Arbeitsneurose freien Spielraum gebe. Also begrub ich mich in meinem Manuskript über „Nürnberg-Norge-Dommen",[4] das nun fertig ist. Eine ekelhafte Erkältung kam hinzu. Und von[5] Lübeck kam ein Brief, dass die Genossen in Hannover waren, um beim PV meine Überführung in die alte Hansestadt zu erwirken. Der Brief schloss mit den rührenden Worten: „Als Nachfolger von Julius Leber kannst Du von Lübeck aus ebenfalls einen guten Start nehmen... Wir suchen ihn, den suchen wir, Dich müssen wir haben."[6]

Als ich am Sonnabend zu Halvard Lange ging, war ich trotzdem geneigt, Paris zu akzeptieren. Dann ergab sich aber eine völlig geänderte Situation dadurch, dass Lange mir sagte, ich könne zwar nach Paris gehen, aber er möchte mich noch lieber als Presseattaché und politischen Observatör nach Berlin haben. Ich habe mir das einen Augenblick überlegt und dann Ja gesagt. Der Staatsminister [Einar Gerhardsen] gab gleich seine Zustimmung, so dass jetzt nur noch gewisse formelle Dinge zu erledigen sind. Ich werde in wenigen Wochen fahren und in Berlin der norwegischen Gesandtschaft (die beim Kontrollrat formell als Military Mission akkreditiert ist) angehören.

Der Berliner Vorschlag war für mich ein Mittelweg. Zwar enttäusche ich auch jetzt meine Lübecker Freunde schwer. Aber ich behalte den unmittelbaren Kontakt mit der deutschen Entwicklung, kann sie sogar von Berlin aus besser verfolgen als aus einer westlichen Provinzstadt, werde wohl auch sowohl den deutschen wie [auch] den skandinavischen Freunden in mancher Hinsicht behilflich sein können. Da ich mich nur auf ein Jahr zu verpflichten brauche, kann ich nach Ablauf dieser Frist entscheiden, ob ich in Deutschland bleiben oder ernsthaft den internationalen oder europäischen Weg gehen will.[7]

Bist Du mit der Entscheidung einverstanden, die ich gefällt habe?[8] Leicht war sie nicht, aber irgendwann musste ich aus dem bisherigen Schwebezustand heraus. Ich möchte gern noch vor meiner Abreise nach Schweden kommen, um mit Dir sprechen zu können, weiss aber nicht, ob es sich machen lässt. Im andern Fall werde ich sicher nach ein paar Monaten mal auf Urlaub kommen können. Auf jeden Fall wünsche ich, dass wir miteinander in engem Kontakt bleiben. Ich nehme an, dass wir durch das norwegische Aussenamt bzw. die norwegische Legation in Stockholm relativ rasch voneinander hören können. In diesen Dingen schreibe ich Dir noch. Ich muss wohl auch einen Brief verfassen, in dem ich den Genossen gegenüber begründe, warum ich als „Alliierter" nach Berlin gehe.[9]

Lass bitte bald wieder von Dir hören. Dir, Erszi und Barbara[10] herzliche Grüsse
Euer ‹Willy›[11]
[...]

Nr. 26
Rundschreiben Brandts an Liebe Freunde
1. November 1946[1]

AdsD, WBA, A 5, Allgemeine Korrespondenz 1946.

Liebe Freunde!
Ich möchte Euch davon in Kenntnis setzen, dass ich demnächst eine Stellung bei der norwegischen Gesandtschaft in Berlin, die beim Kontrollrat als Norwegian Military Mission akkreditiert ist, antreten

werde. Der hiesige Aussenminister, Gen. Halvard M. Lange, und andere Freunde ersuchten mich, dort als Presseattaché und politischer Mitarbeiter zu fungieren. Ich habe mich entschlossen, diese Funktion für ein Jahr zu übernehmen.

Einige von Euch wird es vielleicht eigenartig berühren, dass ich „als Alliierter" nach Berlin gehe, zumal ich genötigt sein werde, dort teilweise in norwegischer Uniform aufzutreten. Mein Status als „Alliierter" ist jedoch nichts Neues. Norwegischer Staatsbürger wurde ich 1940, nachdem mich Hitler mehrere Jahre zuvor ausgebürgert hatte. Ich hatte bisher keine Veranlassung, um die Wiedererlangung der gegenwärtig ziemlich fiktiven deutschen Staatsbürgerschaft und damit um Entlassung aus dem norwegischen Staatsverband nachzusuchen.

Entscheidend können nicht formelle Fragen sein, auch nicht störende Attribute, die sich aus den uns durch den Hitlerkrieg bescherten Verhältnissen ergeben. Es kommt darauf an, wo der einzelne der europäischen Wiedergeburt und damit auch der deutschen Demokratie am besten dient. Ich habe mich, wie Ihr wisst, seit Jahren gleichzeitig für „deutsche" wie für „skandinavische" Belange eingesetzt. Das waren und sind keine Gegensätzlichkeiten. Während der letzten Jahre habe ich mich mit meinen Journalisten-Reisen bemüht, die Verbindungen zwischen der skandinavischen und der neuen deutschen Arbeiterbewegung anknüpfen zu helfen und Verständnis für den sozialistischen Neubau Deutschlands zu wecken.

An diesem meinem Arbeitsprogramm ändert sich nichts. Ich werde weiterhin bemüht sein, nach beiden Seiten hin aufklärend zu wirken und Verständigung zu fördern. Der deutschen Presse werde ich bei der Vermittlung norwegischer Nachrichten und von Material über die skandinavische Arbeiterbewegung behilflich sein. Umgekehrt werde ich die norwegische Regierung, die skandinavische Arbeiterbewegung und Presse über die deutsche Entwicklung unterrichtet halten. Ich kann wohl auch der Bewegung und den Freunden den einen oder anderen praktischen Dienst erweisen. Vor allem aber geht es darum, von der gegebenen Arbeitsbasis aus für die Sicherung des Friedens zu wirken, für die Entwicklung und Stabilisierung der europäischen und internationalen Zusammenarbeit.

Beim Nürnberger Prozess und als Presseattaché an der Norwegischen Militärmission in Berlin musste Willy Brandt eine norwegische Uniform tragen. Bilder in dieser Uniform wurden später in den Diffamierungskampagnen gegen Brandt missbraucht.

Das sind grosse Ziele. Ich weiss, dass meine Lübecker Freunde, die mit der Möglichkeit meiner Rückkehr nach dort gerechnet hatten, enttäuscht sein werden. Zugleich bin ich dessen sicher, dass sie sich meinen Erwägungen nicht verschliessen werden. Sie sollen sicher sein, dass ich die alte Hansestadt und was ich dort gelernt habe, nie vergessen, geschweige denn im Stich lassen werde.

Die Genossen im Parteivorstand in Hannover hatten mir nahegelegt, mich um die Übernahme der politischen Redaktion eines der zonalen Nachrichtenbüros zu bemühen. In erster Linie wäre wohl der D.P.D. in der britischen Zone in Frage gekommen.[2] Dieser Tage wurde ich auch aufgefordert, nach Hamburg zu kommen und dort in die Arbeit einzusteigen, die bis auf weiteres unter alliierter Leitung zu leisten wäre. Ich weiss dieses Angebot zu schätzen, glaube jedoch kaum, dass ich dort hätte nützlichere Arbeit leisten können als die, welche ich jetzt übernehmen werde. Meine Unabhängigkeit als europäischer, demokratischer Sozialist würde in Hamburg jedenfalls nicht stärker sein als in Berlin.

Seit Jahr und Tag habe ich zur Richtschnur meines politischen Handelns gemacht, nicht von einem engen nationalen Standpunkt aus Stellung zu nehmen. Jeder von Euch begreift, dass auch und gerade das Schicksal des um seine neuen Lebensgrundlagen ringenden Deutschland in hohem Masse auf internationaler Ebene entschieden wird. Ihr sollt aber bei dieser Gelegenheit ausdrücklich wissen, dass meine innere Haltung zur deutschen sozialistischen Bewegung die gleiche wie früher ist und es auch bleiben wird. Heute kann ich der Bewegung am besten dadurch dienen, dass ich der Aufforderung der norwegischen Freunde nachkomme. Später wird zu prüfen sein, wie und wo ich dann unter dem Gesichtspunkt gemeinsamer Interessen am nützlichsten wirken kann.

Über formellen Nebensächlichkeiten und Fragen des persönlichen Standorts steht das Bekenntnis zur und die Verpflichtung gegenüber der europäischen Demokratie und dem internationalen Sozialismus. In diesem Sinne bin ich
Euer

Nr. 27
Aus dem Bericht des Presseattachés an der Norwegischen Militärmission in Berlin, Brandt, für das Norwegische Außenministerium über den Parteitag der SPD vom 29. Juni bis zum 2. Juli 1947 in Nürnberg
14. Juli 1947

AdsD, WBA, A 6, Mappe 54 (alt) (Übersetzung aus dem Norwegischen: Einhart Lorenz).

Deutscher sozialdemokratischer Kongress

[...]

Beim letzten Parteitag, der in Hannover im Mai 1946 abgehalten wurde, nahmen – abgesehen von einem englischen Außenseiter – keine Vertreter sozialdemokratischer Parteien aus anderen Ländern teil. In Nürnberg gab es eine sehr starke internationale Repräsentation. Das gehört vielleicht zu dem Bemerkenswertesten der Versammlung.

Mr. Joe Reeves, M. P., nahm im Auftrag der britischen Arbeiterpartei teil und übermittelte eine längere Grußbotschaft. Aus Frankreich kam Grumbach, der Vorsitzende des französischen außenpolitischen Ausschusses. De Brouchère war als Vorsitzender des Kontaktkomitees [der SI] dort, das von der Konferenz der sozialdemokratischen Parteien in Zürich im vorigen Monat ernannt worden war.[1] Zusammen mit ihm nahm ein anderes Mitglied des belgischen Parlaments teil. Ansonsten sah man Vertreter der Arbeiterparteien in Holland, Schweden, Dänemark (den ehem. Finanzminister H. C. Hansen und den Abgeordneten Frode Nielsen), Österreich, Italien (Saragats Partei) und Ungarn. Ein Delegierter der tschechoslowakischen Sozialdemokratie war lediglich als Mitglied des Kontaktkomitees dort und sprach nicht auf dem Kongress. John Sannes nahm teil und sprach im Namen der Norwegischen Arbeiterpartei.[2] Ausserdem wurden Grüße aus der Schweiz, Finnland, Kanada, von den „unabhängigen" Sozialdemokraten in Rumänien und der American Federation of Labor überbracht. Selbst wenn man die Bedeutung dessen, was bei solchen Gelegenheiten gesagt wird, nicht überschätzen soll, besteht Grund zu sagen, dass die Isolation der deutschen Sozialdemokraten gebrochen zu sein scheint.

Die Versammlung war ein neuer Beweis für Dr. Schumachers dominierende Stellung in der sozialdemokratischen Bewegung. Bis auf weiteres scheint seine Führungsstellung unerschütterlich. Er wurde praktisch einstimmig wiedergewählt. Sein Hauptreferat über „Deutschland und Europa"[3] enthielt viele scharfe Angriffe auf die Kommunisten und die „Einheitspartei", aber auch auf die Führung der christlichen Demokraten und andere, die nach seiner Ansicht einer demokratisch-sozialistischen Neubildung der deutschen Gesellschaft im Wege stehen. Er erklärte, dass es gut wäre, wenn man eine Lösung der europäischen Fragen gemeinsam mit der Sowjetunion fände, aber dass Europas Probleme nicht „auf russische Art" geregelt werden können. Schumacher tritt nicht als ein Instrument der Westmächte in Erscheinung, und er machte u. a. eine Reihe bitterer Bemerkungen über die britische Besatzungs-Bürokratie. Es ist indessen deutlich, dass er alles auf eine Karte gesetzt hat, weil er damit rechnet, dass eine Kompromisslösung mit den Russen nur auf groß-alliiertem Niveau gefunden werden kann und dass er die Bedingungen für das bessern kann, was er als demokratische Entwicklung in Deutschland versteht, indem er dem „anti-totalitären" Lager folgt. Deshalb seine gewaltige Kritik an den Kommunisten bzw. der Einheitspartei, die er beschuldigt, Neo-Nationalismus und Terrormethoden zu betreiben. [...]

Schumacher machte sehr positive Aussagen zum Marshallplan. Er war nicht ganz mit dem Wirtschaftsrat für die englische und amerikanische Zone zufrieden, aber betrachtete ihn dennoch als einen Fortschritt. Nun meinte er, dass die westlichen Zonen so organisiert werden sollten, dass sie eine starke Anziehungskraft auf die östlichen Gebiete ausüben.

Unter denen, die in der Diskussion nach dem Referat des Parteivorsitzenden teilnahmen, beachtete man besonders den Berliner De-

legierten Ernst Reuter. Er ist ohne Zweifel ein bedeutender Mann, der durch die sachliche Art, mit der er argumentiert, Eindruck macht. Reuter erklärte, dass man mit Ost und West eine positive Zusammenarbeit erstreben sollte, aber dass das nicht auf Kosten demokratischer Prinzipien geschehen müsse.
[...]

Nr. 28
Vertraulicher Bericht des Presseattachés an der Norwegischen Militärmission in Berlin, Brandt, für den Pressedienst des Norwegischen Außenministeriums
25. Juli 1947

AdsD, WBA, A 6, Mappe 54 (alt) (Übersetzung aus dem Norwegischen: Einhart Lorenz).

Bericht über gewisse Verhältnisse in der russischen Besatzungszone

Es ist nicht leicht, sich ein klares Bild über die Verhältnisse in dem Teil Deutschlands zu bilden, der unter russischer Verwaltung steht. Die politische Atmosphäre ist vergiftet, so dass die, die Gegner der vermeintlichen oder tatsächlichen Intentionen der Sowjetunion sind, dazu neigen, von allem, was in der Ostzone gemacht wird, Abstand zu nehmen. Der Widerpart behauptet, dass sich die Entwicklung sehr zufriedenstellend gestaltet, während sie viel an den Westzonen auszusetzen haben.

Ich will mich hier darauf beschränken festzustellen, dass die Demontagen und Reparationslieferungen an die Sowjetunion offenbar sehr umfassend waren – und sind. Es gibt amerikanische, nicht „anti-russische" Beobachter, die meinen, dafür den Beweis führen zu können, dass die Russen bereits die viel genannten 10 Milliarden Dollar erhalten haben.

(Einige Zahlen: a) Die Demontagen stiegen bis 80 Prozent in Bezug auf Eisenwerke, Gummifabriken und Sodafabriken, b) 200 Konzerne mit ungefähr 400.000 Arbeitern sind in „sowjetische Aktiengesellschaften" umgewandelt worden, c) die Länder in der russischen Zone operierten 1946 mit einem Haushalt von insgesamt 11 Milliarden RM. Davon gingen 700 Mill[ionen] für Besatzungskosten und über 6 Milliarden für direkte oder indirekte Reparationsleistungen.)

Auf der anderen Seite muss man sich darüber klar sein, dass zu einem frühen Zeitpunkt ein Teil der Industrie in Gang kam. Ein großer Teil der Produktion geht ostwärts, aber es geschieht ein gewisser industrieller Neuaufbau, und man ist nicht von Arbeitslosigkeit geplagt. Auf deutscher Seite werden große Anstrengungen unternommen, um die Schwierigkeiten durch eine geplante Wirtschaftspolitik zu überwinden. Die Russen haben viele fähige Leute.

Viele waren der Auffassung, dass die forcierte Bodenreform in chaotischen Verhältnissen enden würde. Es haben sich ohne Zweifel sehr ernste Schwierigkeiten gemeldet, aber im Großen und Ganzen scheint es besser zu gehen, als man zu Beginn glaubte. Viel spricht dafür, dass die neuen Gehöfte durchgehend zu klein sind (50 Dekar), aber man versucht, dem dadurch entgegenzusteuern, dass verschiedene kooperative Maßnahmen unterstützt werden.

Viele Kreise scheinen der Auffassung zu sein, dass die Ostzone ein Überschussgebiet für die Produktion landwirtschaftlicher Erzeugnisse sein sollte. Man macht sich da des Missverständnisses schuldig, dass man, bewusst oder unbewusst, die Gebiete mitzählt, die nicht mehr als deutsch angesehen werden. Die russische Zone als solche sollte selbstverständlich etwas besser gestellt sein als die englische, aber sie steht in keiner günstigeren Stellung als die amerikanische. Die Situation ist unterdessen die, dass Lebensmittel teilweise nach Russland exportiert werden, abgesehen davon, dass die Besatzungstruppen (ca. 270.000 Mann) ‹bekommen, was sie benötigen›[1].

Man würde der Wahrheit Gewalt antun, wenn man unterließe festzustellen, dass an vielen Orten hinter dem „Eisernen Vorhang" ein energischer und planmäßiger Wiederaufbau vor sich geht. Es ist auch etwas an der Behauptung der Russen dran, dass sie die gesamte gesellschaftliche Macht aus den Händen der Junker und Großkapitalisten genommen haben und dass sie auf diese Weise weiter als die anderen Kontrollmächte gekommen sind, um den Nazismus und die sozialen Stützen des deutschen Militarismus zu treffen. Auf anderen Gebieten kann die Entnazifizierung mangelhafter sein. Und außerdem wird es viele geben, die, aus einem demokratischen Denken, große Probleme damit haben, die dominierende Stellung, die die sogenannte Einheitspartei erhalten hat, sowie die Uniformierung der Presse und der öffentlichen Aufklärung zu akzeptieren.

Man bekommt den Eindruck, dass ein bedeutender Teil der Bevölkerung in der russischen Zone das Gefühl hat, unter einem ständigen Druck zu leben, und viele ziehen Vergleiche mit der nazistischen Regierungsform. Menschen aus der Zone, die ihre Erlebnisse schildern, unter ihnen anti-nazistische Journalisten, klagen über Übergriffe und bringen ein nach ihrer Meinung stark entwickeltes Überwachungssystem zur Sprache. Es existieren auch viele Berichte über Polizeimaßnahmen unterschiedlichster Art.

Wenn ich einige Punkte aus dem vorliegenden Material referiere, geschieht dies mit dem ausdrücklichen Vorbehalt, dass es in den meisten Fällen nicht möglich ist zu beweisen, dass es sich so verhält, wie behauptet wird. Es ist oft eine Frage, die Zuverlässigkeit des Berichterstatters zu beurteilen. Die Haupttendenz ist jedoch ziemlich eindeutig. Es ließe sich kaum verantworten, die Augen davor zu schließen, dass Dinge geschehen, die gegen die Prinzpien des Rechtsstaats und des Völkerrechts verstoßen. Das bedeutet keine Unterschätzung der Leistungen der Sowjetunion. Die Stellung der Sowjetunion wäre ‹indessen›[2] wesentlich stärker, wenn man mit gutem Gewissen sagen könnte, dass ihre Politik Rücksicht auf die europäischen Rechtstraditionen und das Kulturerbe nähme.

Von sozialdemokratischer Seite wird angeführt, dass es – abgesehen von vielen kleineren Lagern – folgende größere Konzentrations- und Zwangsarbeitslager in der russischen Zone gibt:
1) Berlin-Hohenschönhausen
2) Sachsenhausen
3) Frankfurt/Oder

4) Jamlitz bei Lieberose (Brandenburg)
5) Fünfeichen bei Neubrandenburg (Mecklenburg)
6) Schwerin (angebliche Kapazität über 25.000 Mann)
7) Torgau (Sachsen-Anhalt)
8) „Pistor" bei Bitterfeld (Sachsen-Anhalt)
9) Mühlberg/Elbe (angeblich ca. 20.000 Mann)
10) Altenburg/Elbe
11) Bautzen (ehem. Gefängnis)
12) Altenhain, südöstlich von Leipzig
13) Buchenwald (angeblich 11.000 Mann).

Man muss darauf aufmerksam machen, dass es sich bei den Internierten (die teilweise ostwärts geschickt werden) in großem Ausmaß, vielleicht sogar bei den meisten, um ehemalige aktive Nazisten handelt oder um Leute, die wegen illegaler nazistischer Tätigkeit verhaftet wurden.

Aber es scheint klar zu sein, dass auch hunderte und tausende von Personen verhaftet wurden, die der sozialdemokratischen Partei oder anderen nicht-nazistischen Gruppen angehören. In diesem Zusammenhang wurde behauptet, dass es im Mai [1947] im Lager Buchenwald 800 Sozialdemokraten und ca. 200 „oppositionelle" Kommunisten gab.

Es scheint nicht die Regel zu sein, dass die Familien über das Schicksal der Verhafteten informiert werden oder dass die Erlaubnis zu einer minimalen Korrespondenz gegeben wird. Es wird kein Haftbefehl erlassen, und in den meisten Fällen wird auch keine Strafverfolgung eingeleitet. Dagegen ist sehr oft die Rede von peinlichen Verhören.

Vom MWD (NKWD) wird gesagt, dass er Leute auf Grund kritischer Äußerungen über die Besatzungsmacht oder deren führende Vertreter verhaftet. Das soll vor einiger Zeit u. a. der Fall bei einem Gewerkschaftsvorsitzenden in Berlin gewesen sein, der sogar Mitglied der Einheitspartei war. Die Einheitspartei hat einen ID (Informationsdienst) aufgebaut, und es wird offenbar als ernsthaftes Verbrechen angesehen, wenn jemand seine Sympathie für die Sozialdemokratie erklärt oder gar „illegale" Arbeit zum Vorteil der Partei betreibt. Das ernsteste ist indessen der Verdacht auf Kontakte mit west-alliierten Kreisen.

Die „Neue Zeitung" der Amerikaner meldete vor zwei Monaten, dass Sozialdemokraten in Halle, Leipzig, Dresden, Zwickau, Döbeln, Stendal, Magdeburg, Schwerin, Weimar, Rudolstadt, Spremberg, Cottbus, Nordhausen, Apolda, Zeitz-Tröglitz, Tasdorf, Schmachtenhagen und im russischen Sektor von Berlin verhaftet worden seien. Man hat mir einige Namenslisten zugeschickt, die hier nicht wiedergegeben werden müssen, die aber darauf deuten können, dass es sich teilweise um Massenverhaftungen gehandelt haben könnte. Dr. Hugo Buschmann, der Ende 1946 seine Stellung als Chef des Handelsministeriums in der russischen Zone kündigte[3] und der sich jetzt in West-Deutschland aufhält, behauptet, dass die Sozialdemokraten innerhalb und außerhalb der Einheitspartei als „Menschewiken" betrachtet und „in Übereinstimmung mit einem klar erklärten Programm ausgerottet" werden sollen. Er hegt ansonsten großen Respekt für viele der organisatorischen Leistungen der Russen.

Es wäre nicht richtig, von einer völligen „Gleichschaltung" in der Ostzone zu reden. Es existieren zwei „bürgerliche" Parteien und der Vorsitzende der christlichen Demokraten[4] hat sich neulich stark von dem distanziert, was er als totalitäres Vorgehen der Kommunisten auffasst. Bei der Wahl der Betriebsräte in Sachsen hat sich gezeigt, dass die Arbeiter weitgehend frühere Sozialdemokraten unter den Kandidaten der Einheitspartei vorzogen und dass 45 Prozent der Räte in Leipzig parteilos waren. Bei der Wahl der Studentenräte hat die Einheitspartei weniger Stimmen erhalten als die offizielle Zahl registrierter Mitglieder. Diese und andere Umstände lassen es als wahrscheinlich erscheinen, dass es, falls es unmöglich werden sollte, eine gesamt-deutsche Lösung zu finden, verhältnismäßig lange dauert, bis die Ostzone „absorbiert" ist.

Ich sollte nicht unterlassen zu erwähnen, dass offenbar ziemlich rauhe Methoden angewandt werden, um Arbeiter, Techniker und Wissenschaftler einzuberufen, obgleich meistens die Rede von formaler Freiwilligkeit ist.[5] In letzter Zeit war auch die Rede von einer Neuregistrierung aller ehemaligen Offiziere und Angestellten der

Wehrmacht und einer teilweisen Einberufung von Luftwaffen- und Kriegsmarinepersonal. Einige von ihnen sollen via Stettin und Danzig [in die Sowjetunion] verbracht worden sein.

Es bleibt hinzuzufügen, dass dieser Bericht nur gewisse, umstrittene Verhältnisse berührt und nicht den Zweck hat, „anti-russische Propaganda" zu betreiben oder die positive Arbeit, die auch in der Ostzone geschieht, herabzusetzen.
Willy Brandt

Nr. 29
Schreiben des Presseattachés an der Norwegischen Militärmission in Berlin, Brandt, an den Außenminister des Königreichs Norwegen, Lange
7. November 1947[1]

AdsD, WBA, A 6, Mappe 2 (alt) (Übersetzung aus dem Norwegischen: Dietrich Lutze).

Lieber Halvard,
bei meinem Besuch in Oslo Ende August [1947] fragtest Du mich, ob mich Pläne bewegten, in die deutsche Politik einzusteigen. Zu jenem Zeitpunkt war die Frage für mich nicht aktuell.

Heute ist eine neue Situation gegeben. Die Führung der deutschen Sozialdemokraten hat mich eindringlich ersucht, ich möchte die Aufgabe des Vertreters des Parteivorstandes in Berlin und gegenüber den hiesigen alliierten Behörden[2] übernehmen.

Ich habe hin und her überlegt, mit dem Ergebnis, dass ich mich entschlossen habe, dieses Vertrauensamt zu übernehmen. Du kannst überzeugt sein, dass es keine leichte Entscheidung war, und ich hoffe, Du verstehst die Motive, die meinem Entschluss zugrunde liegen.

Die Sache ist nicht so einfach, als ob ich Deutschland statt Norwegen wählte. Es stellt sich mir so dar, dass ich für die Ideen, zu denen ich mich bekenne, etwas Aktiveres tun kann und muss, und dass ein solcher Einsatz gerade in diesem Land gefordert wird.

Ähnliche Aufforderungen habe ich schon vorher erhalten. Es machte auch einen gewissen Eindruck auf mich, als die deutsche Ministerpräsidentenkonferenz im Frühsommer [1947] die früheren politischen Flüchtlinge aufforderte, am Neuaufbau teilzunehmen. Dieser Appell wurde auf Vorschlag des Hamburger Bürgermeisters [Brauer] beschlossen, der selbst im vorigen Jahr als amerikanischer Bürger zurückkehrte.

Es beruht auf mehreren Ursachen, dass ich es bisher unterlassen habe, auf solche Aufforderungen zu reagieren. Die wichtigste war, dass es mir schwer fiel, Norwegen „aufzugeben".

Ich war recht jung, als ich nach Norwegen kam. Gewiss nahm ich an der deutschen antinazistischen Arbeit teil. Aber ich wuchs frühzeitig in die norwegischen Verhältnisse hinein, und es bedeutete für mich viel mehr als etwas Äußerliches, als ich norwegischer Staatsbürger wurde. Das geschah übrigens mehrere Jahre, nachdem mir meine deutsche Staatsangehörigkeit genommen worden war, was wohl damals eher eine Ehrenbezeugung war.[3]

Norwegen hat mich als politischen Menschen und auch sonst geprägt. Das ist etwas, worüber ich froh und wofür ich dankbar bin, und ich gedenke nicht, vor dem Geschehenen zu fliehen.

Es ist ein schmerzlicher Gedanke, die unmittelbare Verbindung mit einer Gesellschaft aufgeben zu sollen, von der man sich als ein Teil empfindet, oder mit einem Volk, das man im Guten und Bösen gern hat. Politische Arbeit in Deutschland bedeutet auf der anderen Seite Gemeinschaft mit allerlei Menschen, mit denen man nicht so viel gemeinsam hat. Hinzu kommt die Unsicherheit, die mit der künftigen Entwicklung verbunden ist.

Aber es hilft nichts. Ich weiß, dass die Lösung des deutschen Problems von Entscheidungen abhängig sein wird, die auf der internationalen, großpolitischen Ebene gefällt werden. Aber es gibt viel, was in Deutschland getan werden muss, im Interesse Europas, der Demokratie und des Friedens. Und es gibt trotz allem positive Kräfte im deutschen Volk, die der Entwicklung ihr Gepräge werden geben können.

Du sollst wissen, dass ich eigentlich keine Illusionen habe. Aber ich will versuchen, dabei zu helfen, dass Deutschland nach Europa zurückgeführt wird und nach Möglichkeit ein Teil jener dritten Kraft wird, die erforderlich ist, um der größten Katastrophe aller Zeiten zu entgehen. Es ist ziemlich sicher, dass ich Enttäuschungen erleben werde, vielleicht auch mehr als dies. Hoffentlich werde ich einer etwaigen Niederlage mit dem Gefühl begegnen, meine Pflicht getan zu haben.

Ich werde all das Gute, das ich in Norwegen erlebt habe, mit mir tragen. Es gab auch weniger Gutes, aber in meinen Gedanken gibt es keine Andeutung von Bitterkeit, keine formalen Trennungslinien können mich daran hindern, Zusammengehörigkeit mit Norwegen zu empfinden. Ihr könnt weiterhin mit mir rechnen.

Ich hätte Dich gern rechtzeitig vor der Kündigung meiner jetzigen Stellung unterrichtet. Das lässt sich leider nicht machen, da meine künftige Tätigkeit eine rasche Entscheidung fordert. Deshalb werde ich in den nächsten Tagen das Außenministerium unterrichten, dass ich zur Jahreswende auszuscheiden wünsche.

Als ich angestellt wurde, bestand ja Einigkeit darüber, dass es zunächst für ein Jahr gelten sollte. Wenn es sich als wünschenswert erweisen sollte, kann ich mich vielleicht während einer Übergangszeit besonderer Presse- und Informationsaufgaben bei der Mission annehmen, aber es wäre gut, wenn mein Nachfolger nicht später als bis zum 15. Januar [1948] käme.

Nichts würde mich mehr freuen, als wenn ich nach meinem Ausscheiden aus der Mission engen Kontakt mit Dir und Deinen hiesigen Vertretern behalten könnte und wenn ich auf Gebieten, wo es sich als zweckdienlich erweisen sollte, behilflich sein könnte.

Gunnar Myrdal hat mich gefragt, ob ich als „Public-relations"-Mann nach Genf kommen wollte, falls ich meine jetzige Arbeit nicht beibehielte. Das entfällt nun auch, und ich werde Myrdal in den nächsten Tagen unterrichten.[4]

Habe herzlichen Dank für das Vertrauen, das Du mir entgegenbrachtest, als Du mich nach Berlin geschickt hast. Es würde mir weh tun, wenn Du meinetwegen Unannehmlichkeiten bekommen würdest.
Mit den allerbesten Grüßen

Anmerkungen

Einleitung

1 Der britische Diplomat Sir Robert Vansittart hatte in Büchern wie „Black Record", Germans Past and Present" (1941), „Roots of the Trouble" (1941) und „Lessons of My Life" (1943) sowie in zahlreichen Artikeln und Reden im Oberhaus die These von einem brutalen und kriegerischen deutschen Nationalcharakter formuliert, die später von anderen Autoren weiterentwickelt wurde. Siehe dazu *Goldman, Aaron*: Germans and Nazis: The Controversy Over „Vansittartism" in Britain during the Second World War, in: Journal of Contemporary History 14 (1979), S. 155–191 sowie Brandts Darstellung in Nr. 7.

2 Vgl. Nr. 6.

3 *Brandt, Willy*: Guerillakrig, Stockholm 1942, S. 201.

4 *Brandt, Willy*: Oslouniversitetet i kamp, Stockholm 1943, S. 31.

5 *Brandt, Willy*: Forbrytere og andre tyskere, Oslo 1946, S. 98 ff., *Brandt, Willy*: Nürnberg – Norge – Dommen, Oslo 1946, S. 95 ff., siehe auch Schreiben Brandts an Liebe Freunde, Ende November 1945, in: ARBARK, Nils Langhelles arkiv, boks 4.

6 Gegenüber seinem einstigen Mentor Jacob Walcher äußerte er im Oktober 1942: „Leider ist es ja sehr, sehr schwierig, einen wirklichen Meinungsaustausch durchzuführen. In meinem letzten Briefe machte ich einen Versuch, einige Gesichtspunkte zu Papier zu bringen, hatte dann aber große Bedenken, ob ich den Brief überhaupt schicken sollte. Man hat ja allerlei Rücksichten zu nehmen [...]. Was England betrifft, so verfolgen wir die allgemeine Diskussion in Presse, Zeitschriften und Büchern, obgleich es nicht immer leicht ist, Zeitschriften und Bücher hier zu erwischen. Von den Erörterungen unserer mitteleuropäischen Freunde wissen wir so gut wie gar nichts" (vgl. Nr. 4). Auch nach dem Krieg war es nicht immer einfach, notwendige Informationen zu erhalten (Brandt 1946 [a], S. 5).

7 Schreiben Brandts an Walcher, 29. Juni 1942, in: RAS, Allmänna säkerhetstjänsten F 5 DC: 16. Ähnliche selbstkritische Äußerungen finden sich in einem Schreiben Brandts an Ording, vom 1. Juni 1941, in: NBO, Håndskriftavdelingen, Brevsml. 547.

8 *Brandt, Willy*: Draußen. Schriften während der Emigration. Hrsg. von *Günter Struve*, München 1966.

9 *Lorenz, Einhart*: Willy Brandt in Norwegen. Die Jahre des Exils 1933 bis 1940, Kiel 1989.

10 *Misgeld, Klaus*: Die „Internationale Gruppe demokratischer Sozialisten" in Stockholm 1942–1945, Uppsala-Bonn 1976.

11 Das gilt auch für die Brandt-Biographien von *Prittie, Terence*: Willy Brandt. Biographie, Frankfurt/Main 1973, *Stern, Carola*: Willy Brandt, Reinbek 1975, *Koch, Peter*: Willy Brandt. Eine politische Biographie, Berlin 1988 und *Marshall, Barbara*: Willy Brandt, London 1990, die keine norwegischen Quellen benutzt haben. Auch norwegische Historiker haben bisher nur wenig Interesse für Brandts Arbeit in Stockholm gezeigt. Eine interessante Ausnahme bildet *Lie, Haakon*: Martin Tranmæl – veiviseren, Oslo 1991, S. 297, 317–319. Hinweise auf Brandts Arbeit auch bei *Haugen, Vidar*: Det norske Arbeiderparti 1940–1945. Planlegging og gjenreising, Oslo 1983, S. 65–67.

12 Willy Brandt im Gespräch mit Einhart Lorenz, 8. November 1984.

13 Siehe dazu *Brandt, Willy*: Mein Weg nach Berlin. Aufgezeichnet von *Leo Lania*, München 1960, S. 134, Brandt 1966, S. 123 und 375; *Brandt, Willy*: Links und frei. Mein Weg 1930–1950, Hamburg 1982, S. 134,

Brandt, Willy: Erinnerungen, Frankfurt/ Main-Zürich 1989, S. 126; Paul René Gauguin in: *Stern* vom 13. Dezember 1973; Johan Cappelen in der Fernsehsendung „Kampfname: Willy Brandt. Stationen im Exil", ZDF, 9. September 1984. – Von dieser Darstellung abweichend: M[onsen], P[er]: Willy Brandt slutter som presseattaché, in: *Arbeiderbladet*, Nr. 279 vom 2. Dezember 1947.

14 Brandt im Gespräch in der Fernsehsendung „Kampfname: Willy Brandt. Stationen im Exil", ZDF, 9. September 1984. *Bremer, Jörg*: Die Sozialistische Arbeiterpartei Deutschlands (SAP). Untergrund und Exil 1933–1945, Frankfurt/Main-New York 1978, S. 255, 269, und *Vorholt, Udo*: Die Sowjetunion im Urteil des sozialdemokratischen Exils 1933 bis 1945. Eine Studie des Exilvorstandes der SPD, des Internationalen Sozialistischen Kampfbundes, der Sozialistischen Arbeiterpartei und der Gruppe Neu Beginnen, Frankfurt/Main-Bern-New York-Paris 1991, S. 178, gehen von der irrigen Annahme aus, Brandt wäre erst im Juli 1941 nach Schweden gekommen.

15 Säpo-arkiv Sth., Personakt Willy Brandt (P 1738), Mappe A. Das Justizministerium der norwegischen Exilregierung in London hatte ihm am 26. Juli die Staatsbürgerschaft erteilt, die offizielle Registrierung erfolgte am 2. August mit der Übergabe des norwegischen Passes. – Zur Ausbürgerung Brandts: *Lehmann, Hans Georg*: In Acht und Bann. Politische Emigration, NS-Ausbürgerung und Wiedergutmachung am Beispiel Willy Brandts, München 1976, S. 78–148; zu einem früheren Einbürgerungsversuch in Norwegen siehe *Lorenz* 1989, S. 240.

16 Ansökan [til Kgl. Socialstyrelsen], 2. August 1940, in: RAS, Statens utlänningskommission, kanslibyrån, Vol. F 2A: 37a, Kontrolldossier ang. Karl Frahm.

17 Schreiben A. und I. Enderles an Kära du [= Gertrud Gaasland], 19. Juni und 7. Juli 1940, in: AdsD, NL Lang, Ordner 19.

18 Schreiben I. Enderles an Trudel [= G. Gaasland] 19. Juli und 24. Oktober 1940, Schreiben G. Gaaslands an Liebe Beide [= Enderles] bzw. I. Enderle, 28. August, 25. September, 24. Oktober 1940, Schreiben [G. Gaaslands] an Brandt, 24. Oktober 1940, Schreiben Walchers an Enderles und Brandt, 21. Januar 1941, Schreiben I. Enderles an Erna und Jola [Joseph Lang], 6. März 1941, sowie List of very active political refugees, extremely in danger, now in Swede[n] [eingereicht: 10. April 1941], alle in: ebd.

19 Schreiben Brandts an Walcher, 9. Februar 1941, in: RAS, Allmänna säkerhetstjänsten, F 5 DC: 16.

20 Siehe dazu Nr. 1, sowie zum Interesse norwegischer Behörden an einer Tätigkeit Brandts in den USA und England: Schreiben Ordings an Brandt, 1. Juli und 17. November 1941, in: UD-arkiv: Arne Ordings notater og korrespondanse fra krigen.

21 Brandt 1982, S. 321.

22 Dieses Bekenntnis formulierte Brandt 1943 in seinem „Offenen Brief an die Kommunisten" in der schwedischen Zeitschrift *Trots allt!*, Nr. 34, August 1943 (vgl. Nr. 6). Er wiederholte es u. a. im Vorwort zu *Brandt, Willy*: Efter segern, Stockholm 1944, S. 6 und im Vorwort zu *Brandt, Willy*: Norwegens Freiheitskampf 1940–1945, Hamburg 1948, S. 6.

23 Brandt 1946 [a], S. 323.

24 Brandt 1948, S. 6, siehe auch Schreiben Brandts an Warnke, 3. August 1943, in: AdsD, WBA, A 5, Allgemeine Korrespondenz 1943, vgl. auch Nr. 9.

25 In Dänemark erschien beispielsweise in einer als Handbuch für Überschwemmungen (Handbog i Oversvømmelser, udg. Af Det Kgl. Danske Afvandingsselskab, Kø-

benhavn 1943) getarnten Schrift eine Analyse Brandts über Norwegens Nachkriegsprobleme.

26 Siehe zur Herausgeberschaft: Schreiben Brandts an Berman-Fischer Verlag, 4. April 1945, in: AdsD, WBA, A 5, Allgemeine Korrespondenz 1945.

27 Siehe dazu Aas, Oddvar: Norske penneknekter i eksil. En beretning om Stockholm-legasjonens pressekontor under krigen, Oslo 1980, S. 113 ff. *Håndslag*, der anfangs mit einer Auflage von 3.000 Exemplaren und gegen Kriegsende von 16.000 Exemplaren erschien, war ein schwedisch-norwegisches Unternehmen. Offiziell figurierte der Schriftsteller Eyvind Johnson als Redakteur, doch wurde die tägliche redaktionelle Arbeit von Brandt und dem Norweger Torolf Elster ausgeführt. Wahrscheinlich erreichte keines der anderen illegalen Blätter, das in Schweden produziert wurde, eine derartige Verbreitung in Norwegen wie *Håndslag*.

28 Aas 1980, S. 116 ff. Das Schwedisch-norwegische Pressebüro (Svensk-Norsk Pressbyrå) wurde von dem schwedischen Journalisten Olov Jansson am 31. Juli 1942 gegründet, doch war Brandt nach Aussage Janssons die „führende, ganz entscheidende Kraft". 1943 wurde Jansson wegen seiner Pressearbeit von der schwedischen Sicherheitspolizei der Spionage verdächtigt und vorübergehend verhaftet. Siehe dazu auch *Jansson, Olov:* Den syndikalistiske ungdomsrörelsen, in: Meddelande från Arbetarrörelsens Arkiv och Bibliotek, 1980, S. 14–15, 59.

29 Zahlreiche Beispiele sind durch die Postkontrolle der schwedischen Sicherheitspolizei erhalten geblieben (Säpo-arkiv Sth., Personakt Willy Brandt [P 1738]), Mappe B; RAS, Allmänna säkerhetstjänsten F 5 DC: 16; ferner auch in NBO, Håndskriftavdelningen, Brevsml. 547 und Ms 4° 4116, sowie ARBARK, Frihagens arkiv, D-0003).

30 ARBARK, LOs arkiv, Londonsekretariatet, Boks 7c, Mappe 13. Siehe dazu auch ein Notat Brandts vom 14. Januar 1942 über den Charakter der Friedensziele in: AdsD, WBA, A 5, Box 27.

31 Siehe dazu beispielsweise die Studie „De politiske problemer i Norge etter krigen" (Die politischen Probleme in Norwegen nach dem Krieg), hinter der neben Tranmæl und Brandt mit Frihagen, Evensen, Monsen, Sanness und Sunnanaa die Spitzenvertreter der norwegischen Arbeiterbewegung in Stockholm standen (in: UD-arkiv: Trygve Lies arkiv, boks 8).

32 Siehe dazu die Protokolle der Verhöre Brandts, in: Säpo-arkiv Sth., Personakt Willy Brandt (P 1738), Mappe A, besonders Bl. 27 und 39–46; Schreiben Frihagens an Nygaardsvold, 2. April 1941, in: ARBARK, Frihagens arkiv, D-0005. Zu Brandts eigener Darstellung: *Brandt* 1960, S. 144 f., 150 f., *Brandt* 1982, S. 306 f.

33 Auf die Entwicklung des norwegischen Widerstandes kann in diesem Rahmen nicht weiter eingegangen werden. Eine gute Einführung für deutsche Leser bieten *Halvorsen, Terje*: Zwischen London und Berlin: Widerstand und Kollaboration 1940–1945, in: Neutralität und totalitäre Aggression. Nordeuropa und die Großmächte. Hrsg. von *Bohn, Robert* u.a., Stuttgart 1991, S. 337–354 und *Halvorsen, Terje*: Die kommunistischen Parteien Europas im zweiten Jahr des deutsch-sowjetischen Paktes am Beispiel Norwegens und Frankreichs, in: Jahrbuch für historische Kommunismusforschung 3 (1995), S. 32–51.

34 Siehe dazu Nr. 6 und die anonyme Schrift „Kjensgjerninger om kommunistenes politikk" (Oslo 1945), die Brandt für die Norwegische Arbeiterpartei schrieb. Durch die neuere norwegische For-

schung muss das von Brandt für die Jahre 1940/41 gezeichnete Bild modifiziert werden. Siehe dazu besonders Halvorsen, Terje: Mellom Moskva og London. Norges Kommunistiske Parti under ikke-angrepspakten mellom Sovjet-Unionen og Tyskland 1939–1941, Oslo 1996.

35   Siehe dazu Nr. 2 und 3.

36   Lie, Trygve: Med England i ildlinjen, Oslo 1956, S. 307 ff., Arne Ordings dagbøker, bd. 1, 19. Juni 1942–23. Juli 1945. Utgitt ved Erik Opsahl, Oslo 2000, S. 188, auch Sverdrup, Jacob: Inn i storpolitikken 1940–1949, Oslo 1996, S. 92 ff.; siehe ferner Brandts Darstellung in Brandt 1960, S. 153, Brandt 1982, S. 356, und Brandt 1989, S. 134. Lie behauptete, bei Brandt erkennen zu können, dass „Blut doch dicker als Wasser" sei (Brandt 1982, S. 356). Auch Brandts politische Analysen scheinen kein Interesse bei Lie gefunden zu haben (vgl. NBO, Håndskriftavdelingen, Brevsml. 547).

37   Friheten 22 (1943); Ny Dag, 14., 18. und 21. August 1943. – Der Vorwurf von Friheten, Brandt habe ein „Denunziantenbuch" geschrieben, bezog sich auf dessen Buch Norges tredje krigsår, in dem Brandt beiläufig die Politik der KP kritisiert hatte. 1950 wurde der Friheten-Artikel erneut ausführlich in einem Angriff auf das „Schwein Herbert Frahm" wiederholt (Telefolkets Fridom vom 21. Januar 1950). Ernst Wollweber, der spätere Stasi-Chef, beschuldigte Brandt in den Verhören durch die schwedische Polizei, Gestapo-Agent zu sein. – Auch die schwedischen Nationalsozialisten meldeten sich in diesem Zusammenhang. In ihrem Organ Den Svenske (Nr. 43/1943) wurde die Frage von Ny Dag – „Wer ist Willy Brandt?" – aufgegriffen und mit der Behauptung, „Willy Brandt ist [ein] deutscher Jude", beantwortet. Siehe dazu auch Brandts Reaktion auf die kommunistischen Vorwürfe in Möte i den internationale arbeidsgruppe, 28. Juni 1942, in: AdsD, WBA, A 5, Ordner 10, siehe ebenso Nr. 6, außerdem auch Brandts Briefwechsel mit Kåre Selnes, in: AdsD, WBA, B 25, Mappe 154.

38   Siehe dazu Pryser, Tore: E-tjenestens søkelys på pressen, in: Dagbladet vom 22. Februar 1997. Amerikanische und britische Nachrichtendienstler hielten Brandt im Herbst 1946 für „russisch orientiert" (Tagebucheintragung von Arne Ording vom 20. November 1946. Publikation des 2. Bandes der Tagebücher Ordings unter Vorbereitung durch das Reichsarchiv Oslo).

39   Arbeiderbladet Nr. 279 vom 2. Dezember 1947.

40   Steen, Sverre (red.): Norges krig 1940–1945, Oslo 1948, Bd. 2, S. 398.

41   Aas 1980, S. 19.

42   Siehe dazu beispielsweise Schreiben Brandts an Ording, 15. Februar 1945, in: AdsD, WBA, A 5, Allgemeine Korrespondenz 1945. Brandt bat Ording, den Vortrag „Deutschlands aussenpolitische Stellung nach dem Kriege" (vgl. Nr. 12) Trygve Lie zur Kenntnis zu bringen.

43   Siehe dazu neben der grundlegenden Arbeit von Misgeld 1976 vor allem AdsD, WBA, A 5, Allgemeine Korrespondenz 1942, 1943 und 1944, Box 27 und 29, Ordner 10 und 12, ferner ARBARK, LOs arkiv, Stockholmssekretariatet, boks 1, Mappe 13 und 14, sowie Paul, Ernst: Die „Kleine Internationale" in Stockholm, Bielefeld o. J. [1960]. – Zur personellen Zusammensetzung siehe Misgeld 1976, S. 181, zu OSS-Verbindungen: Reinalda, Bob (ed.): The International Transportworkers Federation 1914–1945: The Edo Fimmen Era, Amsterdam 1997, S. 228, und Nelles, Dieter: Ungleiche Partner. Die Zusammenarbeit der Internationalen Transportarbeiter-Föderation (ITF) mit den westlichen Nachrichtendiensten, in: IWK 30 (1994) 4, S. 559. – Das

Office of Strategic Service wurde 1942 als Geheimdienst der USA aufgebaut. Der Labour Branch war eine eigene Abteilung, die Kontakte mit der Arbeiterbewegung herstellen sollte. Im Research and Analysis Branch arbeiteten zahlreiche linke und marxistische Emigranten.

44 *Kreisky, Bruno*: Zwischen den Zeiten. Erinnerungen aus fünf Jahrzehnten, Berlin 1986, S. 351 f.

45 Vgl. Nr. 5. Der Text der „Friedensziele" wurde am 1. Mai 1943 auf einer internationalen Abendkundgebung in Stockholm, bei der Brandt als Norweger sprach, vorgelegt und verabschiedet.

46 Schreiben Brandts an Wally und Herbert [George], 8. März 1943, in: AdsD, WBA, A 5, Allgemeine Korrespondenz 1943.

47 Siehe dazu *Misgeld* 1976, S. 92 und 172.

48 *Kreisky* 1986, S. 350.

49 *Frenke [!], F.* [= Brandt, Willy]: Ordskifte om krigens mål, in: *Arbeiderbladet* Nr. 298 vom 23. Dezember 1939, *Franke, F.* [= Brandt, Willy]: Drømmen om Europas Forenete Stater, in: *Bergens Arbeiderblad* Nr. 300 vom 28. Dezember 1939.

50 Vgl. zu dieser Diskussion, die auch in *Brandt* 1944 [a] rezipiert wurde, *Lipgens, Walter*: Documents on the History of European Integration, vol. 2, Berlin-New York 1986.

51 Schreiben Frihagens an Nygaardsvold, 2. April 1941, in: ARBARK, Anders Frihagens arkiv, D-0005.

52 Säpo-arkiv Sth., Personakt Willy Brandt (1738), Mappe A; ferner zu den Ermittlungen der Polizei auch: Parlamentariska undersökningskommissionen angående flyktingärenden och säkerhetstjänst I: Betänkande angående flyktingars behandling, Stockholm 1946 (SOU 1946: 36), S. 150 f., sowie Schreiben Frihagens an Nygaardsvold, 2. April 1941, in: ARBARK, Frihagens arkiv, D-0005. Frihagens Brief kann darauf hindeuten, dass Brandts Mission auch militärischen Informationen galt. – Zu Brandts eigener Darstellung vgl. *Brandt* 1982, S. 321 f. *Aas* 1980, S. 43 und 49, behandelt ebenfalls die Verhaftung.

53 Material dazu im Säpo-arkiv Sth., Personakt Willy Brandt (P 1738).

54 Brandt selbst erwähnte in einem Brief an Walcher, dass er „keine Gelegenheit des direkten Kontaktes mit den hiesigen SU-Leuten [versäume]" (Schreiben Brandts an Walcher, 26. August 1944, in: AdsD, WBA, A 5, Allgemeine Korrespondenz 1944).

55 *Heideking, Jürgen/Mauch, Christof* (Hrsg.): USA und deutscher Widerstand. Analysen und Operationen des amerikanischen Geheimdienstes im Zweiten Weltkrieg, Göttingen 1994, S. 154, vgl. auch Brandts Einschätzung des deutschen Widerstands im September 1943 in: ebd., S. 160 ff.; ferner *Mauch, Christof*: Subversive Kriegführung gegen das NS-Regime, in: *Heideking, Jürgen/Mauch, Christof* (Hrsg.): Geheimdienstkrieg gegen Deutschland. Subversion, Propaganda und politische Planung des amerikanischen Geheimdienstes im Zweiten Weltkrieg, Göttingen 1993, S. 76 und 87 f. – Brandt gehörte auch zu den Informanten der sozialdemokratischen Reichstagsabgeordneten Toni Sender, die ihre Erkenntnisse an westliche Geheimdienste weiterleitete. Siehe dazu ebd., S. 87, Anm. 100.

56 Siehe dazu *Andrew, Christopher/Mitrochin, Wassili*: Das Schwarzbuch des KGB. Moskaus Kampf gegen den Westen, Berlin 1999, S. 541 f.

57 *Brandt* 1982, S. 368 f., AdsD, WBA, B 25, Mappe 163; *Lamb, Richard*: The Foreign Office und der deutsche Widerstand 1939–1944, in: *Müller, Klaus-Jürgen/Dilks, David N.* (Hrsg.): Großbritannien und der deutsche Widerstand, Paderborn 1994, S. 76 f. sowie *Carlsson, Erik*: Sverige och tysk motstånds-

rörelse under andra världskriget, Lund 1998, S. 334 f. – Informationen über die Gespräche mit diesen Personen, die zum Kreis der Hitler-Gegner um den 20. Juli 1944 gehörten, gelangten über Enderle ebenfalls nach London und zur ITF (Vertrauliches Schreiben Max' [= August Enderle] an Liebe Freunde, 28. Juni 1944, in: AdsD, NL Auerbach, Mappe 52). – Die Verbindungen zu deutschen Oppositionellen sollten zu einem lang anhaltenden Streit im Stockholmer Exilmilieu führen: Brandt und Szende veröffentlichten 1944 das Buch *Misslyckad Revolt*, das sich mit den Ereignissen des 20. Juli 1944 beschäftigte. Ein Flüchtling, der nach dem Attentat nach Schweden gekommen war, bezichtigte Brandt und Szende des Plagiats. Eine eigens wegen dieses Vorwurfs eingesetzte Untersuchungskommission wies schließlich die Anschuldigungen zurück (siehe dazu zahlreiche Korrespondenzen, Stellungnahmen und Zeitungsausschnitte in: AdsD, WBA, A 5, Allgemeine Korrespondenz 1944 und 1945 sowie AAB, Stefan Szendes arkiv, vol. 17 und 52).

58 Siehe Vertrauliches Schreiben Max' [= A. Enderle] an Liebe Freunde, 28. Juni 1944, in: AdsD, NL Auerbach, Mappe 52, siehe dazu auch *Brandt* 1982, S. 371 ff., *Brandt* 1989, S. 135 f., und *Brandt, Willy*: „… wir sind nicht zu Helden geboren". Ein Gespräch über Deutschland mit Birgit Kraatz, Zürich 1986, S. 108, ferner auch *Lamb* 1994, S. 76 f. und 85.

59 Bericht des Agenten 0454 aus Schweden, 28. September 1942, in: BArch Koblenz, R 58, Nr. 337.

60 Schreiben W's [Brandt] an Liebe Freunde [ITF], 18. Juni 1941, in: AdsD, NL Auerbach, Mappe 27.

61 Siehe dazu Schreiben Brandts an Ording, 21. Juli 1941, in: NBO, Håndskriftavdelingen, Brevsml. 547. Brandt hatte zwar vor Kriegsausbruch Kontakte mit dem Vorsitzenden der ITF, Edo Fimmen (siehe dazu *Lorenz, Einhart*: Willy Brandt and Edo Fimmen, in: *Reinalda* 1997, S. 200 ff.), doch war er nicht der eigentliche ITF-Kontaktmann in Skandinavien. – Bei *Nelles* 1994, S. 554, entsteht der Eindruck, dass die Initiative von Brandt ausging.

62 Spätestens ab Ende August 1944 gab es direkte Kontakte zwischen Enderle und dem OSS. Siehe dazu den Briefwechsel zwischen Max [= A. Enderle] und Auerbach in: AdsD, NL Auerbach, ferner *Nelles* 1994, S. 559. – Enderles Verbindungen nach Bremen funktionierten so gut, dass dortige SAP-Mitglieder über theoretische Überlegungen im Stockholmer und Londoner Exil informiert waren (Willy Brandt im Gespräch mit Einhart Lorenz, 5. November 1985, vgl. ferner *Brandt* 1982, S. 326).

63 *Brandt* 1948, S. 6.

64 Vgl. Nr. 29.

65 Vgl. Nr. 7.

66 Vgl. Nr. 8.

67 Vgl. dazu auch ebd.

68 Schreiben Brandts an Liebe Freunde, Ende November 1945, in: ARBARK, Nils Langhelles arkiv, boks 4.

69 Vgl. Nr. 8.

70 *Brandt* 1946 [a], S. 29 f. – Ein zentrales Mitglied der alten SAP-Führung, Max Köhler, wies Brandts Ansicht von einer Mitverantwortung der Arbeiterbewegung an den Jahren der NS-Herrschaft als „bürgerliches Gewäsch" zurück (Schreiben Köhlers an Brandt, 26. August 1945, in: AdsD, WBA, A 5, Allgemeine Korrespondenz 1945).

71 Vgl. Nr. 8; siehe dazu auch *Brandt* 1946 [a], S. 30.

72 Vgl. Nr. 8.

73 *Brandt* 1944 [a], S. 58 f. – Die Alliierten hatten sich in den genannten Regionen mit kompromittierten Kräften gegen breite Volksbewegungen verbündet, in den befreiten Teilen Italiens sogar die Arbeit der

Gewerkschaften behindert (siehe dazu *Koch-Baumgarten, Sigrid*: Spionage für Mitbestimmung. Die Kooperation der Internationalen Transportarbeiter-Föderation mit alliierten Geheimdiensten im Zweiten Weltkrieg als korporatistisches Tauscharrangement, in: IWK 33 [1997] 3, S. 379) und in Nordafrika mit Kollaborateuren der Vichy-Regierung zusammengearbeitet. Hinzu kam, dass es in Großbritannien Kreise gab, die mit der Wiedereinsetzung ehemaliger Fürstenhäuser liebäugelten. Brandt hielt es auch nicht für ausgeschlossen, dass es zu einer deutschen Regierung der Generäle kommen könnte.

74 Vgl. Nr. 12.
75 Vgl. Nr. 8.
76 Szende, dessen Familie deportiert wurde [siehe Nr. 9], veröffentlichte 1944 in Stockholm ein Buch über das Schicksal der Juden in Polen („Den siste juden från Polen").
77 *Brandt* 1946 [a], S. 78.
78 *Brandt* 1944 [a], S. 55 f.
79 Vgl. Nr. 8, außerdem auch Nr. 12.
80 Vgl. Deutschlands aussenpolitische Stellung nach dem Kriege, Bl. 6, in: AAB, Max Hodanns arkiv, Vol. 3.
81 Schreiben Brandts an Ording, 21. Juli 1941, in: NBO, Håndskriftavdelingen, Brevsml. 547.
82 Sovjet utenrikspolitikk 1917–1939, Oslo 1939 und Splittelse eller samling, Oslo 1939. Diese Texte werden zusammen mit anderen kritischen Stellungnahmen aus den Jahren 1939 und 1940 im Band 1 der Berliner Ausgabe erscheinen.
83 *Brandt* 1939 [b], S. 27.
84 Vgl. beispielsweise zur Modifikation seiner Kritik am sowjetischen Angriff auf Finnland Nr. 4; für die seit 1944 wieder zunehmende Skepsis vgl. Nr. 9.
85 Vgl. Nr. 2.
86 Vgl. Nr. 11, siehe auch Nr. 3.
87 Vgl. Nr. 22.
88 Vgl. Nr. 9. In einem Diskussionspapier für eine Sitzung der Internationalen Gruppe demokratischer Sozialisten am 12. Februar 1943 hatte Brandt notiert: „Deutschland steht am Ende des verlorenen Krieges vor der Alternative, entweder den demokratischen oder den kommunistischen Weg gehen zu müssen. Von der Entscheidung dieser Frage hängt auch das Schicksal der Demokratie in Europa ab". Zugleich warnte er davor, dass „die Gegenspieler des demokratischen Deutschlands" sich in einer günstigeren Ausgangsposition befänden, da sie zur Durchführung ihrer Ziele keiner organisierten Massenbasis bedurften (AdsD, WBA, A 5, Allgemeine Korrespondenz 1940–1943, Ordner 10).
89 So *Behring, Rainer*: Demokratische Außenpolitik für Deutschland. Die außenpolitischen Vorstellungen deutscher Sozialdemokraten im Exil, Düsseldorf 1999, S. 582 und 590.
90 Vgl. Nr. 9.
91 Vgl. Nr. 8.
92 Vgl. Nr. 9, siehe auch Nr. 8.
93 Schreiben Brandts an Liebe Freunde, Ende November 1945, in: ARBARK, Nils Langhelles arkiv, boks 4.
94 Vgl. Nr. 8.
95 Vgl. Nr. 12.
96 Vgl. Nr. 8.
97 Vgl. ebd.; auch *Brandt* 1944 [a], S. 39 f.
98 Vgl. Nr. 12.
99 Vgl. Nr. 8 und 12.
100 Vgl. Nr. 11.
101 Vgl. Nr. 8.
102 *Brandt* 1944 [a], S. 50.
103 Vgl. Nr. 8. In einem Artikel in der Zeitschrift *Sozialistische Tribüne*, Nr. 8–9 vom September 1945 verglich Brandt „die grausame Art, auf die zehn bis zwölf Millionen Menschen […] nach dem Westen getrieben" wurden, mit dem, „was vielen an-

deren Millionen durch das nazistische Schreckensregime angetan wurde."
104 *Brandt* 1944 [a], S. 50.
105 Ebd.
106 Vgl. Nr. 12.
107 *Brandt* 1944 [a], S. 42.
108 Ebd., S. 49.
109 Vgl. Nr. 26.
110 Vgl. Nr. 8.
111 *Brandt* 1946 [a], S. 323, vgl. auch Nr. 12.
112 *Brandt* 1946 [a], S. 31.
113 Vgl. Nr. 12; siehe auch Nr. 8.
114 Siehe dazu *Lorenz* 1989, sowie die Einleitung zur Berliner Ausgabe, Bd. 1.
115 Siehe dazu *Lorenz* 1989, S. 271 f.
116 Siehe dazu Schreiben Walchers an Brandt, 4. August 1942, in: AdsD, WBA, A 5, Allgemeine Korrespondenz 1942. In diesem Brief bedauerte Walcher, dass Brandt seit Walchers Flucht aus Frankreich keine Post erhalten hatte, auch nicht die Briefe, die er zu Beginn des Jahres 1942 an Brandt und die Enderles gesandt hatte, „als die Möglichkeit eines deutschen Zusammenbruchs im Osten wie eine Verheißung eine Zeit lang aufgeleuchtet hatte" und Walcher die Wiederaufnahme der Korrespondenz für notwendig gehalten hatte. Walcher, der in den USA politisch isoliert lebte, wurde noch immer als Führer der SAP im Exil betrachtet (*Röder, Werner*: Die deutschen sozialistischen Exilgruppen in Großbritannien. Ein Beitrag zur Geschichte des Widerstandes gegen den Nationalsozialismus, Hannover 1968, S. 44).
117 So Walchers Bezeichnung für die SAP in seinem Schreiben an Brandt, 4. August 1942, in: AdsD, WBA, A 5, Allgemeine Korrespondenz 1942.
118 Die Versuche der führenden SAP-Emigranten, Stockholm zu verlassen, wurden im Frühjahr 1942 aufgegeben. In Stockholmer Emigrantenkreisen stellte sich danach sogar eine optimistische Stimmung in Bezug auf eine Rückkehr nach Deutschland ein; siehe dazu Schreiben I. und A. Enderles an Jola [Joseph] und Erna [Lang], 28. April 1942, in: AdsD, NL Lang, Ordner 19.
119 Siehe dazu im Detail *Lorenz, Einhart*: Mehr als Willy Brandt. Die Sozialistische Arbeiterpartei Deutschlands (SAP) im skandinavischen Exil, Frankfurt/Main-Berlin-Bern-New York 1997, S. 196.
120 SAP-Rundschreiben 2/38 vom 2. Februar 1938, in: AdsD, WBA, A 5, Allgemeine Korrespondenz 1938.
121 Siehe dazu Schreiben Brandts an Herbert [George], 14. August 1943, ähnlich auch Schreiben Brandts an George, 20. April 1943, beide in: ebd., Allgemeine Korrespondenz 1943. – Bereits Ende 1942 hatten die Londoner SAP-Emigranten aus Stockholm einen Vorschlag zur Sammlung der deutschen exilierten Sozialisten erhalten, in dem diese erklärten, dass die deutsche Emigration zwar keine „demokratisch-sozialistische Sammlungspartei" gründen, sie aber mit aller Kraft vorbereiten könne (Schreiben Brandts an Walli und Herbert [George], 8. März 1943, in: ebd.). – Als Grundlage für die weitere Arbeit wies er ausdrücklich auf einen Vortrag von Erich Ollenhauer vom Dezember 1942 hin (Möglichkeiten und Aufgaben einer geeinten sozialistischen Partei in Deutschland. Grundgedanken eines Referates von Erich Ollenhauer in der Mitgliederversammlung der Union am 6. Dezember 1942 in London, London o. J. [1943]).
122 Siehe dazu *Lorenz* 1997 [a], S. 173 ff. und Berliner Ausgabe, Bd. 1 sowie SAP-Rundschreiben 2/38 vom 2. Februar 1938, in: AdsD, WBA, A 5, Allgemeine Korrespondenz 1938.
123 Vgl. Nr. 9.
124 Vgl. Nr. 10.
125 Diskusjonspunkter: 12/2–43 [hs. Notat Brandts], in: AdsD, WBA, A 5, Schriftgut aus der Emigration 1940–1943, Ordner 10.

126 Siehe zum Standpunkt der Enderles Lorenz 1997 [a], S. 210 f.; auch *Grebing, Helga* (Hrsg.): Entscheidung für die SPD. Briefe und Aufzeichnungen linker Sozialisten 1944–1948, München 1984, S. 40.
127 Schreiben Brandts an Theo [= Ludwig Hacke], 22. Juni 1945, in: AdsD, WBA, A 5, Allgemeine Korrespondenz 1945. – Siehe dazu auch *Müssener, Helmut*: Exil in Schweden. Politische und kulturelle Emigration nach 1933, München 1972, S. 134 ff., sowie AdsD, Sopade-Archiv, besonders Mappen 52, 125 und 134. Innerhalb der Sopade-Emigration hatten die Auseinandersetzungen, die sich kaum an den Kategorien rechts-links festmachen lassen, in einer tiefen Spaltung resultiert, die dazu führte, dass die Mehrheit der Stockholmer Sopade-Emigration gegen die Londoner Parteiführung und deren kompromisslosen Vertrauensmann in Stockholm, Kurt Heinig, opponierte.
128 Für Heinig stellten die „Friedensziele" einen wertlosen Versuch dar, „den Deutschen eine demokratische Zwangsjacke anzuziehen". Brandt war für ihn ein „Neunorweger", „junge[r] Ehrgeizling" und „Stänker", der Deutschland „an die Sieger ‚aufteilen' und ‚demokratisch reformieren'" wollte (siehe dazu Schreiben Heinigs an Paul, 7. August 1943, in: AdsD, WBA, A 5, Allgemeine Korrespondenz 1943, Schreiben Heinigs an Reinowski, 13. Mai 1943, in: IfZ, ED 203, Slg. Reinowski, Bd. 3, Schreiben Heinigs an Vogel, 18. Mai 1943, in: AdsD, Sopade-Archiv, Mappe 52).
129 Siehe AAB: Sozialdemokratische Partei Deutschlands, Ortsgruppe Stockholm, vol. 2.
130 Schreiben Heinigs an Ollenhauer, 30. November 1944, zit. nach Bremer 1978, S. 276, Schreiben Ollenhauers an Heinig, 13. Dezember 1944, in: AdsD, Sopade-Archiv, Mappe 83. – Siehe dazu auch *Seebacher-Brandt, Brigitte*: Ollenhauer. Biedermann und Patriot, Berlin 1984, S. 268 f.

131 Schreiben Heinigs an Brandt, 31. Oktober 1944, in: AdsD, WBA, A 5, Allgemeine Korrespondenz 1944.
132 Der Konflikt wurde u. a. während des SPD-Parteitages 1946 deutlich, an dem Brandt als Vertreter der SPD-Landesgruppe Stockholm teilnahm, aber nicht zu Worte kam. Heinig, der Grüße der schwedischen Sozialdemokratie überbringen sollte, nutzte die Gelegenheit, um seine Version des Stockholmer Konflikts vorzutragen, wobei er laut Brandt seine Widersacher als kommunistische Agenten denunzierte (Schreiben Brandts an Seifert, 14. Mai 1946, in: AdsD, WBA, A 5, Allgemeine Korrespondenz 1946, Schreiben Brandts an Szende, 25. Mai 1946, in: ebd., B 25, Mappe 162; siehe dazu auch Schreiben Brandts an Schumacher, 11. Juni 1946, in: ebd., A 5, Allgemeine Korrespondenz 1946). Heinigs Angriffe sind nicht im Parteitagsprotokoll referiert. – Brandt vermutete auch 1947 Intrigen aus Stockholm gegen ihn, siehe dazu Schreiben Brandts an Schumacher, 23. November 1947 (Berliner Ausgabe, Bd. 4, Nr. 2).
133 Schreiben Brandts an Walli und Herbert [George], 8. März 1943, in: AdsD, WBA, A 5, Allgemeine Korrespondenz 1943. – Tarnow, der in der „Kleinen Internationale" mitarbeitete, war in Stockholm Autor einer Denkschrift über die Bildung einer „sozialistisch-demokratischen Einheitspartei" im befreiten Deutschland (Fritz Tarnow: Gedanken zur Bildung einer sozialistisch-demokratischen Einheitspartei im neuen Deutschland, Mitte Oktober 1942, in: AdsD, Sopade-Archiv, Mappe 10), die auch auf das deutsche Exil in London Ausstrahlung hatte.
134 Zu den anders gelagerten Verhältnissen im englischen Exil, wo die Gruppen der SPD, der SAP, der Gruppe Neu Beginnen und des Internationalen Sozialistischen Kampfbundes in der Union deutscher

sozialistischer Organisationen in Großbritannien zusammenarbeiteten, siehe *Röder* 1968. Siehe ferner auch AdsD, Sopade-Archiv, Mappe 5; *Grebing* 1984, S. 52.
135 Schreiben Walchers an Brandt, 10. August 1945, in: AdsD, WBA, A 5, Allgemeine Korrespondenz 1945.
136 Vgl. Nr. 9.
137 *Grebing* 1984, S. 19.
138 Zu den wenigen kritischen Stimmen siehe Schreiben Fritz' [Altwein] an Willi [Korbmacher], 18. Dezember 1945, in: ABA, Korbmachers arkiv, kasse 5.
139 Siehe z. B. Schreiben I. Enderles an Erna und Joseph Lang, 12. Januar 1945, in: *Grebing* 1984, S. 41 f.; Schreiben Fischers an Brandt, 28. August 1945, und Gaaslands an Brandt, 10. Oktober 1945, in: AdsD, WBA, A 5, Allgemeine Korrespondenz 1945, ferner *Grebing* 1984, S. 18.
140 Schreiben Walchers an Brandt, 14. Juni 1945, in: AdsD, WBA, A 5, Allgemeine Korrespondenz 1945.
141 Schreiben Trudels [Gertrud Gaasland] an Brandt, 10. Oktober 1945, in: ebd., A 5, Allgemeine Korrespondenz 1945. – Walchers späteres Werben für ein Zusammengehen in einer Einheitspartei mit den Kommunisten stieß nicht völlig auf taube Ohren. Siehe dazu Schreiben Jims [= Jacob Walcher] an Willi [Korbmacher], 30. August 1946, in: ABA, Korbmachers arkiv, kasse 7.
142 Schreiben Erna und Joseph Langs an M. und L. Köhler, 31. März 1946, in: AdsD, NL Lang, Ordner 28.
143 Schreiben Goldenbergs und Lamms an Liebe Freunde, Ende Dez. 1945, in: AAB, Stefan Szendes arkiv, vol. 55, Nachdruck in: *Grebing* 1984, S. 48 ff.
144 Vgl. Nr. 9.
145 Vgl. Nr. 14.
146 Angesichts der chaotischen Versorgungslage legte der Alliierte Kontrollrat in seiner Proklamation Nr. 2 am 20. September 1945 fest, dass „niemand ohne eine von den Vertretern der Alliierten [...] ausgestellte Erlaubnis nach Deutschland einreisen darf".
147 Brandt hatte gegenüber seinem Freund George argumentiert, dass eine Mitgliedschaft „günstigere Ausgangspunkte" bei der Rückkehr nach Deutschland böte (Schreiben Brandts an Herbert [George], 24. Oktober 1944, in: AdsD, WBA, A 5, Allgemeine Korrespondenz 1944).
148 *Grebing* 1984, S. 15.
149 Auszüge aus Schreiben A. und I. Enderles [an Freunde und ehem. Mitglieder der SAP], 15. September 1945 und 9. Januar 1946, in: AdsD, NL Lang, Ordner 7.
150 Schreiben Brandts an Liebe Freunde, Ende November 1945, in: ARBARK, Nils Langhelles arkiv, boks 4.
151 Vgl. Nr. 21.
152 Vgl. ebd. und Nr. 27.
153 Vgl. Nr. 18.
154 Vgl. Nr. 15.
155 Vgl. Nr. 20.
156 *Stock, Ernst/Walcher, Karl*: Jacob Walcher (1887–1970). Gewerkschafter und Revolutionär zwischen Berlin, Paris und New York, Berlin 1998, S. 148 f.
157 Vgl. Nr. 20.
158 Vgl. Nr. 22.
159 Vgl. Nr. 20 und 22.
160 Siehe dazu zusammenfassend *Loth, Wilfried*: Der Weg nach Europa. Geschichte der europäischen Integration 1939–1957, Göttingen 1996, S. 29 ff.
161 *Brandt* 1944 [a], S. 240.
162 Schreiben Brandts an Prittie, 26. Februar 1972, in: AdsD, WBA, A 9, 1.
163 Siehe dazu u. a. die Aufzeichnung eines Gesprächs zwischen Hershel V. Johnson und Willy Brandt in: Schreiben American Legation Stockholm/Herschel V. Johnson an Secretary of State Washington, 2. September 1944 (eine Kopie dieses Materials aus den National Archives College Park

Maryland, State Department, Decimal Files No. 862.01/639 und 862.01/9-244 wurde mir freundlicher Weise von Wolfram Hoppenstedt zur Verfügung gestellt).
164 Vgl. Nr. 9.
165 Vgl. Nr. 7.
166 Vgl. Nr. 24.
167 Siehe dazu u. a. *Mantzke, Martin*: Emigration und Emigranten als Politikum in der Bundesrepublik der sechziger Jahre, in: Exil 3 (1983) 1, S. 24-30.
168 Schreiben Brandts an Otto [Passarge], 21. September 1946, in: AdsD, WBA, A 5, Allgemeine Korrespondenz 1946
169 Schreiben Brandts an Kuhlmann, 26. August 1945, in: ebd., A 5, Allgemeine Korrespondenz 1945.
170 Schreiben Brandts an Bulukin, 27. August 1945, in: ebd., A 5, Allgemeine Korrespondenz 1945.
171 Vgl. Nr. 21.
172 Während Schumacher Brandt im Frühjahr 1946 vorgeschlagen hatte, im „Industriegebiet" eingesetzt zu werden, wollte Heine ihn als Verbindungsmann in Skandinavien belassen. Vgl. Nr. 21.
173 Werner Häuer wünschte gegenüber Ollenhauer, dass Brandt die Leitung der Lübecker SPD übernehmen solle. An Brandt schrieb Häuer, dass er die Nachfolge Julius Lebers übernehmen solle: „Dich müssen wir haben" (Schreiben Häuers an Brandt, 18. September 1946, in: AdsD, WBA, A 5, Allgemeine Korrespondenz 1946). Ausführlich zu Brandts Überlegungen: Schreiben Brandts an Otto [Passarge], 21. September 1946, in: ebd.; vgl. auch Nr. 21.
174 Schreiben August und Halvard Langes an Brandt, 7. Mai 1945, in: AdsD, WBA, A 5, Allgemeine Korrespondenz 1945.
175 Samråd i kristid. Protokoll från den Nordiska arbetarrörelsens samarbetskommitté 1932-1946. Utgivna genom Krister Wahlbäck och Kersti Blidberg, Stockholm 1986, S. 340. - Das frühzeitige Engagement der Norwegischen Arbeiterpartei zugunsten Deutschlands und seiner Arbeiterbewegung machte sich bereits im Mai 1946 geltend, als die Delegierten der Partei bei der Internationalen Sozialistischen Konferenz in Clacton unterstrichen, dass die SPD „gerade jetzt [...] Unterstützung und Solidarität der anderen Parteien" benötige und gleichberechtigt in die sozialdemokratische Gemeinschaft aufgenommen werden müsse (Rapport fra Den Internasjonale Konferanse av De Sosialistiske Partier i Clacton-on-Sea 17. - 20. mai 1946, S. 19, in: ARBARK, DNAs arkiv, boks 10, internasjonalt utvalg). Die Aussagen zugunsten der SPD sind um so bemerkenswerter, als sich Norwegen in dieser Frage positiv von anderen Ländern unterschied, die ebenfalls Opfer der deutschen Expansion gewesen waren - und dies, obwohl es zwischen der Arbeiterpartei und der SPD keine traditionellen Beziehungen gab wie zwischen anderen europäischen sozialdemokratischen Parteien und der deutschen Partei. Die norwegischen Motive waren allerdings komplexer, wobei sowohl politische als auch ökonomische Fragen eine Rolle spielten. Für den mächtigen Generalsekretär der Arbeiterpartei, Haakon Lie, bedurfte die SPD internationaler Unterstützung, um in Deutschland der kommunistischen Gefahr begegnen zu können (siehe dazu *Steininger, Rolf* [Hrsg.]: Deutschland und die Sozialistische Internationale nach dem Zweiten Weltkrieg. Darstellung und Dokumente, Bonn 1979, S. 81, und *Lie, Haakon*: Skjebneår, Oslo 1985, S. 131 f. und 210 f.).
176 Vgl. Nr. 25.
177 Vgl. Nr. 24.
178 Siehe dazu außer Nr. 27 und 28 den Bericht über die Tätigkeit an der Militärmission (Die Tätigkeit des Presseattachés in Berlin in der Zeit vom 17. Januar 1947

bis zum 31. Januar 1948, in: AdsD, WBA, A 6, Allgemeine Korrespondenz, Mappe 54, auszugsweise in *Brandt* 1966, S. 347 ff.), sowie ausführlicher RAO, Militærmisjonen i Berlin, Pressekontorets arkiv. – In der für Norwegen wichtigen Frage des Walfangs hatte Brandt nach Ansicht der konservativen Osloer Tageszeitung *Aftenposten* vom 19. Dezember 1947 zu wenig für sein Land, d. h. Norwegen, getan. Dieser Vorwurf wurde vom Norwegischen Außenministerium unter Hinweis auf Brandts umfassende Arbeit auf diesem Gebiet entschieden zurückgewiesen (Schreiben Det Kgl. Utenriksdepartement/ Schives an Aftenposten, 9. Januar 1948, in: AdsD, WBA, A 6, vorläufig ungeordnetes Material).

179 *Brandt, Rut*: Freundesland. Erinnerungen, Hamburg 1992, S. 78. Rut Brandt schreibt dazu weiter, dass Willy Brandt eine Woche nach seiner Ankunft in Berlin es als Fehler betrachtet habe, den Posten übernommen zu haben, „und daß er lieber ‚den schwierigeren Weg' zurück nach Deutschland hätte wählen sollen." In dieser Äußerung dürfte auch die Frustration über die langwierige und mit viel Bürokratie verbundene Anreise zum Ausdruck gekommen sein. Einen vollen Überblick über die Grenzen und Möglichkeiten der Stellung dürfte er zu diesem frühen Zeitpunkt kaum gehabt haben.

180 *Lie* 1985, S. 133. – Brandt versuchte u. a. auch die Führung der DNA zu überreden, einen offiziellen Vertreter zum SPD-Parteitag 1947 zu entsenden und sich an einer internationalen Zeitschrift der Sozialistischen Internationale zu beteiligen (RAO, Militærmissionen i Berlin, Pressekontorets arkiv, boks 1: Korrespondanse 1947–1949).

181 Die Tätigkeit des Presseattachés in Berlin in der Zeit vom 17. Januar 1947 bis zum 31. Januar 1948, in: AdsD, WBA, A 6, Allgemeine Korrespondenz, Mappe 54.

182 Tätigkeitsbericht Nr. XXXXIX [von Brost], 20. Juni 1947, in: AdsD, NL Schumacher, Mappe 165.

183 Umgekehrt war man auch von norwegischer Seite daran interessiert, Brandt als Kanal zu benutzen. Siehe dazu: *Riste, Olov/ Moland, Arndfinn*: „Strengt hemmelig". Norsk etterretningstjeneste 1945–1970, Olso 1997, S. 32 f.

184 Siehe dazu W[illy] B[randt] Nr. 112 Skandinavienreise [Bericht Brandts für den SPD-Vorstand vom 11. November 1948], in: AdsD, NL Schumacher, Mappe 167.

185 Beispielsweise Eugen Kogons „SS-Staat", Paul Serings „Jenseits des Kapitalismus", Ludwig Renns „Adel im Untergang" und Veit Valentins „Geschichte der Deutschen".

186 Seine Vermittlerrolle wollte er jedoch auch nach seinem Ausscheiden aus norwegischen Diensten nicht völlig aufgeben. Siehe dazu u. a. Schreiben Brandts an H. Lie, 8. November 1947, in: AdsD, WBA, A 6, Allgemeine Korrespondenz 1947.

187 Vgl. Nr. 29.

188 Siehe dazu *Misgeld, Klaus*: Schweden als Paradigma? Spuren schwedischer Politik und Kulturpolitik in der Arbeit ehemaliger politischer Flüchtlinge nach ihrer Rückkehr in die Westzonen/Bundesrepublik Deutschland und nach Österreich (1945–1960). Grundsätzliche Überlegungen und Beispiele, in: *Müssener, Helmut* (Hrsg.): Aspekte des Kulturaustausches zwischen Schweden und dem deutschsprachigen Mitteleuropa nach 1945, Stockholm 1981, S. 231 ff.

189 *Brandt* 1982, S. 96, *Lorenz* 1989, S. 136 ff., *Nilsson, Torsten*: Lag eller näve, Stockholm 1980, S. 172.

190 Siehe *Brandt* 1966, S. 277 und *Brandt* 1982, S. 450.

191 Siehe dazu Brandt, in: Les Prix Nobel en 1971, Stockholm 1972, S. 87.
192 Vgl. Nr. 26.
193 Einen „vergleichbaren Klärungsprozeß" stellt Steinbach für die Gruppen fest, die mit den angelsächsischen Demokratievorstellungen in Kontakt gekommen waren (*Steinbach, Peter/Tuchel, Johannes* [Hrsg.]: Widerstand gegen den Nationalsozialismus, Bonn 1994, S. 17).
194 Vgl. Nr. 7.
195 Siehe dazu *Lorenz* 1997 [a], S. 231 f.
196 Vgl. Nr. 8 sowie Deutschlands aussenpolitische Stellung, Bl. 11 (vgl. Anm. 80), Brandt 1946 [a], S. 30 und 321.
197 Schreiben Brommes an Heine, 27. Juli 1946, in: AdsD, NL Schumacher, Mappe 64.
198 Zu dem Aufbau dieses Vertrauensverhältnisses trugen auch die Artikel und Broschüren bei, die Brandt nach seiner Rückkehr nach Deutschland schrieb. Zwischen 1949 und 1953 verfasste er über 700 Artikel für das Zentralorgan der Norwegischen Arbeiterpartei, *Arbeiderbladet*, außerdem Bücher und Broschüren für schwedische, norwegische und dänische Verlage (siehe für die Zeitungs- und Zeitschriftenartikel in Skandinavien bis 1947 Willy Brandt. Personalbiographie, Bonn-Bad Godesberg 1990).
Diese Bemühungen wurden teilweise durch Auftritte Schumachers konterkariert, dem das Gespür für die Mentalität Skandinaviens nach fünf Jahren Besetzung fehlte. Schumachers Angriff auf die „Speckdänen deutschen Geblütes" führte dazu, dass seine geplante Skandinavienreise verschoben werden musste. Als er schließlich im November 1947 Schweden und Norwegen besuchte, rief die Art seines Auftretens bei Schweden, Norwegern und deutschen Exilierten negative Reaktionen hervor (vgl. dazu *Misgeld* 1981, S. 245, *Misgeld, Klaus*: Sozialdemokratie und Außenpolitik in Schweden. Sozialistische Internationale, Europapolitik und die Deutschlandfrage 1945–1955, Frankfurt/Main-New York 1984, S. 64, 88–92, *Lorenz, Einhart*: „Moralische Kalorien" für deutsche Demokraten. Norwegische Ansichten über Deutschland am Beispiel der Arbeiterbewegung, in: *Bohn, Robert/Elvert, Jürgen* [Hrsg.]: Kriegsende im Norden, Stuttgart 1995, S. 277), doch ist bemerkenswert, dass er in Oslo auf einer öffentlichen Versammlung sprechen konnte, in Schweden dagegen nur in einer geschlossenen. Die Skepsis gegenüber Schumacher hielt jedoch in Norwegen an. So distanzierte sich sogar Lange beispielsweise 1951 im norwegischen Parlament von der „kompromisslosen und extrem nationalistischen Politik" des SPD-Vorsitzenden (Stortingsforhandlinger 1951, Bd. 7b, S. 2336). – Siehe für die langfristige Perspektive u. a. Aussagen des norwegischen Parlamentariers Sverre Løberg in *Hermansen, Hans Peter*: Fra krigstilstand til allianse. Norge, Vest-Tyskland og sikkerhetspolitikken 1947–1955, Oslo 1980, S. 218.

Nr. 1

1 Brandts Frau Carlota Thorkildsen und die gemeinsame Tochter Ninja waren am 14. Mai 1941 aus Oslo nach Schweden geflüchtet.
2 Gemeint: Norwegen.
3 *Brandt, Willy*: Norge fortsätter kampen, Stockholm 1941.
4 Gemeint: die USA.
5 Gemeint: die norwegische Exilregierung in London.
6 Gemeint: solange ich mich in Schweden halten kann.
7 Gemeint: Norway does not yield. The story of the first year, New York 1941. Hinter der Herausgabe der Broschüre, die auf Texten Brandts basierte, stand die Organi-

sation American Friends of German Freedom.
8   Norsk front, Stockholm 1941. Das 180-seitige Buch, das 1941 in mehreren Auflagen ohne Autorenangabe erschien, war eine von Brandt zusammengestellte Übersicht über – so der Untertitel – den „Freiheitskampf des norwegischen Volkes 1940–1941".
9   *Brandt, Willy*: Kriget [!] i Norge. 9. april – 9. juni 1940, Stockholm 1941. Das Buch war am 26. März 1941 im Bonniers-Verlag erschienen.
10   Die deutsche Ausgabe erschien 1942 unter dem Titel „Krieg in Norwegen" im Europa Verlag Zürich.
11   Gemeint: Kurt Singer (Kurt Deutsch).
12   Gemeint: die Vertretung der norwegischen Regierung im Stockholmer Exil.
13   Genaue Angaben über die Zahl der norwegischen Flüchtlinge in den ersten zwölf Monaten nach dem deutschen Angriff am 9. April 1940 gibt es nicht. Ab März 1941 nahm der Flüchtlingsstrom erheblich zu, sodass es Anfang Juni 1941 ca. 1.500 norwegische Flüchtlinge in Schweden gab.
14   Der Norwegische Gewerkschaftsbund.
15   In der Vorlage fehlt offenbar ein Wort, wahrscheinlich: Glied.
16   Es folgen einige Beispiele mit Namensnennung.
17   Gemeint: die faschistische Partei Norwegens, Nasjonal Samling.
18   Gemeint: Deutschland.
19   Gemeint: ein möglicher deutscher Angriff auf Schweden.
20   Wahrscheinlich gemeint: die schwedischen Nationalsozialisten und ihre Sympathisanten.
21   Bürgschaft eines amerikanischen Bürgers für die Einwanderung in die USA.
22   Der Weg durch die Sowjetunion nach Wladiwostok und von dort in die USA war eine der Fluchtrouten, die benutzt wurden. Schiffe der norwegischen Handelsflotte, über die die Exilregierung in London disponierte, konnten für solche Transporte von Wladiwostok benutzt werden.
23   Hs. unterzeichnet. Brandt benutzte hier den Vornamen, der in seinem norwegischen Reisepass als Rufname angegeben war.

Nr. 2

1   Brandt nahm am 1. Juni 1941 einen Briefwechsel mit Ording auf, den er seit 1933 kannte. In dem erwähnten Brief vom 17. November 1941 (UD: Mappe Ordings notater og korrespondanse fra krigen) hatte Ording Brandt über die in England zwischen Lord Vansittart auf der einen und Noel Baker, Gollancz, Laski u. a. auf der anderen Seite geführte Diskussion über Deutschlands zukünftiges Schicksal informiert. Ording hatte sich dabei pessimistisch über die Möglichkeiten einer deutschen Revolution geäußert.
2   Die britische Labour Party hatte 1939 und 1940 durch ihre führenden Politiker und ihr Programm von 1940 (Labour, the war and the peace) zum Ausdruck gebracht, dass Deutschland nach Kriegsende nicht gedemütigt werden dürfe. 1941 machten sich andere Tendenzen in der Partei geltend. Die deutschen und die österreichischen Sozialisten wurden als „feindliche" Sozialisten betrachtet.
3   Brandt benutzte bis in die Nachkriegszeit die Bezeichnungen Nazismus und Nazisten statt Nationalsozialismus, Nationalsozialisten und Nazis.
4   Gemeint: Norwegen.
5   Brandt war Ende 1940 illegal nach Oslo gefahren und hatte dort Gespräche mit führenden Politikern der verbotenen Arbeiterpartei geführt.
6   Gemeint: eine illegale Konferenz des Jugendverbandes am 2. November 1941, auf der Trygve Bratteli ein Grundsatzreferat

über Norwegens Politik nach Kriegsende hielt.

7 Gemeint: der „Studienzirkel norwegischer Sozialisten", der ab 1941 daran arbeitete, Gedanken über die innen- und außenpolitische Zukunft Norwegens zu formulieren. Wichtigstes Dokument dieses Kreises war die „Diskussionsgrundlage über unsere Friedensziele", die unter wesentlicher Mitarbeit Brandts entstand und in ihrer endgültigen Form im Juni 1942 verbreitet wurde.

8 Norwegisches Parlament.

9 Im November 1941 wurde GFM v. Rundstedt von der Führung der Heeresgruppe Süd abgelöst, im Dezember 1941 reichte GFM v. Brauchitsch seinen Abschied ein, GFM Bock wurde nahe gelegt, aus „Erholungsgründen" einen längeren Urlaub anzutreten. Gerüchte sprachen auch bereits von einem Rücktritt GFM v. Leebs von der Leitung der Heeresgruppe Nord, der jedoch erst im Januar 1942 erfolgte.

10 Die folgenden Passagen des Briefs sind nicht in dem im WBA überlieferten Durchschlag enthalten, sondern nur im Original im Nachlass Ordings.

11 Es folgen Bemerkungen über Brandts publizistische Arbeit, Weihnachten und Neujahr sowie gemeinsame norwegische Bekannte.

12 Hs. unterzeichnet.

Nr. 3

1 Auszüge aus dem Brief wurden in *Brandt* 1966, S. 22–24, mit einer falschen Angabe des Datums (11. Februar 1942) veröffentlicht.

2 Schreiben Ordings an Brandt, 23. Januar 1942, in: AdsD, WBA, A 5, Allgemeine Korrespondenz 1942.

3 Die Atlantik-Charta war eine gemeinsame Erklärung des amerikanischen Präsidenten Roosevelt und des britischen Premierministers Churchill vom 14. August 1941 über gemeinsame Grundsätze für die Nachkriegspolitik. Eckpfeiler der Charta waren: Verzicht auf territoriale Vergrößerungen, keine territorialen Veränderungen ohne Zustimmung der betroffenen Bevölkerung, Recht aller Völker auf Wahl ihrer Regierungsform, gleicher Zugang aller Staaten zum Welthandel und zu Rohstoffquellen, wirtschaftliche Zusammenarbeit mit dem Ziel wirtschaftlichen Fortschritts und sozialer Sicherheit, Aufbau einer Friedensordnung, die allen Nationen Sicherheit und den Menschen die Freiheit von Furcht und Not garantiert, Freiheit der Meere, allgemeiner Gewaltverzicht, Entwaffnung der Aggressoren, Abrüstung und ein kollektives Sicherheitssystem.

4 Wort in *Brandt* 1966 gestrichen.

5 In ebd.: Januar.

6 In diesem Tagesbefehl erklärte Stalin u. a.: „Die Erfahrungen der Geschichte besagen, daß die Hitlers kommen und gehen, aber das deutsche Volk, der deutsche Staat bleibt".

7 In *Brandt* 1966: verstehen.

8 In ebd.: NS-Herrschaft.

9 Dieser und der nachfolgende Abschnitt wurden in ebd. veröffentlicht.

10 In ebd.: NS-Diktatur.

11 Dieser erste Teil des Abschnitts wurde in ebd. veröffentlicht.

12 Ording hatte in seinem Brief auf Äußerungen Stalins verwiesen. Dieser hatte gegenüber Sikorski und Eden erklärt, dass Polen Ostpreußen und ganz Oberschlesien als Kompensation für Landverluste im Osten erhalten solle und dass Minoritätenprobleme durch Umsiedlungen „reguliert" werden sollten. Nach Ordings Auffassung würde England diese Pläne nicht beeinflussen können. Auch die internationale Arbeiterbewegung würde nicht eingreifen.

13 Dieser erste Teil des Absatzes wurde in *Brandt* 1966 veröffentlicht.
14 Wahrscheinlich gemeint: The old world and the new society: a report on the problems of war and peace reconstruction, London 1942.
15 Die britische Regierung hatte am 14. Februar 1942 beschlossen, künftige Luftangriffe gegen Deutschland sollten zum Hauptziel haben, die „Moral der Zivilbevölkerung" zu zerstören. Die Auffassung, dass die deutsche Bevölkerung Luftangriffe nicht so gut ertragen würde wie die englische und ihre Moral leichter zermürbt werden könnte, war von 1940 bis in das Jahr 1943 bei britischen Militärs, aber auch bei Auslandskorrespondenten weit verbreitet.
16 Ende Dezember 1941 hatte das britische Directorate of Combined Operations zwei erfolgreiche überfallartige Angriffe in Norwegen durchgeführt (Lofoten und Måløy/Vågsøy). Special Operations Executive (SOE) hatte Pläne, eine Base bei Bodø zu errichten und Norwegen „zu zerschneiden".
17 Brandt benutzte im norwegischen Original das Wort *kannestøperi* (Kannengießerei) aus Ludwig Holbergs Komödie „Die politischen Kannengießer" über politisierende Spießbürger.
18 Gemeint: ein Studienzirkel der Norwegischen Arbeiterpartei, in dem ab Herbst 1940 hauptsächlich außenpolitische Fragen diskutiert wurden. Brandt gehörte zu den führenden Mitgliedern dieses Zirkels, zu dem auch Gäste wie der ehemalige schwedische Außenminister Rickard Sandler eingeladen wurden.
19 Gemeint: die Streitigkeiten innerhalb der deutschen Emigration.
20 Aus dem Briefwechsel zwischen Brandt und Ording geht nicht eindeutig hervor, was gemeint ist. Wahrscheinlich handelt es sich um Personalfragen innerhalb der norwegischen Exilverwaltung in London.
21 Vidkun Quisling war Führer der norwegischen Faschisten. Seine Name wurde weltweit zum Synonym für Kollaborateure.
22 Das Buch „Guerillakrig" erschien am 11. Juni 1942.
23 Gemeint: die USA.
24 Brandt bezieht sich hier auf die dänisch-schwedischen Kriege im 17. Jahrhundert.
25 Carlota und Ninja: Brandts Frau und Tochter.
26 Hs. unterzeichnet.

Nr. 4
1 Kopie des einen Briefs in: SAPMO-BArch, NY 4087/24.
2 Schreiben Jacob und Hertha Walchers an Brandt, 6. Januar 1942, in: AdsD, WBA, A 5, Allgemeine Korrespondenz 1942.
3 Die Vereinigten Staaten erklärten Japan nach dem Angriff auf Pearl Habor am 7. Dezember 1941 den Krieg.
4 Die Postverbindungen waren sehr unregelmäßig. Brandts Schreiben trägt Walchers Vermerk: „eing[egangen] 6./II.[19]43".
5 Vermutlich handelt es sich um ein Schreiben Brandts an Lieber Freund vom 30. Juni 1942, in: AdsD, WBA, A 5, Allgemeine Korrespondenz 1942.
6 Walcher hatte u. a. in seinem Brief vom 4. August 1942 geschrieben (ebd.): „Ich wage zu hoffen, dass unsere Auffassungen über die gegenwärtige Situation und über das, was wir nach dem (hoffentlich kommenden) Zusammenbruch Hitlers anzustreben haben, eine weitgehende Übereinstimmung besteht. Eine europäische Föderation auf demokratisch-sozialistischer Basis scheint mir die Endlosung [!] zu sein, zu der es wahrscheinlich viele Etappenlösungen geben wird." Zur Frage der Einheitspartei und der

zukünftigen Funktion der SAP hieß es bei Walcher u. a.: „Zwar halte ich es für wahrscheinlich, dass im Nachkriegsdeutschland eine Einheitspartei entsteht und dass ein wesentlicher Schritt wenigstens in dieser Richtung gemacht werden wird. Aber das Eine wie das Andere wird nicht von selbst kommen. Das ist eine Aufgabe, für die sich alle, die sie als notwendig und richtig erkannt haben, einsetzen müssen. Das, was im Nachkriegsdeutschland noch von der SAP vorhanden sein und sich aus der Emigration dort wieder zusammenfinden wird, ist meines Erachtens ganz besonders berufen, für die Schaffung der E[inheits]P[artei] zu wirken. [...] Ich nehme an, dass in einer radikal veränderten Situation eine EP nicht nur weiterhin notwendig, sondern nun wahrscheinlich auch möglich sein wird. Natürlich besteht die sehr ernste Gefahr, dass eine solche EP unter den demonierenden [!] Einfluss der Kape [KPD] geraten wird. Es ist jedoch nach der ganzen Tradition der deutschen Arbeiterbewegung anzunehmen, dass der sozialistische Sektor auch im Nachkriegsdeutschland grosses Gewicht haben wird. Gross genug, um die Chance zu haben, im Rahmen einer EP, wenn auch nicht einen bestimmenden, so doch einen heilsamen Einfluss auszuüben."

7 Wahrscheinlich gemeint: eine kritische Stellungnahme der Osloer und/oder Stockholmer SAP-Gruppen zum sowjetischen Überfall auf Finnland, die nicht in den uns bekannten Archiven erhalten ist. Brandt hatte sich stark von der Politik der sowjetischen Führung distanziert und erklärt, dass „die herrschende Bürokratie mit ihrer sozialen Basis eine neue Form großrussischen Nationalismus" repräsentiere (*Franke, F.* [= Brandt, Willy]: Vår stilling til Russland, in: Det 20de århundre 41 [1940] 1, S. 18–22, und Berliner Ausgabe, Bd. I).

8 Gemeint: deutsch-sowjetischer Nichtangriffspakt vom 23. August 1939 und sowjetischer Angriff auf Finnland vom 30. November 1939.

9 *Davies, Joseph E.*: Mission to Moscow. A record of confidential dispatches to the State Department, official and personal correspondence, current diary and journal entries, including notes and comment up to October, 1941, London 1942. – Das Buch erschien im gleichen Jahr auch in einer schwedischen Übersetzung: På uppdrag i Moskva, Stockholm 1942.

10 Anfang Juni 1942 hatte der „Studienzirkel norwegischer Sozialisten", der ab Herbst 1940 außenpolitische Fragen diskutiert und eine Diskussionsvorlage für Norwegens Friedensziele („Diskusjonsgrunnlag om våre fredsmål") erarbeitet hatte, schwedische und ausländische Sozialisten zu gemeinsamen Diskussionen über die „Friedensziele der Arbeiterbewegung" eingeladen. Ab September 1942 traf sich der Kreis regelmäßig. Da es Ausländern verboten war, sich öffentlich politisch zu betätigen, konstituierte sich die Gruppe im Rahmen des schwedischen Gewerkschaftsbundes und Arbeiterbildungsverbandes.

11 Gemeint: die aus SAP, der Gruppe Neu Beginnen und den Revolutionären Sozialisten Österreichs bestehende Arbeitsgemeinschaft für (sozialistische) Inlandsarbeit, die im September 1939 in Paris zur Konzentration der sozialistischen Kräfte im Exil gebildet worden war.

12 Wahrscheinlich gemeint: Karl Frank.

13 Schreiben Hertha und Jacob Walchers an Brandt, 6. Januar 1942, in: AdsD, WBA, A 5, Allgemeine Korrespondenz 1942.

14 Der Brief ist nicht im WBA erhalten.

15 Gemeint: die Gruppenarbeit der SAP-Emigration.

16 Gemeint: das Schwedisch-Norwegische Pressebüro (Svensk-Norsk Pressbyrå),

das Brandt gemeinsam mit Olov Jansson am 31. Juli 1942 gegründet hatte. Das Büro belieferte 70 schwedische Tageszeitungen mit Nachrichten über den norwegischen Widerstand.

17 Brandt hatte sich im Rahmen des Studienzirkels norwegischer Sozialdemokraten mit Fragen der Nachkriegspolitik beschäftigt und hatte in diesem Zusammenhang gemeinsam mit Tranmæl die „Diskusjonsgrunnlag om våre fredsmål" ausgearbeitet. Ab Herbst 1942 arbeitete er an einer Vorstudie für das Buch „Efter segern" (Nach dem Siege), die anonym unter dem Titel „Krigs- og fredsmål" (Kriegs- und Friedensziele) Ende 1943 in Stockholm erschien.
18 Brandts Frau und Tochter.
19 Hs. unterzeichnet.

Nr. 5
1 Die verfielfältigte Version des Textes ist auf März 1943 datiert. Der Öffentlichkeit wurden die „Friedenziele der demokratischen Sozialisten" auf der Internationalen Maifeier 1943 im Medborgarhuset im Stockholmer Stadtteil Söder von Brandt vorgestellt. (Text der Ansprache Brandts ebenfalls in: AAB, Bestand Internationale Gruppe demokratischer Sozialisten). Neben dem federführenden Brandt wirkten an der Ausarbeitung des Textes Martin Tranmæl, Stefan Szende, Fritz Tarnow, Gunnar Myrdal, Bruno Kreisky und eventuell auch Ernst Paul mit (*Misgeld, Klaus*: Die „Internationale Gruppe demokratischer Sozialisten" in Stockholm 1942–1945, Uppsala-Bonn 1976, S. 90). Die Erstveröffentlichung auf Schwedisch erfolgte in *Fackföreningsrörelsen* (Stockholm), 23.–30. April 1943, S. 385–390. In der Veröffentlichung in *Brandt* 1966, S. 291 ff., die etwa ein Drittel des Textes enthält, sind Streichungen grundsätzlich nicht kenntlich gemacht. Der dort veröffentlichte Text weicht außerdem sprachlich in zahlreichen Fällen von der Vorlage ab.

2 Unter den „Vereinten Nationen" sind in diesem Text die 26 alliierten Nationen der Anti-Hitler-Koalition zu verstehen, die am 1. Januar 1942 den Washington Pakt unterzeichneten, sowie die Nationen, die sich in der nachfolgenden Zeit dem Pakt anschlossen. – In der Veröffentlichung in *Brandt* 1966 hier und bei anderen Erwähnungen: Vereinte Nationen.
3 Dieser und der folgende Absatz wurden in *Brandt* 1966, S. 291 f., veröffentlicht.
4 Dieser und die beiden folgenden Absätze wurde in ebd., S. 292, veröffentlicht.
5 Dieser und der folgende Absatz wurden in ebd., S. 292 f., veröffentlicht.
6 Der Anfang dieses Absatzes wurde in ebd., S. 293, veröffentlicht.
7 Richtig: Tschiang Kai-scheck.
8 Dieser Absatz wurde in *Brandt* 1966, S. 293, veröffentlicht.
9 Dieser Absatz wurde in ebd., S. 293, veröffentlicht.
10 Das Programm der britischen Arbeiterpartei (The old world and the new society: a report on the problems of war and peace reconstruction, London 1942), das auf dem Parteitag im Mai 1942 verabschiedet wurde, erschien 1942 in Stockholm in einer schwedischen Übersetzung mit dem Titel „Den gamle världen och det nya samhället".
11 Der Anfang dieses Absatzes wurde in *Brandt* 1966, S. 293, veröffentlicht. Dort endet dieser Satz: „so darf es keinen Weg zurück zur Welt von 1938 geben".
12 Labour, the War, and the Peace. A Declaration of Policy by the National Executive of the British Labour Party February 9, 1940, London 1940.
13 Dieser und die beiden folgenden Absätze wurden in *Brandt* 1966, S. 293 f., veröffentlicht.

14 Dieser und die folgenden vier Absätze wurden in ebd., S. 295, veröffentlicht.
15 In ebd., S. 294 f., wurde dieser Absatz in folgender Version veröffentlicht: „Eingeordnet oder mit ihm koordiniert, müssen in einem neuen Völkerbund überstaatliche Organe für die Lösung von Sonderaufgaben wirtschaftlicher und anderer Art existieren".
16 Dieser und die beiden folgenden Absätze wurden in ebd., S. 295, veröffentlicht.
17 Dieser und der folgende Absatz wurden in ebd., S. 295, veröffentlicht.
18 Der gesamte Abschnitt „Wirtschaftliche Zusammenarbeit" wurde in ebd., S. 295 f., veröffentlicht.
19 Der gesamte Abschnitt „Hilfe für die Kolonialvölker" wurde in ebd., S. 296 f., veröffentlicht.
20 Dieser und die drei folgenden Absätze wurden in ebd., S. 297 f., veröffentlicht.

Nr. 6

1 Im WBA, B 25 befinden sich zwei Exemplare des „Offenen Briefs an die Kommunisten", davon eine Übersetzung, deren Entstehung nicht geklärt ist, mit Korrekturen, die den Vermerk „Übersetzung! muß revidiert werden" trägt und die bei der vorliegenden Übersetzung zu Rate gezogen wurde.
2 Gemeint: *Brandt, Willy*: Norges tredje krigsår, Stockholm 1943.
3 *Ny Dag* war das Zentralorgan der Kommunistischen Partei Schwedens.
4 Gemeint: A. D.: Norges tredje krigsår, in: *Ny Dag*, 22. Juni 1943; Vem är Willy Brandt?, in: *Ny Dag*, 14. August 1943; Tyskeren i Stockholm, in: *Friheten*, Nr. 22. *Friheten* erschien ab Herbst 1941 als wichtigste illegale Zeitung der norwegischen Kommunisten.
5 Brandt 1943 [a], S. 109 ff.

6 In den „Reichsratsversammlungen", die zwischen Juni und September 1940 zwischen dem deutschen Reichskommissariat für Norwegen und Vertretern des Parlaments, der Wirtschaft und der großen Organisationen geführt worden war, hatten die norwegischen Vertreter weitgehende Forderungen der Besatzungsmacht akzeptiert, u. a. auch die Forderung nach einer Absetzung des Königs und der legalen Regierung.
7 Brandt 1943 [a], S. 112.
8 Gemeint: Partisanenkrieg.
9 Gemeint: *Brandt, Willy*: Guerillakrig. Das Buch war am 11. Juni 1942 in Stockholm erschienen.
10 Brandt 1943 [a], S. 112 f.
11 Ebd, S. 113.
12 *Fri Fagbevegelse* war seit Weihnachten 1940 die wichtigste illegale Zeitung der sozialdemokratischen und gewerkschaftlichen Arbeiterbewegung Norwegens.
13 *London-Nytt* war die größte illegale Zeitung, die während des Kriegs in Norwegen verbreitet wurde. Von ihr erschienen 540 Ausgaben mit einer Gesamtauflage von mindestens 1,5 Millionen Exemplaren. Der Artikel aus *London Nytt* wurde im Anschluss an Brandts Artikel in *Trots allt!* veröffentlicht.
14 *Folkets Dagblad* war die Zeitung der Sosialistiske Partiet, einer ursprünglich linkssozialistischen Partei, mit der die SAP zusammengearbeitet hatte, die sich aber 1937 gespalten hatte. Während des Zweiten Weltkriegs entwickelte sich die Rest-Partei unter Nils Flyg in national-sozialistische Richtung.
15 Gemeint: Schwedens Sozialistische Partei (Sosialistiska Partiet).
16 Die Partido Obrero de Unificación Marxista war die „Schwesterpartei" der SAP in Spanien. Brandt hatte im Februar 1937 den Parteiauftrag erhalten, als Vertreter des

Sozialistischen Jugendverbandes (SJV) nach Spanien zu gehen, um eine internationale Jugendkonferenz vorzubereiten (Schreiben Walchers an Brandt, 3. Februar 1937, in: ARBARK, SAP-Archiv, Mappe 215).

17 Zu seiner kritischen Auseinandersetzung mit der POUM siehe die Broschüre Ein Jahr Krieg und Revolution in Spanien. Referat des Gen. Brandt auf der Sitzung der erweiterten Partei-Leitung der SAP, Anfang Juli 1937, Paris 1937 (veröffentlicht in: Berliner Ausgabe, Bd. I), ferner Schreiben Brandts an PL [der SAP] und ZL [des SJV], 31. März 1937, in: ARBARK, SAP-Archiv, Mappe 168, und Zur Spanien-Frage (aus Briefen des Genossen Willy), Internes Informationsmaterial II, in: ebd., Mappe 16. Brandt hatte in seiner Broschüre die Politik der POUM scharf kritisiert, aber auch erklärt, „niemand soll kommen und behaupten, dass die Fehler der POUM die Verfolgungen rechtfertigen, die sich heute gegen die POUM richten. Nein, dabei handelt es sich recht und schlecht um die wahnwitzige Zielsetzung der Komintern, alle Kräfte zu vernichten, die sich ihr nicht gleichschalten wollen."

18 Vgl. Nr. 5.

Nr. 7

1 Das norwegische Manuskript Brandts, das nicht auffindbar ist, ist laut Vorwort im März 1944 abgeschlossen worden. Es wurde von Olov Jansson ins Schwedische übertragen. Die Erstausgabe wurde am 3. Mai 1944 vom Albert Bonniers Verlag publiziert. Das Buch erschien im selben Jahr auch in einer maschienenschriftlichen, vervielfältigten dänischen Ausgabe unter dem Titel „Efter sejren" in dem Untergrundverlag Skipper Clement Forlag. Eine finnische Ausgabe wurde 1945 in Helsinki unter dem Titel „Millainen Maailmanrauha?"

[Wie Welfrieden?] veröffentlicht. 1965 wurde im Zusammenhang mit der Herausgabe von Draußen. Schriften während der Emigration (Brandt 1966) von Dietrich Lutze eine Übersetzung erstellt, die bis auf einige Kapitel im WBA aufbewahrt ist. Sie liegt den Kapiteln 27 – 30 in diesem Band in ihrer ursprünglichen Form und in den in Brandt 1966 veröffentlichten Auszügen zu Grunde, die vom Bearbeiter durchgesehen und ergänzt wurden. Abweichungen von dem in Brandt 1966 veröffentlichten Text werden, soweit sie wesentlich sind, in den Anmerkungen nachgewiesen. Bei zwei Begriffen wurde grundsätzlich von der Übersetzung Lutzes abgewichen. Statt „Atlantischer Erklärung" wurde die gebräuchlichere Form „Atlantik-Charta" benutzt. Mit dem Begriff „Vereinte Nationen" ist in diesem Text nicht die 1945 gegründete UNO gemeint, sondern die 26 alliierten Nationen der Anti-Hitler-Koalition, die am 1. Januar 1942 den Washington Pakt unterzeichneten, sowie die Nationen, die sich in der nachfolgenden Zeit dem Pakt anschlossen. Brandt und sein Kreis bezeichneten zu diesem Zeitpunkt die Alliierten als die „Vereinten Nationen".

2 Das gesamte Kapitel wurde in Brandt 1966, S. 139–145, veröffentlicht.

3 Vansittart, Robert G.: Black record: Germans past and present, London 1941, und Lessons of my life, London 1943 (schwedische Ausgabe: Mitt livs lärdomar, Stockholm 1943).

4 In Brandt 1966, S. 141: ersten.

5 Hambro, Carl Joachim: How to win the peace, London 1943 (schwedische Ausgabe: Hur freden vinnes, Stockholm 1943).

6 Das Deuxième Bureau war die militärische Nachrichtenzentrale im französischen Generalstab, der Secret Intelligence Service war der britische Nachrichtendienst für die Auslandsaufklärung.

7 Das Kapitel wurde mit Ausnahme einiger Sätze, die in den Anmerkungen nachgewiesen sind, in Brandt 1966, S. 149–158, veröffentlicht.

8 *Laski, Harold*: Reflections on the revolution in our time, London 1943.

9 Der Ausdruck „Herrenvolk" im Original auf deutsch.

10 Nach dem erfolgreichen Anschlag auf Reinhard Heydrich wurde das tschechische Dorf als Vergeltungsmaßnahme am 27. Mai 1942 zerstört, 199 Männer an Ort und Stelle erschossen, die Frauen des Dorfes in das KZ Ravensbrück und die Kinder in „Erziehungslager" deportiert. Insgesamt wurden 1.357 Tschechen als Vergeltungsmaßnahme erschossen. – Die baskische Stadt Guernica war während des Spanischen Bürgerkriegs Opfer eines Luftangriffs der Legion Condor am 27. April 1937.

11 *Smith, Aubrey Douglas*: Guilty Germans?, London 1942; *Braunthal, Julius*: Need Germany survive?, London 1943.

12 Vichy war ab Juni 1940 Sitz der französischen Kollaborationsregierung.

13 Die beiden nachfolgenden Sätze fehlen in *Brandt* 1966.

14 Die beiden nachfolgenden Sätze fehlen in ebd.

15 *Koestler, Arthur*: Scum of the Earth, London 1941 (diverse deutsche Ausgaben unter dem Titel Auswurf der Menschheit).

16 Der Rest des Abschnitts fehlt in *Brandt* 1966.

17 *Cooper, Duff*: The Second World War: first phase, London 1939.

18 *Evans, Rowland*: Prelude to peace, London 1943.

19 Der Rest des Abschnitts fehlt in *Brandt* 1966.

20 *Einzig, Paul*: Can we win the peace?, London 1942.

21 In *Brandt* 1966, S. 148: bricht.

22 Diese Präzisierung der Hauptverantwortlichen fehlt in *Brandt* 1966, S. 159.

23 *Attlee, Clement R.*: The Peace we are striving for, in: Labour's Aims in War an Peace, London 1940, S. 96 ff.

24 Labour, the War, and the Peace. A Declaration of Policy by the National Executive of the British Labour Party February 9, 1940, London 1940, S. 6.

25 Report of the Forty-second Annual Conference of The Labour Party, London 1943, S. 184–188, sowie Agenda for the 42nd Annual Conference, London 1943, S. 25 f.

26 Vgl. TUC-Report 1943, London 1943, S. 329–333.

27 Der Rest des Abschnitts fehlt in *Brandt* 1966.

28 Dieser Abschnitt fehlt in ebd.

29 Dieser Nebensatz fehlt in ebd., S. 161.

30 Die letzten drei Worte fehlen in ebd., S. 161.

31 Der Rest des Abschnitts fehlt in ebd.

32 Gemeint: ein Ende 1941 konstituiertes Komitee – Council for Education in World Citizenship – unter der Leitung von Gilbert Murray. Dieses Murray-Komitee hatte im Frühsommer 1943 in London seinen ersten Bericht über die Alliierten und Erziehungs- und Unterrichtsprobleme der Nachkriegszeit unter dem Titel Education and the United Nations, hrsg. vom Council for Education in World Citizenship, London 1943, veröffentlicht. Dem Komitee gehörten Vertreter verschiedener britischer Institutionen und Repräsentanten der meisten alliierten Staaten an.

33 Das Zitat Thomas Manns in der schwedischen Originalausgabe, S. 228, konnte auch mit Hilfe des Thomas-Mann-Archivs nicht ermittelt werden. Es ist deshalb nicht auszuschließen, dass Brandt Thomas Mann hier nur indirekt und mit eigenen Worten wiedergibt. In *Brandt* 1966,

S. 162 f., findet sich folgendes Zitat Thomas Manns: „Unsere Hoffnung auf die moralische Genesung Deutschlands [...] gründet sich auf die Tatsache, daß der Nationalsozialismus [...] etwas Äußerstes und physisch wie moralisch durchaus Extravagantes ist, ein Experiment letzterreichbarer Unmoralität und Brutalität, das sich nicht übersteigern und nicht wiederholen läßt. [...] Schlägt dieses Experiment fehl [...], so wird es ihm [Deutschland] erlaubt sein, sich in eine ganz andere Richtung zu werfen. Die Welt braucht Deutschland, aber Deutschland braucht auch die Welt, und da es sie nicht ‚deutsch' machen konnte, wird es sie in sich aufnehmen müssen, wie alles große und gute Deutschland das immer mit Liebe und Sympathie zu tun gewohnt war."

34 Smut's Rede Thoughts on the new world, 25. November 1943, in: *van der Poel, Jean* (ed.): Selections from the Smuts Papers, vol. VI. Cambridge 1973, S. 456–469.

35 Dieser und der nächste Absatz fehlen in *Brandt* 1966.

36 Der Rest des Absatzes fehlt in ebd.

37 Gemeint: die Aktion der Widerstandsgruppe „Die Weiße Rose" an der Münchner Universität. Das fünfte und sechste Flugblatt der Gruppe, deren bekannteste Mitglieder die Geschwister Hans und Sophie Scholl waren, wurde am 18. Februar 1943 unter dem Eindruck der Niederlage von Stalingrad verbreitet. Die Initiatoren wurden drei Tage später zum Tode verurteilt.

38 Auf der jährlichen Bischofskonferenz konnte kein Konsens über die einzuschlagende Taktik gegenüber dem NS-Regime erreicht werden. Die von Bischof Wienken abgegebene Grundsatzerklärung zum Standpunkt der katholischen Kirche, in der der „gerechte Krieg" bejaht wurde, kam auf Betreiben des Propagandaministeriums zustande.

39 Gemeint: das Nationalkomitee „Freies Deutschland".

40 Der Bund Deutscher Offiziere wurde am 11. und 12. September 1943 von rund 100 kriegsgefangenen deutschen Offizieren in der Sowjetunion gegründet.

41 Die Union deutscher sozialistischer Organisationen in Großbritannien war ein im März 1941 in London gebildeter Zusammenschluss von Sopade, ISK, SAP und der Gruppe Neu Beginnen. Ihre Richtlinien vom 23. Oktober 1943 zirkulierten als englische und deutsche Schreibmaschinenkopien und wurden im November 1943 durch die Veröffentlichung in *Sozialistische Mitteilungen – News for German Socialists in England*, Nr. 55/56, S. 1–2, öffentlich zugänglich.

42 *Fri Fagbevegelse* war die wichtigste illegale Zeitung der sozialdemokratischen Arbeiterbewegung in Norwegen. Trotz wiederholter Verhaftungen der Redakteure erschien das Blatt von 1941 bis zur Befreiung 1945. *Le Populaire* war das Zentralorgan der Sozialistischen Partei Frankreichs.

43 Problemet Tyskland, Stockholm 1943, S. 55. Titel des englischen Originals: The problem of Germany. An interim report by a Chatham House study group, London 1943. – Die Bezeichnung Chathamgruppe bezeichnet das Royal Institute of International Affairs, das seinen Sitz im Chatham House in London hatte.

44 Es folgen die ersten drei Kapitel des Teils Internationale Planung: Kapitel 33 (Neue Zielsetzungen), 34 (Alliierte Planungsorgane), 35 (Handel und Kredite) und 36 (Regionale Lösungen).

Nr. 8

1 „Zur Nachkriegspolitik der deutschen Sozialisten" erschien ohne Nennung von Autoren in Stockholm. Der Text wird all-

gemein Willy Brandt, dem Ehepaar August und Irmgard Enderle sowie Ernst Behm und Stefan Szende zugeschrieben. In einem Schreiben Irmgard (und August) Enderles an Walcher vom 21. Juli 1944 (SAPMO-BArch, NY 4087/33) heißt es dazu: „Wir haben zu 18 Personen zusammengesessen u[nd] die zum grösseren Teil von Willy, zum weiteren von mir ausgearbeiteten Kapitel diskutiert u[nd] haben erstaunlicher- u[nd] erfreulicherweise völlig die gleiche Auffassung, von nebensächlichen Dingen abgesehen, gehabt."

2 Brandt benutzte bis in die Nachkriegszeit hinein die Bezeichnung Nazismus für Nationalsozialismus und Nazisten statt Nationalsozialisten.

3 Mit „Vereinten Nationen" sind in diesem Text die alliierten Nationen der Anti-Hitler-Koalition während des Zweiten Weltkriegs gemeint.

4 Es folgen zwei Absätze, die weitgehend identisch mit den Aussagen über die Widerstandspolitik und die Haltung der Kirchen zum NS-Regime in *Brandt* 1944 [a] (vgl. Nr. 7) sind.

5 Dieses Kapitel wurde – abgesehen von den beiden letzten Absätzen – mit minimalen Abweichungen vom Original in *Brandt* 1966, S. 300–305, veröffentlicht.

6 Gemeint: die Atlantik-Charta vom 14. August 1941 (vgl. Nr. 3 Anm. 3).

7 Als Quislinggremium (häufiger jedoch als Quislingregime) wurden Kollaborationsregierungen bezeichnet. Vidkun Quisling, der Führer der nationalsozialistischen Partei in Norwegen, Nasjonal Samling, wurde international zum Inbegriff des Kollaborateurs.

8 Die Revolutionären Sozialisten Österreichs (RSÖ) waren die größte Nachfolgeorganisation der 1934 verbotenen Sozialdemokratischen Arbeiterpartei Österreichs.

9 Gemeint: die Moskauer Außenministerkonferenz vom 19.–30. Oktober 1943.

10 Gemeint: das Münchner Abkommen vom 29. September 1939, in dem Hitler die Einwilligung Frankreichs und Großbritanniens erreichte, dass das Siedlungsgebiet der Sudetendeutschen an Deutschland abgetreten wurde. Das Abkommen leitete die Liquidierung der Tschechoslowakei ein.

11 Die Zeitschrift *Weltbühne* hatte unter ihrem Herausgeber Carl von Ossietzky gegen Ende der Weimarer Republik wiederholt über geheime deutsche Rüstungsvorhaben berichtet. Für einen dieser Artikel (*Weltbühne* vom 12. März 1929) waren v. Ossietzky und der Schriftsteller Walter Kreiser zu 18 Monaten Gefängnis verurteilt worden.

12 Durch das deutsch-britische Flottenabkommen vom 18. Juni 1935, das die deutsche Flotte auf 35 Prozent der britischen Tonnage festsetzte, hatte die britische Regierung einseitig eine Bestimmung des Versailler Vertrages aufgehoben.

13 Gemeint: die Entschließung vom 23. Oktober 1943 der aus Sopade, SAP, ISK und der Gruppe Neu Beginnen bestehende Union deutscher sozialistischer Organisationen in Großbritannien. Die Erklärung wurde im November 1943 in *Sozialistische Mitteilungen – News from German Socialists in England* (Nr. 55/56) veröffentlicht.

14 Gemeint: die vom 1. bis zum 22. Juli 1944 tagende Währungs- und Finanzkonferenz der Vereinten Nationen in Bretton Woods, USA, auf der die Einrichtung des Internationalen Währungsfonds und der Weltbank beschlossen wurde.

15 Im Kapitel über Fragen des Wirtschaftsaufbaus hieß es, dass eine „Rückkehr zu den Formen der privatkapitalistischen Wirtschaft bis zum Anfang der dreissiger Jahre [...] nicht in Frage kommen [kann]." Die Autoren traten für „eine allgemeine

staatliche Lenkung, eine Kontrolle der Investitionen und der Produktion, der Ein- und Ausfuhr, der Kreditgebung und der Preise" als „unerlässlich" ein, weiter für die öffentliche Bewirtschaftung von Banken, Verkehr, Wasser-, Gas- und Stromversorgung sowie der industriellen Rohstoffquellen. Die Unternehmer sollten in eine allgemeine staatliche Wirtschaftskontrolle und -lenkung eingeordnet werden, und wegen der von den Nationalsozialisten hervorgerufenen „furchtbaren Finanzkatastrophe" sollten „Kapitalbeschlagnahmungen grossen Stils" durchgeführt werden. In öffentlichen und privaten Unternehmen sollten Betriebsräte als Organe der demokratischen Kontrolle und Mitbestimmung ausgebaut werden.

16 Für die abschließenden Kapitel „Der gewerkschaftliche Neuaufbau", „Fragen des Wirtschaftsaufbaus" und „Zur Umgestaltung des Erziehungswesens" waren August Enderle, Irmgard Enderle und Ernst Behm federführend.

Nr. 9

1 Irmgard und August Enderle hatten in ihrem Schreiben vom 21. Juli 1944 (SAPMO-BArch, NY 4087/33) „in allen wesentlichen Punkten eine geradezu völlige Übereinstimmung" mit Walcher festgestellt, allerdings auch auf negative Erfahrungen mit der KPD-Emigration hingewiesen, deren „Apparatschikmanieren u[nd] Intrigen [...] ekelhaft" waren. In Bezug auf die KP heißt es weiter, dass es in vielen Fragen keine Differenzen gäbe, dass die Kommunisten aber immer wieder bohrten und die Zeit zu größeren Vorstößen zugunsten des Nationalkomitees Freies Deutschland abwarteten, das „ein bedingungsloses Werkzeug in den Händen von Mo[skau]" sei – „[a]uch in dem, was sie nach der Niederlage planen.

Da liegt im Grunde eben doch eine sehr schwere Differenz".

2 Der Sturz von Marschall Antonescu durch König Michael I. am 3. August 1944 führte zu einem Frontwechsel Rumäniens.

3 Die Deportation der ungarischen Juden nach Auschwitz wurde – nach vorheriger Konzentrierung in verschiedenen Zonen – in der Zeit vom 9. Mai bis 7. Juni 1944 durchgeführt.

4 Auschwitz.

5 Tag des deutschen Überfalls auf Norwegen.

6 Vgl. Nr. 8.

7 Die hier angekündigte Broschüre erschien nicht.

8 Gemeint: die Versuche, die ab 1937 unternommen wurden, um die linken sozialistischen Kräfte im Exil (SAP, Gruppe Neu Beginnen, Revolutionäre Sozialisten und linke Sozialdemokraten) zu einer näheren Zusammenarbeit zusammenzuführen. Nach mehreren misslungenen Versuchen bildeten SAP, Neu Beginnen und die Revolutionären Sozialisten Österreichs im September 1938 in Paris die Arbeitsgemeinschaft für (sozialistische) Inlandsarbeit.

9 SAPMO-BArch, NY 4087/33.

10 Gemeint: das Nationalkomitee „Freies Deutschland".

11 Gemeint: Brandts Kontakt mit dem Kreis um die Verschwörer des 20. Juli 1944.

12 Gemeint: der Council for a Democratic Germany, der am 3. Mai 1944 an die Öffentlichkeit getreten war. Dem Council, dessen Vorsitzender der Religionsphilosoph Paul Tillich war, gehörten Exilierte der verschiedensten politischen Richtungen in den USA an. Walcher gehörte zu den Unterzeichnern des Gründungsdokuments.

13 Gemeint: das vierbändige Werk „Krigen 1939-1945", das unter der Federführung von Rangvald Lundström und in Zu-

sammenarbeit mit dem schwedischen Außenpolitischen Institut in den Jahren 1945 bis 1948 herausgegeben wurde. Brandt schrieb außer dem erwähnten Artikel über die Ereignisse bis zum 22. Juni 1941 noch drei weitere signierte Beiträge sowie kürzere Artikel im lexikalischen vierten Band.

14 Es folgen sechs Abschnitte mit Mitteilungen über und Grüße an andere Emigranten aus Brandts und Walchers Umgangskreis.

15 Hs. unterzeichnet.

Nr. 10

1 Am Textende hs. vermerkt: „Von der Mitgl[ieder] Vers[ammlun]g d[er] Ortsgr[uppe] Stockholm einmütig akzeptiert, bei Anwesenheit des P[artei]-V[orstand]-Vertreters K. Heinig. 18/10. [19]44 (51 Anwesende). Die Liste am 19/10. [1944] an Heinig gesandt zur Ausstellung v[on] Mitgl[ieds]-Karten."

2 Die Erklärung über den geplanten Eintritt in die Stockholmer SPD-Gruppe war am 30. September 1944 mit folgender einleitenden Bemerkung an die SAP-Mitglieder geschickt worden: „Liebe Freunde, wir haben gestern eine Besprechung gehabt, in der 9 von 14 anwesenden Freunden der Meinung waren, dass wir in die hiesige SPD-Gruppe eintreten sollten, und zwar sehr bald. Wir haben die Frage mit allen Für und Gegen schon öfter diskutiert und meinen, dass wir erstens beim Start in Deutschland dadurch weit mehr Kontakt und Wirkungsmöglichkeiten für die erstrebte Sozialist[ische] Einheitspartei haben werden und zweitens unsere Position in Stockholm, wo wir uns ja nicht von den angebahnten Zusammenarbeitsformen zwischen SP und KP isolieren möchten, verbessert wird. Wir wollen möglichst nicht als Einzelne, sondern mit einer Erklärung gemeinsam eintreten und bitten Dich deshalb, Dich bis zum kommenden Freitag bei Enderle schriftlich oder telefonisch (51 84 38) zu melden und zu sagen, ob Dein Name mit unter die Erklärung gesetzt werden soll oder nicht. Willst Du den Schritt mitmachen, schreib oder sag bitte auch gleich dazu, seit wann Du überhaupt politisch organisiert bist, und seit wann in der SAP. Wir wollen das auch mit aufführen. Die Freunde in der Provinz, die den Schritt mitmachen wollen, können technisch [nicht] mit auf unsere Erklärung kommen, weil sie sich ja bei einer anderen Ortsgruppe zu melden haben. Wir wollen nicht gern anders vorgehen, weil sonst Heinig als Vertreter des sozialdemokr[atischen] Parteivorstandes in Schweden die ganze Sache zu entscheiden hätte und er bekanntlich in vielen SP-Ortsgruppen, auch Stockholm, eine sehr umstrittene Person ist, er hat sich auch verschiedentlich gegen Einheitsbewegung u[nd] Einheitspartei geäußert" (AdsD, NL Erna und Joseph Lang, Ordner 6). Der Wortlaut dieser ersten Version weicht in einigen Formulierungen von der endgültigen Erklärung ab. Textänderungen, die über rein sprachliche Korrekturen hinausgehen, werden in den Anmerkungen angezeigt.

3 Im Text vom 30. September 1944 an dieser Stelle: wir, die wir in Deutschland der SAP angehörten und den Organisationsrahmen Anfang 1940 hier in Schweden fallen ließen.

4 Im Text vom 30. September 1944 an dieser Stelle: deutschen.

5 Im Text vom 30. September 1944: sollen.

6 Im Text vom 30. September 1944 an dieser Stelle: auf breiter Basis, sobald die die äußeren Möglichkeiten gegeben sein werden.

7 Im Text vom 30. September 1944 fehlen an dieser Stelle die letzten fünf Worte.

8   Im Text vom 30. September 1944 an dieser Stelle: notwendige Anziehungskraft ausüben.
9   Im Text vom 30. September 1944 an dieser Stelle: in der Arbeiterbewegung.
10   Im März 1941 war es in London zur Bildung der Union deutscher sozialistischer Organisationen in Großbritannien unter Vorsitz des Sopade-Vorsitzenden Hans Vogel gekommen. Der Union gehörten neben Sopade und SAP auch die Gruppe Neu Beginnen und der Internationale Sozialistische Kampfbund an.
11   Im Text vom 30. September 1944 fehlt dieser Satz.
12   Im Text vom 30. September 1944 fehlt dieser Nebensatz.
13   Im Text vom 30. September 1944 an dieser Stelle statt Organisation: Gruppe in Stockholm.
14   Es folgen die Namen folgender Mitglieder (mit Angabe ihrer ersten politischen Organisierung und ihres Eintritts in die SAP): Ernst Behm, Agnes Behm-Barow, Arno Behrisch, Willy Brandt, August und Irmgard Enderle, Angelica und Matheus Hermann, Michael Huber, Jenny und Walter Pöppel, Erzie und Stefan Szende, Erich Völker.
15   Hs. unterzeichnet.

Nr. 11

1   Als Vorlage diente das ms. Manuskript des Vortrags.
2   Vgl. *Marx, Karl/Engels, Friedrich*: Werke (MEW), Bd. 16, Berlin (Ost) 1968, S. 13.
3   Die Konferenz von Dumbarton Oaks vom 21. August – 26. September 1943, an der Vertreter der USA, Großbritanniens, der Sowjetunion und Chinas teilnahmen, empfahl die Ersetzung des Völkerbundes durch die „Vereinten Nationen" und arbeitete Vorschläge für deren Organisation aus. Gegründet wurde die UNO am 26. Juni 1945 in San Francisco.

Nr. 12

1   Als Vorlage diente das ms. Manuskript des Vortrags.
2   Das aus pro-sowjetischen Vertretern bestehende „polnische Komitee der Nationalen Befreiung" war am 26. Juli 1944 in Lublin von der Sowjetunion als einziges legitimes Repräsentativorgan Polens anerkannt worden. Dieses „Lubliner Komitee" erklärte sich am 1. Januar 1945 als „Provisorische Polnische Regierung".
3   Wahrscheinlich gemeint: Okkupationsperiode.
4   Gemeint: das Nationalkomitee „Freies Deutschland", das im Juli 1943 auf Initiative Stalins von kommunistischen Emigranten aus Deutschland und kriegsgefangenen Wehrmachts-Offizieren in der Sowjetunion gegründet worden war.

Nr. 13

1   In Berlin waren demokratische Parteien am 10. Juni 1945 wieder zugelassen worden.
2   Schreiben Walchers an Brandt, 14. Juni 1945, in: AdsD, WBA, A 5, Allgemeine Korrespondenz 1945. Walcher hatte in diesem Brief einen Beitrag zur Sozialdemokratie „in der gegebenen Situation unter jedem möglichen Aspekt für falsch" erklärt und festgestellt, dass die ehemaligen SAP-Mitglieder durchaus geeignet und berufen seien, die „Rolle des Geburtshelfers" bei der „Schaffung irgendeiner Form von Einigung oder zumindest Aktionseinheit zwischen Sozialdem[okraten] und Komm[unisten]" zu spielen.
3   Gemeint: SAP.
4   Gemeint: Bremen.
5   Gemeint: SAP.

6 Gemeint: Berlin.

7 Diese Zusammenfassung erfolgte durch die Erklärung „Warum Eintritt in die Sozialdemokratie?" (vgl. Nr. 14).

8 Brandt beteiligte sich an dieser Polemik und schrieb für die Norwegische Arbeiterpartei die Broschüre „Kjensgjerninger om kommunistenes politik". Auszüge aus dieser anonym erschienenen Broschüre in: *Brandt* 1966, S. 325–327.

Nr. 14

1 Korrigiert aus: Böhm.

2 Korrigiert aus: Stumper.

3 Die „Zentralstelle deutscher antinazistischer Organisationen", der jeweils drei Vertreter der Landesgruppe deutscher Gewerkschafter, der Sopade, der KPD und des Freien Deutschen Kulturbundes angehörten, war eine Weiterführung des „Arbeitsausschusses deutscher antinazistischer Organisationen in Schweden", der im Oktober 1944 gebildet worden war. Die Zentralstelle sollte die Interessen der Emigranten bei der Rückkehr vertreten, sich derjenigen annehmen, die nicht zurückkehren wollten, über Deutschland informieren und Hilfe bei der Wiedererrichtung eines demokratischen Deutschland leisten. Der Vertreter des Sopade-Vorstandes in Schweden, Kurt Heinig, hatte in London energisch gegen die Bildung des Arbeitsausschusses protestiert.

4 Vgl. Nr. 8.

Nr. 15

1 Schreiben Walchers an Brandt, 10. Oktober 1945, in: AdsD, WBA, A 5, Allgemeine Korrespondenz 1945.

2 Gemeint: Oslo.

3 Brandt wertete die Eindrücke vom Nürnberger Prozess vor allem in dem Buch Forbrytere og andre tyskere, Oslo 1946 (schwedische Ausgabe: Förbrytare och andra tyskar, Stockholm 1946) aus, außerdem auch in dem Buch Nürnberg – Norge – Dommen, Oslo 1946, sowie in der Broschüre Norden i Nürnberg, Stockholm 1946.

4 Walchers Bericht über die Vorgänge im Council for a Democratic Germany in New York sind nicht im WBA erhalten. Der Council war im Frühjahr 1944 von Exilierten aus Wissenschaft, Kunst und Politik gebildet worden; vgl. Nr. 9 Anm. 12.

5 Gemeint: Nr. 12.

6 Im Council for a Democratic Germany war es bereits in Verbindung mit der Konferenz von Jalta (4.–12. Februar 1945) zu heftigen Kontroversen gekommen, wobei die kommunistischen Vertreter forderten, die Vorstellungen über die Einheit Deutschlands, die in der Deklaration des Councils von 1944 enthalten waren, zu streichen. Nach der Potsdamer Konferenz löste sich der Council – ohne formellen Beschluss – im Oktober/November 1945 auf, als die Sozialdemokraten und andere nicht-kommunistische Exilierte die Zusammenarbeit mit den Kommunisten, die die Teilungsbeschlüsse der Alliierten akzeptierten, aufkündigten.

7 Gemeint: Nr. 12. Walcher hatte in seinem Schreiben vom 10. Oktober 1945 (vgl. Anm. 1) dazu bemerkt: „Wenn Dein Referat die Frucht einer vorausgegangenen Beratung mit uns gewesen wäre, es hätte nicht viel anders ausgerichtet sein können. Vielleicht, dass ich auf eine stärkere Berücksichtigung der S[owjet-]U[nion] gedrängt hätte". Walcher hatte dafür gesorgt, dass der Vortrag „allen Freunden und einzelnen interessierten Persönlichkeiten" in den USA zugestellt wurde.

8 Vgl. z. B: Interview mit Brandt, in: *Morgen-Avisen* (Bergen), vom 26. Oktober 1945, die Referate eines Vortrags Brandts im Studentersamfunn Bergen, in: *Morgen-Avisen, Bergen Tidende* und *Dagen*, alle vom 27.

Oktober 1945, und die Referate eines Vortrags Brandts im Studentersamfunn Oslo, in: *Dagbladet*, vom 14. Oktober 1946 und *Aftenposten*, vom 15. Oktober 1946. Der Studentersamfunn in Oslo, aber auch der in Bergen gehörten zu den wichtigsten politischen und akademischen Diskussionsforen Norwegens.

9 Walcher hatte in seinem Brief vom 10. Oktober 1945 (vgl. Anm. 1) erklärt, dass er eine „generelle Optierung für die Sozialdemokratie für unzulässig und praktisch für verfehlt" halte und in der Frage eines Beitritts zur SPD oder KPD für eine „Berücksichtigung der örtlichen und bezirklichen Verhältnisse" eintrete. Außerdem wäre es gut, „wenn man unseren Freunden die entscheidenden Sätze von dem, was wir seinerzeit in der Prinzipienerklärung über unsere Stellung zur S[owjet-]U[nion] gesagt haben, in Erinnerung rufen würde".

10 Brandts Bemerkungen über die acht Ortsgruppen und die Entscheidung der SAP-Mitglieder in London beziehen sich auf eine Mitteilung Walter Fischers vom 20. Oktober 1945 an ihn (Schreiben Fischers an Brandt, 20. Oktober 1945, in: AdsD, WBA, A 5, Allgemeine Korrespondenz 1945).

11 Schreiben Brandts und Antwortbriefe der Lübecker Sozialdemokraten sind nicht im WBA erhalten.

12 Schreiben August und Irmgard Enderles an Brandt, 12. August 1945, in: AdsD, WBA, A 5, Allgemeine Korrespondenz 1945.

13 Im Konzentrationslager Sachsenhausen nördlich von Berlin hatte sich das Gros der nach Deutschland deportierten Norweger – ca. 2.450 Gefangene – befunden.

14 Das Lager Grini westlich von Oslo war das größte deutsche Häftlingslager in Norwegen. Zwischen 1941 und 1945 wurden 19.788 Gefangene registriert.

15 Gemeint: Irmgard und August Enderle.

Nr. 16

1 Es ist nicht auszuschließen, dass dieser Brief, den Brandt während seines Deutschlandaufenthalts absandte, Schumacher erst wesentlich später erreicht hat (Schreiben SPD/Kriedemanns an Brandt, 12. Februar 1946, in: AdsD, NL Schumacher, Mappe 64); vgl. dazu auch Nr. 17.

Nr. 17

1 Vgl. Nr. 16, insbesondere Anm. 1.
2 Korrigiert aus: Rallow.
3 Die *Sozialistische Tribüne* wurde von der Mehrheitsrichtung der sozialdemokratischen Emigration in Schweden herausgegeben. Initiatoren der Zeitschrift, deren Auflage auf ihrem Höhepunkt 1.000 Exemplare betrug, waren Fritz Bauer und Brandt. Die *Mitteilungen der Sozialdemokratischen Partei in Schweden* wurden 1946 und 1947 ebenfalls von der Landesleitung der Mehrheitsrichtung herausgegeben.

4 Gemeint: *Röda korsets och Rädda Barnens tyska barnhjälp* (Deutsche Kinderhilfe des Roten Kreuzes und Rettet die Kinder), die nach Verhandlungen mit den Alliierten ab Anfang 1946 in Hamburg, Berlin und dem Ruhrgebiet Kinderspeisungen durchführten.

5 Schreiben Brandts an Dahrendorf, 13. Januar 1946, in: AdsD, WBA, A 5, Allgemeine Korrespondenz 1946.

6 Vgl. Brandt, Willy: Tyskland etter krigen, in: *Arbeiderbladet*, Nr. 3, 5, 6 und 7, vom 4., 7., 8. und 9. Januar 1946, jeweils S. 2.

7 Gemeint: Brandt 1946 [a].

8 Das Komitee hatte während seiner Sitzungen am 5. und 6. Januar 1946 u. a. auch Fragen in Verbindung mit einer Wiedererrichtung der Sozialistischen Internationale und der Gründung eines neuen Weltgewerkschaftsbundes diskutiert. Während norwegischerseits konkrete Schritte

bei der Labour Party angeregt wurden, die auch eine Mitwirkung bei der Wiederbelebung der Internationale enthielten, wollten die übrigen Teilnehmer derartige Schritte nicht forcieren.

9 Hs. unterzeichnet.

Nr. 18

1 Brandt verfasste das 29-seitige Manuskript in Oslo und versandte es an politische Freunde und Weggefährten.

2 Der 14-köpfige Zentralausschuss der SPD war am 15. Juni 1945 im Anschluss an den Befehl der SMAD vom 10. Juni 1945, der die Zulassung von Parteien zum Inhalt hatte, gebildet worden. Er war auch ein Versuch, den Organisationsvorsprung der KPD, die schon am 11. Juni 1945 mit einer Erklärung an die Öffentlichkeit getreten war, aufzuholen. Die führenden Mitglieder des Ausschusses waren neben Grotewohl: Gustav Dahrendorf, Max Fechner, Karl Litke und Erich Gniffke.

3 Gemeint: die von Kurt Schumacher organisierte Konferenz der SPD in den westlichen Besatzungszonen, die vom 5.–7. Oktober 1945 in Wennigsen bei Hannover stattfand.

4 „P.g.s" war eine geläufige Bezeichnung für „Parteigenossen", d. h. Mitglieder der NSDAP.

5 Der Beginn dieses Abschnittes bis „... Wünschen der Belegschaft Rechnung tragen werden" erschien unter dem Titel „Der Wiederaufbau der Gewerkschaften" in *Sozialistische Tribüne*, Nr. 5/6 vom Mai/Juni 1946, S. 23 f.

6 Vgl. stenographische Niederschrift über die gemeinsame Konferenz des Zentralkomitees der KPD und des Zentralausschusses der SPD mit den Vertretern der Bezirke am 20. und 21. Dezember 1945 in Berlin, in: Einheitsdrang oder Zwangsvereinigung. Die Sechziger-Konferenz von KPD und SPD 1945 und 1946, Berlin 1990, auch in: Gruner, Gert/Wilke, Manfred: Sozialdemokratie im Kampf für die Freiheit, München 1981.

7 Text der Rede u. a. in: Einheitsdrang oder Zwangsvereinigung, S. 60 ff. Die Kritik, die in 10 Punkten zusammengefasst wurde, war in „wesentlichen Teilen" von Gustav Dahrendorf formuliert worden (vgl. Heimann, Siegfried u. a.: Zwangsvereinigung von SPD und KPD in Berlin, Berlin o. J. [1996], S. 10).

8 Wedding: Bezirk mit hohem Arbeiteranteil im Norden Berlins.

9 Bei den ungarischen Wahlen im Herbst 1945 hatten die beiden Arbeiterparteien je ca. 17 Prozent der Stimmen erhalten. Stärkste parlamentarische Kraft wurde die Partei der Kleinlandwirte. Die Nationalratswahlen in Österreich im November 1945 zeigten ein deutliches Übergewicht der SPÖ. Während die KPÖ nur 5,4 Prozent der Stimmen erhielt, erreichte die SPÖ 44,6 Prozent. Bei den Gemeindewahlen in der amerikanischen Besatzungszone im Januar 1946 erhielt die KPD 3,5 Prozent der Stimmen.

Nr. 19

1 Brandt hatte sich schon vier Tage zuvor brieflich aus Oslo an Ollenhauer gewandt; Schreiben Brandts an Ollenhauer, 7. April 1946, in: AdsD, NL Schumacher, Mappe 64.

2 Gemeint: Nürnberger Kriegsverbrecherprozess.

3 Gemeint: Norwegen.

4 Vgl. *Brandt 1946* [a].

5 Vgl. Nr. 17 Anm. 4.

6 Die erste Ausgabe des mit norwegischen Mitteln finanzierten und von Vogel redigierten Nachrichtendienstes erschien am 20. Juni 1946.

7 Dieser Absatz wurde in *Brandt 1966*, S. 328 f., veröffentlicht.

Nr. 20

1 Auszüge aus diesem aus Oslo versandten Brief wurden in *Brandt 1966*, S. 329 f., veröffentlicht.
2 Brandt hatte Walcher im März 1946 seine Ausarbeitung „Zur Krise der deutschen Arbeiterbewegung" (vgl. Nr. 18) geschickt. Walchers Antwort vom 30. April 1946 kreuzte sich mit Brandts Schreiben. Walchers Brief lag ein Rundschreiben bei, in dem er und Ludwig (Theo) Hacke zu Brandts Manuskript Stellung nahmen. Beide Schreiben sind im AdsD, WBA, A 5, Allgemeine Korrespondenz 1946, erhalten.
3 Hier und im Folgenden gemeint: Deutschland.
4 Vgl. Nr. 18.
5 Hier und im Folgenden gemeint: SED.
6 Dieser Satz wurde in *Brandt 1966*, S. 329, veröffentlicht.
7 In der „ultralinken Periode" von 1929 bis 1933 betrachtete die KPD, ähnlich wie 1924/25, die Sozialdemokratie als ihren „Hauptfeind". Der Faschismus könne nur bekämpft werden, wenn ein Vernichtungskampf gegen die „sozialfaschistische" Sozialdemokratie geführt würde.
8 Der Rest dieses Absatzes und die nachfolgenden beiden Absätze wurde mit Ausnahme eines Satzes in *Brandt 1966*, S. 329 f., veröffentlicht.
9 Dieser Satz wurde nicht in ebd. veröffentlicht.
10 Der erste Satz des Absatzes wurde in ebd., S. 330, veröffentlicht.
11 Der Brief ist nicht im WBA erhalten. Es handelt sich möglicherweise um einen Brief, der nicht direkt an Brandt gerichtet war, sondern an ein anderes ehemaliges SAP-Mitglied in Stockholm.
12 Brandt bezieht sich hier auf einen Brief Goldenbergs und Lamms an Liebe Freunde, o. D. [Ende Dezember 1945], in: AAB Stockholm, Stefan Szendes arkiv, vol. 55; auch veröffentlicht in: *Grebing, Helga (Hrsg.): Entscheidung für die SPD. Briefe und Aufzeichnungen linker Sozialisten 1944–1948*, München 1984, S. 48–52. – Anders als Walcher erklärten Goldenberg und Lamm sich nicht prinzipiell gegen einen Eintritt in die SPD. Die Erklärung „Warum Eintritt in die Sozialdemokratie?" (vgl. Nr. 14) erfüllte sie jedoch „mit Trauer und sogar mit Entsetzen, weil [diese] zeigt, daß die Genossen aufgehört haben, überhaupt sozialistische Revolutionäre zu sein".
13 Gemeint: August und Irmgard Enderle.

Nr. 21

1 Gemeint: SPD-Parteitag vom 9.–11. Mai 1946 in Hannover.
2 Vgl. Protokoll der Verhandlung des Parteitages der Sozialdemokratischen Partei Deutschlands vom 9. bis 11. Mai 1946 in Hannover, Hamburg 1947, S. 193–205.
3 Hs. in der Vorlage korrigiert aus: durchwegs.
4 Hs. eingefügt.
5 Die Dana war die Nachrichtenagentur für die Amerikanische Besatzungszone.

Nr. 22

1 Beide in: AdsD, WBA, A 5, Allgemeine Korrespondenz 1946.
2 Vgl. Nr. 20.
3 Jacob Walcher und andere Kommunisten, die später zu den führenden Mitgliedern der SAP zählten – wie beispielsweise August und Irmgard Enderle – waren 1928 wegen ihrer Kritik an der ultralinken Politik der KPD und der Komintern aus der KPD ausgeschlossen worden.
4 Vgl. Nr. 18.

5 Vgl. Nr. 20.
6 Gemeint: die Beschlüsse der „Sechziger-Konferenz" zwischen Vertretern der KPD und SPD in der Sowjetischen Besatzungszone am 20. und 21. Dezember 1945 in Berlin. Auf der Konferenz hatte Otto Grotewohl als Sprecher der SPD Vorbehalte gegen eine forcierte Vereinigung der beiden Arbeiterparteien angemeldet und gemeinsame Wahllisten mit der KPD abgelehnt, sich aber nach einer nächtlichen Sitzung mit Vertretern der KPD und SMAD-Offizieren bereit erklärt, auf eine „Verschmelzung" der Parteien hinzuwirken. Der Zentralausschuss der SPD widersetzte sich jedoch der Forderung nach einer Vereinigung auf Bezirks- oder Besatzungszonenebene und hielt daran fest, dass nur ein Reichsparteitag darüber entscheiden könne.
7 Schumacher referierte über „Aufgaben und Ziele der deutschen Sozialdemokratie", vgl. Protokoll 1946, S. 23–56.
8 Am darauffolgenden Tag sandte Brandt eine persönlich gehaltene Nachschrift an Walcher, in der es u. a. hieß: „Du hast ausserordentlich viel für meine politische Entwicklung bedeutet. Ich lernte Dich als Menschen schätzen und sah in Dir einen der besten, saubersten und klügsten Repräsentanten des revolutionären Flügels der deutschen Arbeiterbewegung. An dieser Einschätzung hat sich auch heute nichts geändert. Nichtsdestoweniger haben sich die Dinge so entwickelt, dass ich Dir in der konkreten Lage nicht folgen kann. Ich kann nur hoffen, dass die unterschiedliche Beurteilung gewisser Fragen und die daraus sich ergebende Wahl verschiedener Standorte unserem guten Verhältnis keinen Abbruch tut und dass wir in nicht allzu ferner Zukunft doch wieder unter einem Hut sein werden" (Schreiben Brandts an Walcher, 11. Juni 1946, in: AdsD, WBA, A 5, Allgemeine Korrespondenz 1946).
9 Hs. unterzeichnet.

Nr. 23
1 Brandt reiste erst am 18. August 1946 nach Deutschland.
2 Brandt hatte sich am 20. Mai 1946 in einem Schreiben an den Vorsitzenden des Ausschusses der DANA, Agricola (AdsD, WBA, A 5, Allgemeine Korrespondenz 1946) um die Stelle eines leitenden Redakteurs bei der Nachrichtenagentur für die Amerikanische Besatzungszone bemüht; vgl. auch Nr. 21.
3 Gemeint der SPD-Parteivorstand, der seinen Sitz in Hannover hatte.
4 Deutscher Presse Dienst, in Hamburg ansässiger Nachrichtendienst für die Britische Besatzungszone.
5 Sitz der Nachrichtenagentur DANA war Bad Nauheim.
6 Gemeint: *Brandt* 1946 [a].
7 Vgl. Nr. 14 und Nr. 20 Anm 12.
8 Hs. unterzeichnet.

Nr. 24
1 Gemeint: Brandts Bewerbungen bei den Nachrichtenagenturen DANA und DPD; vgl. Nr. 23.
2 Der schleswig-holsteinische Ministerpräsident Theodor Steltzer, der mit Brandt im September 1946 zusammengetroffen war, hatte Brandt als zukünftigen Lübecker Oberbürgermeister vorgesehen.
3 Hamburg war der Sitz des Nachrichtenbüros DPD für die Britische Besatzungszone.
4 Schreiben Irmgard (und August) Enderles an Brandt, 19. September 1946, in: AdsD, WBA, A 5, Allgemeine Korrespondenz 1946. In einem Schreiben vom 1. Oktober 1946 (ebd.) korrigierte Irmgard Enderle jedoch diese Ansicht und teilte mit, dass August Enderle „Lübeck als Start gut fände (!!!)".

5 Szende hatte Brandt unmittelbar geantwortet und ihm geraten, Langes Vorschlag anzunehmen (Schreiben Szendes an Brandt, 9. Oktober 1946, in: AdsD, WBA, A 5, Allgemeine Korrespondenz 1946).
6 Hs. unterzeichnet.

Nr. 25
1 Auszüge aus diesem Brief wurden in Brandt 1966, S. 343 f., veröffentlicht.
2 Szende hatte Brandt in seinem Brief vom 9. [!] Oktober (Schreiben Szendes an Brandt, 9. Oktober 1946, in: AdsD, WBA, A 5, Allgemeine Korrespondenz 1946) geraten, Langes Angebot, als norwegischer Presseattaché nach Paris zu gehen, anzunehmen.
3 Dieser Satzteil wurde in Brandt 1966, S. 343, veröffentlicht.
4 Gemeint: Brandt, Willy: Nürnberg – Norge – Dommen, Oslo 1946. In diesem Buch beschäftigte sich Brandt überwiegend mit den Punkten des Nürnberger Kriegsverbrecherprozesses, die Norwegen betrafen.
5 Der Rest des Absatzes wurde mit Ausnahme von „Wir suchen ihn, den suchen wir" in Brandt 1966, S. 343, veröffentlicht.
6 Schreiben Werner Häuers an Brandt, 18. September 1946, in: AdsD, WBA, A 5, Allgemeine Korrespondenz 1946.
7 Dieser Absatz wurde in Brandt 1966, S. 343 f., veröffentlicht.
8 Dieser Satz wurde in ebd., S. 344, veröffentlicht.
9 Vgl. Nr. 26. – Dieser Satz wurde in Brandt 1966, S. 344, veröffentlicht.
10 Stefan Szendes Frau und Tochter.
11 Hs. unterzeichnet.

Nr. 26
1 Vervielfältigtes Rundschreiben an persönliche und politische Freunde. Der Brief wurde vollständig in Brandt 1966, S. 344 – 346 f., veröffentlicht.
2 Vgl. Nr. 23.

Nr. 27
1 Die Konferenz der sozialdemokratischen Parteien vom 6.–9. Juni 1947 in Zürich hatte den norwegischen Antrag auf Wiederaufnahme der SPD in die internationale sozialdemokratische Gemeinschaft abgelehnt und stattdessen einen Kompromissvorschlag angenommen, zunächst nur eine Kommission einzusetzen, die die Verbindung mit der SPD aufrechterhalten sollte.
2 Sannes zeichnete in seinem Bericht über den Parteitag für den Vorstand der Arbeiterpartei ein eher negatives Bild von Schumacher. Er bezeichnete den SPD-Vorsitzenden als „Primadonna" und „Hysteriker", der kaum in der Lage sei, die Partei zu führen, wenn der praktische Wiederaufbau beginne (in: ARBARK, DNAs arkiv, boks Internasjonalt utvalg 1947).
3 Vgl. Protokoll der Verhandlung des Parteitages der Sozialdemokratischen Partei Deutschlands vom 29. Juni bis 2. Juli 1947 in Nürnberg, Hamburg o. J. [1947], S. 35 – 56.

Nr. 28
1 Hs. eingefügt.
2 Hs. eingefügt.
3 Buschmann war vom August 1945 bis Oktober 1946 Präsident der Deutschen Verwaltung für Handel und Versorgung in der SBZ. – Von den elf Zentralverwaltungen, die mit dem Befehl 17 der SMAD vom 27. Juli 1945 gegründet wurden, beschäftigten sich acht mit Wirtschaftsfragen.
4 Der Vorsitzende der CDU in der SBZ, Kaiser, hatte Ende 1945 die Nachfolge von Andreas Hermes angetreten, der zusammen mit seinem Stellvertreter, Walther Schrei-

ber, am 19. Dezember 1945 durch die SMAD abgesetzt worden war.
5   Gemeint: die im Zuge der Reparationsleistungen vorgenommene Verbringung deutscher Spezialisten in die Sowjetunion.

Nr. 29
1   Das Schreiben wurde in *Brandt* 1966, S. 353–356, veröffentlicht.

2   Gemeint: der Alliierte Kontrollrat mit Sitz in Berlin.
3   Brandt war am 2. August 1938 ausgebürgert worden (65. Liste). Die norwegische Staatsbürgerschaft erhielt er Ende Juli 1940 in Stockholm.
4   Schreiben Brandts an G. Myrdal, 8. November 1947, in: *Brandt* 1966, S. 358.

Anhang

Quellen- und Literaturverzeichnis

Archivalische Quellen

Willy-Brandt-Archiv im Archiv der sozialen Demokratie der Friedrich-Ebert-Stiftung, Bonn
   Politisches Exil und Nachkriegszeit 1933–1946 (A 5)
   Beruflicher Werdegang und politisches Wirken in Berlin 1947–1966 (A 6)
   Schriftwechsel/Aufzeichnungen geheim/vertraulich (A 9)
   Akten aus dem Privathaus Willy Brandts in Unkel/Rhein (B 25)
Arbeiderbevegelsens Arkiv og Bibliotek (Archiv und Bibliothek der Arbeiterbewegung), Oslo
   Anders Frihagens arkiv (Anders Frihagens Archiv)
   Arbeiderpartiets arkiv (Archiv der Norwegischen Arbeiterpartei)
   LOs arkiv (Archiv des Norwegischen Gewerkschaftsbundes)
   Nils Langhelles arkiv (Nils Langhelles Archiv)
   Peder Furubotns krigsarkiv (Peder Furubotns Kriegsarchiv)
   SAP-arkiv (Archiv der Sozialistischen Arbeiterpartei)
Arbejderbevægelsens Bibliotek og Arkiv (Bibliothek und Archiv der Arbeiterbewegung), Kopenhagen
   Arkiv Willy Korbmacher (Archiv Willy Korbmacher)
Arbetarrörelsens Arkiv och Bibliotek (Archiv und Bibliothek der Arbeiterbewegung), Stockholm
   Internationale Gruppe demokratischer Sozialisten
   Max Hodanns arkiv (Nachlass Max Hodann)
   Personfragment Willy Brandt (Personenfragment Willy Brandt)
   Sozialdemokratische Partei Deutschlands in Schweden
   Sozialdemokratische Partei Deutschlands, Ortsgruppe Stockholm
   Stefan Szendes arkiv (Stefan Szendes Archiv)
   Tore Nermans arkiv (Tore Nermans Archiv)
Archiv der sozialen Demokratie der Friedrich-Ebert-Stiftung, Bonn
   ITF-Archiv
   Nachlass Walter Auerbach

Nachlass Erna und Joseph Lang
Nachlass Kurt Schumacher
Sopade-Archiv
Bundesarchiv, Koblenz
  R 58 Bestand Reichssicherheitshauptamt
Institut für Zeitgeschichte, München
  ED 203, Sammlung Reinowski, Bd. 3
Nationalbiblioteket (Nationalbibliothek), Oslo
  Håndskriftavdelingen (Handschriftenabteilung)
Riksarkivet (Reichsarchiv), Oslo
  Arne Ordnings arkiv (Arne Ordings Archiv)
  Den norske Militærmisjonen i Berlin (Norwegische Militärmission Berlin)
Riksarkivet (Reichsarchiv), Stockholm
  Allmänna säkerhetstjänsten (Allgemeiner Sicherheitsdienst): F 5 DC: 16
  Statens utlänningskommission, kanslibyrån (Kanzleibüro der staatlichen Ausländerkommission)
Säkerhetspolisens arkiv (Archiv der Sicherheitspolizei), Stockholm
  Personakt Willy Brandt (P 1738) (Personalakte Willy Brandt)
Stiftung Archiv der Parteien und Massenorganisationen der DDR im Bundesarchiv, Berlin
  NY 4087 Nachlass Hertha und Jacob Walcher
Utenriksdepartementets arkiv (Archiv des Außenministeriums), Oslo
  Arne Ordings notater og korrespondanser fra krigen (Arne Ordings Notate und Korrespondenzen aus der Kriegszeit)
  Halvard Langes personlige arkiv (Halvard Langes persönliches Archiv) (1999 überführt ins RAO)
  Trygve Lies personlige arkiv (Trygve Lies persönliches Archiv)

Veröffentlichte Quellen

I. Veröffentlichungen Willy Brandts

Ein Jahr Krieg und Revolution in Spanien. Referat des Gen. Brandt auf der Sitzung der erweiterten Partei-Leitung der SAP, Anfang Juli 1937, Paris 1937.
Sovjets utenrikspolitikk 1917–1939, Oslo 1939 [a].
Splittelse eller samling, Oslo 1939 [b].
Brandt, Willy: Stormaktenes krigsmål og det nye Europa, Oslo 1940.
Norge under hakkorset, Stockholm 1940.
Brandt, Willy: Kriget i Norge. 9.april – 9.juni 1940, Stockholm 1941 (deutsche Ausgabe: Krieg in Norwegen, Zürich 1942).
Brandt, Willy: Norge fortsätter kampen, Stockholm 1941.
Dödsdomarna i Oslo, Stockholm 1941.
Norsk front, Stockholm 1941.
Norway does not yield. The story of the first year. With an introduction by Mrs. J. Borden Harriman, New York 1941.
Brandt, Willy: Guerillakrig, Stockholm 1942 [a].
Brandt, Willy: Norrmän på de sju haven, in: Sex norrmän beretter om Norge, Stockholm 1942.
Brandt, Willy: Den reviderade „statsakten", Stockholm 1943.
Brandt, Willy: Krigshändelserna våren 1940, in: Norge ockuperat och fritt, Stockholm 1943.
Brandt, Willy: Norges tredje krigsår, Stockholm 1943 [a].
Brandt, Willy: Oslouniversitetet i kamp, Stockholm 1943.
Friedensziele der demokratischen Sozialisten, Stockholm 1943.
Krigs- og fredsmål, Stockholm 1943.
Brandt, Willy: Efter segern, Stockholm 1944 [a].
Misslyckad revolt. Hemlig rapport från Berlin, Stockholm 1944 (gemeinsam mit Stefan Szende).
USA igår och idag, Stockholm 1944.
Zur Nachkriegspolitik deutscher Sozialisten, Stockholm 1944 (gemeinsam mit Ernst Behm, August und Irmgard Enderle und Stefan Szende).

Brandt, Willy: Der Zweite Weltkrieg. Ein kurzer Überblick, Stockholm 1945.

Brandt, Willy: Krigen i Norge, Oslo 1945.

Brandt, Willy: Norges väg mot frihet, Stockholm 1945.

Brandt, Willy: Quislingprosessen, Stockholm 1945.

Kjensgjerninger om kommunistenes politikk, Oslo 1945.

Brandt, Willy: „Den underlige krigen" – Den politiske utviklingen fram til 9. april; Frau seier til seier – Aksepolitikken fra 9. april til angrep på Sovjetsamveldet; Storbritannia blir stående alene – Den allierte politikken fram til den tysk-russiske krigen, in: Krigen 1939–1945, Bd. 1: Nazismens seiersår, Hovedredaktør: *Ragnvald Lundström,* Oslo 1945, S. 125–146, 187–240.

Brandt, Willy: Forbrytere og andre tyskere, Oslo 1946 [a].

Brandt, Willy: Norden i Nürnberg, Stockholm 1946.

Brandt, Willy: Nürnberg – Norge – dommen, Oslo 1946.

Brandt, Willy: Norge under den andre verdenskrigen, in: Krigen 1939–1945, Bd. 3: Angripermaktenes nederlag, Hovedredaktør: *Ragnvald Lundström,* Oslo 1947, S. 176–193.

Brandt, Willy: De tyske delstaterna, Stockholm 1947.

Brandt, Willy: Norwegens Freiheitskampf 1940–1945, Hamburg 1948.

Brandt, Willy: Mein Weg nach Berlin. Aufgezeichnet von *Leo Lania,* München 1960.

Brandt, Willy: Draußen. Schriften während der Emigration. Hrsg. von *Günter Struve,* München 1966.

Brandt, Willy: Links und frei. Mein Weg 1930–1950, Hamburg 1982.

Brandt, Willy: „... wir sind nicht zu Helden geboren". Ein Gespräch über Deutschland mit Birgit Kraatz, Zürich 1986.

Brandt, Willy: Erinnerungen, Frankfurt/Main-Zürich 1989.

II. Veröffentlichte Quellen

Brandt, Rut: Freundesland. Erinnerungen, Hamburg 1992.

Einheitsdrang oder Zwangsvereinigung? Die Sechziger-Konferenzen von KPD und SPD 1945 und 1946. Mit einer Einführung von Hans-Joachim Krusch und Andreas Malycha, Berlin 1990.

Grebing, Helga (Hrsg.): Entscheidung für die SPD. Briefe und Aufzeichnungen linker Sozialisten 1944–1948, München 1984.

Kreisky, Bruno: Zwischen den Zeiten. Erinnerungen aus fünf Jahrzehnten, Berlin 1986.

Labour, the War, and the Peace. A Declaration of Policy by the National Executive of the British Labour Party February 9, 1940, London 1940.

Labour's Aims in War an Peace, London 1940.

Langkau-Alex, Ursula/Ruprecht, Thomas M. (Hrsg.): Was soll aus Deutschland werden ? Der Council for a Democratic Germany in New York 1944–1945, Frankfurt/Main-New York 1995.

Les Prix Nobel en 1971, Stockholm 1972.

Lie, Haakon: Skjebneår, Oslo 1985.

Lie, Trygve: Med England i ildlinjen, Oslo 1956.

Lipgens, Walter (ed.): Documents on the History of European Integration, Vol. 2: Plans for European Union in Great Britain and in Exile 1939–1945, Berlin-New York 1986.

Malycha, Andreas: Auf dem Weg zur SED. Die Sozialdemokratie und die Bildung der Einheitspartei in den Ländern der SBZ, Bonn 1995 (Archiv für Sozialgeschichte, Beiheft 16).

Nilsson, Torsten: Lag eller näve, Stockholm 1980.

[Ollenhauer, Erich:] Möglichkeiten und Aufgaben einer geeinten sozialistischen Partei in Deutschland. Grundgedanken eines Referates von Erich Ollenhauer in der Mitgliederversammlung der Union am 6. Dezember 1942 in London, London o. J. [1943].

[Ording, Arne:] Arne Ordings dagbøker, bind I, 19. Juni 1942–23. Juli 1945. Utgitt ved Erik Opsahl, Oslo 2000

Parlamentariska undersökningskommissionen angående flyktingärenden och säkerhetstjänst: I Betänkande angående flyktingarnas behandling, Stockholm 1946 (SOU 1946:36).

Samråd i kristid. Protokoll från den Nordiska arbetarrörelsens samarbetskommitté 1932–1946. Utgivna genom *Krister Wahlbäck* och *Kersti Blidberg*, Stockholm 1986.

Protokoll der Verhandlungen des Parteitages der Sozialdemokratischen Partei Deutschlands vom 9. bis 11. Mai 1946 in Hannover, Hamburg 1947.

Protokoll der Verhandlungen des Parteitages der Sozialdemokratischen Partei Deutschlands vom 29. Juni bis 2. Juli 1947 in Nürnberg, Hamburg o. J. [1947].

Sozialistische Revolution gegen Naziimperialismus. Zur Politik der Sozialistischen Arbeiter-Partei. Hrsg. von der Sozialistischen Arbeiterpartei, Ortsgruppe London, London 1943.

Steininger, Rolf (Hrsg.): Deutschland und die Sozialistische Internationale nach dem Zweiten Weltkrieg. Darstellung und Dokumentation, Bonn 1979 (Archiv für Sozialgeschichte, Beiheft 7).

Stortingsforhandlinger 1951, Bd. 7b, Oslo 1952.

Szende, Stefan: Zwischen Gewalt und Toleranz. Zeugnisse und Reflexionen eines Sozialisten, Frankfurt/Main-Köln 1975.

III. Zeitgenössische Bücher und Broschüren

Haandbog i Oversvømmelser. Udgivet af Det Kgl. Danske Afvandingsselskab, København 1943.

Szende, Stefan: Den siste juden från Polen, Stockholm 1944.

IV. Zeitungen, Zeitschriften

Arbeiderbladet. Hovedorgan for Det norske Arbeiderparti, Oslo
Fackföreningsrörelsen. Organ för Landsorganisationen i Sverge, Stockholm
Friheten, Drammen [illegales Organ der KP Norwegens]
Håndslag. Fakta til orientering for nordmenn, Stockholm
Sozialistische Tribüne, Stockholm
Trots allt!, Stockholm

Zitierte Literatur

Aas, Oddvar: Norske penneknekter i eksil. En beretning om Stockholm-legasjonens pressekontor under krigen, Oslo 1980.

Andrew, Christopher/Mitrochin, Wassili: Das Schwarzbuch des KGB. Moskaus Kampf gegen den Westen, Berlin 1999.

Behring, Rainer: Demokratische Außenpolitik für Deutschland. Die außenpolitischen Vorstellungen deutscher Sozialdemokraten im Exil 1933–1945, Düsseldorf 1999 (Beiträge zur Geschichte des Parlamentarismus und der politischen Parteien, Bd. 117).

Bremer, Jörg: Die Sozialistische Arbeiterpartei Deutschlands (SAP). Untergrund und Exil 1933–1945, Frankfurt/Main-New York 1978.

Carlsson, Erik: Sverige och tysk motståndsrörelse under andra världskriget, Lund 1998.

Drechsler, Hanno: Die Sozialistische Arbeiterpartei Deutschlands (SAPD). Ein Beitrag zur Geschichte der deutschen Arbeiterbewegung am Ende der Weimarer Republik, Meisenheim am Glan 1965.

Goldman, Aaron: Germans and Nazis: The Controversy over „Vansittartism" in Britain during the Second World War, in: Journal of Contemporary History 14 (1979), S. 155–191.

Grimnes, Ole Kristian: Et flyktningesamfunn vokser fram. Nordmenn i Sverige 1940–45, Oslo 1969.

Halvorsen, Terje: Zwischen London und Berlin: Widerstand und Kollaboration in Norwegen 1940–1945, in: Neutralität und totalitäre Aggression. Nordeuropa und die Großmächte im Zweiten Weltkrieg. Hrsg. von *Bohn, Robert* u. a., Stuttgart 1991, S. 337–353.

Halvorsen, Terje: Die kommunistischen Parteien Europas im zweiten Jahr des deutsch-sowjetischen Paktes am Beispiel Norwegens und Frankreichs, in: Jahrbuch für historische Kommunismusforschung 3 (1995), S. 32–51.

Halvorsen, Terje: Mellom Moskva og London. Norges Kommunistiske Parti under ikke-angrepspakten mellom Sovjet-Unionen og Tyskland 1939–1941, Oslo 1996.

Haugen, Vidar: Det norske Arbeiderparti 1940–1945. Planlegging og gjenreising, Oslo 1983.

Heideking, Jürgen/Mauch, Christof (Hrsg.): USA und deutscher Widerstand. Analysen und Operationen des amerikanischen Geheimdienstes im Zweiten Weltkrieg, Göttingen 1994.

Heimann, Siegfried u. a.: Zwangsvereinigung von SPD und KPD in Berlin, Berlin o. J. [1996].

Hermansen, Hans Peter: Fra krigstilstand til allianse. Norge, Vest-Tyskland og sikkerhetspolitikken 1947–1955, Oslo 1980.

Jansson, Olov: Den syndikalistiska ungdomsrörelsen, in: Meddelande från Arbetarrörelsens Arkiv och Bibliotek [Stockholm], 14–15 (1980).

Klotz, Johannes (Hrsg.): Zwangsvereinigung? Zur Debatte über den Zusammenschluß von SPD und KPD 1946 in Ostdeutschland, Heilbronn 1996.

Koch, Peter: Willy Brandt. Eine politische Biographie, Berlin 1988.

Koch-Baumgarten, Sigrid: Spionage für Mitbestimmung. Die Kooperation der Internationalen Transportarbeiter-Föderation mit alliierten Geheimdiensten im Zweiten Weltkrieg als korporatistisches Tauscharrangement, in: IWK 33 (1997) 3, S. 361–389.

Lamb, Richard: Das Foreign Office und der deutsche Widerstand 1939–1944, in: *Müller, Klaus-Jürgen/Dilks, David N.* (Hrsg.): Großbritannien und der deutsche Widerstand 1933–1944, Paderborn 1994, S. 53–81.

Lehmann, Hans Georg: In Acht und Bann. Politische Emigration, NS-Ausbürgerung und Wiedergutmachung am Beispiel Willy Brandts, München 1976.

Lie, Haakon: Martin Tranmæl – Veiviseren, Oslo 1991.

Lorenz, Einhart: Willy Brandt in Norwegen. Die Jahre des Exils 1933 bis 1940, Kiel 1989.

Lorenz, Einhart: Exil in Norwegen. Lebensbedingungen und Arbeit deutschsprachiger Flüchtlinge 1933–1943, Baden-Baden 1992.

Lorenz, Einhart: „Moralische Kalorien" für deutsche Demokraten. Norwegische Ansichten über Deutschland am Beispiel der Arbeiterbewegung, in: *Bohn, Robert/Elwert, Jürgen* (Hrsg.): Kriegsende im Norden, Stuttgart 1995, S. 267–280.

Lorenz, Einhart: Mehr als Willy Brandt. Die Sozialistische Arbeiterpartei Deutschlands (SAP) im skandinavischen Exil, Frankfurt/Main-Berlin-Bern-New York 1997 [a].

Lorenz, Einhart: Willy Brandt and Edo Fimmen, in: *Reinalda, Bob* (ed.): The International Transportworkers Federation 1914–1945: The Edo Fimmen Era, Amsterdam 1997, S. 200–202 [b].

Loth, Wilfried: Der Weg nach Europa. Geschichte der europäischen Integration 1939–1957, 3., durchges. Aufl., Göttingen 1996.

Mantzke, Martin: Emigration und Emigranten als Politikum in der Bundesrepublik der sechziger Jahre, in: Exil 3 (1983) 1, S. 24–30.

Marshall, Barbara: Willy Brandt, London 1990.

Mauch, Christof: Subversive Kriegführung gegen das NS-Regime, in: *Heideking, Jürgen/Mauch, Christof* (Hrsg.): Geheimdienstkrieg gegen Deutschland. Subversion, Propaganda und politische Planungen des amerikanischen Geheimdienstes im Zweiten Weltkrieg, Göttingen 1993, S. 51–89.

Misgeld, Klaus: Die „Internationale Gruppe demokratischer Sozialisten" in Stockholm 1942–1945. Zur sozialistischen Friedensdiskussion während des Zweiten Weltkrieges, Uppsala-Bonn 1976.

Misgeld, Klaus: Schweden als Paradigma? Spuren schwedischer Politik und Kulturpolitik in der Arbeit ehemaliger politischer Flüchtlinge nach ihrer Rückkehr in die Westzonen/Bundesrepublik Deutschland und nach Österreich (1945–1960). Grundsätzliche Überlegungen und Beispiele, in: *Müssener, Helmut* (Hrsg.): Aspekte des Kulturaustausches zwischen Schweden und dem deutschsprachigen Mitteleuropa nach 1945, Stockholm 1981, S. 231–251

Misgeld, Klaus: Sozialdemokratie und Außenpolitik in Schweden. Sozialistische Internationale, Europapolitik und die Deutschlandfrage 1945–1955, Frankfurt/Main-New York 1984.

Müssener, Helmut: Exil in Schweden. Politische und kulturelle Emigration nach 1933, München 1974.

Nelles, Dieter: Ungleiche Partner. Die Zusammenarbeit der Internationalen Transportarbeiter-Föderation (ITF) mit den westalliierten Nachrichtendiensten 1938–1945, in: IWK 30 (1994) 4, S. 534–560.

Paul, Ernst: Die „Kleine Internationale" in Stockholm, Bielefeld o. J. [1960].

Prittie, Terence: Willy Brandt. Biographie, Frankfurt/Main 1973.

Riste, Olav: London-regjeringa. Norge i krigsalliansen 1940–1945, 2 Bde., Oslo 1973, 1979.

Riste, Olav/Moland, Arnfinn: „Strengt hemmlig". Norsk etterretningstjeneste 1945–1970, Oslo 1997.

Röder, Werner: Die deutschen sozialistischen Exilgruppen in Großbritannien. Ein Beitrag zur Geschichte des Widerstandes gegen den Nationalsozialismus, Hannover 1968.

Seebacher-Brandt, Brigitte: Ollenhauer. Biedermann und Patriot, Berlin 1984.

Steen, Sverre (red.): Norges krig 1940–1945, 3 Bde., Oslo 1948.

Steinbach, Peter/Tuchel, Johannes (Hrsg.): Widerstand gegen den Nationalsozialismus, Bonn 1994.

Stern, Carola: Willy Brandt, Reinbek 1975.

Stock, Ernst/Walcher, Karl: Jacob Walcher (1887–1970). Gewerkschafter und Revolutionär zwischen Berlin, Paris und New York, Berlin 1998.

Sverdrup, Jakob: Inn i storpolitikken 1940–1949 Oslo 1996 (Norsk utenrikspolitikks historie, Bd. 4).

Vorholt, Udo: Die Sowjetunion im Urteil des sozialdemokratischen Exils 1933 bis 1945. Eine Studie des Exilvorstandes der SPD, des Internationalen Sozialistischen Kampfbundes, der Sozialistischen Arbeiterpartei und der Gruppe Neu Beginnen, Frankfurt/Main-Bern-New York-Paris 1991.

Bild- und Tondokumente

Kampfname: Willy Brandt. Stationen im Exil (Zweites Deutsches Fernsehen), 9. September 1984.

Abkürzungsverzeichnis

AAB	Arbetarrörelsens Arkiv och Bibliotek (Archiv und Bibliothek der Arbeiterbewegung), Stockholm
ABA	Arbejderbevægelsens Bibliotek og Arkiv (Bibliothek und Archiv der Arbeiterbewegung), Kopenhagen
ADGB	Allgemeiner Deutscher Gewerkschaftsbund
AdsD	Archiv der sozialen Demokratie, Bonn
AFL	American Federation of Labor (Amerikanischer Gewerkschaftsverband)
ARBARK	Arbeiderbevegelsens Arkiv og Bibliotek (Archiv und Bibliothek der Arbeiterbewegung), Oslo
AUF	Arbeidernes Ungdomsfylking (Jugendorganisation der norwegischen Arbeiterbewegung)
AZ	Auslands-Zentrale [der Sozialistischen Arbeiterpartei Deutschlands]
BArch	Bundesarchiv
Bl.	Blatt
BVG	Berliner Verkehrs-Gesellschaft
CDU	Christlich-Demokratische Union Deutschlands
ČSR	Československá Republika (Tschechoslowakische Republik)
DAF	Deutsche Arbeitsfront
DANA	Deutsche Allgemeine Nachrichten Agentur
DDR	Deutsche Demokratische Republik
DGB	Deutscher Gewerkschaftsbund
DNA	Det norske Arbeiderparti (Die Norwegische Arbeiterpartei)
DPD	Deutscher Presse Dienst
EP	Einheitspartei
FDGB	Freier Deutscher Gewerkschaftsbund
FDKB	Freier Deutscher Kulturbund
Gen.	Genosse
Gestapo	Geheime Staatspolizei

GFM	Generalfeldmarschall
Hs./hs.	Handschriftlich, handschriftlich
IfZ	Institut für Zeitgeschichte, München
IGB	Internationaler Gewerkschaftsbund
IISG	Internationaal Instituut voor Sociale Geschiedenis (Internationales Institut für Sozialgeschichte), Amsterdam
ISK	Internationaler Sozialistischer Kampf-Bund
ITF	Internationale Transportarbeiterföderation
IWK	Internationale wissenschaftliche Korrespondenz zur Geschichte der deutschen Arbeiterbewegung
JD	Justisdepartement (Ministerium für Justiz)
KI	Kommunistisches Internationale
Kominform	Kommunistisches Informationsbüro
Komintern	Kommunistische Internationale
KP	Kommunistische Partei
KPD	Kommunistische Partei Deutschlands
KPdSU	Kommunistische Partei der Sowjetunion
KPO	Kommunistische Partei Deutschlands (Opposition)
KPÖ	Kommunistische Partei Österreichs
KZ	Konzentrationslager
LO	Landsorganiasjonen [Norwegischer Gewerkschaftsbund]
LO	Landsorganisationen [Schwedischer Gewerkschaftsbund]
MdB	Mitglied des Bundestages
MdR	Mitglied des Reichstages
M.P.	Member of Parliament (Parlamentsmitglied)
MWD	Ministerstwo wnutrennych del (Ministerium für Inneres)
NATO	North Atlantic Treaty Organization (Organisation der Signatarmächte des Nordatlantikpakts)
NB	Neu Beginnen
NBO	Nasjonalbibliotek (Nationalbibliothek), Oslo
NKP	Norges kommunistiske parti (Norwegens kommunistische Partei)
NKWD	Narodnyj komissariat wnutrennych del (Volkskommissariat des Inneren)

NL	Nachlass
NS/ns	Nasjonal Samling (Nationale Sammlung)
NS	Nationalsozialismus
NTB	Norsk Telegrambyrå (Norwegischer Pressedienst)
OSS	Office of Strategic Services (Büro für Strategische Dienste)
OWI	Office of War Information (Büro für Kriegsinformation)
PK	Polizeikontor beim norwegischen Justizministerium
PL	Parteileitung [der Sozialistischen Arbeiterpartei Deutschlands]
POUM	Partido Obrero de Unificación Marxista (Arbeiterpartei der Marxistischen Einheit)
PPS	Polska Partia Socjalistyczna (Polnische Sozialistische Partei)
Ps.	Pseudonym
PSI	Partito Socialista Italiano (Italienische Sozialistische Partei)
PV	Parteivorstand
RAO	Riksarkiv (Reichsarchiv) Oslo
RAS	Riksarkiv (Reichsarchiv) Stockholm
RM	Reichsmark
RGO	Revolutionäre Gewerkschaftsopposition
RSD	Revolutionäre Sozialisten Deutschlands
RSÖ	Revolutionäre Sozialisten Österreichs
SAI	Sozialistische Arbeiter-Internationale
SAJ	Sozialistische Arbeiterjugend Deutschlands
SAP/sap	Sozialistische Arbeiterpartei Deutschlands
SAPMO-BArch	Stiftung Archiv der Parteien und Massenorganisationen der DDR im Bundesarchiv
SBZ	Sowjetische Besatzungszone
SED	Sozialistische Einheitspartei Deutschlands
SFIO	Section Française de l'Internationale Ouvrière (Französische Sektion der Arbeiterinternationale)
SI	Sozialistische Internationale
SIS	Secret Intelligence Service [britischer Geheimdienst]

SJV	Sozialistischer Jugendverband Deutschlands
SMAD	Sowjetische Militäradministration in Deutschland
SOE	Special Operations Executive [britischer Nachrichtendienst und Sabotageorganisation]
Sopade	Sozialdemokratische Partei Deutschlands (im Exil)
SOU	Statens Offentliga Utredningar (Öffentlicher staatlicher Untersuchungsbericht)
SP	Sozialdemokratische Partei
SPD	Sozialdemokratische Partei Deutschlands
SPÖ	Sozialistische Partei Österreichs
SS	Schutzstaffel
Sth.	Stockholm
SU	Sowjetunion
TUC	Trade Union Council [Britischer Gewerkschaftsdachverband]
UD	Utenriksdepartement (Norwegisches Außenministerium)
UDO	Utenriksdepartementets Arkiv (Archiv des Norwegischen Außenministeriums), Oslo
UdSSR	Union der Sozialistischen Sowjetrepubliken
UNESCO	United Nations Educational, Scientific and Cultural Organization (Organisation der Vereinten Nationen für Erziehung, Wissenschaft und Kultur)
UNO	United Nations Organization (Organisation der Vereinten Nationen)
UNRRA	United Nations Relief and Rehabilitation Administration [Hilfs- und Wiederaufbauverwaltung der Vereinten Nationen (ab 1945 der UNO)]
USA	United States of America (Vereinigte Staaten von Amerika)
WBA	Willy-Brandt-Archiv
ZDF	Zweites Deutsches Fernsehen
ZK	Zentralkomitee
ZL	Zentralleitung

Editionsgrundsätze

Die Berliner Ausgabe zeichnet anhand von Quellen, die nach wissenschaftlichen Kriterien ausgewählt werden, das politische Wirken Willy Brandts nach. Dabei werden die unterschiedlichen Funktionen und Ämter Brandts und thematisch abgrenzbare Tätigkeitsfelder jeweils gesondert behandelt. Die vorliegenden Dokumentenbände stützen sich vorwiegend auf Materialien aus dem Willy-Brandt-Archiv (WBA) im Archiv der sozialen Demokratie der Friedrich-Ebert-Stiftung. Veröffentlichte Dokumente und Schriftstücke aus anderen Archiven werden übernommen, wenn sie ursprünglicher oder vollständiger sind als Schriftstücke aus dem WBA, wenn sie Lücken im Brandt-Nachlass schließen oder ihr Inhalt eine Aufnahme in die Edition nahe legt.

In beschränktem Umfang werden in die Edition auch Quellen aufgenommen, deren Verfasser nicht Willy Brandt selbst ist, die aber in unmittelbarem Bezug zu seinem politischen Denken und Tun stehen. So finden sich in den Bänden sowohl Briefe oder sonstige Mitteilungen an Willy Brandt als auch Vorlagen seiner Mitarbeiter.

Die Edition richtet sich in Übereinstimmung mit dem gesetzlich festgelegten politischen Bildungsauftrag der Bundeskanzler-Willy-Brandt-Stiftung (BWBS) an eine breite historisch-politisch interessierte Öffentlichkeit. Dies war sowohl bei der Auswahl der zu publizierenden Dokumente als auch bei ihrer Aufbereitung und Kommentierung zu beachten. Deshalb finden vereinzelt auch Materialien Berücksichtigung, die z. B. Einblick in den Alltag eines Spitzenpolitikers und Staatsmannes gewähren. Sämtliche fremdsprachigen Texte wurden ins Deutsche übertragen und sind als Übersetzungen kenntlich gemacht.

Die durchnummerierten Dokumente sind grundsätzlich chronologisch angeordnet. Ausschlaggebend dafür ist das Datum des betreffenden Ereignisses, bei zeitgenössischen Veröffentlichungen das Datum der Publikation. Einzelne Bände der Berliner Ausgabe verbinden aus inhaltlichen Gründen eine themenbezogene systematische Gliederung mit dem chronologischen Ordnungsprinzip. Ein Dokument, das als Anlage kenntlich gemacht oder aus dem Textzusammenhang als Anlage erkennbar ist, gilt mit Blick auf die Reihenfolge und die Nummerierung nicht als eigenständig, wenn das Hauptdokument, dem es beigegeben ist, ebenfalls abgedruckt wird. In diesem Fall trägt es die Nummer des Hauptdokuments zuzüglich eines Großbuchstabens (in alphabetischer Reihenfolge) und wird im Dokumentenkopf ausdrücklich als Anlage ausgewiesen. Das Datum der Anlage ist für die Einordnung unerheblich.

Der Dokumentenkopf umfasst Dokumentennummer, Dokumentenüberschrift und Quellenangabe. Die Dokumentenüberschrift vermittelt auf einen Blick Informationen zum Datum, zur Art des Dokuments und zu den jeweils unmittelbar angesprochenen handelnden Personen. Die Quellenangaben weisen in der Regel nur den Fundort des Originals nach, nach dem das Dokument abgedruckt wird. Fremdsprachige Archivnamen und Bestandsbezeichnungen sind in den Angaben des Dokumentenkopfes ins Deutsche übersetzt.

Wird das Dokument unvollständig wiedergegeben, wird es in der Dokumentenüberschrift als Auszug bezeichnet.

Zum Dokument gehören sämtliche im Originaltext enthaltenen Angaben. Dazu zählen im einzelnen: Datum und Uhrzeiten, Klassifizierung, Anrede, Anwesenheits- oder Teilnehmerlisten, Überschriften und Zwischenüberschriften, Schlussformeln, Unterschriften, Namenskürzel, hand- oder maschinenschriftliche Zusätze, Kommentare und Korrekturen, sofern sie nicht einen deutlich späteren Zeitbezug haben. Auf eine Reihe dieser Angaben wird beim Abdruck verzichtet, wenn sie inhaltlich unerheblich oder schon im Dokumentenkopf enthalten sind. Dies gilt insbesondere für Datumsangaben, Absenderanschriften, Adressen und ebenso für Überschriften, sofern diese dem Dokumentenkopf weitestgehend entsprechen. Hand- bzw. maschinenschriftliche Vermerke oder Kommentare, die sich auf das Dokument insgesamt beziehen, werden unabhängig von ihrer Aussagekraft immer in der Anmerkung wiedergegeben, wenn sie von Brandt selbst stammen; dies gilt ebenso für die Paraphe oder andere Kürzel Brandts sowie Stempel bzw. Vermerke, mit denen bestätigt wird, dass Brandt Kenntnis von dem Schriftstück genommen hat. Übrige Vermerke, Paraphen oder Stempel werden nur dann in eine Anmerkung aufgenommen, wenn dies aus Sicht des jeweiligen Bearbeiters aus inhaltlichen Gründen geboten ist.

Streichungen im Original erscheinen nicht im Dokumententext, alle hand- bzw. maschinenschriftlichen Zusätze oder Korrekturen werden in der Regel *unkommentiert* in den Dokumententext übernommen, da sie allesamt als vom jeweiligen Verfasser genehmigt gelten können. Wird solchen Ergänzungen, Verbesserungen oder Streichungen jedoch eine wichtige inhaltliche Aussagekraft zugeschrieben, wird dies insoweit in textkritischen Anmerkungen erläutert. Im Text selbst werden solche Passagen in spitze Klammern „‹ ›" gesetzt. Unterschriften und Paraphen des Verfassers eines Dokuments werden in der Regel kommentiert, Unterstreichungen, Bemerkungen und Notizen am Rand nur dann, wenn dies inhaltlich geboten erscheint.

Bei der Wiedergabe der Dokumente wird ein Höchstmaß an Authentizität angestrebt. Die im jeweiligen Original gebräuchliche Schreibweise sowie Hervorhebungen werden unverändert übernommen. Dies gilt ebenso für die Wiedergabe von Eigennamen aus slawischen Sprachen, die im übrigen Text grundsätzlich in der transkribierten Form erscheinen. Das Layout folgt weitgehend dem Original, sofern Absätze, Zeilenausrichtung und Aufzählungen betroffen sind. Offensichtliche „Verschreibfehler" werden hingegen ohne weiteren Hinweis verbessert, es sei denn, sie besitzen inhaltliche Aussagekraft. Sinnentstellende Passagen und Zusätze werden im Dokumententext belassen, Streichungen solcher Art nicht rückgängig gemacht und in textkritischen Anmerkungen mit der gebotenen Zurückhaltung erläutert. Ebenso wird mit schwer verständlichen oder heute nicht mehr gebräuchlichen Ausdrücken verfahren. Sachlich falsche Angaben in der Vorlage werden im Anmerkungsapparat korrigiert. Tarnnamen und -bezeichnungen sowie sonstige „Codes" oder schwer zu deutende Formulierungen werden in eckigen Klammern im Dokumententext aufgeschlüsselt. Abkürzungen im Originaltext werden in der Regel im Abkürzungsverzeichnis aufgelöst. Im Dokumententext selbst werden sie – in eckigen Klammern – nur dann entschlüsselt, wenn es sich um ungewöhnliche Kurzschreibformen handelt.

Die Berliner Ausgabe enthält einen bewusst knapp gehaltenen Anmerkungsteil, der als separater Abschnitt dem Dokumententeil angehängt ist. Die Zählung der Anmerkungen erfolgt durchgehend für die Einleitung und für jedes einzelne Dokument. Der Kommentar soll in erster Linie Hilfe für die Leserin und den Leser sein. Er ergänzt die im Dokumentenkopf enthaltenen formalen Informationen, gibt textkritische Hinweise, erläutert knapp Ereignisse oder Sachverhalte, die aus dem Textzusammenhang heraus nicht verständlich werden oder der heutigen Erfahrungswelt fremd sind, weist in den Dokumenten erwähntes veröffentlichtes Schriftgut nach und liefert Querverweise auf andere Quellentexte innerhalb der Edition, sofern sie in einem engeren Bezug zueinander stehen. Es ist nicht Aufgabe des Kommentars, Ereignisse oder Sachverhalte, die in den edierten Schriftstücken angesprochen sind, *detailliert* zu rekonstruieren. Ebenso wenig sollen weitere nicht abgedruckte Aktenstücke oder anderes Schriftgut mit dem Ziel nachgewiesen werden, den geschichtlichen Kontext der abgedruckten Quellentexte in ihrer chronologischen und inhaltlichen Abfolge sichtbar zu machen und damit Entscheidungsprozesse näher zu beleuchten.

Es bleibt der Einführung zu den einzelnen Bänden vorbehalten, das edierte Material in den historischen Zusammenhang einzuordnen, die einzelnen Dokumente in Bezug zueinander zu setzen sowie zentrale Begriffe ausführlich zu klären. Darüber hinaus unterzieht sie das politische Wirken Brandts und die jeweiligen historischen Rahmenbedingungen seiner Politik einer kritischen Bewertung. Aufgabe der Einführung ist es auch, die Auswahl der Dokumente zu begründen, in der gebotenen Kürze den Forschungsstand zu referieren und auf einschlägige Sekundärliteratur hinzuweisen.

Eine erste Orientierung in jedem Band bietet dem Leser das durchnummerierte Dokumentenverzeichnis mit Angabe der Seitenzahlen, über das sich jedes Dokument nach Datum, Bezeichnung des

Vorgangs und der daran beteiligten Personen erschließen lässt. Das Personenregister listet die Namen aller in der Einführung, im Dokumententeil einschließlich Dokumentenverzeichnis und im Anmerkungsapparat genannten Personen mit Ausnahme des Namens von Willy Brandt auf, sofern sie nicht im Rahmen selbständiger bibliographischer Angaben ausgewiesen sind; es enthält zusätzlich biographische Angaben, insbesondere zu den maßgeblichen Funktionen, die die angesprochenen Personen während der vom jeweiligen Band erfassten Zeitspanne ausübten. Die alphanummerisch geordneten Schlagwörter des Sachregisters, denen weitere Unterbegriffe zugeordnet sein können, ermöglichen einen gezielten, thematisch differenzierten Zugriff. Das Quellen- und Literaturverzeichnis vermittelt – mit Ausnahme von Artikeln in Tages-, Wochen- oder monatlich erscheinenden Zeitungen bzw. Pressediensten – einen Überblick über die im Rahmen der Bearbeitung des jeweiligen Bandes der Berliner Ausgabe eingesehenen Archivbestände und die benutzte Literatur.

Carsten Tessmer

Personenregister

Aas, Oddvar (1911–1989), Journalist und Diplomat, 1940–1945 Pressemitarbeiter an der Norwegischen Legation in Stockholm, nach 1945 diplomatische Aufgaben, u. a. Leiter der Norwegischen Militärmission in Berlin 23

Agricola, Rudolf (1900–1985), Wirtschaftswissenschaftler, Journalist und Hochschullehrer, Mitglied der KPD, nach 1933 achtjährige Haft, 1945 Journalist und Vorsitzender des DANA-Ausschusses, ab 1948 Professor für politische Ökonomie in Halle, 1950–1958 Abgeordneter der Volkskammer 305 f., 315, 365

Åhman, Sven (geb. 1907), schwedischer Journalist, 1945 Auslandskorrespondent der Zeitung *Dagens Nyheter* 257

Altwein, Fritz (1899–1967), Lithograf, SAP-Mitglied, nach illegaler Arbeit Exil in Holland, der ČSR, Norwegen und Schweden, 1958 Rückkehr nach Deutschland 344

Antonescu, Ion (1882–1946), rumänischer Militär und Politiker, 1940–1944 Staatschef, im Mai 1946 zum Tode verurteilt und hingerichtet 127, 358

Arminius (auch: Hermann der Cherusker) (18/16 v. Chr.–19/21 n. Chr.), Cheruskerfürst, der 9 n. Chr. den Widerstand eines Teils der Germanenfürsten gegen die Römer organisierte 118

Attlee, Clement Richard (1883–1967), 1935–1955 Vorsitzender der Labour Party, 1940 Mitglied des Kriegskabinetts, 1942–1945 stellvertretender Premierminister, 1945–1951 Premierminister 134

Auerbach, Walter (1905–1975), deutscher Sozialpolitiker und Gewerkschaftssekretär, 1933 Emigration in die Niederlande, ab 1939 in Großbritannien, bis 1946 Generalsekretär der ITF 27

Badoglio, Pietro (1871–1956), italienischer Militär und Politiker, 1925–1940 Generalstabschef, 1943–1944 Ministerpräsident 398

Baier, Karl (1887–1973), Angestellter, Mitglied der SPD, KPD, KPO und SAP, nach 1933 Arbeit für die illegale SAP in Berlin, im Zweiten Weltkrieg in der → Saefkow-Gruppe, 1946 Mitglied der SED 240, 255

Barbarossa, Friedrich I. (1122–1190), 1155–1190 Kaiser des Heiligen Römischen Reiches Deutscher Nation 118

Bauer, Fritz (1903–1968), Jurist, nach KZ-Haft 1936 Emigration nach Dänemark, 1943 Flucht nach Schweden, dort zeitweise Redakteur der *Sozialistischen Tribüne*, 1949 Rückkehr aus Dänemark nach Deutschland, ab 1956 Generalstaatsanwalt in Hessen 262, 362

Bebel, August (1840–1913), 1892–1913 Vorsitzender der SPD, 1871–1881 und 1883–1913 MdR 219

Behm, Ernst (1902–1993?), Volksschullehrer aus Berlin, SAP-Mitglied, 1933 Emigration nach Dänemark, ab 1935 in Schweden, nach 1945 vergebliche Rückkehrversuche 38, 54, 242, 252, 357 f., 360

Behm-Barow, Agnes (1897–1974), Lehrerin, SAP-Mitglied, 1935 Emigration nach Schweden 360

Behrisch, Arno (1913–1989), Schriftsetzer, SAP-Mitglied, 1934 Emigration in die ČSR, ab 1938 in Schweden, dort 3½ Jahre in Haft, 1945 Rückkehr nach Deutschland mit alliierter Hilfe, 1949–1961 MdB (SPD), Übertritt zur Deutschen Friedensunion 242, 304, 360

Benau, Desider (1905–?), Typograph, Funktionär des Tschechischen Gewerkschaftsbundes, 1939 Exil in Norwegen, dort Vorstandsmitglied der Gruppe tschechoslowakischer Sozialisten 63

Benesch, Eduard (1884–1948), 1935–1938 Staatspräsident der ČSR, ab 1940 Präsident der Exilregierung in London, 1945–1948 erneut Staatspräsident 137

Bevan, Aneurin (1897–1960), führendes Mitglied des linken Flügels der Labour Party, seit 1929 Mitglied des Unterhauses, 1940–1945 Redakteur der Wochenzeitung *Tribune*, 1945–1950 Gesundheitsminister, 1951 Arbeitsminister 137

Bismarck, Otto von (1818–1895), 1862–1890 preußischer Ministerpräsident, 1871–1890 Reichskanzler 118, 123, 125

Blum, Léon (1872–1950), französischer sozialistischer Politiker, 1936–1937 und 1938 Ministerpräsident der Volksfrontregierungen, 1943–1945 in deutscher KZ-Haft (Buchenwald), 1946–1947 erneut Ministerpräsident 122

Bock, Fedor von (1880–1945), Generalfeldmarschall, Oberbefehlshaber verschiedener Heeresgruppen, 1942 verabschiedet 70, 349

Böhm, Vilmos (Wilhelm) (1880–1949), ungarischer sozialistischer Politiker und Diplomat, 1918/19 Mitglied der Revolutionsregierung, danach im Exil in Österreich, der ČSR und Schweden 23

Bonomi, Ivanoe (1873–1951), 1944–1945 italienischer Ministerpräsident 398

Brandt, Rut (geb. 1920), norwegische Journalistin und Angestellte, 1942 nach illegaler Arbeit Flucht nach Schweden, 1947 Übersiedlung nach Berlin, 1948 Eheschließung mit Willy Brandt 346

Bratteli, Trygve (1910–1984), norwegischer Politiker, 1940 Redakteur von *Arbeiderungdommen*, 1942–1945 in deutschen Nacht-und-Nebel-Lagern, 1945–1965 stellvertretender DNA-Vorsitzender,

1965–1975 DNA-Vorsitzender, 1971–1972, 1973–1976 Ministerpräsident (Staatsminister) 66 f., 349

Brauchitsch, Walter von (1881–1948), Generalfeldmarschall, 1938–1941 Oberbefehlshaber des Heeres 70 f., 349

Brauer, Max (1887–1973), sozialdemokratischer Politiker, 1924–1933 Bürgermeister von Altona, 1933 Emigration, 1946 Rückkehr nach Hamburg, 1946–1953 und 1957–1961 Erster Bürgermeister in Hamburg, 1961–1965 MdB 332

Braunthal, Julius (1891–1972), ab 1927 Vorstandsmitglied der SPÖ, 1935 Emigration, seit 1938 stellvertretender Sekretär der SI, 1951–1956 Sekretär der SI 123

Brenner, Otto (1907–1972), SAP-Mitglied, ab 1945 der SPD, 1945 Mitgründer der Gewerkschaften in Niedersachsen, 1952–1972 Vorsitzender der IG Metall, 1961 Präsident des Internationalen Metallarbeiterbundes 253

Bromme, Paul (1906–1975), sozialdemokratischer Politiker und Journalist, ab 1933 im Exil in der ČSR und in Skandinavien, 1948 Rückkehr nach Lübeck, 1949–1953 MdB, 1954 Senator in Lübeck 347

Brost, Erich (1905–1995), sozialdemokratischer Publizist, ab 1936 im Exil, u. a. in Schweden und Großbritannien, 1945 Rückkehr nach Deutschland, 1947–1948 Vertreter des SPD-Parteivorstandes in Berlin 47 f.

Brouckère, Louis de (1870–1959), belgischer Wissenschaftler und sozialistischer Politiker, 1936–1939 Präsident der SI 324

Buchheister, Eleonore (1901–?), Buchhändlerin, SAP-Mitglied, 1938–1940 im Exil in Norwegen, 1940–1946 in Schweden, 1946 Rückkehr nach Deutschland 215

Buchheister, Werner (1901–1963), Lehrer, SAP-Mitglied, nach illegaler Arbeit (Deckname: Hans) in Deutschland 1937 Emigration nach Norwegen, ab 1940 in Schweden, 1946 Rückkehr nach Deutschland, bis 1949 journalistisch tätig, danach Leiter der DGB-Bundesschule Niederpöcking 215, 242

Bulukin, W. W., 1945 Leiter der norwegischen Repatriierungsarbeit in Nordwestdeutschland 46, 345

Buschmann, Hugo (1899–?), deutscher Nationalökonom, nach 1933 Berufsverbot und Kontakte zur Widerstandsbewegung, 1945–1946 SPD/SED-Mitglied und Präsident der Deutschen Verwaltung für Handel und Versorgung in der SBZ, im Dezember 1946 Austritt aus der SED und Übersiedlung in den Westen 330, 366

Cäsar, Gajus Julius (102/100–44 v. Chr.), römischer Staatsmann und Feldherr 118

Capone, Al (Alphonse) (1899–1947), amerikanischer Gangster und Mafia-„Boss" in Chicago 127

Carr, Edward Hallet (1892–1982), britischer Staatswissenschaftler, Historiker und Diplomat, 1941–1946 außenpolitischer Kommentator der *Times* 123, 135, 137–139

Chamberlain, Arthur Neville (1869–1940), konservativer britischer Politiker, 1937–1940 Premierminister 68, 127

Churchill, Sir Winston Leonard Spencer (1874–1965), britischer konservativer Politiker, 1931–1964 Mitglied des Unterhauses, 1940–45 und 1951–1955 Premierminister 36, 65, 93, 180, 349

Clausewitz, Carl von (1780–1831), preußischer General und Militärtheoretiker, Autor des kriegstheoretisch bis in das 20. Jahrhundert bedeutungsvollen Werks „Vom Kriege" 16

Cooper, Alfred Duff (1890–1954), konservativer britischer Politiker, 1935–1937 Kriegsminister, 1937–1938 Marineminister (Erster Lord der Admiralität), 1940–1941 Informationsminister, 1941–1943 Mitglied des Kriegskabinetts, danach Repräsentant Großbritanniens beim französischen Befreiungskomitee 130 f.

Croce, Benedetto (1866–1952), italienischer Philosoph, Historiker und Politiker, 1943 Präsident der liberalen Partei, 1943–1944 Minister ohne Portefeuille in den Kabinetten → Badoglios und → Bonomi 120

Dahrendorf, Gustav (1900–1954), 1932–1933 MdR (SPD), 1933 und 1944–1945 in Haft, 1945–1946 Mitglied des Zentralausschusses der SPD in Berlin, im Februar 1946 als Gegner der Zwangsvereinigung von SPD und KPD Übersiedlung nach Hamburg, 1947–1949 Vizepräsident des Zweizonen-Wirtschaftsrates 287 f., 362 f.

Davies, Joseph Edward (1876–1958), amerikanischer Diplomat, Jurist und Publizist, 1936–1938 Botschafter in der Sowjetunion, Berater → Roosevelts, 1942–1946 Leiter des Präsidialamtes für den Einsatz der Kriegsschiffe 83

Deutsch, Kurt
siehe Singer, Kurt

Dietrich, Sepp (1892–1966), Führer der SS-Leibstandarte Adolf Hitler, Generaloberst der Waffen-SS 71

Dollfuß, Engelbert (1892–1934), 1932 österreichischer Bundeskanzler und Außenminister, 1934 beim nationalsozialistischen Putschversuch ermordet 194

Douglas-Smith, Aubrey Edward
siehe Smith, Aubrey Edward Douglas

Eden, Sir Anthony Earl of Avon (1897–1977), konservativer britischer Politiker, 1935–1938, 1940–1945 und 1951–1955 Außenminister, 1940 auch Kriegsminister, 1955–1957 Premierminister 349

Ehlers, Adolf (1898–1978), Metallarbeiter, vor 1933 Mitglied der Bremer Bürgerschaft (KPD), ab 1931 SAP-Mitglied, ab 1933 illegale Parteiarbeit und Widerstand, 1945 Senator in Bremen (KPD), 1946 Übertritt zur SPD, nach 1948 mehrfach Innensenator und 2. Bürgermeister in Bremen 240, 255, 306–308

Einzig, Paul (1897–1973), britischer Wirtschaftswissenschaftler 131 f.

Elster, Torolf (geb. 1911), norwegischer Journalist, Schriftsteller und Politiker, ab 1941 im Exil in Schweden Zusammenarbeit mit Brandt in der Zeitschrift *Håndslag*, nach 1945 einer der führenden Ideologen der DNA, ab 1972 Direktor des Norwegischen Rundfunks 337

Enderle, August (1887–1959), Metallarbeiter, Journalist und Parteifunktionär der KPD, KPO und SAP, ab 1933 im Exil, 1934–1945 in Schweden, 1945 Rückkehr nach Deutschland, Redakteur verschiedener DGB-Zeitschriften 27, 38 f. 42, 54, 83, 88, 206 f. 211, 215, 239–242, 257, 316, 336, 340, 342–344, 357–360, 362, 364–366

Enderle, Irmgard (1895–1985), Lehrerin und Journalistin, SAP-Mitglied, 1933 Emigration, 1934–1945 in Schweden, 1945 Rückkehr nach Deutschland, dort journalistisch tätig 27, 38 f., 42, 54, 207, 211, 239–243, 257, 316, 336, 342–344, 357 f., 360, 362, 364–366

Engels, Friedrich (1820–1895), Theoretiker des Sozialismus 219

Evang, Gerda, geb. Moe (geb. 1905), norwegische Ärztin 64

Evang, Karl (1902–1981), norwegischer Arzt und Politiker, 1938–1972 Direktor des Gesundheitsdirektorates, im Exil zunächst in England, danach in den USA 58 f., 64

Evans, Sir David Rowland (1879–1953), liberaler britischer Politiker und Publizist 131

Evensen, Lars (1896–1969), norwegischer Politiker, ursprünglich Mitglied der NKP, ab 1930 der DNA, seit 1939 stellvertretender LO-Vorsitzender, 1945–1953 Industrieminister 78, 337

Falkenhausen, Alexander von (1878–1966), General der Infanterie, 1940–1944 deutscher Militärbefehlshaber in Belgien und Nordfrankreich, nach dem Umsturzversuch vom 20. Juli 1944 verhaftet 70

Falkenhorst, Nikolaus von (1885–1968), Generaloberst, 1942–1944 Wehrmachtsoberbefehlshaber in Norwegen, nach Kriegsende zum Tode verurteilt, dann zu 20jähriger Haft begnadigt und 1953 entlassen 70

Faulhaber, Michael von (1869–1952), katholischer Theologe, 1917–1952 Erzbischof von München und Freising, seit 1921 Kardinal 144

Fechner, Max (1892–1973), 1945 Vorsitzender des Zentralausschusses der SPD, Befürworter der Vereinigung von SPD und KPD, 1946–1950 stellvertretender Vorsitzender der SED, 1949–1953 DDR-Justizminister, 1953 Verlust aller Ämter, Parteiausschluss und Verhaftung, 1956 amnestiert, 1958 Wiederaufnahme in die SED 266, 272, 363

Fichte, Johann Gottlieb (1762–1814), deutscher Philosoph 120

Fimmen, Edo (1881–1942), holländischer Gewerkschafter, 1919–1942 Sekretär der ITF 113, 340

Fischer, Walter (1905–1982), Schlosser, Elektriker und Journalist, SAP-Mitglied, 1936 nach illegaler Arbeit Emigration in die ČSR, 1938 nach Norwegen und 1940 nach England, 1946 Rückkehr nach Deutschland, Redakteur und Verleger in Bayreuth, Deckname: Ullmann 255, 344, 362

Flyg, Nils (1891–1943), schwedischer Politiker, ursprünglich einer der Führer der KP, später Führer der faschistischen Sozialistischen Partei 112, 353

Frahm, Carlota (1904–1980), norwegische Kulturwissenschaftlerin und Literaturgentin, 1941 Eheschließung mit Willy Brandt, 1948 Scheidung 20, 48, 58 f., 64, 72, 80–82, 87, 100, 347, 350

Frahm, Ninja (geb. 1940), Tochter von → Carlota Frahm und Willy Brandt 20, 58, 64, 72, 81 f., 87, 100, 347, 350

Franco y Bahamonde, Francisco (1892–1975), spanischer General und Diktator, nach Ende des Bürgerkriegs 1939 bis 1975 Staatschef von Spanien 128, 194

Frank, Karl (1893–1969), Mitglied der KPÖ, KPD und KPO, nach der NS-Machtübernahme Mitglied von „Neu Beginnen" und Leiter von deren Auslandsarbeit, enge Zusammenarbeit mit den RSÖ und Mitgründer der Arbeitsgemeinschaft für sozialistische Inlandsarbeit, ab 1939 in den USA, Mitarbeit bei OSS und OWI, 1944 Mitgründer des Council for a Democratic Germany. Decknamen: Willi Müller, Paul Hagen 85, 351

Friedrich II., der Große (1712–1786), 1740–1786 König von Preußen 118

Frihagen, Anders Rasmus (1892–1979), norwegischer Jurist und Politiker (DNA), 1936–1961 Direktor der staatlichen Industriebank, 1939 Handelsminister, 1940–1942 Repräsentant der norwegischen Exilregierung in Schweden und Kontaktmann zwischen Heimatfront und Exilregierung, 1942–1945 Minister für Versorgungs- und Wiederaufbaufragen, 1951–1962 Direktor der Bankenaufsichtsbehörde 25, 59, 337, 339

Gaasland, Gertrud, geb. Meyer (geb. 1914), kaufmännische Angestellte aus Lübeck, ab 1933 zentrale Positionen im SAP-Exil in Norwegen, 1939–1946 in den USA, 1946 Rückkehr nach Norwegen 20, 81, 336, 344

Galen, Clemens August Graf von (1878–1946), Bischof von Münster und Wortführer des Episkopats in der Auseinandersetzung mit dem Nationalsozialismus, 1946 Kardinal 144

Gauguin, Paul René (1911–1976), norwegisch-dänischer Graphiker und Maler, Enkel des französischen Malers Paul Gauguin 19

de Gaulle, Charles (1890–1970), im Mai 1940 jüngster General der französischen Armee, organisierte ab Juni 1940 von England die Fortsetzung des Kampfes gegen die deutsche Besatzung, Gründer des Londoner Komitees Freies Frankreich und Leiter des Nationalen Verteidigungskomitees, ab 1944 Chef der provisorischen Regierung der französischen Republik, 1945–1946 Ministerpräsident, 1947–1953 Vorsitzender der Sammlungsbewegung des französischen Volkes, 1958–1969 Staatspräsident 74

George, Herbert (geb. 1910), Werkzeugmacher, SAP-Mitglied, 1933 Emigration in die ČSR, 1938 nach Norwegen und 1940 nach England 86, 339, 342–344

George, Wally (geb. 1914), Buchbinderin, SAP-Mitglied, 1938 Emigration nach Norwegen, lebte ab 1940 in England 339, 343

Gerhardsen, Einar (1897–1987), 1921–1966 Mitglied des Zentralvorstands der DNA, 1942–1944 in den KZs Sachsenhausen und Grini, 1945–1951 und 1955–1965 norwegischer Ministerpräsident (Staatsminister), 1945–1965 Vorsitzender der DNA 258, 319

Gjesdal, Tor (1909–1973), norwegischer Journalist, 1941–1945 Leiter des Informationsbüros der Exilregierung in London, 1946–1954 Leiter des Informationsdienstes der UNO in New York 59

Gniffke, Erich W. (1895–1964), vor 1933 Gauleiter Reichsbanner Schwarz-Rot-Gold, nach 1933 Widerstand und mehrfache Haft, 1945–1946 Mitglied des Zentralausschusses der SPD in Berlin, 1946–1948 Mitglied des Parteivorstandes und Zentralsekretariats der SED, im Herbst 1948 Flucht in den Westen 363

Goebbels, Joseph (1897–1945), Reichsminister für Volksaufklärung und Propaganda 65, 71, 75, 129

Göring, Hermann (1893–1945), Reichsluftfahrtminister und Oberbefehlshaber der Luftwaffe 118

Goldenberg, Boris (1905–1980), Mitglied der SPD, KPD, KPO und SAP, Mitglied der SAP-Auslandsleitung in Paris, 1935–1937 vorübergehender Aufenthalt in Palästina, 1941 Emigration nach Kuba, ab 1960 in Großbritannien, 1964–1971 Leiter der Lateinamerika-Redaktion der Deutschen Welle 41, 303, 316, 344, 364

Gollancz, Victor (1893–1967), englischer Verleger und Schriftsteller, Hrsg. der *Left News* 348

Grotewohl, Otto (1894–1964), 1945–1946 Vorsitzender des Zentralausschusses der SPD in Berlin, Anhänger der Fusion von SPD und KPD zur SED in der SBZ, 1946–1954 zusammen mit → Pieck Vorsitzender der SED, 1949–

1964 Ministerpräsident der DDR 269, 283 f., 287 f., 290, 363, 365

Grumbach, Salomon (1884–1952), französischer sozialistischer Politiker (SFIO), Vorsitzender des Auswärtigen Ausschusses der Nationalversammlung, Vorsitzender des Ausschusses für internationale Fragen der SFIO 324

Haakon VII. (1872–1957), 1905–1957 König von Norwegen, 1940–1945 im Exil in England 108, 353

Habsburg, Otto von (geb. 1912), Sohn des letzten österreichischen Kaisers und ungarischen Königs, Politiker und Publizist, nach 1938 zunächst in Frankreich, dann den USA 130

Hacke, Ludwig, Journalist, Mitglied der SAP-Auslandsleitung in Paris, später in den USA, dort Mitglied des Council for a Democratic Germany, Ps.: Theo Vogt 343, 364

Halder, Franz (1884–1972), Generaloberst, 1938–1942 Chef des Generalstabs des Heeres, 1944 verhaftet 70

Hambro, Carl Joachim (1885–1964), norwegischer Politiker, 1919–1957 Parlamentsmitglied, 1928–1934 Vorsitzender der konservativen Partei, 1926–1933 und 1935–1945 Parlamentspräsident, 1940 Emigration in die USA 120

Hansen, Hans Christian (1906–1960), dänischer sozialdemokratischer Politiker, 1947–1950 Finanzminister, 1953–1958 Außenminister, 1955–1960 Ministerpräsident und Parteivorsitzender der Sozialdemokratischen Partei 324

Haslund, Fredrik (1899–1961), norwegischer Ingenieur, Mitglied des Vorstands der humanitären Spanienhilfe und der Volkshilfe, ab 1937 Sekretär der Parlamentsfraktion der DNA, während des Krieges im Exil in den USA, 1940–1947 Büroleiter des Sozialkomitees für norwegische Seeleute in Amerika, danach im Wohlfahrtsbüro der norwegischen Handelsflotte tätig 59, 64

Häuer, Werner (geb. 1904), sozialdemokratischer Politiker in Lübeck 345, 366

Hedemann, Berit, geb. Monsen (geb. 1916), Ehefrau von → Reidar Hedemann 64

Hedemann, Reidar (geb. 1912), norwegischer Journalist und DNA-Politiker, naher Mitarbeiter von → Martin Tranmæl im schwedischen Exil, assistierender Presseattaché an der norwegischen Legation in Stockholm 64

Hegel, Georg Wilhelm Friedrich (1770–1831), deutscher Philosoph 120

Heine, Fritz (geb. 1904), sozialdemokratischer Politiker, 1933 Emigration (ČSR, Frankreich, Portugal, England), Februar 1946 Rückkehr nach Deutschland, Mitglied des geschäftsführenden SPD-Parteivorstandes 261, 305, 345, 347

Heinig, Kurt (1886–1956), 1927–1933 MdR (SPD), 1933 Emigration nach Dänemark, 1940 nach Schweden, wo er ab 1943 Landesvertreter des Londoner Sopade-Parteivorstandes war, kehrte nach Kriegsende nicht nach Deutschland zurück 39 f., 343, 359, 361

Herder, Johann Gottfried von (1744–1803), deutscher Schriftsteller und Philosoph 120

Hermann der Cherusker
siehe Arminius

Hermes, Andreas (1878–1964), 1920–1923 Minister (Landwirtschaft, Finanzen), 1928–1933 MdR (Zentrum), 1944 verhaftet, 1945 Mitbegründer und Vorsitzender der CDU in der SBZ, 1945 von der SMAD abgesetzt, 1946 Übersiedlung in den Westen, 1948–1954 Präsident des Deutschen Bauernverbandes 360, 367

Herrmann, Angelica (1897–?), Buchhalterin, SAP-Mitglied, Emigration in die ČSR, nach Norwegen und 1940 nach Schweden 360

Herrmann, Mathäus (1891–?), Typograph, SAP-Mitglied, nach illegaler Arbeit Emigration in die ČSR, nach Norwegen (1939–1940) und Schweden (ab 1940) 243

Heydrich, Reinhard (1904–1942), seit 1934 Chef der Gestapo, ab 1939 Chef des Reichssicherheitshauptamtes, 1941–1942 stellv. Reichsprotektor in Böhmen und Mähren 355

Himmler, Heinrich (1900–1945), 1929–1945 Reichsführer SS, 1943–1945 Reichsinnenminister 70, 78, 143

Hindenburg, Paul (1847–1934), Generalfeldmarschall und 1925–1934 Reichspräsident 136

Hitler, Adolf (1889–1945), „Führer" der NSDAP, 1933–1945 Reichskanzler 19, 26, 36, 39, 63, 65, 68–71, 77 f., 84, 116, 118, 120–123, 126–129, 136, 138, 142, 145, 148, 154 f., 157, 159–163, 171 f., 174, 180, 204, 236, 245, 268, 285, 321, 349 f., 357

Hoegner, Wilhelm (1887–1980), SPD-Politiker, 1933 Emigration, 1945 Rückkehr nach Deutschland, mehrfach bayerischer Landesminister und Ministerpräsident, 1946–1947 Landesvorsitzender der SPD Bayern 305

Holberg, Ludvig (1684–1754), norwegisch-dänischer Dichter 350

Horthy von Nagybánya, Nikolaus (1868–1957), 1920–1944 ungarischer Reichsverweser, nahm 1942–1943 Fühlung mit den Alliierten auf und leitete 1944 Waffenstillstandsverhandlungen ein, 1944 von SS-Truppen gestürzt 127

Huber, Michael (1902–1969), Kaufmann, SAP-Mitglied, bis 1935 Pol.-Leiter der illegalen SAP in Berlin (Deckname: Ludwig), 1937 Emigration nach Schweden 243, 360

Hull, Cordell (1871–1955), 1933–1944 amerikanischer Außenminister 344

Huysmans, Camille (1871–1968), belgischer sozialistischer Politiker, 1905–1920 Sekretär der II. Internationale, 1932–1940 Bürgermeister in Antwerpen, 1940 Präsident der SAI, 1940–1944 im Exil in England, 1945–1946 belgischer Ministerpräsident, bis 1949 Unterrichtsminister 74

Jansen
siehe Taurer, Bernhard

Jansson, Olov, schwedischer syndikalistischer Journalist, Teilnahme am Spanischen Bürgerkrieg, Mitgründer des Schwedisch-Norwegischen Pressebüros 337, 352, 354

Johnson, Eyvind (1900–1976), schwedischer Schriftsteller, 1974 Literaturnobelpreis 337

Johnson, Herschel Vespasian II. (1894–1966), amerikanischer Diplomat, 1941–1948 Sonder-Gesandter in Schweden und Minister mit uneingeschränkter Vollmacht 344

Kaiser, Jakob (1888–1961), 1932–1933 MdR (Zentrum), 1945 Mitbegründer der CDU (Ost), 1945–1947 deren Vorsitzender, von der SMAD abgesetzt, danach Wechsel in den Westen, 1949–1961 MdB, 1949–1957 Bundesminister für Gesamtdeutsche Fragen 367

Kant, Immanuel (1724–1804), deutscher Philosoph 120

Karl V. (1500–1558), 1516–1556 König von Spanien, 1530–1556 Kaiser des Heiligen Römischen Reiches Deutscher Nation 116

Karl der Große (742–814), seit 768 fränkischer König, 800 Krönung zum Kaiser 118

Karniol, Maurycy (1899–1958), polnischer Sozialist, 1942–1945 im „inneren Kreis" der „Internationale Gruppe demokratischer Sozialisten" in Stockholm, 1946 Rückkehr nach Polen 31

Kerillis, Henri de (1889–1958), französischer konservativer Politiker, Abgeordneter, Direktor der *Epoque* und der *La Voix de la France* 116

Knothe, Willy (1882–1952), 1946–1950 Mitglied des Parteivorstandes der SPD 261

Kogon, Eugen (1903–1987), deutscher Historiker, KZ-Haft in Buchenwald, nach 1945 Mitherausgber der *Frankfurter Hefte*, Professor für wissenschaftliche Politik an der TH Darmstadt 346

Kollontai, Alexandra (1872–1952), sowjetische Politikerin und Diplomatin, 1923–1926, 1927–1930 Gesandte/Botschafterin in Oslo, 1930–1945 Botschafterin in Stockholm 26

Köhler, Luise (1902–1984), SAP-Mitglied, 1937 Emigration nach Dänemark, 1955 Rückkehr nach West-Berlin 344

Köhler, Max (1897–1975), Tischler, 1933 Org.-Leiter der illegalen SAP-Reichsleitung, 1934 verurteilt, 1937 Emigration nach Dänemark, 1955 Rückkehr nach West-Berlin, 1956 Beitritt zur SPD   304, 340, 344

Koestler, Arthur (1904–1983), ungarisch-britischer Schriftsteller und Journalist   128

Korbmacher, Willy (1897–?), Angestellter, SAP-Mitglied, 1935 Flucht in die ČSR, 1938 Exil in Schweden, 1953 Einbürgerung in Schweden   344

Kreiser, Walter (1898–?), deutscher Journalist, Mitglied der Liga für Menschenrechte, Mitarbeiter der *Weltbühne*, 1932 Flucht nach Frankreich, 1941 Emigration nach Brasilien   357

Kreisky, Bruno (1911–1990), österreichischer sozialdemokratischer Politiker, 1935–1936 inhaftiert, 1938 Emigration nach Schweden, 1946 Rückkehr nach Wien, 1946–1951 Diplomat in Schweden, 1959 Außenminister, 1970–1983 viermal Bundeskanzler   23 f., 100, 352

Kreisky, Vera, geb. Fürth (1914–1988), Ehefrau von → Bruno Kreisky   100

Kriedemann, Herbert (1903–1977), sozialdemokratischer Politiker, 1935–1940 Emigration nach Holland, nach 1940 Verurteilung in Deutschland, 1946–1950 Agrarreferent und besoldetes Mitglied des SPD-Parteivorstandes, 1946–1949 Mitglied des Niedersächsischen Landtages, 1949–1972 MdB   42, 306, 362

Krog, Eli (1891–1970), norwegische Literaturkritikerin und Literaturagentin, Mitarbeiterin an der Zeitschrift *Håndslag*   59

Krogh
siehe Krog, Eli

Krüger, Alfred (1899–1977), Sattler, SAP-Mitglied, 1933 Emigration nach Dänemark, 1940 Flucht nach Schweden, 1949 nach vorübergehendem Aufenthalt in Deutschland Rückkehr nach Schweden   215, 243

Krüger, Lotte (geb. 1904), Angestellte, SAP-Mitglied, 1937 Emigration nach Dänemark, 1940 Flucht nach Schweden, nach 1945 in der SPD in Franken aktiv   215

Kuhlmann, Marta (1894–1969), Mutter von Willy Brandt   345

Lamm, Fritz (1911–1977), SAP-Mitglied, 1934–1935 in Haft, danach Emigration in die Schweiz, von dort in die ČSR (1936–1938), Frankreich (1938–1941) und Kuba, 1948 Rückkehr nach Deutschland und Betriebsrat in Stuttgart, 1948–1963 Mitglied der SPD   41, 303, 344, 364

Lang, Erna (1892–1983), Mitglied der SPD, KPD, KPO und SAP, 1934 Emigration (ČSR, Frankreich, USA), 1950 Rückkehr nach Deutschland, Mitglied der SPD   41, 336, 342, 344

Lang, Joseph (1902-1973), ungarisch-österreichischer Buchhändler und Parteiarbeiter, Mitglied der KPD, KPO und SAP, Mitglied der Reichsleitung und des Auslandsbüros der SAP, 1934 nach Haftentlassung Emigration (ČSR, Frankreich und 1940-1950 USA), 1950 Rückkehr nach Deutschland, Mitglied der SPD 41, 336, 342, 344

Lange, August M. (geb. 1907), norwegischer Studienrat, 1942-1945 KZ-Haft (Sachsenhausen), 1945-1946 Kulturattaché in Moskau, danach Stellungen an verschiedenen pädagogischen Hochschulen, Bruder von → Halvard Lange 345

Lange, Halvard M. (1902-1970), norwegischer Historiker und Politiker (DNA), 1933-1967 Mitglied des DNA-Zentralvorstandes, 1942-1945 in KZ-Haft (Sachsenhausen), 1946-1965 Außenminister 28, 46-48, 50, 55, 317-319, 321, 331-334, 345, 347, 366

Laski, Harold Joseph (1893-1950), britischer Staatswissenschaftler und Politiker, Vorsitzender der Fabian-Society, Professor an der London School of Economics, Vorsitzender des National Exekutivkomitees der Labour Party, 1945-1946 Parteivorsitzender 123, 127, 151 f., 348

Lassalle, Ferdinand (1825-1864), Gründer des Allgemeinen Deutschen Arbeitervereins 120

Leber, Annedore (1904-1969), sozialdemokratische Politikerin, Publizistin und Verlegerin 48

Leber, Julius (1891-1945), sozialdemokratischer Politiker, Redakteur in Lübeck, 1924-1933 MdR, nach dem Umsturzversuch vom 20. Juli 1944 verhaftet und im Januar 1945 hingerichtet 27, 48, 319, 345

Leeb, Wilhelm Ritter von (1876-1956), Generalfeldmarschall, im Dezember 1941 Rückzug aus dem aktiven Dienst 70, 349

Lie, Haakon (geb. 1905), norwegischer Politiker, 1932-1940 Sekretär des Arbeiterbildungsverbandes, 1945-1967 Generalsekretär der DNA 345 f.

Lie, Trygve (1896-1968), norwegischer Jurist und Politiker (DNA), 1935-1939 Justizminister, 1939 Handels- und Versorgungsminister, während der Kriegsjahre im Exil in London, 1940-1946 Außenminister, 1946-1952 Generalsekretär der Vereinten Nationen, 1963 Industrieminister 22, 46, 65, 72, 338

Liebermann, Kurt, SAP-Mitglied, 1934 Auslieferung nach Deutschland durch die holländische Polizei, Zuchthausurteil und KZ-Haft, nach 1945 Stadtverordneter in Dresden (SED) 304

Liebknecht, Wilhelm (1826-1900), sozialdemokratischer Politiker, seit 1874 MdR 219

List, Friedrich (1789-1846), deutscher Sozialökonom 120

Litke, Karl (Carl) (1893-1962), 1923-1933 2. Vorsitzender der SPD Groß-Berlin, ab 1933 Mitglied des Parteivorstandes, 1945 Mitglied des Zentralausschusses der SPD in Berlin, 1946–1950 Mitglied des Parteivorstandes der SED, 1946–1948 Vorsitzender der SED Groß-Berlin, 1950–1954 Kandidat des ZK der SED 363

Løberg, Sverre (1905–1976), norwegischer Politiker (DNA), 1940–1945 in deutschen KZ-Lagern, 1945–1969 Parlamentsmitglied 347

Lorenz, Franz (1885–?), Schuhmacher und Gewerkschaftssekretär, Emigration nach Schweden 119

Löwenthal, Richard (1908–1991), Mitglied der KPD, KPO und der Reichsleitung von „Neu Beginnen", ab 1935 Exil in der ČSR, Frankreich und England, 1954 Rückkehr nach Deutschland, ab 1961 Professor für Politik an der Freien Universität Berlin 346

Lundström, Ragnvald (1906–1954), 1938–1945 Direktor des Außenpolitischen Instituts in Stockholm 358

Mann, Thomas (1875–1956), deutscher Dichter, 1929 Literaturnobelpreis, 1933 Emigration in die Schweiz, 1938 in die USA 138, 355 f.

Marx, Karl (1818–1883), Theoretiker des Sozialismus 219

Masaryk, Tomás Garrigue (1850–1937), 1918–1935 Staatspräsident der ČSR 120

Meyer, Gertrud siehe Gaasland, Gertrud

Michael I. (geb. 1921), 1927–1930 und 1940–1947 König von Rumänien 358

Misgeld, Klaus (geb. 1940), deutsch-schwedischer Historiker 18, 49

Moe, Elsa (1905–?), Ehefrau von → Finn Moe 64

Moe, Finn (1902–1971), norwegischer Politiker (DNA) und Journalist, 1940–1943 Presseattaché an der norwegischen Legation in Washington, 1950–1969 Parlamentsabgeordneter und Vorsitzender des außenpolitischen Ausschusses 53, 58–61, 63 f., 80

Monsen, Per (1913–1985), norwegischer Journalist, während des Zweiten Weltkriegs erst in Stockholm, danach in London Pressearbeit für die Norwegische Exilregierung, 1964–1968 Direktor des Internationalen Presseinstituts in Zürich, 1970–1980 Direktor der Norwegischen Presseagentur NTB 48, 58, 337

Murray, Gilbert (1866–1957), britischer Altphilologe, Professor für Griechisch in Glasgow und Oxford, in der Zwischenkriegszeit Vorkämpfer des Völkerbundes, spielte nach 1945 eine bedeutende Rolle bei der Planung des Erziehungswesens in Europa 137, 355

Mussolini, Benito (1883–1945), italienischer Faschistenführer und Diktator, 1922–43 Ministerpräsident („Duce"), 1943–1945 Ministerpräsident der Repubblica Sociale Italiana (Salo-Republik) 127 f., 143, 162

Myrdal, Alva (1902–1986), schwedische Sozialwissenschaftlerin und Politikerin, 1950–1955 Leiterin der sozialwissenschaftlichen Abteilung der UNESCO, anschließend Botschafterin in Indien, 1966–1973 Ministerin für Abrüstungsfragen, 1969–1973 auch Ministerin für kirchliche Angelegenheiten, 1982 Friedensnobelpreis 23

Myrdal, Gunnar (1898–1987), schwedischer Wirtschaftswissenschaftler (Professor in Genf, Stockholm und den USA), 1935–1938 und 1944–1947 Mitglied des Reichstags, 1942–1945 im „inneren Kreis" der „Internationalen Gruppe demokratischer Sozialisten", 1945–1947 Handelsminister, 1947–1957 Leiter der Europäischen Wirtschaftskommission der UNO, 1974 Nobelpreis für Wirtschaftswissenschaften 23, 333, 352, 367

Napoleon I. (1769–1821), 1804–1814 und 1815 Kaiser von Frankreich 16, 120, 124

Napoleon III. (1809–1873), 1852–1870 Kaiser von Frankreich 123

Nerman, Ture (1886–1969), schwedischer Politiker, Schriftsteller und Journalist, Redakteur der Zeitschrift *Trots allt!* 112

Nielsen, Frode (1891–1954), dänischer sozialdemokratischer Politiker, Parlamentsmitglied und Minister 324

Niemöller, Martin (1892–1984), evangelischer Theologe, als bekanntester Vertreter des protestantischen Kirchenwiderstandes 1937–1945 in KZ-Haft, 1947–1964 Kirchenpräsident in Hessen 144

Nietzsche, Friedrich (1844–1900), deutscher Philosoph 120

Nilsson, Torsten (1905–1997), schwedischer sozialdemokratischer Politiker, 1941–1976 Mitglied des Reichstags, 1945–1951 Verkehrsminister, 1951–1957 Verteidigungsminister, 1957–1962 Sozialminister, 1961–1971 Außenminister 23, 49

Noel-Baker, Philip (1889–1982), britischer Politiker (Labour Party) und Wissenschaftler, 1929–1931 und 1936–1970 Parlamentsmitglied, zahlreiche Ministerämter 348

Nygaardsvold, Johan (1879–1952), norwegischer Politiker (DNA), 1916–1949 Parlamentsmitglied, 1935–1945 Ministerpräsident, 1940–1945 im Exil in London 108, 337, 339

Ollenhauer, Erich (1901–1963), 1928–1933 SAJ-Vorsitzender, 1933 Emigration (ČSR, Frankreich, Portugal, England), 1933–1946 Mitglied des SPD-Exilvorstandes, im Februar 1946 Rückkehr nach Deutschland, Leiter der Organisationsabteilung des vorläufigen SPD-Parteivorstandes, 1946–

1952 stellvertretender SPD-Vorsitzender, 1952–1963 SPD-Vorsitzender, 1963 Vorsitzender der Sozialistischen Internationale 40, 42, 54, 260 f., 296–300, 306, 342 f., 345, 363

Ording, Aake Anker (auch Anker-Ording) (1899–1979), norwegischer Jurist und Politiker, im Londoner Exil Berater von Verteidigungsminister → Torp, nach 1945 Leiter der UNO-Hilfsarbeit für Kinder in Not, Tätigkeit in anderen internationalen Organisationen und Internationaler Sekretär der DNA 59

Ording, Arne (1898–1967), norwegischer Historiker und Politiker, außenpolitischer Berater der Außenminister → Trygve Lie und → Halvard Lange, während des Krieges im Exil in London, 1947–1959 Professor in Oslo 22, 53, 64–80, 82, 335 f., 338, 340 f., 348–350

Osóbka-Morawski, Edward (geb. 1909), polnischer Kommunist, 1939–1945 Mitglied der Widerstandsbewegung, 1944 Vorsitzender des Lubliner Komitees, 1945–1947 Ministerpräsident, 1949 Parteiausschluss, 1956 rehabilitiert 232

Ossietzky, Carl von (1889–1938), deutscher Journalist, Redakteur der *Weltbühne*, seit 1933 in KZ-Haft, Friedensnobelpreis 1936 357

Passarge, Otto (1891–1976), sozialdemokratischer Politiker, 1946–1956 Bürgermeister von Lübeck 345

Paul, Ernst (1897–1978), sudetendeutscher Sozialdemokrat, ab 1937 Mitglied der Exekutive der SI, 1939–1948 Exil in Schweden, 1942–1945 im „inneren Kreis" der „Internationalen Gruppe demokratischer Sozialisten", 1948 Eintritt in die SPD, 1949–1969 MdB (SPD) 23, 343, 352

Pieck, Wilhelm (1876–1960), kommunistischer Politiker, ab 1933 im Exil in Frankreich und in der Sowjetunion, ab 1935 Leiter der Exil-KPD, 1945 Vorsitzender der KPD in der SBZ, 1946–1954 zusammen mit → Grotewohl Vorsitzender der SED, 1949–1960 Staatspräsident der DDR 277

Piehl, Otto (1906–?), deutscher Gewerkschafter, Emigration nach Dänemark und Schweden, 1953 Rückkehr nach Deutschland 119

Pöppel, Jenny (1908–?), SAP-Mitglied, 1933 Emigration in die ČSR, 1938 nach Schweden 360

Pöppel, Walter (1904–1993), Gärtner, Metallarbeiter und Fotograf, SAP-Mitglied, 1933 Flucht in die ČSR, ab 1938 in Schweden 243, 360

Preysing-Lichtenegg-Moos, Konrad Graf von (1880–1950), katholischer Theologe, seit 1935–1950 Bischof von Berlin, seit 1946 Kardinal, entschiedener Gegner des Nationalsozialismus 144

Quade, Erich (1883–1959), Fliegergeneral, 1945–1953 in sowjetischer Kriegsgefangenschaft 70

Quisling, Vidkun (1887–1945), norwegischer Politiker, 1931–1933 Verteidigungsminister, 1933 Gründer der Nasjonal Samling und Führer der norwegischen Faschisten, 1942–1945 „Ministerpräsident" des Kollaborationsregimes, 1945 als Landesverräter hingerichtet 350, 357

Raloff, Karl (1899–1976), sozialdemokratischer Journalist, 1933 Emigration nach Dänemark, 1940 nach Schweden, 1945 Rückkehr nach Dänemark, dort Betreuung Vertriebener aus den ehemaligen deutschen Ostgebieten 262

Reeves, Joseph (1888–1969), britischer Politiker (Labour Party), 1945 Wahl ins Unterhaus 324

Rei, August (1886–1963), estnischer sozialdemokratischer Politiker, 1928–1929 Präsident, 1944 amtierender Außenminister der Exilregierung, 1944–1963 amtierender Premierminister und Staatspräsident der Esten im Exil 23

Reinowski, Hans (1900–1977), sozialdemokratischer Journalist und Politiker, 1933 Emigration nach Dänemark, 1940 nach Schweden, 1947 Rückkehr nach Deutschland und Redakteur des *Darmstädter Echo* 343

Renn, Ludwig (1889–1979), eigentlicher Name: Arnold Vieth von Golßenau, Schriftsteller, Teilnahme am Spanischen Bürgerkrieg, ab 1939 im Exil in Mexiko, dort Präsident der „Bewegung ‚Freies Deutschland'", ab 1947 in der SBZ/DDR, Eintritt in die SED 346

Reuter, Ernst (1889–1953), sozialdemokratischer Politiker, nach dem Ersten Weltkrieg vorübergehend Mitglied der KPD, 1931–1933 Oberbürgermeister von Magdeburg, 1935 Emigration (England, Türkei), 1948–1953 Oberbürgermeister bzw. Regierender Bürgermeister von Berlin, 1948–1953 Mitglied des SPD-Parteivorstandes 326

Roosevelt, Franklin Delano (1882–1945), 1933–1945 Präsident der Vereinigten Staaten von Amerika 90, 93, 180, 349

Rørholt, Arnold (1909–1986), norwegischer Jurist, 1939 Generalsekretär des norwegischen Roten Kreuzes, ab 1950 Funktionen in der internationalen Flüchtlingshilfsarbeit der UNO 298

Rundstedt, Karl Rudolf Gerd von (1875–1953), Generalfeldmarschall, 1942–1945 Oberbefehlshaber West 70, 349

Saefkow, Anton (1903–1944), kommunistischer Widerstandskämpfer, 1944 hingerichtet 394

Sandler, Rickard (1884–1964), schwedischer sozialdemokratischer Politiker, 1911–1917 und 1919–1960 Parlamentsmitglied, 1925–1926 Ministerpräsident, 1932–1939 Außenminister 79, 350

Sanness, John (1913–1984), norwegischer Historiker und sozialdemokratischer Politiker, 1946–1950 und 1956–1960 außenpolitischer Redakteur des *Ar-*

beiderbladet, 1960–1983 Direktor des außenpolitischen Instituts, 1966–1983 Professor in Oslo, ab 1970 Mitglied des Nobelkomitees 324, 337, 366

Saragat, Guiseppe (1898–1988), Führer des rechten Flügels der Sozialisten Partei Italiens, 1947 maßgeblich an der Parteispaltung beteiligt, mehrfach Minister, 1947–1949 stellvertretender Ministerpräsident, 1964–1971 Staatspräsident 324

Schiller, Friedrich (1759–1805), deutscher Dichter 120

Schive, Jens (1900–1962), norwegischer Journalist und Diplomat, 1940–1945 Pressechef an der Norwegischen Legation in Stockholm, ab 1948 Botschafter in Indien, 1951–1953 in Moskau, danach in Stockholm 23, 346

Scholl, Hans (1918–1943), Medizinstudent und führendes Mitglied der Widerstandsgruppe „Weiße Rose" in München, 1943 hingerichtet 356

Scholl, Sophie (1921–1943), Studentin der Biologie und Philosophie, führendes Mitglied der Widerstandsgruppe „Weiße Rose" in München, 1943 hingerichtet 356

Schopenhauer, Arthur (1766–1860), deutscher Philosoph 120

Schreiber, Walther (1884–1958), vor 1933 Abgeordneter und Minister in Preußen, 1945 Mitbegründer und 2. Vorsitzender der CDU in der SBZ, 1945 von der SMAD abgesetzt, 1953–1955 Regierender Bürgermeister von West-Berlin 366 f.

Schreiner, Albert Hermann (1892–1979), kommunistischer Parteifunktionär und Historiker, Vertreter der KPD im Council for a Democratic Germany in New York, 1946 Rückkehr in die SBZ 253

Schukow, Georgij Konstantinowitsch (1896–1974), sowjetischer Marschall, 1945–1946 Oberster Chef der SMAD 275

Schumacher, Kurt (1895–1952), 1930–1933 MdR (SPD), 1933–1944 bis auf kurze Unterbrechungen in Haft, seit Mai 1945 führend an der Reorganisation der SPD beteiligt, 1945–1946 Politischer Beauftragter der SPD für die drei westlichen Besatzungszonen, 1946–1952 Parteivorsitzender, 1949–1952 MdB, Vorsitzender der SPD-Bundestagsfraktion 43, 47, 54, 258–265, 269 f., 272, 285, 287, 305 f., 313 f., 325, 343, 345, 347, 362 f., 365 f.

Schwarzschild, Leopold (1891–1950), deutscher Publizist, Mitherausgeber von *Das Tage-Buch*, im Exil Hrsg. vom *Neues Tage-Buch*, 1940 Emigration in die USA 121

Seifert, Willi (1893–1970), Schriftsetzer, vor der Emigration nach Schweden SPD-Unterbezirkssekretär in Ostsachsen, in Schweden Vorsitzender der Landesgruppe der SPD 262 f., 343

Selnes, Kåre (1910–1982), norwegischer Historiker, Slawist und Studienrat, Mitglied der KP Norwegens 338

Sender, Toni (1888–1964), sozialdemokratische Politikerin, 1920–1933 MdR, 1933 Emigration, 1941–1944 Mitarbeiterin beim OSS 339

Sering, Paul
siehe Löwenthal, Richard

Seydewitz, Max (1892–1987), 1931 Mitbegründer der SAP, 1933 Emigration (ČSR, ab 1938 Norwegen, ab 1940 Schweden), im Exil Annäherung an die KPD, 1945 Rückkehr in die SBZ, dort ab 1946 SED-Mitglied, 1947–1952 Ministerpräsident in Sachsen 262

Seydlitz-Kurzbach, Walther von (1888–1976), General der Artillerie, 1943 in sowjetischer Kriegsgefangenschaft Präsident des Bundes Deutscher Offiziere und Vizepräsident des „Nationalkomitee ‚Freies Deutschland'", im Frühjahr 1944 in Deutschland zum Tode verurteilt, 1950 in der Sowjetunion zum Tode verurteilt, 1955 nach Deutschland ausgewiesen 147

Shirer, William (1904–1993), amerikanischer Schriftsteller und Journalist, 1934–1940 Korrespondent in Berlin und Wien, danach Kommentator und Kolumnist in den USA 127

Shukow, siehe Schukow, Georgij Konstantinowitsch

Sikorski, Wladyslaw (1881–1943), polnischer General und Politiker, 1922–1923 Innenminister und Ministerpräsident, 1939–1943 Ministerpräsident der polnischen Exilregierung 349

Singer, Kurt (geb. 1911), eigentl. Name: Kurt Deutsch, österreichischer Journalist, 1934 Emigration aus Deutschland in die ČSR, anschließend nach Schweden und 1940 in die USA 59, 348

Smith, Aubrey Edward Douglas (1899–?) 123

Smuts, Jan Christian (1870–1950), Außen- und Verteidigungsminister der südafrikanischen Regierung, 1941 Feldmarschall in der britischen Armee, 1942 Mitglied des britischen Kriegskabinetts 138, 356

Spaak, Paul Henri (1899–1972), 1938 belgischer Ministerpräsident, 1940–1945 Arbeitsminister in der Exilregierung in London, 1946–49 Ministerpräsident und Außenminister, 1945–1951 Präsident der Beratenden Versammlung des Europarates in Straßburg, NATO-Generalsekretär 74

Spångberg, August (1893–1987), schwedischer sozialdemokratischer Politiker und Vorsitzender der Eisenbahnergewerkschaft, 1922–1964 Mitglied des Reichstags 112

Stalin, Josef Wissarianowitsch (1878–1953), 1922–1953 Generalsekretär der KPdSU, 1941–1953 Vorsitzender des

Rates der Volkskommissare bzw. des sowjetischen Ministerrates 63, 74 f., 91, 93, 180, 184, 349

Steen, Sverre (1898–1983), norwegischer Historiker, 1938–1965 Professor für Geschichte in Oslo 23

Steinbach, Peter (geb. 1948), deutscher Historiker, seit 1992 Professor an der Freien Universität Berlin, wiss. Leiter der Gedenkstätte Deutscher Widerstand 347

Steinhoff, Ernst (geb. 1912), Handlungsgehilfe, SAP-Mitglied, 1933 Emigration (Saargebiet, Frankreich, Spanien, Norwegen und ab 1940 Schweden) 243

Steltzer, Theodor (1885–1967), Landrat in Rendsburg, während des Krieges als Oberstleutnant Chef des Transportwesens der Wehrmacht, in dieser Zeit enge Kontakte zur norwegischen Heimatfront, 1945 Mitbegründer der CDU, 1945–1946 Ministerpräsident in Schleswig-Holstein 27, 316, 365

Stülpnagel, Karl Heinrich von (1886–1944), General der Infanterie, 1942–1944 Militärbefehlshaber in Frankreich, 1944 hingerichtet 70

Stumpe, Lene (geb. 1908), SAP-Mitglied, Emigration in die ČSR, von dort nach Schweden 215

Stumpe, Willy (geb. 1906), SAP-Mitglied, Emigration in die ČSR, von dort nach Schweden 215, 243

Sunnanaa, Klaus (1905–1980), norwegischer Politiker (DNA), 1946 Vorsitzender des koordinierenden Wirtschaftsrates, 1948–1973 Fischereidirektor 337

Szende, Barbara (geb. 1930), Tochter von → Erszi und → Stefan Szende 320

Szende, Elisabet (1874–1944), Mutter von → Stefan Szende, 1944 in Auschwitz ermordet 207

Szende, Erszi (1903–?), Opernsängerin, SAP-Mitglied, ab 1937 im Exil in Schweden 320, 360

Szende, Stefan (1901–1985), ungarischer Publizist, 1933 Mitglied der illegalen SAP-Reichsleitung, 1934 Zuchthaushaft, ab 1937 im Exil in Schweden 31, 38, 45, 47, 54 f., 207, 242 f., 252, 305 f., 315–320, 340 f., 343, 352, 357, 360, 366, 374

Tarnow, Fritz (1880–1951), sozialdemokratischer Politiker und Gewerkschafter, 1928–1933 MdR, Emigration über Prag und Dänemark nach Schweden, 1946 Rückkehr nach Deutschland, Mitglied des Parlamentarischen Rats 40, 87, 262, 343, 352

Taurer, Bernhard (1905–?), Büromaschinenmechaniker, Mitglied der SPD und von „Neu Beginnen", 1935 Emigration in die ČSR, von dort über mehrere Zwischenstationen nach Norwegen, 1940 Flucht nach Schweden und weiter in die USA, dort Mitarbeiter der *Voices of America* 63

Tennant, Sir Peter (1910–1996), britischer Diplomat, in Stockholm während des Krieges verantwortlich für SOE-Agenten in Schweden 48

Thorkildsen, Carlota siehe Frahm, Carlota

Tillich, Paul (1886–1965), Philosoph und Theologe, 1933 Emigration in die USA, Professuren in New York, Harvard und Chicago 358

Tranmæl, Martin (1879–1967), norwegischer Politiker, 1921–1950 Redakteur des *Arbeiderbladet* (Oslo), 1906–1963 Mitglied des Parteivorstandes der DNA, 1940–1945 im Exil in Stockholm, Mitglied des „inneren Kreises" der „Internationalen Gruppe demokratischer Sozialisten" 21, 23 f., 26, 58, 66, 68, 88, 258, 337, 352

Trott zu Solz, Adam von (1909–1944), Legationsrat in der Informationsabteilung des Auswärtigen Amtes, 1944 hingerichtet 27, 374

Tschiang Kai-schek (1887–1975), chinesischer General und führender Politiker der Kuomintang-Regierung, 1928–1931 und 1943–1949 Staatspräsident 91, 352

Ulbricht, Walter (1893–1973), kommunistischer Politiker, ab 1933 im Exil, 1938–1945 in der Sowjetunion, 1945 maßgeblich am Aufbau der KPD und des FDGB in der SBZ beteiligt, 1946–1950 stellvertretender SED-Vorsitzender, 1949–1960 stellvertretender DDR-Ministerpräsident, 1950–1953 Generalsekretär und 1953–1971 Erster Sekretär des ZK der SED 277, 286

Undset, Sigrid (1882–1949), norwegische Schriftstellerin, 1928 Literaturnobelpreis, während des Weltkrieges stark vom „Vansittartismus" beeinflusst 48

Valentin, Veit (1885–1947), Historiker, bis 1933 Professor und Direktor des Deutschen Reichsarchivs, ab 1934 im Exil (England, USA) 346

Vansittart, Sir Robert Gilbert (1881–1957), Diplomat, 1938–1941 Hauptberater des britischen Außenministers, ab 1941 Mitglied des Oberhauses 116, 118, 120, 129 f., 132–134, 137, 335, 348

Vogel, Hans (1881–1945), deutscher sozialdemokratischer Politiker, 1920–1933 MdR, 1933 Emigration (ČSR, Frankreich, England), 1939–1945 Vorsitzender der Sopade 343, 360

Vogel, Jacob Nicolaus/Kurt (1896–1969), Journalist, ursprünglich KPD-Mitglied, während des Exils in Norwegen Bruch mit der KPD und Zusammenarbeit mit Brandt, nach 1945 in Oslo journalistisch tätig, ab 1951 Presseattaché an der deutschen Gesandtschaft in Oslo 299, 364

Völker, Erich (1919–?), Bäcker, SAP-Mitglied, 1938 Flucht über Holland und Norwegen nach Schweden 360

Vuori
siehe Wuori, Eero A.

Walcher, Hertha (1894–1990), bis 1933 Sekretärin von → Clara Zetkin, 1933 Emigration nach Frankreich, 1940 über Spanien und Portugal in die USA, 1947 Rückkehr nach Deutschland (SBZ) 53, 82–88, 213, 304, 350 f.

Walcher, Jacob (1887–1970), Metallarbeiter und Parteifunktionär (KPD, KPO, SAP), 1933 Emigration nach Frankreich, Leiter der Auslandszentrale der SAP, 1940 Emigration über Spanien und Portugal in die USA, 1946 Rückkehr nach Deutschland (SBZ), Eintritt in die SED, 1947–1951 Chefredakteur des FDGB-Organs *Tribüne*, 1952 Ausschluss aus der SED, 1956 Rehabilitierung und Wiederaufnahme in die SED 23, 33, 37, 40–45, 48, 53 f., 82–88, 206–213, 240, 252–258, 300–304, 307–314, 335 f., 339, 342, 344, 350 f., 357–362, 364 f.

Warnke, Herbert (1902–1975), kommunistischer Politiker, 1936 Emigration nach Dänemark, 1940 nach Schweden, 1945 Rückkehr in die SBZ, Mitglied des Parteivorstandes bzw. des ZK der SED, 1948–1975 FDGB-Vorsitzender 336

Wells, Herbert George (1866–1946), britischer Schriftsteller, Journalist, Soziologe und Historiker 152

Wienken, Heinrich (1883–1961), katholischer Theologe, 1937 Bischof-Koadjutor von Meißen, 1937–1951 Leiter des Kommissariats der Fuldaer Bischofskonferenz und bis 1945 Beauftragter der Katholischen Kirche für Verhandlungen mit der Reichsregierung, 1951–1957 Bischof von Meißen 356

Wilson, Thomas Woodrow (1856–1924), 1913–1921 Präsident der Vereinigten Staaten von Amerika 223

Winkler, Ernst (1899–1977), österreichischer sozialdemokratischer Politiker, ab 1938 im Exil in Norwegen, danach in Schweden und ab 1940 in den USA, 1950 Rückkehr nach Österreich, dort zahlreiche Funktionen in der SPÖ, 1956–1966 Abgeordneter des Nationalrats 63

Wold, Terje (1899–1972), norwegischer Politiker (DNA), 1939–1945 Justizminister, 1940–1942 auch Handelsminister der Exilregierung 62

Wollweber, Ernst (1898–1967), Hafenarbeiter, kommunistischer Politiker, maßgeblich am Aufbau des Westeuropabüros der Komintern in Kopenhagen beteiligt, 1940 in Schweden verhaftet und verurteilt, 1945 Rückkehr nach Deutschland (SBZ), Mitglied der SED, 1949–1953 Staatssekretär im DDR-Verkehrsministerium, 1953–1955 Minister für Staatssicherheit der DDR, 1958 aus dem ZK der SED ausgeschlossen 338

Wolters, Hermann (1910–1974), Matrose, KPD-Mitglied, 1933–1939 in Haft, 1946 Übertritt zur SPD, 1945–1958 Mitglied des Bremer Senats 306–308

Wuori, Eero A. (1900–1966), finnischer Politiker und Gewerkschafter, 1938–1945 Vorsitzender des Finnischen Gewerkschaftsbundes (FFC), 1944–1945 mehrfach Minister, 1945–1952 Botschafter in London, 1955–1963 Botschafter in Moskau 63

Wurm, Theophil (1868–1953), evangelischer Theologe, 1933–1949 Landesbischof von Württemberg, Gegner des Nationalsozialismus, 1945–1949 Vorsitzender des Rats der Evangelischen Kirche in Deutschland, setzte sich nach 1945 für eine Überprüfung der Urteile der Nürnberger Kriegsverbrecherprozesse ein 144

Zetkin, Clara (1857–1933), Mitglied der SPD, ab 1919 der KPD, 1920–1933 MdR, 1932 Alterspräsidentin des Reichstages 425

Zweiling, Klaus (1900–1968), Mitglied der illegalen SAP-Reichsleitung, 1934 Verurteilung in Deutschland, danach im Strafbataillon 999, seit 1946 Mitglied der SED und bis 1950 Redakteur des SED-Organs *Einheit* 255

Sachregister

Abessinien 116, 164
Abkommen und Verträge, *siehe auch: Völkerrecht*
— Atlantik-Charta, 14. August 1941 72, 75, 91, 94, 97, 99, 103, 116, 130, 139, 152, 172, 182 f., 185, 190, 212, 223, 349, 354, 357
— deutsch-britisches Flottenabkommen, 18. Juni 1935 116, 184, 357
— deutsch-sowjetischer Nichtangriffspakt, 23. August 1939 83 f., 106, 351
— Haager Landkriegsordnung, 18. Oktober 1907 179
— Münchener Abkommen, 29. September 1938 116, 174, 357
— Potsdamer Abkommen, 2. August 1945 239 f., 254, 267, 271, 278, 361
— Versailler Vertrag, 28. Juni 1919 35, 117, 122, 176, 222, 357
— Washington-Pakt, 1. Januar 1942 352, 354
Abrüstung 93 f., 130, 141 f., 149 f., 170, 172, 180, 182–184, 221, 230, 238
Achsenmächte 130, 246
Äthiopien *siehe Abessinien*
Algier 175
Alliierte, *siehe auch: Abkommen und Verträge, Deutschlandpolitik, Sowjetunion, Westmächte, Vereinte Nationen* 32, 91, 93, 97 f., 102, 132, 134–136, 138, 142, 148, 150 f., 156 f., 164–167, 171, 173, 178, 180, 183 f., 189, 196 f., 206, 229 f., 232, 315, 317
— Alliierte im Ersten Weltkrieg 136, 183, 222
— Alliierter Kontrollrat 46, 279, 281, 293, 303, 319 f., 331, 344
— Norwegian Military Mission 46 f., 319 f., 322, 333
Alnö 215

Altenburg/Elbe 329
Altenhain 239
American Friends of German Freedom 21, 348
Antibolschewismus 286, 311
Antifa-Komitees 267
Antifaschismus, „Antinazismus" 126, 148, 157 f., 160, 239, 247, 271, 274, 294
Anti-Hitler-Koalition, *siehe Alliierte*
Antisemitismus 189
Apolda 330
Arbeiter- und Bauernregierung 106
Arbeiterbewegung 93, 97, 103–106, 114, 168, 187, 195, 205, 209, 219 f., 245, 248, 251 f., 265, 295, 309
— britische 44, 65, 270
— deutsche 41, 44, 121, 125 f., 139, 142, 145, 147, 159, 161–163, 168, 172, 174, 179, 187, 198 f., 203–205, 213, 243, 245–250, 252, 265–295, 301–304, 310–314, 318, 321, 351, 365
— finnische 63
— internationale 44, 61, 88, 90, 93, 97, 113, 168, 212, 219 f., 246 f., 262, 293, 295, 298, 310 f., 349
— italienische 194
— norwegische 32, 37, 61, 66 f., 75, 80, 109 f., 337
— österreichische 129, 173 f.
— skandinavische 38, 49, 262, 265, 270, 321
— sozialistische 97, 100, 246
— westliche 292, 302 f., 312
Arbeitslosigkeit 68, 75, 126, 149, 170, 327
Aufrüstung 142, 159, 183
Auschwitz 207, 358, 372

Balkan 194, 206
Barcelona 112 f.
Bautzen 329

Bayern 130 f., 177, 276
Belgien 151, 194, 324
Bergen 254, 361 f.
Berlin 15, 46–48, 77, 84, 124, 147, 240, 242 f., 253, 257, 260, 264, 266 f., 270–273, 278–283, 284, 286–290, 292 f., 301, 303, 319–321, 323, 328 f., 331, 334, 346, 360–363
— sowjetischer Sektor 330
— westliche Sektoren 301
Besatzungszonen 47, 165, 232 f., 254, 271, 288, 290 f., 293
— Bizonen-Wirtschaftsrat 325
— westliche Besatzungszonen 268, 270, 272, 276 f., 279 f., 288 f., 294, 302, 308, 312–314, 325 f., 330
Besetzung Deutschlands, *siehe auch:* Deutschlandpolitik 36, 65, 69, 72, 76, 130 f., 134–136, 140, 150, 157, 165, 171, 178–180, 197, 236, 238, 246, 251, 265, 268, 295, 311
— alliierte Pläne 65, 72, 165
— Besatzungsbehörden 135, 197 f., 238, 279–281
— Besatzungsmächte 140, 158, 163, 178–180, 182, 184, 198 f., 247, 265, 267 f. 272 f., 290, 292, 294, 303, 311, 325
— Besatzungstruppen 69, 76, 136 f., 178, 327
Betriebsräte 257, 275 f., 280 f., 330, 358
Bodenreform 141, 277, 327
Bodø 350
Bolschewismus, *siehe auch: Kommunismus, Sowjetunion* 69 f., 217
Braunschweig 242, 257, 287
Bremen 240, 252, 255, 276, 304, 306 f., 340, 360
Breslau 243
Buchenwald 288, 329
Bund deutscher Offiziere, *siehe auch: Nationalkomitee „Freies Deutschland"* 148

China 73, 91, 164, 360

Christlich-Demokratische Union Deutschlands (CDU) 325, 330, 367
Cottbus 330
Council for a Democratic Germany 212, 253, 258, 361

Dänemark 20, 194, 234, 241, 297 f., 304, 336
— Socialdemokratiet i Danmark (Sozialdemokratische Partei Dänemarks) 324
Danzig 331
Demobilisierung 160
Demokratie 73, 89, 91, 102, 114, 124, 141, 148, 152 f., 163, 169, 179 f., 182, 191, 195–198, 204, 215–230, 245, 251, 274, 283, 289, 294 f., 309 f., 333, 341
— Demokratie in Europa 323
— Demokratie innerhalb der Arbeiterbewegung 43, 248, 250 f., 257, 295, 301, 307–310, 314
— Demokratie und Demokratiedefizite in Deutschland 120, 125, 133, 136, 139, 142, 157, 159, 169, 183, 229, 288 f., 321, 328
— demokratisches Potenzial in Deutschland 29, 102, 139, 157, 160–163
— Demokratisierung 192, 227, 230
— Demokratisierung Deutschlands 76, 94, 101 f., 136 f., 139, 156 f., 162, 175, 179, 196 f., 200–202
— innerparteiliche 43, 307–309
— soziale/sozialistische 90, 102, 198, 270
Demontage 257, 276, 326 f.
Deutschland 46 f., 49, 64–67, 69 f., 73, 77, 80, 89, 93 f., 101, 116–118, 120 f., 123–125, 129, 131–134, 136 f., 139, 151, 154, 156–159, 162 f., 170–177, 179–183, 186, 188, 190, 193 f., 198 f., 213 f., 232, 235–238, 243, 245, 250 f., 264, 267, 272, 276, 287, 294–296, 307, 309, 311–313, 315, 317–320, 323, 325, 331 f., 348, 351, 356
— „das andere Deutschland" 29, 64, 111,

— 118, 121 f., 133 f., 138, 144, 154 f., 157 f., 206
— als Gegensatz zum „Dritten Reich" 71, 93, 165, 167, 187
— gesamtdeutsche Perspektive 299
— reale Verhältnisse im Nachkriegsdeutschland 248, 254, 265, 268, 270, 279, 292, 311, 326
— Vorstellung vom Nachkriegsdeutschland 28, 39, 65, 67, 69, 73–75, 77, 94, 101 f., 130–134, 136–138, 140–148, 149, 151, 155 f., 160, 163–169, 173, 176, 178 f., 183 f., 186 f., 190, 192, 196–199, 201 f., 204, 229, 231 f., 234–237
Deutschlandpolitik, *siehe auch: Abkommen und Verträge, Alliierte, Besatzungszonen, Besetzung Deutschlands, Einheit Deutschlands* 47, 64
Döbeln 330
Dombås 19
Dresden 304, 330
„Drittes Reich", *siehe auch: Faschismus, Gestapo, Juden, Konzentrationslager, Kriegsverbrechen, Nationalsozialismus, Opposition, Schutzstaffel, Sturmabteilung, Widerstand* 63, 65 f., 68, 74, 77, 83 f., 89, 93 f., 110 f., 117, 120 f., 123 f., 127–129, 135, 138, 143, 146, 149, 157, 159, 161, 163–165, 171, 179, 187–189, 203
— Expansionspolitik 20, 78, 123, 142, 164, 231, 345
— „Machtergreifung" 116, 182, 247
— Rassenverfolgung 135, 189

Einheit Deutschlands, *siehe auch: Deutschlandpolitik* 32, 36 f., 65, 75, 130, 165, 171, 173, 177, 232 f., 254, 270 f., 287 f., 290, 293 f., 299, 302, 312, 361
Einheitsfront 112, 155, 245, 256, 312
Einheitspartei, *siehe auch: Kommunistische Partei Deutschlands, Sozialdemokratische Partei Deutschlands, Sozialistische Arbeiterpartei Deutschlands, Sozialistische Einheitspartei Deutschlands* 39, 41–43, 87 f., 116, 155, 163, 203–205, 208–210, 214, 242–245, 248–250, 255–257, 266 f., 273, 283–285, 288–291, 297, 301, 308, 312 f., 342–344, 351, 359
— „Dritte Arbeiterpartei" 246 f., 255
— internationale Einheitstendenzen 43, 241
Einheitspolitik 272 f., 282 f., 290, 299, 301 f., 312
Einparteiensystem 201
Elsass-Lothringen 173
England, *siehe Großbritannien*
Entente 137
Entnazifizierung 142, 199, 266, 280 f., 328
Entwaffnung, *siehe Abrüstung*
Erster Weltkrieg 98, 125, 139, 155, 175, 185
Europa, *siehe auch: Föderalismus* 135, 138 f., 150 f., 157, 177 f., 193 f., 236, 251, 332
— europäische Föderation 171, 193–195, 230, 236, 350
— europäische Zusammenarbeit 172, 193, 227, 317
— europäischer Zusammenschluss 151, 193, 227, 230
— Vorstellung vom Nachkriegseuropa 16, 24 f., 29, 35 f., 39, 69, 73, 76 f., 92, 96, 134 f., 151, 155, 166, 225, 341
Exil, Emigration, *siehe auch: Norwegen, Remigration, Sozialdemokratische Partei Deutschlands* 86, 109, 121, 214, 239, 243, 245, 250, 272
— deutsches 63, 79, 154, 211, 214, 239, 243, 246, 261
— Emigranten 76 f., 121, 137, 147, 332
— Exil in London 41, 116, 211, 259–261
— norwegisches 21, 60, 66, 68, 79

Faschismus, *siehe auch: „Drittes Reich", Italien, Nationalsozialismus, Spanien, Ungarn* 89 f., 94, 104, 121, 124, 126, 129, 146, 156, 162 f., 165, 168, 189, 215, 229, 246, 304, 364
Feudalismus 125
Finnland 63, 83 f., 124, 324, 341, 351

Finnmark 234, 372
Flüchtlinge, *siehe auch: Exil, Emigration* 63, 121, 128
Föderalismus, föderative Lösungen
— Deutschland 37, 202, 233
— Europa 35 f., 92, 96, 192 f., 195, 233, 236
Frankfurt/Main 252, 261, 285 f., 315
Frankfurt/Oder 329
Frankreich 33, 37, 64, 73, 116 f., 121–124, 128, 164, 175, 194 f., 206, 229, 238, 324, 342, 357
— Arbeitslager 128
— Section Française de l'Internationale Ouvrière (SFIO) 241, 294
Freier Deutscher Kulturbund 244, 361
Friedensziele 65, 73, 91, 114, 148, 150
Fünfeichen bei Neubrandenburg 329
Fulda 114
Fulton 376

Geheimdienste 25–27, 48, 338 f.
— Deuxième Bureau 121, 354
— Office of Strategic Service (OSS) 23, 26, 339 f.
— Secret Intelligence Service (SIS) 26 f., 121, 354
Gelsenkirchen 243
Generalstab, *siehe Wehrmacht*
Genf 333
Gerichtshöfe, überstaatliche 93, 95, 181, 221, 223
Gestapo 22, 66, 68, 70 f., 105, 108–110, 148, 158, 166, 169, 181 f., 237, 254 f., 339
Gewerkschaften, *siehe auch: Arbeiterbewegung, Internationale Transportarbeiterföderation* 103, 139, 146, 162, 188, 197, 209, 235, 243, 276, 278 f., 293 f., 299, 303
— American Federation of Labor 294, 325
— deutsche Gewerkschaften (nach 1945) 139, 146, 162, 197, 213, 243, 266, 278–282, 303

— Freier Deutscher Gewerkschaftsbund (FDGB) 278, 282
— Gewerkschaftsinternationale 103, 188, 279
— Landesgruppe der freien Gewerkschaften in Schweden 244
— Norwegischer Gewerkschaftsbund, LO 60, 297, 348
— Weltgewerkschaftsbund 279, 293, 363
Grenzen, Grenzregulierung 34 f., 74–76, 91 f., 130 f., 151, 173, 175–177, 224, 231 f., 239, 277
Griechenland 30, 128, 228
— Bürgerkrieg 228
Grini 258, 362
Großbritannien, *siehe auch: Abkommen und Verträge, Alliierte, Arbeiterbewegung, Besatzungszonen, Besetzung Deutschlands, Deutschlandpolitik, Gewerkschaften, Konferenzen, Westmächte, Zweiter Weltkrieg* 25, 64, 66, 69, 73, 78, 80, 85, 101, 116 f., 123, 127, 130, 154, 164, 166, 184, 19 f., 214, 225, 238, 253, 335, 341, 348 f., 357, 360
— Außenministerium, Foreign Office 116
— britischer Gewerkschaftsbund 135
— Labour Party 25, 28, 64 f., 77, 94 f., 101 f., 134, 139, 241 f., 294, 300, 324, 348, 352, 363
— Regierung 74, 116, 350
Grundrechte, *siehe auch: Menschenrechte* 91, 95, 135, 139, 146, 148, 158, 169, 200, 217, 228, 230, 284, 301, 309
Guerillakrieg 16 f., 80, 108
Guernica 123, 355

Halle 330
Halle-Merseburg 257
Hamburg 46, 71, 127, 264, 276, 298, 317, 323, 362, 365
Hannover 255, 260 f., 284, 286, 289, 300, 305, 313, 315, 319, 324

— als SPD-Führung 42, 258, 264, 272, 285, 287, 290, 305 f., 315, 365
Hessen 276 f.
„Hitlerismus", siehe Nationalsozialismus
Hof 304
Holland, siehe Niederlande
Humanitäre Hilfe für Deutschland 264, 297 f., 304

Illegalität, illegale Arbeit 127, 145–147, 154, 161, 245, 256, 298
Imperialismus 77, 89 f., 123, 153, 164, 178, 218, 230
Indien 73
Internationale, siehe auch: Arbeiterbewegung, Kommunismus 104, 114
— Erste Internationale 219
— Forderung nach Neugründung der Sozialistischen Arbeiterinternationale 103 f., 114, 205, 212
— Kommunistische Internationale (Komintern) 41, 87, 112, 114, 309, 354, 365
— Sozialistische Internationale 103 f., 205, 212, 324, 346, 362, 366
— Zweite Internationale 125
Internationale Gruppe demokratischer Sozialisten in Stockholm 18, 23 f., 32, 39 f., 88–104, 212, 351
Internationale Transportarbeiterföderation (ITF) 27, 113, 340
Internationales Arbeitsamt 98, 191, 222
Isolationismus 94 f., 222
Italien 30, 101, 123 f., 127, 129, 132, 143, 146, 162, 194 f., 197, 229, 241, 340 f.
— Partito Socialista Democratico Italiano 324

Jamlitz bei Lieberose 329
Japan 82, 132, 350
Juden, siehe auch: Antisemitismus, Palästina, Wiedergutmachung 31, 128, 130, 181, 188 f., 207, 235, 241

— Entschädigung 32, 189, 235
— Judenverfolgungen 31, 128, 181, 189
Jugend 70, 101, 137, 143 f., 161, 171, 191, 299
Jugoslawien 108, 128
— Exilregierung in London 74
— Partisanenkrieg 17

Kanada 324
Kapitalismus 77, 288
Karthago 117
Kirche 133, 144, 147, 204, 357
— Bischofsversammlung in Fulda, Sommer 1940 144, 356
— Kirchenwiderstand 144 f., 239
Kirkenes 374
Klassen und Schichten
— Arbeiterklasse, Arbeiterschaft, Proletariat 89, 102, 146 f., 159, 177, 203 f., 219, 255–257, 283, 309
— Bauern 126, 144, 239, 283
— Bürgertum 125, 217 f.
— Bürokratie 126, 138, 159
— Generäle 70 f., 102, 130, 138, 142, 159 f.
— Großbürgertum 125
— Großfinanz, Großkapitalisten 126, 134, 141, 159, 328
— Großindustrielle 102, 130, 138
— Intellektuelle, Intelligenz 125, 144, 147, 159, 214, 239, 243, 283
— Junker 102, 124, 126, 134, 138, 141, 159, 328
— Mittelschicht, Mittelstand 126, 144, 203 f., 217, 243
— Offiziere, Offizierskorps 126, 142, 159 f., 185
Kollaboration 66, 80, 124, 136, 173, 175, 180, 341, 350, 355, 357
Kollektive Sicherheit 95, 150, 164, 166, 173, 183, 193, 223, 227
Kollektivismus 153
Kollektivschuld, Kollektive Verantwortung 30, 182, 271

Kolonien, Kolonialvölker 101 f., 128, 218, 222, 230
Kommunismus, *siehe auch: Bolschewismus, Internationale, Sowjetunion* 32, 208
Kommunistische Partei Deutschlands (KPD) 42 f., 208, 210 f., 239, 245, 248, 253, 255–258, 266–268, 272–278, 281–287, 289–292, 299, 301 f., 306–309, 312–314, 351, 358 f., 362–365
Konferenzen, *siehe auch: Abkommen und Verträge, Alliierte, Deutschlandpolitik*
— Außenminister-Konferenz in Paris, 25. April – 12. Juli 1946 303
— Bretton-Woods-Konferenz, 1.–22. Juli 1944 357
— Konferenz der sozialdemokratischen Parteien in Clacton-on-sea, 17. – 20. Mai 1946 345
— Konferenz der sozialdemokratischen Parteien in Zürich, 6. – 9. Juni 1947 324, 366
— Konferenz von Casablanca, 14. – 26. Januar 1943 93
— Konferenz von Dumbarton Oaks, 21. August – 26. September 1943 227, 360
— Konferenz von Jalta, 4.–12. Februar 1945 361
— Konferenz von Teheran, 28. November – 1. Dezember 1943 175, 183
— Ministerpräsidentenkonferenz in München, 6. – 8. Juni 1947 332
— Moskauer Außenminister-Konferenz, 19. – 30. Oktober 1943 174, 180, 183, 357
— Potsdamer Konferenz, 17. Juli – 2. August 1945 239 f., 254, 267, 271, 278, 361
Konservatismus 145, 160 f.
Konzentrationslager 68, 77, 127 f., 136, 144, 181, 189, 237, 245
— Auschwitz 207, 358

— Buchenwald 288, 329
— Fünfeichen bei Neubrandenburg 329
— Grini 258, 362
— Pistor bei Bitterfeld 329
— Ravensbrück 355
— Sachsenhausen 258, 288, 328, 362
Kopenhagen 262, 264 f.
Kriegsgefahr nach 1945 96, 224, 293, 312
Kriegsgewinne 99
Kriegsmitverantwortung 28, 30 f., 68, 77, 94, 111, 127, 164, 187
Kriegsschuld 30, 68, 77, 94, 111, 127, 164, 187, 199, 275
Kriegsverbrechen, NS-Verbrechen 93, 135, 148, 160, 164, 174, 181 f., 185, 206 f.
— Kriegsverbrecher 93, 120, 135, 148, 169 f., 180–182, 238
— Kriegsverbrechergerichte 93, 128, 135, 169, 180, 182, 200
— Nürnberger Prozess 17, 30 f., 252 f., 259 f., 263, 296, 316, 319, 322, 361, 363, 366
Kriegsziele 77, 101, 223 f.
Kuba 37, 41

Leipzig 257, 329 f.
Liberalismus 142, 145, 153, 161
Lidice 123, 355
Lofoten 350
London 20, 37, 40, 64, 74, 84–86, 186, 255, 259–261, 304, 356
— Union deutscher sozialistischer Organisationen 149, 186, 214, 343 f., 356 f., 360
— deutsches Exil 85 f., 186, 211 f., 214, 244, 255, 259–261, 304, 340, 342 f.
— Exilregierungen 74, 175, 186
— norwegisches Exil 16, 67, 73, 77, 350
— britische Regierung 293
Lothringen 151
Lublin 360
Lübeck 27, 46, 127, 252 f., 255 f., 259, 262, 298, 305 f., 315–319, 323, 345, 365
Luxemburg 151

Magdeburg 330
Malmö 214
Marshallplan, *siehe Wiederaufbau*
Menschenrechte 152, 217, 228, 309
Militarismus 69, 71, 94, 124 f., 134, 178, 183 f., 328
Minderheiten 35, 92, 176, 222, 349
Mitteleuropa 70, 92, 104, 139, 174
Moskau 32, 74, 147, 175, 293, 358
Mühlberg/Elbe 329
München 144, 284, 356

Nachrichten- und Presseagenturen 46
— Dana 305 f., 315 f., 364 f.
— DPD 315–317, 323, 365
— Overseas News Agency 26
— Svensk-Norsk Pressbyrå 21, 87, 337, 351 f.
Nœrnes 370
Nationalismus 120, 125 f., 135, 171, 178, 218 f., 224 f., 232 f., 351
— „realistischer Nationalismus" 64, 116, 122
Nationalkomitee „Freies Deutschland", *siehe auch: Bund deutscher Offiziere* 33, 147 f., 211, 239, 256, 258, 260
Nationalsozialismus, Nazismus, *siehe auch:* „Drittes Reich", Faschismus, Gestapo, Juden, Konzentrationslager, Kriegsverbrechen, Opposition, Schutzstaffel, Sturmabteilung, Widerstand 65, 68–71, 74, 89, 91, 94, 102, 111, 116 f., 120, 122–127, 129, 131, 134, 136, 138 f., 141–145, 150, 154, 156 f., 159, 161, 165, 167, 170, 187, 191, 196, 198 f., 203, 215, 229, 239, 266 f., 328, 348, 356 f.
— Expansionspolitik 20, 123, 142, 164, 231, 345
— „Machtergreifung" (1933) 116, 127, 182
— Niederlage des Nationalsozialismus 89 f., 102 f., 146 f., 150, 196, 199, 203, 266
— Rassenlehre 118, 124, 138, 189, 219

Nationalsozialistische Deutsche Arbeiterpartei (NSDAP) 70, 142, 169, 182
Neuordnung in Europa 77, 132, 193
New York 20, 37, 318, 361, 370 f.
Niederlande 137, 151, 194
— Partij van de Arbeid 324
Nordhausen 330
Nordismus 79
Norwegen, *siehe auch: Arbeiterbewegung, Exil, Gewerkschaften, London, Okkupation, Widerstand, Zweiter Weltkrieg* 15–21, 23, 45–49, 60 f., 63, 66 f., 69, 71, 76, 78 f., 106–108, 110–112, 115, 194, 207, 212, 234, 241, 254, 258, 321, 331 f., 337, 345–348, 350, 358, 370–372, 374 f.
— Außenministerium 46, 317, 319 f., 333, 346
— Det norske Arbeiderparti 16, 32, 46 f., 67, 258, 297–299, 324, 337, 345, 348, 366
— deutsche Besetzung, Krieg in Norwegen 15 f., 18 f., 37, 66 f., 71, 106, 108, 115, 207, 298, 353, 362
— Exil in Norwegen 59, 63
— Exilregierung in London 16, 21 f., 109, 336, 347 f.
— Gewerkschaften 106, 258
— Militärmission in Berlin 46 f., 319 f., 322, 333
— Nasjonal Samling 61, 348, 357
— Norges kommunistiske parti 22, 43, 105–109, 241, 258, 371
— norwegisches Exil in Stockholm 17, 21 f., 26 f., 60, 66 f., 79, 320, 337, 348
— Regierung 67, 75, 106, 110, 321
— Rotes Kreuz 298
— Storting (Parlament) 67, 353
— Widerstand, Widerstandsbewegung 17, 20–22, 60, 79 f., 105–108, 337, 352
Nürnberg 30, 252, 260 f., 296, 316, 324, 377
Nürnberger Kriegsverbrecherprozess, *siehe Kriegsverbrechen*
Nyköping 215

Oberschlesien 75, 151, 175, 349
Offenbach 296, 299, 376
Okkupation, *siehe auch: Besatzungszonen, Besetzung Deutschlands, Norwegen* 179, 186, 194
Opposition gegen den Nationalsozialismus, *siehe auch: Widerstand gegen den Nationalsozialismus* 68, 71, 156
— Arbeiteropposition 145–147, 161 f.
— deutsche Opposition 69, 121, 126, 147, 163
— Kirchenopposition 144 f., 239
— Opposition innerhalb der Wehrmacht 71, 142, 160
Oslo 17, 19, 21, 25, 37, 46, 66, 87, 113, 208, 241, 264, 297, 300, 304, 331, 347 f., 361 f., 364
Österreich 75, 116, 130 f., 164, 173, 194, 241, 249, 290, 363
— Revolutionäre Sozialisten Österreichs (RSÖ) 174, 250, 357 f.
— Sozialistische Partei Österreichs (SPÖ) 250, 324, 363
Osteuropa 70, 73, 75, 92, 229
Ostpreußen 75, 175, 232, 349

Palästina 31 f., 189, 235
Paris 46 f., 206, 303, 317, 319, 351, 358, 366
Parlamentarismus, parlamentarisches System 196, 201 f., 217
Pearl Harbor 350
Persönliches über Willy Brandt 80, 86, 110, 212, 252, 315, 319, 331–333
— Familie 20, 45, 58 f., 80–82, 85, 87, 101, 213
— Publikationen 15 f., 18, 20 f., 23, 58 f., 80, 105 f., 108 f., 212 f., 264 f., 297, 316, 319
— selbstkritische Äußerungen 18, 85, 335
— Staatsbürgerschaft 15, 19, 45, 47, 85, 110, 207, 259, 297, 315, 318, 321, 332, 336, 367

— Verhältnis zu Norwegen 20, 45, 110 f., 207, 332 f.
— Zukunftspläne 45 f., 59, 207 f., 253, 260, 296 f., 301, 305 f., 315–320, 331
Pistor bei Bitterfeld 329
Planwirtschaft 33, 89 f., 100, 153, 170, 270, 327
— internationale Planwirtschaft 90, 99 f., 221, 230
Polen, *siehe auch: Exil, London* 34 f., 76, 113, 128, 131, 151, 175 f., 219, 238, 241, 249, 285, 360
— Exilregierung in London 175
— Grenzfragen 34, 175 f.
— Lubliner Komitee 232, 360
Portugal 124
Prag 47
Preußen 69, 124, 128, 131, 133, 171, 202
— preußischer Militarismus 69, 71, 94, 124, 159, 178
Propaganda 65, 72, 117, 331
— nationalsozialistische Propaganda 69

Räte 137, 160, 196
Raubkunst 31, 98, 188, 235
Ravensbrück 355
Rechtsordnung, internationale 95 f., 172, 192, 271
Rechtsorganisation, internationale 95 f., 192, 221, 224, 227, 236
Rechtsstaat 89, 169, 226, 251, 328
Reichstagsbrand, 27. Februar 1933 126
Reinfeld (Holstein) 256
Remigration, *siehe auch: Exil, Emigration* 42, 44 f., 76, 137, 147, 207, 235, 258, 261 f., 317 f., 332, 342, 344, 361
Reparationsleistungen, *siehe auch: Abkommen und Verträge, Alliierte, Besetzung Deutschlands, Demontage, Deutschlandpolitik, Konferenzen, Sowjetunion* 98, 151, 185–187, 223, 233–235, 271, 308, 326, 367
Revolution
— Amerikanische Revolution 218

— Französische Revolution 218
— Revolution 1918/19 125, 141, 159, 174
— Russische Revolution 97, 129
Revolutionserwartung am Ende der nationalsozialistischen Diktatur 29 f., 44, 69, 74, 102, 134, 137, 140–149, 156, 158–161, 167 f., 170–172, 178, 215 f.
Rheinland 116, 131, 137, 177, 232
Rote Armee, *siehe auch: Sowjetunion, Zweiter Weltkrieg* 33, 97, 114, 206, 257, 311
Rudolstadt 330
Ruhrgebiet 122, 131 f., 147, 151, 232, 264, 276 f., 362
Rumänien 127 f., 132, 206, 324, 358

Sabotage 108
Sachsen 147, 272, 282, 288, 330
Sachsenhausen 258, 288, 328, 362
San Francisco 360
Schlesien 147, 151
Schmachtenhagen 330
Schutzstaffel (SS), *siehe auch: „Drittes Reich", Nationalsozialismus* 66, 136, 143, 148, 169, 182, 235
Schweden, *siehe auch: Arbeiterbewegung, Exil* 15 f., 18–21, 23, 25, 27, 39, 41, 49, 63, 66, 78 f., 105 f., 111, 154, 214, 244, 258, 261 f., 264, 298, 320, 336 f., 340, 347 f.
— Schwedisch-norwegisches Pressebüro (Svensk-Norsk Pressbyrå) 21, 87, 337, 351 f.
— Sicherheitspolizei 25 f., 337
— Socialistiska Partiet 112, 353
— Sveriges Socialdemokratiska Arbetareparti 324, 343
Schweiz 137, 324
Schwerin 329
Selbstbestimmung, nationale 69, 75, 91 f., 166, 173, 220, 222 f., 226, 295, 311
Selbstverwaltung 92, 101, 149, 170, 200, 202, 284

Skandinavien, *siehe auch: Arbeiterbewegung, Dänemark, Exil, Norwegen, Schweden* 27, 49 f., 84, 137, 253, 258–262, 297, 305, 340, 345, 347
Skillingmark 19
Sowjetische Besatzungszone (SBZ), *siehe auch: Besatzungszonen, Besetzung Deutschlands, Bodenreform, Deutschlandpolitik, Sowjetunion, Sozialistische Einheitspartei Deutschlands, Sozialdemokratische Partei Deutschlands* 43, 264, 267 f., 270, 272 f., 275 f., 278–292, 301 f., 308 f., 313 f., 326–331, 365, 367
— Arbeitslager 288, 328 f.
— bürgerliche Parteien 330
— Demokratiedefizite 301, 307, 309, 328–330
— MWD (NKWD) 329
Sowjetische Militäradministration in Deutschland 267, 287
Sowjetunion, *siehe auch: Abkommen und Verträge, Alliierte, Besetzung Deutschlands, Bolschewismus, Deutschlandpolitik, Rote Armee, Sowjetische Besatzungszone, Sowjetische Militäradministration in Deutschland* 22, 25 f., 32–34, 36, 44, 69, 73 f., 77, 83, 91, 93, 96 f., 105, 114, 117 f., 123, 154, 164, 166, 176, 186, 193, 195, 208 f., 217, 222 f., 225, 238, 246, 272, 284, 290–292, 303, 307, 310 f., 325–328, 331, 348, 351, 356, 360–362
Sozialdemokratie 42, 44, 112, 120, 139, 209, 242, 244 f., 248–250, 264, 266, 271
Sozialdemokratische Partei Deutschlands (SPD), *siehe auch: Arbeiterbewegung, Einheitspartei, Exil, Internationale, Sozialdemokratie, Sozialismus* 39 f., 42, 44, 46–49, 139, 240, 242–250, 255–257, 262, 266, 268–278, 283–290, 292, 299 f., 302 f., 305–308, 312–314, 324–326, 328–331, 345, 360, 362–366
— Exil in London 39 f., 214, 244, 343, 361
— Exil in Stockholm 39 f., 211, 213 f., 243 f., 251, 258, 343

- Konferenz der SPD in Wennigsen/Hannover, 5. – 7. Oktober 1945   272 f.
- Landesgruppe Norwegen   258, 264
- Landesgruppe Schweden   39 f., 213, 243 f., 258 f., 261 f., 264, 296, 300, 343, 359, 362
- Parteitag der SPD in Hannover, 9. – 11. Mai 1946   296, 300, 302, 305, 313, 324, 343, 364
- Parteitag der SPD in Nürnberg, 29. Juni – 2. Juli 1947   324–326, 346
- Sopade-Vorstand in London   244
- SPD-Parteivorstand in Hannover   42, 258, 264, 272, 285, 287, 290, 298, 305 f., 315, 323, 365
- SPD-Zentralausschuss in der SBZ   264, 272 f., 283, 286–288, 290, 363, 365

Sozialisierung   89, 149
Sozialismus, *siehe auch: Demokratie*   219, 249, 270, 283, 289, 295, 311, 314, 323
Sozialistengesetze, 1878–1890   125
Sozialistische Arbeiterjugend (SAJ)   259
Sozialistische Arbeiterpartei Deutschlands (SAP)   23, 37 f., 40, 86, 112, 155, 210 f., 214, 240, 242, 245–248, 250, 256 f., 259, 269, 340, 342, 351, 353, 358–360, 362, 365
- Jugendverband (SJV)   112, 354
- Landesgruppe Schweden   23, 38–41, 43, 155, 242, 251, 255, 259, 340
- Rekonstituierung der SAP   86 f., 210

Sozialistische Einheitspartei Deutschlands (SED)   43 f., 283, 287–289, 291 f., 301 f., 312 f., 325, 328–330, 364
- Sechziger Konferenz von KPD und SPD, 21. – 22. Dezember 1945   43, 283 f., 286, 365

Spanien   48, 112 f., 116, 124, 164, 194, 237, 353
- Bürgerkrieg   37, 113, 237, 355
- Partido Obrero de Unificación Marxista (POUM)   112, 353

Spremberg   330
Stalingrad   84, 356
Stendal   330
Stettin   330 f.
Stockholm   15 f., 18 f., 22–24, 26, 41, 48, 60, 66 f., 73, 78, 109 f., 114 f., 213 f., 255, 259, 262, 264, 296 f., 303 f., 320, 335, 340, 342 f., 352, 358
Studienzirkel norwegischer Sozialisten   21, 24, 67, 79, 85, 349–352
Sturmabteilung (SA), *siehe auch: „Drittes Reich", Nationalsozialismus*   77
Stuttgart   71, 243
Sudetendeutsche   174, 357
Südeuropa   92
Südosteuropa   73, 195, 229
Syrien   128

Tasdorf   330
Thüringen   272, 288
Torgau   329
Tschechoslowakei   151, 164, 174, 194, 238, 357
- Československá sociálne demokratická strana delnická (Sozialdemokratische Partei)   324

Umerziehung, Erziehung, Unterrichtswesen   69, 133, 137, 175, 191
Umsiedlung, Zwangsumsiedlung   34 f., 75, 92, 175 f., 341, 349
Ungarn   124, 127, 194, 207, 290, 358, 363
- Szociáldemokrata Párt   324
Union deutscher sozialistischer Organisationen in Großbritannien, *siehe auch: Arbeiterbewegung, Exil*   149, 186, 214, 343 f., 356 f., 360
United Nations Relief and Rehabilitation Administration (UNRRA)   190 f.

Vansittartismus   16, 25, 28 f., 50, 65, 68 f., 115–118, 120–124, 127–133, 136, 139, 165, 177, 183, 335
- Entindustrialisierung Deutschlands   131–133, 139, 183

Vereinigte Staaten von Amerika (USA), siehe auch: Abkommen und Verträge, Alliierte, Besatzungszonen, Besetzung Deutschlands, Deutschlandpolitik, Konferenzen 19–21, 23, 26, 59, 63, 71, 73, 80, 82, 116 f., 137, 154, 166, 195, 207, 222, 225, 238 f., 253, 303 f., 342, 347 f., 350, 360
— American Federation of Labor 294, 325
— amerikanische Gewerkschaftsbewegung 104, 294

Vereinte Nationen, siehe auch: Alliierte, Völkerbund, Völkerrecht
— als Alliierte 89, 91 f., 95 f., 101, 115, 134, 154, 156 f., 165 f., 169, 172, 174, 178–180, 184 f., 190–192, 194, 222, 233, 236, 253 f., 271, 287, 352, 354, 357
— als UNO 39, 183, 192, 236, 271, 287, 316, 318, 360

Verstaatlichung 310
Verständigung, deutsch-französische 195, 206
Vichy 124, 355
Völkerbund, siehe auch: Vereinte Nationen
— „neuer Völkerbund" (im Sinne der späteren UNO) 79, 95 f., 103, 183, 192, 229 f., 236
— Völkerbund in Genf 94, 164, 176, 192, 222, 226
Völkerrecht 179–181, 188, 192, 228, 230, 328
Volksfront 112, 194

Wahlen 163, 196 f., 201 f.
— Gemeindewahlen, 1946 276, 283, 291, 363
— Gewerkschaftswahlen, 1945/46 257, 275 f., 281, 330
— Reichstagswahl, 5. März 1933 126 f.
— Studentenrätewahlen 330
Washington 20, 26
Wehrmacht, siehe auch: Zweiter Weltkrieg 70 f., 136, 142 f., 159 f., 181, 331, 360

Weimar 330
Weimarer Republik 34, 120–122, 124–126, 136, 139, 155, 172 f., 196, 201, 231, 270, 275
Westfalen 232
Westmächte, siehe auch: Alliierte 68, 77 f., 83, 106, 129, 156, 246, 268, 291 f., 302, 312, 325
Widerstand gegen den Nationalsozialismus, siehe auch: Opposition gegen den Nationalsozialismus 108, 110 f., 121, 126, 144–146, 237, 265
— Attentat auf Hitler, 20. Juli 1944 27, 160, 211, 340, 358
— deutscher Widerstand 23, 27, 30, 145 f., 154, 163, 231, 237, 265
— norwegischer Widerstand 17, 20–22, 60, 63, 66, 79 f., 105–108, 337, 352
Widerstand gegen die Besetzung Deutschlands 69, 136, 172
Wiederaufbau 69, 74 f., 88, 91, 97–99, 103, 132, 140, 143, 149, 151, 166, 172, 177, 182, 184–186, 190 f., 234, 237, 245, 258, 266, 275, 327
— europäischer Wiederaufbau 141, 149, 164 f., 171, 177 f., 186 f., 191 f., 234
— Marshallplan 325
— Wiederaufbau der deutschen Arbeiterbewegung 253, 261 f., 264, 266
— Wiederaufbau der Sozialdemokratie 250
— Wiederaufbau in Deutschland 41, 47, 155, 187, 238, 254, 262, 327
Wiedergutmachung 31, 39, 149, 164, 185–189, 226, 233–235, 271
Wiesbaden 284
Wirtschaft, siehe auch Planwirtschaft 89 f., 96–99, 132 f., 145, 149, 151, 156, 170, 177, 183, 190 f., 228, 234, 277, 280, 288, 309 f., 357
Wladiwostok 63, 348
Wohlstand, Wohlstandsprogramm 90, 98, 221, 228, 230

Zeitungen, Zeitschriften
— Aftenposten 346
— Arbeiderbladet 23, 347
— Dagens Nyheter 257
— Economist 139, 150
— Fackföreningsrörelsen 352
— Faschismus 27
— Folkets Dagblad 111, 353
— Fri Fagbevegelse 109, 150, 353, 356
— Friheten 105, 109 f., 338
— Håndslag 21, 337
— Iswestija 118
— London-Nytt 110, 353
— Mitteilungen der Sozialdemokratischen Partei in Schweden 362
— Neue Zeitung 330
— Ny Dag 105, 108–111, 113, 338
— Populaire 150, 356

— Social-Demokraten 77
— Sozialistische Tribüne 262, 362
— Times 151
— Trots allt! 353
— Das Volk 286
— Die Weltbühne 357
Zeitz-Tröglitz 330
Zensur 138, 284
Zürich 324, 366
Zwangsarbeiter 132, 148, 169 f., 171, 188, 235
Zweiter Weltkrieg, *siehe auch: Abkommen und Verträge, Alliierte, Kriegsverbrechen, Rote Armee, Wehrmacht* 17, 78, 84, 89, 117, 143, 156, 185, 190, 223–225, 246, 310, 350
Zwickau 330

Bildnachweis

Seite 6 und Foto auf dem Umschlag: Bild aus dem ersten norwegischen Pass Willy Brandts vom 1. August 1940: Willy-Brandt-Archiv im Archiv der sozialen Demokratie der Friedrich-Ebert-Stiftung (Bonn).

Seite 62: Schreiben des norwegischen Justizministers Terje Wold: Durch Vermittlung des norwegischen Botschafters in Bonn, Per M. Olberg, aus dem Riksarkivet, Oslo. Entnommen aus „Willy Brandt. Ein politisches Leben 1913–1992", Katalog zu einer Ausstellung des Archivs der sozialen Demokratie der Friedrich-Ebert-Stiftung von Werner Krause, Mario Bungert, Michael Oberstadt, Bernd Raschke, Hartwig Schlaberg und Wolfgang Stärcke, Köln 1993.

Seite 81: Willy Brandt mit Frau Carlota und Tochter Ninja: Willy-Brandt-Archiv im Archiv der sozialen Demokratie der Friedrich-Ebert-Stiftung (Bonn).

Seite 100: Willy Brandt, Bruno Kreisky u. a.: Willy-Brandt-Archiv im Archiv der sozialen Demokratie der Friedrich-Ebert-Stiftung (Bonn).

Seite 119: Willy Brandt und Mitemigranten: Willy-Brandt-Archiv im Archiv der sozialen Demokratie der Friedrich-Ebert-Stiftung (Bonn).

Seite 241: Presseausweis Willy Brandts vom 11. Mai 1945: Willy-Brandt-Archiv im Archiv der sozialen Demokratie der Friedrich-Ebert-Stiftung (Bonn).

Seite 259: Presseausweis Willy Brandts vom 11. März 1946: Willy-Brandt-Archiv im Archiv der sozialen Demokratie der Friedrich-Ebert-Stiftung (Bonn).

Seite 263: Notat Willy Brandts: Willy-Brandt-Archiv im Archiv der sozialen Demokratie der Friedrich-Ebert-Stiftung (Bonn).

Seite 322: Willy Brandt als Presseattaché: Willy-Brandt-Archiv im Archiv der sozialen Demokratie der Friedrich-Ebert-Stiftung (Bonn).

Angaben zum Bearbeiter und zu den Herausgebern

Bearbeiter:

Einhart Lorenz, geb. 1940, Dr. phil., Professor für moderne Geschichte an der Universität Oslo und 1999/2000 erster Heinrich-Steffens-Professor an der Humboldt-Universität zu Berlin. Autor zahlreicher Bücher und Artikel zum deutschsprachigen Exil und zur norwegischen und internationalen Arbeiterbewegung.

Herausgeber:

Pro f. Dr. Helga Grebing, geb. 1930 in Berlin. Studium an der Humboldt- und der Freien Universität. 1952 Promotion im Fach Geschichte. Danach Tätigkeiten im Verlagswesen und in Institutionen der Politischen Bildung. Seit 1971 Professorin für Geschichte (Schwerpunkt Sozialgeschichte des 19. und 20. Jahrhunderts) an den Universitäten Frankfurt/Main., Göttingen und Bochum, hier 1988–1995 Leiterin des Zentral-Instituts zur Erforschung der europäischen Arbeiterbewegung. 1995 emeritiert und seither als Publizistin in Göttingen lebend. Viele Veröffentlichungen zur Geschichte und Theorie der Arbeiterbewegung; Verfasserin u. a. der „Geschichte der deutschen Arbeiterbewegung".

Prof. Dr. Gregor Schöllgen, geb. 1952 in Düsseldorf. Studium der Geschichte, Philosophie und Sozialwissenschaften in Bochum, Berlin, Marburg und Frankfurt/Main. Dort 1977 Promotion im Fach Philosophie; 1982 Habilitation für Neuere Geschichte in Münster. Seit 1985 Professor für Neuere Geschichte an der Universität Erlangen. Gastprofessor in New York, Oxford und London. Prof. Schöllgen ist Autor zahlreicher Bücher, darunter „Geschichte der Weltpolitik von Hitler bis Gorbatschow 1941–1991" und „Die Außenpolitik der Bundesrepublik Deutschland".

Prof. Dr. Heinrich August Winkler, geb. 1938 in Königsberg. Studium in Münster, Heidelberg und Tübingen. Promotion zum Dr. phil. in Tübingen 1963. Professor an der Freien Universität Berlin und an der Universität Freiburg/Br., seit 1991 an der Humboldt-Universität zu Berlin. Wichtigste Veröffentlichungen: „Arbeiter und Arbeiterbewegung in der Weimarer Republik" (3 Bde.), „Weimar 1918–1933. Die Geschichte der ersten deutschen Demokratie", „Streitfragen der deutschen Geschichte". Weitere Publikationen zur deutschen, europäischen und amerikanischen Geschichte.